हिंदी भाषा का आधुनिकीकरण एवं मानकीकरण

हिंदी भाषा का
आधुनिकीकरण एवं मानकीकरण

प्रो. (डॉ.) त्रिभुवननाथ शुक्ल

वाणी प्रकाशन

वाणी प्रकाशन
4695, 21-ए, दरियागंज, नयी दिल्ली 110 002
शाखा
अशोक राजपथ, पटना 800 004
फ़ोन : +91 11 23273167 फ़ैक्स : +91 11 23275710
www.vaniprakashan.in
vaniprakashan@gmail.com
editorial@vaniprakashan.in
sales@vaniprakashan.in

HINDI BHASHA KA ADHUNIKIKARAN EVAM MANKIKARAN
by Dr. Tribhuvannath Shukl

ISBN : 978-93-5229-278-3

Linguistics

प्रथम (वाणी) संस्करण
मूल्य : ₹ 750

हर्ष प्रिंटर्स, दिल्ली 110 093 में मुद्रित

वाणी प्रकाशन का लोगो मक़बूल फ़िदा हुसेन की कूची से

‘श्रद्धेय गुरुवर
आचार्य त्रिलोचन पाण्डेय
की
अशेष स्मृति
को समर्पित’

दो शब्द

हिंदी भाषा का आधुनिकीकरण, मानकीकरण और कम्प्यूटरीकरण आज की आवश्यकता है। इस विषय पर समग्रतः कोई कार्य नहीं हो सका था। इस दृष्टि से प्रस्तुत कार्य से एक बहुत बड़े अभाव की संपूर्ति होती है। चौदह वर्षों के निरंतर प्रयास के बाद यह कार्य पाठकों के समक्ष आ सका है। मैं इसमें न तो अपनी विद्वत्ता का दम्भ भरता हूँ और न ही इसे सदा के लिए एक समूर्ण कार्य कहने का गौरव लेता हूँ। अपितु अत्यंत विनम्रता के साथ यह कहना चाहूँगा कि इस दिशा में जिन चिंतकों के पास, जो भी नए विचार हों वे मुझे अवश्य अवगत कराएँ, ताकि मैं उसे इस शृंखला में जोड़ सकूँ। अंत में, केवल इतना कहना चाहूँगा कि मेरा यह एक दीर्घकालीन प्रयास है, जो भाषाविदों एवं उस दिशा में प्रयास कर रहे विद्वानों के लिए कुछ नया सोचने की प्रेरणा अवश्य देगा।

—प्रो. (डॉ.) त्रिभुवननाथ शुक्ल

द्वितीय संस्करण

एक वर्ष के अंदर ही पुस्तक का पहला संस्करण समाप्त हो जाएगा, मैंने ऐसा सोचा भी नहीं था। लगातार इसकी माँग बनी रही। वाणी प्रकाशन ने इस दायित्व को लिया, इसके लिए वे साधुवादार्ह हैं।

—प्रो. (डॉ.) त्रिभुवननाथ शुक्ल

अनुक्रमणिका

1

हिंदी भाषा-क्षेत्र : तात्पर्य एवं संकल्पनाएँ

1.1 हिंदी भाषा को तीन संदर्भों में देखा जा सकता है–

सीमित, व्यापक और वृहत्तर। सीमित संदर्भ से आशय हिंदी क्षेत्र अथवा हिंदी भाषी राज्यों– उत्तरांचल, उत्तर प्रदेश, मध्यप्रदेश, छत्तीसगढ़, बिहार, झारखंड, हरियाणा, पंजाब, हिमाचल प्रदेश, राजस्थान तथा दिल्ली से है। इन क्षेत्रों में उसके दो स्वरूप निर्मित होते हैं– एक मातृभाषा का और दूसरा प्रथम भाषा का। यह शहरी और शिक्षित वर्ग की मातृभाषा है और शिक्षा एवं समाज में सबके लिए प्रथम भाषा है। हिंदी भाषा क्षेत्र के भाषा-भाषी की मातृभाषा अथवा प्रथम भाषा (अनौपचारिक संदर्भ में) है। परंतु औपचारिक संदर्भ में ग्रामीण और शहरी क्षेत्रों में औपचारिक शिक्षा के रूप में कुछ लोगों की प्रथम भाषा हिंदी न होकर अँगरेज़ी (माध्यम भाषा) हुआ करती है। विवेच्य संदर्भ में कुछ संकल्पनाएँ सामने आती हैं, जिन्हें स्पष्ट करना विषय-विवेचन की असंदिग्धता के लिए आवश्यक होगा। ये संकल्पनाएँ हैं–

अ. मातृभाषा बनाम भाषा, मातृभाषा बनाम भाषा और शैली

ब. मातृभाषा बनाम प्रथम भाषा, मातृभाषा बनाम माध्यम भाषा

स. मातृभाषा बनाम सामाजिक संदर्भ, सामाजिक संदर्भ बनाम शहरी (भाषागत) संदर्भ

द. सामाजिक संदर्भ बनाम ग्रामीण (बोलीगत) संदर्भ

1.1.1 मातृभाषा बनाम भाषा

मातृभाषा बनाम भाषा का संदर्भ केवल परिनिष्ठित अथवा मानक अथवा औपचारिक भाषा के साथ जुड़ता है। इसमें प्रयोक्ता की अपनी कोई बोली नहीं होती अथवा वह किसी बोली क्षेत्र अथवा अर्द्ध शहरी या ग्रामीण क्षेत्र से संबद्ध न होकर पूर्णतः शहरी क्षेत्र से संबद्ध होता है तथा किसी भाषा रूप से ही परिचित अथवा जुड़ा होता है। भाषा के उच्चारण एवं लेखनगत शुद्धता के स्तर पर इस वर्ग को अपेक्षाकृत अधिक संपन्न माना जा सकता है।

1.1.2 मातृभाषा बनाम भाषा और शैली

मातृभाषा बनाम भाषा और शैली में प्रयोक्ता के दो स्तर बनते हैं। एक स्तर है उसके अपने बोलीगत परिवेश का और दूसरा है औपचारिक भाषा का। अब अगर उसके सामने मातृभाषा का प्रश्न खड़ा किया जाता है, तो वह किसे अपनी मातृभाषा मानेगा– औपचारिक भाषा को अथवा अपनी बोली को? यह बहुत जटिल प्रश्न है। इसका उत्तर केवल मानसिकता पर आधारित है। अगर उसकी मानसिकता व्यापक है, तो सामाजिक संदर्भों में भले ही वह अपनी मातृभाषा अपनी बोली को स्वीकार कर ले, किंतु औपचारिक और व्यापक संदर्भ, जैसे– जनगणना आदि के प्रसंग में वह भाषा को ही अपनी मातृभाषा स्वीकार करेगा। वहीं यदि संकीर्ण मानसिकता है, तो औपचारिक संदर्भों में वह भले ही भाषा को महत्व दे दे, किंतु जनगणना आदि के संदर्भ में वह अपनी बोली को ही स्वीकार करेगा। यही कारण है कि जनगणना-रिपोर्ट में हिंदी बोलने वालों की वास्तविक संख्या अंकित नहीं हो पाती।

1.1.3 मातृभाषा बनाम प्रथम भाषा, मातृभाषा बनाम माध्यम भाषा

जब 'भाषा' पद के पूर्व प्रथम, द्वितीय, एवं अन्य शब्द जुड़ते हैं, तो प्रथम भाषा, द्वितीय भाषा, और अन्य भाषा का बोध कराते हैं। प्रथम भाषा को ही सामान्यतः मातृभाषा, मातृभाषा से भिन्न किसी भी स्वदेशी भाषा को द्वितीय भाषा और किसी भी विदेशी भाषा (अँगरेज़ी को छोड़कर) को अन्य भाषा के रूप में स्वीकार किया जाता है। यह संकल्पना भाषा-शिक्षण के संदर्भ से जुड़कर ही जानी जाती है। शिक्षण के संदर्भ में 'प्रथम भाषा' से आशय संस्थागत भाषा स्वीकार किया जाता है। अर्थात् बालक की वह प्रथम संस्थागत भाषा, जो अंत तक उसके अध्ययन की माध्यम-भाषा बनी रहती है। वैसे प्रथम भाषा को, जो संस्थागत भाषा भी हो, मातृभाषा मानना तो तर्कसंगत है, किंतु जो केवल संस्थागत भाषा है, उसे मातृभाषा मान लेने की 'बात गले के नीचे नहीं उतरती। इसलिए संस्थागत भाषा को (जिसे मातृभाषा मानने की बात कही गई है) उसे मात्र माध्यम भाषा मानना ही उपयुक्त होगा।

1.1.4 मातृभाषा बनाम सामाजिक संदर्भ

मातृभाषा के मान निर्धारण में सामाजिक संदर्भ का कारक बहुत अहम है। शिक्षण और औपचारिक संदर्भों के अतिरिक्त सामाजिक संदर्भों में मातृभाषा उसकी प्रथम भाषा होगी, चाहे वह कोई परिनिष्ठित भाषा हो अथवा बोली। उसका निजी सामाजिक परिवेश अभिव्यक्ति के स्तर पर उसी को स्वीकार करेगा, जो उसकी प्रथम भाषा अथवा बोली होगी। कारण कि उसकी सारी अनौपचारिक संदर्भाभिव्यक्ति अभी तक इसी प्रथम भाषा अथवा बोली के माध्यम से होती रही है। अथवा यूँ कहें कि उसके परिवेश में उसी की पूर्ण सामाजिक मान्यता रही है।

1.1.5 सामाजिक संदर्भ बनाम शहरी (भाषागत) संदर्भ

शहरी परिवेश में समाजिक संबंधों की समस्त अभिव्यक्तियों का माध्यम भाषा है न कि बोली। यहाँ यही भाषा सामाजिक एवं अन्य औपचारिक संदर्भों में अपने एक से अधिक रूपों में प्रयुक्त होती है। यह अंतर केवल परिवेश का है, क्षेत्र का है और मानसिकता का है।

1.1.6 सामाजिक संदर्भ बनाम ग्रामीण (बोलीगत) संदर्भ

ग्रामीण परिवेश की समस्त अभिव्यक्तियों का माध्यम वहाँ की अपनी स्थानीय बोली होती है। अभिव्यक्ति के स्तर पर यह भाषा रूप से किंचित् भी कम सक्षम नहीं है। यद्यपि इसकी अभिव्यक्ति तेज़ी से हो रहे परिवर्तनों के कारण भाषा रूप से प्रभावित दृष्टिगत होती है। अथवा यूँ कहें कि भाषा और बोली का मिश्रण होता दिखाई पड़ता है, जो भाषा और बोली दोनों से भिन्न होकर कोई अन्य तीसरा रूप ही होता है। यह और कुछ नहीं, अपितु भाषा पर हो रहे सामाजिक संक्रमण का प्रभाव है।

1.2.1. द्वितीय भाषा : त्रिभाषा सूत्र के संदर्भ में शिक्षण की दृष्टि से

अखिल भारतीय स्तर पर त्रिभाषा सूत्र के अंतर्गत माध्यमिक कक्षा तक प्रांतीय भाषा के साथ-साथ संविधान की आठवीं अनुसूची में दर्ज पंद्रह भाषाओं में किसी एक भाषा के अध्ययन का प्रावधान है। ऐसी स्थिति में हिंदी को द्वितीय भाषा के रूप में अध्ययन एवं प्रयोग के अंतर्गत लिए जाने की स्थिति बनती है।

हिंदीभाषी राज्यों को छोड़कर अन्य भाषी राज्यों के मातृभाषाभाषी हिंदी को द्वितीय भाषा के रूप में सीखते हैं। इसी प्रकार हिंदीभाषी राज्यों के भाषाभाषी, अन्य भाषी राज्यों की भाषा को द्वितीय भाषा के रूप में सीखते हैं। जहाँ तक त्रिभाषा-सूत्र का संदर्भ है, वह केवल सूत्र बनकर ही रह गया, उसका जिस महद् उद्देश्य के साथ निर्माण हुआ था, वह पूरा नहीं हो पाया। इसका मुख्य कारण है– राज्य सरकारों द्वारा उसका यथावत् अनुपालन न किया जाना। राष्ट्रीय एकात्म की दृष्टि से प्रस्तावित त्रिभाषा सूत्र तभी सफल हो सकता है, जब जनता और वहाँ की प्रादेशिक सरकारें इसे खुले मन से स्वीकारें। यहाँ मेरा प्रयोज्य पक्ष हिंदी शिक्षण एवं उसके व्यवहार के अखिल भारतीय संदर्भ तक ही सीमित है। इसलिए यहाँ त्रिभाषा सूत्र के स्वरूप को विस्तार से स्पष्ट नहीं किया जा रहा है। सांप्रतिक आवश्यकताओं के कारण आज द्वितीय भाषा के रूप में प्रचार-प्रसार की एक सहज-सी प्रक्रिया चल पड़ी है। यह समय का प्रवाह ही कहा जाएगा, जिसके कारण धीरे-धीरे शैक्षणिक संदर्भ में हिंदी का एक अखिल भारतीय रूप बनता जा रहा है। इसी प्रवाह के कारण एक दिन ऐसा आएगा कि शासक और शासित दोनों की मानसिकता हिंदी के पूर्ण आत्मसातीकरण के प्रति सकारात्मक रुख अपना सकेगी।

1.2.1.1 मातृभाषा या प्रांतीय भाषा

छह, सात, आठ एवं नौ वर्ष तक की आयु के बालकों के लिए, जो न्यूनतम प्राथमिक स्तर के (कक्षा प्रथम, द्वितीय, तृतीय एवं चतुर्थ) छात्र हैं, उनका अध्ययन अनिवार्यतः मातृभाषा या प्रांतीय भाषा में होना चाहिए। इनमें उसके भाषा-अर्जन की अधिक क्षमता प्रकृतितः निहित रहती है, जैसे हिंदी क्षेत्र के किसी वालक की मातृभाषा उसकी अपने क्षेत्र की बोली हो सकती है और प्रांतीय भाषा हिंदी हो सकती है।

हिंदी के अतिरिक्त अन्य नव्यतर भारतीय आर्यभाषा परिवार (सिंधी, मराठी, गुजराती, असमी, बंगला, कश्मीरी, आदि) से संबद्ध क्षेत्र के बालकों की भी मातृभाषा अपनी-अपनी क्षेत्रीय बोलियाँ या प्रांतीय भाषाएँ हो सकती हैं। इसी प्रकार, द्रविड़ भाषा-परिवार (तमिल, तेलुगु, मलयालम, कन्नड़) क्षेत्र से संवद्ध बालकों की भी अपनी-अपनी क्षेत्रीय बोलियाँ या प्रांतीय भाषाएँ हो सकती हैं। सभी क्षेत्रों के बालकों की भाषा के संदर्भ में यह स्थिति केवल न्यूनतर प्राथमिक स्तर तक ही अपेक्षित है। इसके पीछे कारण यह है कि इस स्तर के बालकों के ग्रहण की सीधी क्षमता मातृभाषा में ही अधिक होती है। इसके बाद जब उनका अपना भाषाई कोश या सांस्कृतिक परिज्ञान विकसित हो जाता है, तो द्वितीय अथवा अन्य भाषा का भी अर्जन कर सकते हैं।

द्वितीय भाषा के रूप में हिंदी शिक्षण की संकल्पना मात्र भारतीय संदर्भ से संबद्ध है;नव्यतर भारतीय आर्यभाषा परिवार के भाषा-भाषियों एवं द्रविड़ भाषा के परिवार के भाषा भाषियों के संदर्भ में हिंदी का जो संबंध होगा, इसमें त्रिभाषा-सूत्र (शिक्षा आयोग द्वारा प्रस्तावित का समावेश अनिवार्य है। इसका पहला सूत्र है– 1. मातृभाषा या प्रांतीय भाषा, दूसरा है– 2. राजभाषा या सहराज भाषा, तीसरा है– 3. एक और दो में जो भाषा सम्मिलित नहीं है। इसमें से पहले का संबंध से छठी से नवीं कक्षा तक, दूसरे का दसवीं से बारहवीं तक, और तीसरे का तेरहवीं कक्षा तक सीमित है।

उपर्युक्त सभी तथ्यों के क्रियान्वयन के मूल में पारस्परिक सद्भाव और राष्ट्रीय एकात्म का उद्देश्य निहित है।

1.2.2 हिंदी : राष्ट्रभाषा के रूप में

(संविधान की आठवीं सूची के अंतर्गत स्वीकृत राजभाषा के रूप में)

राष्ट्रभाषा की संकल्पना जन (= लोक) सापेक्ष है और राजभाषा की तंत्र (= शासन) सापेक्ष। दोनों संज्ञानों का औचित्य काल-सापेक्ष है। स्वतंत्रता के पूर्व भारतीय जन-मन की मानसिकता बिना किसी भेदभाव के राष्ट्रभाषा के रूप में 'हिंदी' को मानने की थी और स्वतंत्रता के पश्चात् इसे तमाम प्रकार की बाधाओं और राजतंत्र की कुंठाओं के कारण 'राष्ट्रभाषा' की संज्ञा से अभिहित किया जाना संभव (शासकीय

स्तर पर) न हो सका और 'राजभाषा' के रूप में (शासकीय स्तर पर) मान्य किया गया। परंतु आज भी अधिसंख्य भारतीय जन हिंदी को (बिना शासकीय घोषण-पत्र के) राष्ट्रभाषा ही कहते हैं और मानते हैं। संविधान की आठवीं सूची में राजभाषा के रूप में स्वीकृत हिंदी का ही यहाँ उल्लेख किया जा रहा है, जिसे राजभाषा अधिनियम के रूप में जाना जाता है।

इन दोनों शब्दों की संकल्पनाओं के संदर्भ में डॉ. रवीन्द्रनाथ श्रीवास्तव का अभिमत है कि 'राजभाषा' का संबंध राष्ट्रीयता (Nationality) से रहता है, वह राष्ट्र को राजनैतिक और आर्थिक दृष्टि से एकसूत्रता में बाँधनेवाली प्रशासनिक प्रयोजनों की भाषा होती है। इसके लिए यह जरूरी नहीं कि वह भाषा अपने देश की हो। इसके विपरीत 'राष्ट्रभाषा' का संबंध राष्ट्रवादिता (Nationalism) के साथ रहता है, उसके पीछे जातीय संस्कार और 'ग्रेट ट्रेडिशन' की शक्ति काम करती है, और उसके सहारे देश अपनी सामाजिक और सांस्कृतिक अस्मिता ढूँढा और स्थापित किया करता है, जैसा कि फ़िशमैन ने अपने लेखों में दिखाने की कोशिश की है, "प्रत्येक बहुभाषिक देश अपनी राष्ट्रीयता के द्वंद्व का समाधान अपने ढंग से करता है।"[1]

1.2.3 हिंदी : हिंदीभाषी राज्यों की राजभाषा के रूप में

हिंदी भाषा राज्य 'क' क्षेत्र के अंतर्गत आते हैं। इन राज्यों में स्थित कार्यालयों और वहाँ रहने वाले व्यक्तियों को केंद्रीय सरकार के कार्यालयों द्वारा हिंदी में ही पत्र दिए जाने की व्यवस्था निर्धारित है। यदि पत्र अँगरेज़ी में हुआ, तो उसका हिंदी अनुवाद भेजा जाएगा। हिंदी की सर्वाधिक दुर्भाग्यपूर्ण स्थिति हिंदीभाषी राज्यों में ही है। यहाँ हिंदी के प्रयोग और उसे आचरण में उतारने में बड़े-बड़े भाषण तो दिए जाते हैं; शासकीय आदेश के घोड़े भी दौड़ जाते हें कि 'हिंदी में कार्य न करना कदर्थ आचरण माना जाएगा', परंतु यह मात्र औपचारिक होकर ही रह जाता है। एक भी हिंदीभाषी राज्य में 'राजभाषा' के रूप में हिंदी की अभी तक स्पष्ट स्थिति नहीं बन पाई है। इसके मूल में जहाँ एक ओर गुलामी मानसिकता है, तो दूसरी ओर वोट की राजनीति।

1.2.4 हिंदी : संघ की राजभाषा के रूप में

भारत सरकार के विधि और न्याय मंत्रालय द्वारा प्रकाशित 'भारत का संविधान' ग्रंथ के रजत जयंती संस्करण के पृ. 185-190 में संघ की भाषा के रूप में हिंदी का उल्लेख इस प्रकार किया गया है—

अध्याय 1-संघ की भाषा

343. (1) संघ की राजभाषा हिंदी और लिपि देवनागरी होगी। संघ के राजकीय प्रयोजनों

के लिए प्रयोग होने वाले अंकों का रूप भारतीय अंकों का अंतरराष्ट्रीय रूप होगा।

(2) खंड (1) में किसी बात के होते हुए भी, इस संविधान के प्रारंभ से पंद्रह वर्ष की कालावधि के लिए संघ के उन सब राजकीय प्रयोजनों के लिए अँगरेज़ी भाषा प्रयोग की जाती रहेगी, जिनके लिए ऐसे प्रारंभ के ठीक पहले वह प्रयोग की जाती थी।

परंतु राष्ट्रपति उक्त कालावधि में, आदेश द्वारा, संघ के राजकीय प्रयोजनों में से किसी के लिए अँगरेज़ी भाषा के साथ-साथ हिंदी भाषा का तथा भारतीय अंकों के अंतरराष्ट्रीय रूप के साथ-साथ देवनागरी रूप का प्रयोग प्राधिकृत कर सकेगा।

(3) इस अनुच्छेद में किसी बात के होते हुए भी, संसद् विधि द्वारा, उक्त पंद्रह साल की कालावधि के पश्चात्–

(क) अँगरेज़ी भाषा का; अथवा

(ख) अंकों के देवनागरी रूप का;

ऐसे प्रयोजनों के लिए प्रयोग उपबंधित कर सकेगी, जैसे ऐसी विधि में उल्लिखित हों।

344. (1) राष्ट्रपति, इस संविधान के प्रारंभ में पाँच वर्ष की समाप्ति पर तथा तत्पश्चात् ऐसे प्रारंभ से दस वर्ष की समाप्ति पर, आदेश द्वारा एक आयोग गठित करेगा, जो एक अध्यक्ष और अष्टम अनुसूची में उल्लिखित भिन्न भाषाओं का प्रतिनिधित्व करने वाले ऐसे अन्य सदस्यों से मिलकर बनेगा, जैसे कि राष्ट्रपति नियुक्त करे तथा आयोग द्वारा अनुसरण की जाने वाली प्रक्रिया भी आदेश परिभाषित करेगा।

2. राष्ट्रपति को।

(क) संघ के राजकीय प्रयोजनों के लिए हिंदी भाषा के उत्तरोत्तर अधिक प्रयोग के,

(ख) संघ के राजकीय प्रयोजनों में से सब या किसी के लिए अँगरेज़ी भाषा के प्रयोग पर निबंधनों के,

(ग) अनुच्छेद 348 में वर्णित प्रयोजनों में से सब या किसी के लिए प्रयोग की जाने वाली भाषा के,

(घ) संघ के किसी एक या अधिक उल्लिखित प्रयोजनों के लिए प्रयोग किए जाने वाले अंकों के रूप में,

(ङ) संघ की राजभाषा तथा संघ और किसी राज्य के बीच अथवा एक राज्य और दूसरे राज्य के बीच संचार की भाषा तथा उनके प्रयोग के बारे में राष्ट्रपति द्वारा आयोग के पृच्छा किए हुए किसी अन्य विषय के बारे में सिफ़ारिश करने का कर्तव्य आयोग का होगा।

3. खंड (2) के अधीन अपनी सिफ़ारिशें करने में आयोग भारत की औद्योगिक, सांस्कृतिक और वैज्ञानिक उन्नति का तथा लोकसेवाओं के बारे में अहिंदी भाषा-भाषी क्षेत्रों के लोगों के न्यायपूर्ण दावों और हितों का सम्यक् ध्यान रखेगा।

4. तीस सदस्यों की एक समिति गठित की जाएगी, जिनमें से बीस लोक-सभा के सदस्य होंगे तथा दस राज्य-सभा के सदस्य होंगे, जो क्रमशः लोक-सभा के सदस्यों तथा राज्य-सभा के सदस्यों तथा राज्य-सभा के सदस्यों द्वारा अनुपाती प्रतिनिधित्व पद्धति के अनुसार एकल संक्रमणीय मत द्वारा निर्वाचित होंगे।
5. खंड (1) के अधीन गठित आयोग की। सफ़ारिशों की परीक्षा करना तथा उन पर अपनी राय का प्रतिवेदन राष्ट्रपति को करना समिति का कर्त्तव्य होगा।
6. अनुच्छेद 343 में किसी बात के होते हुए भी, राष्ट्रपति खंड (5) में निर्दिष्ट प्रतिवेदन पर विचार करने के पश्चात् उस सारे प्रतिवेदन के या उसके किसी भाग के अनुसार निर्देश निकाल सकेगा।

अध्याय– 2 प्रादेशिक भाषाएँ

345. अनुच्छेद 346 और 347 के उपबंधों के अधीन रहते हुए, राज्य का विधान-मंडल, विधि द्वारा, उस राज्य के राजकीय प्रयोजनों में किसी एक या अनेक को या हिंदी को अंगीकार कर सकेगा।

परंतु जब तक राज्य का विधान-मंडल विधि द्वारा इससे अन्यथा उपबंध न करे, तब तक राज्य के भीतर उन राजकीय प्रयोजनों के लिए अँगरेज़ी भाषा प्रयोग की जाती रहेगी, जिनके लिए इस संविधान के प्रारंभ से ठीक पहले वह प्रयुक्त की जाती थी।
346. संघ में राजकीय प्रयोजनों के लिए प्रयुक्त होने के लिए तत्समय प्राधिकृत भाषा, एक राज्य और दूसरे राज्य के बीच में तथा किसी राज्य और संघ के बीच में संचार के लिए राजभाषा होगी : परंतु यदि दो या अधिक राज्य करार करते हैं कि ऐसे राज्यों के बीच में संचार के लिए राजभाषा हिंदी भाषा होगी, तो ऐसे संचार के लिए वह भाषा प्रयुक्त की जा सकेगी।
347. तद्विषयक माँग की जाने पर, यदि राष्ट्रपति का समाधान हो जाए, किसी राज्य के जन समुदाय का पर्याप्त अनुपात चाहता है कि उसके द्वारा बोली जाने वाली किसी भाषा को राज्य द्वारा मान्यता दी जाए, तो वह निर्देश दे सकेगा कि ऐसी भाषा को उस राज्य में सर्वत्र अथवा उसके किसी भाग में ऐसे प्रयोजन के लिए, जैसा कि वह उल्लिखित करे, राजकीय मान्यता दी जाए।

अध्याय– 3 उच्चतम न्यायालय उच्च न्यायालयों आदि की भाषा

348(1) इस भाग के पूर्ववर्ती उपबंधों में किसी बात के होते हुए भी, जब तक संसद विधि द्वारा अन्यथा उपबंध न करे, तब तक–

(क) उच्चतम न्यायालय में तथा प्रत्येक उच्च न्यायालय में सब कार्यवाहियाँ

(ख) जो–

(1) विधेयक अथवा उन प्रस्तावित किए जाने वाले जो संशोधन, संसद के प्रत्येक सदन में पुनः स्थापित किए जाएँ, उन सबके प्राधिकृत पाठ,

(2) अधिनियम संसद द्वारा या राज्य के विधान-मंडल द्वारा पारित किए जाएँ, तथा जो अध्यादेश राष्ट्रपति या राज्यपाल या राजप्रमुख द्वारा प्रख्यापित किए जाएँ, उन सबके प्राधिकृत पाठ, तथा

(3) आदेश, नियम, विनियम, और उपविधि इस संविधान के अधीन निकाले जाएँ, उन सबके प्राधिकृत पाठ, अँगरेज़ी भाषा में होंगे।

(2) खंड (1) के उपखंड का में किसी बात के होते हुए भी, किसी राज्यपाल या राजप्रमुख राष्ट्रपति की पूर्व सम्मति से हिंदी भाषा का या उसका,

(3) खंड (1) के उपखंड (ख) में किसी बात के होते हुए भी, जहाँ किसी राज्य के विधानमंडल ने, उस विधान मंडल में पुनः स्थापित विधेयकों या उसके द्वारा पारित अधिनियमों में अथवा उस उपखंड की कंडिका (3) में निर्दिष्ट किसी आदेश, नियम, न होगी।) विनियम या उपविधि में प्रयोग के लिए अँगरेज़ी भाषा से अन्य किसी भाषा के प्रयोग को विहित किया गया है वहाँ उस राज्य के राजकीय सूचना-पत्र में उस राज्य के राज्यपाल या राजप्रमुख के प्राधिकार से प्रकाशित अँगरेज़ी भाषा में उसका अनुवाद उस खंड के अभिप्रायों के लिए उसका अँगरेज़ी भाषा में प्राधिकृत पाठ समझा जाएगा।

346. इस संविधान के प्रारंभ से पंद्रह वर्षों की कालावधि तक अनुच्छेद 348 के खंड (1) वर्णित प्रयोजनों में से किसी के लिए प्रयोग की जाने वाली भाषा के लिए उपबंध करने वाला कोई विधेयक या संशोधन के प्रस्तावित किए जाने की मंजूरी अनुच्छेद के खंड 344 के खंड (1) के अधीन गठित आयोग की सिफ़ारिशों पर तथा उस अनुच्छेद के खंड (4) के अधीन गठित समिति के प्रतिवेदन पर विचार करने के पश्चात् ही राष्ट्रपति देगा।

---

1. इस उपखण्ड का आशय यथा निम्नलिखित है–

(1) 'विधेयक संसद के प्रत्येक सदन में पुर-स्थापित किए जाएँ अथवा उनके जो संशोधन ऐसे सदन में प्रस्तावित किए जाएँ, उन सब के प्राधिकृत पाठ।'

(2) संविधान (सप्तम सशोधन) अधिनियम, 1956 की धारा 29 और अनुसूची द्वारा संशोधन के पश्चात् इस उपखंड का वर्तमान स्वरूप इस प्रकार हैं।

(3) 'अधिनियम संसद द्वारा या राज्य के विधान-मंडल द्वारा पारित किए जाएँ, तथा जो अध्यादेश राष्ट्रपति या राज्यपाल द्वारा प्रख्यापित किए जाएँ, उन सबके प्राधिकृत पाठ, तथा।'

3. संविधान (सप्तम संशोधन) अधिनियम, 1956 की धारा 29 और अनुसूची द्वारा सशोधन के पश्चात् खंड (2) और (3) का वर्तमान स्वरूप इस प्रकार है– (2) खंड (1) के उपखंड (क) में किसी बात के होते हुए भी, किसी राज्य का राज्यपाल उपराष्ट्रपति की पूर्व सम्मति से हिंदी भाषा का या उस राज्य में राजकीय प्रयोजन के लिए प्रयुक्त होने वाली किसी अन्य भाषा का प्रयोग उस राज्य में मुख्य स्थान रखने वाले उच्च न्यायालय में की कार्यवाहियों के लिए प्राधिकृत कर सकेगा परंतु इस खंड की कोई बात वैसे उच्च न्यायालय द्वारा दिए गए निर्णय, आज्ञप्ति अथवा आदेश को लागू न होगी।)

अध्याय-4 विशेष निर्देश

350. किसी व्यथा के निवारण के लिए संघ या राज्य के किसी पदाधिकारी या प्राधिकारी को यथास्थिति, संघ में या राज्य में प्रयोग होने वाली किसी भाषा में अभिवेदन देने का प्रत्येक व्यक्ति को हक होगा।

351. हिंदी भाषा की प्रसार-वृद्धि करना, उसका विकास करना, ताकि वह भारत की सामाजिक संस्कृति के सब तत्त्वों की अभिव्यक्ति का माध्यम हो सके, तथा उसकी आत्मीयता में हस्तक्षेप किए बिना हिंदुस्तानी और अष्टम अनुसूची में उल्लिखित अन्य भारतीय भाषाओं के रूप, शैली और पदावली को आत्मसात करते हुए तथा जहाँ आवश्यक या वांछनीय हो, वहाँ उसके शब्द-भंडार के लिए मुख्यतः संस्कृत से तथा गौणतः अन्य भाषाओं से शब्द ग्रहण करते हुए उसकी समृद्धि सुनिश्चित करना संघ का कर्तव्य होगा।

आगे चलकर हिंदी के प्रयोग के संबंध में राष्ट्रपति ने 1952, 1955 तथा 1960 में तीन आदेश जारी किए हैं, जो निम्नांकित हैं–

1952 का आदेश-राष्ट्रपति ने संविधान के अनुच्छेद 33(2) के अधीन 27 मई, 1992 को एक आदेश जारी किया, जिसमें

1. राज्यों के राज्यपालों
2. उच्चतम न्यायालय के न्यायाधीशों तथा
3. उच्च न्यायालयों के न्यायाधीशों के नियुक्ति-अधिपत्रों के लिए अँगरेज़ी भाषा के अतिरिक्त हिंदी और अंतरराष्ट्रीय अंकों के अतिरिक्त देवनागरी के अंकों के प्रयोग को प्राधिकृत किया गया था।

(अधिसूचना सं.सां.नि.आ. 638 एर दिन, 27-5-52)

1955 का आदेश

इसमें संघ के निम्नांकित सरकारी कामों के लिए अँगरेज़ी भाषा के अतिरिक्त हिंदी के प्रयोग को प्राधिकृत किया गया था–

1. जनता के साथ पत्र-व्यवहार
2. प्रशासनिक रिपोर्ट, सरकारी पत्रिकाएँ और संसद में प्रस्तुत की जाने वाली रिपोर्टें।
3. सरकारी संकल्प और विधायी अधिनियमितियाँ
4. जिन राज्य सरकारों ने हिंदी को अपनी राजभाषा के रूप में अपना लिया है? साथ पत्र-व्यवहार
5. संधियाँ और करार
6. अन्य देशों की सरकारों और उनके दूतों और अंतरराष्ट्रीय संगठनों के साथ पत्र व्यवहार।

7. राजनयिक तथा काँसुली अधिकारियों और अंतरराष्ट्रीय संगठनों में भारत के प्रतिनिधियों को जारी किए जाने वाले औपचारिक कागज़।

(अधिसूचना सं. 50/2/54 पत्र, दि॰ 3-12-55)

राजभाषा आयोग की नियुक्ति

भारतीय संविधान के अनुच्छेद 344(1) के आधार पर 1955 में राजभाषा आयोग की नियुक्ति की गई। इस आयोग की संस्तुतियों की जाँच के लिए संविधान के अनुच्छेद 3344) के अनुसार 30 सदस्यों की एक समिति बनाई गई, जिसमें 10 सदस्य राज्यसभा के तथा 20 सदस्य लोक सभा के थे। इस समिति ने अपना प्रतिवेदन 1959 में राष्ट्रपति को दिया।

यहाँ आयोग की संस्तुतियाँ तथा उनके बारे में संसदीय समिति का प्रतिवेदन देखा जा सकता है—

राजभाषा आयोग की संस्तुतियाँ

'इन पर संसदीय समिति की राय' प्रशासन की भाषा बदलने के लिए कुछ प्रारंभिक आवश्यकताएँ इस प्रकार हैः—

1. प्रशासनिक क्षेत्रों में प्रयुक्त होने वाली आवश्यक विशिष्ट परिभाषाएँ तैयार करना और उनका प्रामाणिकीकरण।
2. प्रशासन के दैनिक कार्यकलाप से संबंधित सरकारी प्रकाशनों, जिनमें नियम,विनियम दिए रहते हैं, हस्तपुस्तिकाओं तथा अन्य कार्य विधिक साहित्य का हिंदी मेंअनुवाद।
3. विभिन्न वर्गों के प्रशासनिक कर्मचारियों को इस ढंग से प्रशिक्षण देना कि वे भाषा की योग्यता इस उपयुक्त स्तर की प्राप्त कर लें, जिससे वे नए भाषा-माध्यम का प्रयोग आवश्यक कार्य-क्षमता के साथ कर सकें और सुविधानुसार अपने आपको उस भाषा में व्यक्त करें।
4. सरकारी कार्यों को सुविधा और उन्हें द्रुतगति से कर सकने की दृष्टि से जिन यांत्रिक तथा अन्य सहायक साधनों की जरूरत होती है, उसका नई भाषा के माध्यम के अनुकूल विकास करना तथा उन्हें तैयार करना, उदाहरणार्थ टाइपराइटरों और टाइपिस्टों, शीघ्रलिपिकों, मुद्रण और प्रतिलिपिक यंत्रों, टेलीप्रिंटरों और अन्य संचार-साधनों को नये माध्यम में अनुकूल बनाना आदि।
5. इसमें आवश्यकता (1) तो अध्याय 5 में वर्णित पारिभाषिक शब्दावली सामान्य की समस्या का अंग है—
6. जहाँ तक आवश्यकता (2) का प्रश्न है, इस बात का पूर्ण रूप से निश्चय कर लेना आवश्यक होगा कि इस प्रकार से सारे कार्यविधिक साहित्य के अनुवाद

में भाषा की एकरूपता हो। इस प्रयोजन के लिए यह अधिक उचित होगा कि इस कार्य के निर्देशन और अधीक्षण का संपूर्ण दायित्व केंद्रीय सरकार की एक ही संस्था को सौंप दिया जाए।

7. जहाँ तक प्रशासन अधिकारियों के प्रशिक्षण की आवश्यकता संख्या (3) का प्रश्न है, भारत सरकार द्वारा अपने कर्मचारियों को हिंदी भाषा में स्वैच्छिक आधार पर प्रशिक्षण देने की जो वर्तमान व्यवस्था की गई है, उस पर पुनर्विचार किया गया है। यदि अनुभव से यह प्रतीत हो कि इस प्रकार की वैकल्पिक व्यवस्था से उपयुक्त परिणाम सामने नहीं आ रहे हैं, तो सरकार के लिए उचित और आवश्यक होगा कि वह अपनी भाषानीति को ध्यान में रखते हुए प्रत्येक सरकारी कर्मचारी के लिए अनिवार्य कर दे कि वे अपने कर्तव्य-भार को ठीक प्रकार से निभा सकने के लिए उचित कार्यविधि में हिंदी का उचित ज्ञान प्राप्त कर लें।

8. आवश्यकता (4) की पूर्ति के लिए इस प्रकार का कार्यक्रम अपनाया जाना चाहिए, जिसके अनुसार शीघ्रलिपिकों और टाइपिस्टों को नए भाषा माध्यम में शीघ्रलिपिक और टाइप-ट्रेनिंग और संघीय भाषा का अच्छा ज्ञान प्राप्त करने के लिए विशेष छुट्टियाँ तथा विशेष सुविधाएँ प्रदान की जाएँ।

9. विभिन्नि वर्गों के पदों और सेवाओं की भर्ती में निर्दिष्ट योग्यता की दृष्टि से अँगरेज़ी भाषा में योग्यता के जिस स्तर को, सामान्यतः इसका संबंध विश्वविद्यालय की उपाधियों से है, मान्यता प्राप्त है, वही स्तर हिंदी की भाषाई योग्यता के लिए भी एक मानदंड निश्चित किया जा सकता है। प्रारंभिक स्थिति में कुछ नीचे सार को भी स्वीकार किया जाता है।

10. सामान्य रूप से कहना चाहिए कि नियत अवधि में न्यूनतम स्तर तक योग्यता न प्राप्त करने पर दंड की व्यवस्था करना ठीक होगा। न्यूनतम स्तर से अधिक योग्यता प्राप्त करने पर प्रोत्साहन और पुरस्कार देना उपयुक्त प्रतीत होगा।

11. संघ सरकार के कुछ प्रशासन के खण्डों में भविष्य में अनिश्चित काल तक उन स्तरों तक अँगरेज़ी की तकनीकी परिभाषाओं का प्रयोग जारी रखा जा सकता है, जिसके लिए भारतीय परिभाषाओं का तैयार करना आवश्यक न समझा जाए। इसी प्रकार उन खंडों में पत्र-व्यवहार भी अँगरेज़ी में जारी रखा जा सकता है, जहाँ उस माध्यम के द्वारा विदेशों से निरंतर संपर्क बनाए रखना आवश्यक हो।

12. भारत सरकार मंत्रालयों और विभागों के अलावा प्रशासनिक संस्थाओं और संगठनों में भाषा-माध्यम को बदलना होगा, जैसा कि रेलवे, डाक और तार विभाग, उत्पादन कर, सीमा शुल्क, आयकर विभाग, आदि। इन संगठनों की अनेक इकाइयाँ और शाखाएँ देश के विभिन्न भागों में स्थित हैं, इसलिए इन्हें ध्यान में रखते हुए भाषा-समस्या के कुछ विशेष पहलू सामने आते हैं। इन

प्रशासनिक संगठनों के लिए यह आवश्यक है कि वे दो भाषाओं के प्रयोग का एक स्थाई उपाय ढूँढ़ निकालें, अर्थात् जहाँ तक जनता से व्यवहार का प्रश्न है, वे उन क्षेत्रों में वहाँ की प्रादेशिक भाषाओं में कार्य करेंगे।

13. यह आवश्यक है कि भारत सरकार के इन प्रशासनिक संगठनों और विभागों के वर्तमान कर्मचारी वृन्द के ढाँचे को दो भाषाओं के प्रयोग की सुविधा के अनुरूप पुनः परीक्षा और विकेंद्रीकरण किया जाए। इसी प्रकार भर्ती करने की पद्धति में और भर्ती के लिए आवश्यक योग्यताओं के निर्धारण में तद्नुसार परिवर्तन करना होगा।

14. सेवा नियोजक रूप में अखिल भारतीय विभागों और संगठनों को अधिकार है कि वे अपने विभिन्न वर्गों के प्रतिष्ठानों में भर्ती करने के उद्देश्य से हिंदी की योग्यता के सार भी नियत कर दे। जहाँ आवश्यकता हो, वे प्रादेशिक भाषाओं की योग्यता का स्तर भी नियत कर सकते हैं। यह भी हो सकता है कि क्षेत्रीय या प्रादेशिक आवश्यकताओं के अनुसार हिंदी-योग्यता-स्तर, उस स्तर से कुछ नीचा रखा जाए, जो इन दफ़्तरों के प्रधान कार्यालय के लिए आवश्यक हो, क्योंकि प्रधान कार्यालय में तो सारा कार्य ही हिंदी में किया जाना होगा, जबकि क्षेत्रीय या प्रादेशिक कार्यालय में स्थानीय भाषाओं का भी प्रयोग होगा।

15. संक्रमण काल में विभिन्न क्षेत्रों के निवासियों के लिए रोज़गार के अवसर कम न हो जाएँ, इसलिए स्थानीय शिक्षण पद्धति में हिंदी की प्रगति को ध्यान में रखते हुए ऐसा अपेक्षित होगा कि शुरू-शुरू में हिंदी की योग्यता का स्तर कुछ कम रखा जाए और उस कमी की पूर्ति भर्ती के बाद सेवाकाल में पूरी कर ली जाए। जैसे-जैसे विशिष्ट क्षेत्रों में हिंदी भाषा-शिक्षण की सुविधाएँ उत्तरोत्तर बढ़ती जाएँ, वैसे-वैसे ही योग्यता-स्तर ऊँचा किया जा सकता है।

16. केंद्रीय सरकार की रेलवे, डाकतार— जैसे अखिल भारतीय प्रशासनिक संस्थाओं की भाषा नीति मुख्य रूप से इस प्रकार बनायी जानी चाहिए, जिससे जनता को सुविधा हो, क्योंकि जनता की सुविधा के लिए ही उस नीति को बनाया जाना है। इन विभागों की भाषा-नीति का संचालन इस प्रकार नहीं होना चाहिए कि जनता की सुविधाओं की उपेक्षा करके हिंदी के कार्य को आगे बढ़ाया जाए। जहाँ इन बोर्डों, फ़र्मों आदि पर हिंदी-परिभाषाओं और पदावलियों का प्रयोग करना हो, वहाँ उन्हें जनता में प्रचारित करने के लिए तथा जनता की सुविधा को ध्यान में रखते हुए उनका पाठक प्रादेशिक भाषाओं (जहाँ जरूरत हो, अँगरेज़ी में दे दिया जाना चाहिए।)

17. यह आवश्यक है कि उन सभी हिंदी परिभाषाओं और पदावलियों की, विशेप रूप से उनकी जो कि जनता के निकट संपर्क में आने वाली अखिल भारतीय प्रशासनिक संस्थाओं द्वारा प्रयुक्त हो जाती हैं, पूर्व परीक्षा होनी चाहिए कि वे

स्थानीय भाषा के रूपों और विचारों के प्रतिकूल तो नहीं है; जहाँ कुछ संस्कृत शब्दों के विभिन्न भाषाओं में विभिन्न विशिष्ट अर्थ प्रचलित हो गए हों, वहाँ उनकी उपेक्षा करके अनुपयुक्त शब्दों का प्रयोग हो गए हों, वहाँ उनकी उपेक्षा करके अनुपयुक्त शब्दों का प्रयोग, माध्यम के 'भारतीयकरण' के प्रयत्नों का उपहास और तिरस्कार होगा।

18. यह उपयुक्त नहीं होगा कि सरकारी कर्मचारियों को नये माध्यम में प्रशिक्षित करने के स्थान पर मूल रूप से अँगरेज़ी में किया जाए और फिर उसे अनूदित किया जाए और इस प्रकार अलग अनुवाद इकाइयाँ अथवा ब्यूरो स्थापित करके उचित रूप से कोष पर अतिरिक्त व्यय बढ़ाया जाए। यद्यपि प्रशासनिक कार्य स्थाई रूप से सक्रमण काल में सहायक रूप से महत्वपूर्ण कार्य है, परंतु अधिकारियों को हिंदी में पहले से ही कार्य कराना अनुवाद कराने से कहीं अच्छा है। हमारे विचार से, संविधान के संघ के कार्यों के लिए भाषा माध्यम के परिवर्तन का जो निर्देश है, उसका यह अभिप्राय कदापि नहीं कि मूलतः कार्य अँगरेज़ी में ही जारी रखा जाए और पुनः विभिन्न स्थितियों में सरकारी कोष पर बोझ डालकर उसे हिंदी में अनूदित कराया जाए।

19. संघ सरकार का यह क़दम बहुत उचित होगा, यदि वह अपनी सेवाओं में आने वाले नए लोगों के लिए उचित हिंदी ज्ञान की शर्त लगाए। निस्संदेह इस बात की सूचना पहले से दे दी जानी चाहिए। भाषा की योग्यता का आवश्यक स्तर न्यूनतम होना चाहिए और इसमें जो कमी हो, उसे बाद में नौकरी करते समय उचित प्रशिक्षण द्वारा पूरा कर लिया जाना चाहिए।

20. जिन कर्मचारियों की आयु 45 वर्ष या इससे अधिक हो गई है, उनके लिए उतनी योग्यता पर्याप्त समझी जानी चाहिए कि वे हिंदी समझ सकें। इसके लिए इस बात पर ज़ोर नहीं दिया जाना चाहिए कि जिस योग्यता के साथ वे अपने आपको अँगरेज़ी में अभिव्यक्त करते हैं, उसी योग्यता के साथ वे हिंदी में कार्य कर सके। यदि आवश्यक हो, तो इस प्रयोजन के लिए पृथक् परीक्षाओं की व्यवस्था की जाए।

21. हम इस बात की सिफ़ारिश नहीं करते कि इस समय संघ के किसी भी कार्य के लिए अँगरेज़ी भाषा के प्रयोग पर प्रतिबंध लगा दिया जाए।

22. हमारे लिए संभव नहीं हो सका है कि संविधान द्वारा नियत अवधि में सरकारी कार्यों में इस परिवर्तन को पूरा करने के लिए तथा हिंदी को स्थान देने के लिए तिथिवार एक क्रमिक समय-सूची तैयार करके दे सकते, क्योंकि भारत सरकार के विभिन्न मंत्रालय एक ही शरीर के भिन्न-भिन्न अंग हैं, इसलिए सामान्य रूप से विभिन्न मंत्रालयों और विभागों में हिंदी का प्रयोग क्रमिक और संवद्ध ढंग से होना चाहिए। हमें भारत सरकार द्वारा तैयार या परिकल्पित ऐसी अस्थाई या

अंतर्कालीन कार्यक्रम की योजना देखने का अवसर नहीं हुआ, जिसके अनुसार उसके सभी मंत्रालयों और विभागों में परिवर्तन करने का कार्यक्रम बनाया गया हो और उसकी विशेष कठिनाइयों के काम का जितना बोझ बढ़ जाएगा, उसका अनुमान किया गया हो; वर्तमान सरकारी कर्मचारीवृंद की भाषा-योग्यता का लेखा-जोखा हो और उन्हें नए भाषा-माध्यम में प्रशिक्षित कर सकने की कोई लगभग तिथि नियत कर दी गयी हो। इसलिए हमने प्रारंभिक आवश्यकताओं की ओर तो निर्देश कर दिया है, परंतु परिवर्तन के सामान्य परिकल्पों और संबद्ध विभिन्न प्रश्नों को व्याप्त करने वाले सिद्धांतों का निर्णय करना तथा कार्य करने के लिए योजना तैयार करने और तद्नुसार समय-अनुसूची तैयार करने का काम स्वयं भारत सरकार पर ही छोड़ दिया जाना चाहिए, जिससे वह संबद्ध परिस्थितियों को ध्यान में रखकर क़दम उठा सके।

23. भारत के नियंत्रक और महालेखा परीक्षक के नियंत्रण में कार्य करने वाले भारतीय लेखा परीक्षण और लेखा-विभाग के मामले पर विचार किया गया। जब कोई भी राज्य प्रादेशिक भाषा को स्वीकार कर लेगा, तो यह व्यवस्था करना अनिवार्य होगा कि भारतीय लेखा परीक्षण और लेखा विभाग के वे कर्मचारी, जो कि राज्यों के साथ व्यवहार करते हैं, संबद्ध राज्य की भाषा पर अधिकार प्राप्त कर लें, जिससे वे लेखे तैयार करने के अपने कर्तव्यों को निभा सकें। इसका अर्थ यह निकलता है कि किसी राज्य में स्थित लेखा महापरीक्षक एवं नियंत्रक के दफ़्तर को इस योग्य होना चाहिए कि वह प्रादेशिक भाषा में प्राप्त लेखों के विवरणों को संकलित करने और प्रादेशिक निर्णयों के अनुसार लेखा परीक्षा कर सकने में समर्थ हो।

24. इस कठिनाई का यह भी हल सुझाया गया है कि लेखा-परीक्षा का 'प्रांतीयकरण' कर दिया जाए, ऐसे किसी विकल्प पर विचार करने की आवश्यकना नहीं, जिसके कारण इसकी चालू संवैधानिक व्यवस्था में कोई मुख्य परिवर्तन करना पड़े। हमारा विचार है कि चालू व्यवस्था के ढाँचे के भीतर ही कोई हल ढूँढ लिया जाना चाहिए, जिससे एक ओर तो लेखामहापरीक्षक नियंत्रण के कार्यालय का प्रतिष्ठान प्रत्येक राज्य में राजभाषा में अंकित लेन-देन की परीक्षा के कर्तव्यभारों को निभाने में समर्थ हो सके और दूसरी ओर वर्तमान व्यवस्था, जिसके अनुसार संघ एवं राज्यों के लेखों और लेखा परीक्षणों का उत्तरदायित्व भारतीय लेखा परीक्षण और लेखा-विभाग के माध्यम से महानियंत्रक अथवा महालेखा परीक्षक में केंद्रित है, बनी रहे। भारतीय लेखा परीक्षण और लेखा-विभाग का संगठन और उसमें कर्मचारी नियुक्त करने की पद्धति पर पुनर्विचार करना होगा, और लगभग उसी प्रकार से संगठित करना होगा, जैसा कि हमने उन केंद्रीय विभागों के बारे में सुझाया, जिनका कार्य देश भर में फैला हुआ है।

1960 का आदेश

राष्ट्रपति ने इस समिति के प्रतिवेदन पर विचार करके 1960 में तीसरा आदेश जारी किया, जिसमें निम्नांकित निर्देश थे–

(1) वैज्ञानिक तथा तकनीकी शब्दावली के निर्माण के लिए शिक्षा मंत्रालय को एक स्थाई आयोग स्थापित करना चाहिए।

(2) शिक्षा मंत्रालय सांविधिक नियमों, विनियमों और आदेशों के अतिरिक्त सभी मैनुअलों तथा कार्यविधि, साहित्य का अनुवाद हाथ में ले और भाषा में एकरूपता सुनिश्चित करने की आवश्यकता की दृष्टि से यह काम केवल एक ही अभिकरण को सौंपा जाए।

(3) एक मानक विधि शब्दकोश बनाने, हिंदी में विधि के पुनः अधिनियमन और विधि शब्दावली के निर्माण के लिए विभिन्न राष्ट्रीय भाषाओं का प्रतिनिधित्व करने वाले क़ानून के विशेषज्ञों का एक स्थायी आयोग स्थापित किया जाए।

(4) तृतीय श्रेणी से नीचे के कर्मचारियों, औद्योगिक संस्थानों के कर्मचारियों, और कार्य प्रभारित कर्मचारियों को छोड़कर उन सभी केंद्रीय सरकारी कर्मचारियों के लिए हिंदी का सेवा-कालीन प्रशिक्षण अनिवार्य कर दिया जाए, जिनकी आयु दिनांक 1.1.61 को 45 वर्ष से कम हो। गृहमंत्रालय टंककों और आशुलिपिकों को हिंदी टंकण तथा आशुलेखन प्रशिक्षण देने के लिए भी प्रबंध करे।

अधिसूचना संख्या 2/6/60- रा.भा.दि. 27.4.60

1963 का राजभाषा अधिनियम

1. संक्षिप्त नाम और प्रारम्भ

(1) यह अधिनियम राजभाषा अधिनियम, 1963 कहा जा सकेगा।

(2) धारा 3, जनवरी 1965 के 26वें दिन को प्रवृत्त होगी और इस अधिनियम के शेष उपवंध उस तारीख को प्रवृत्त होंगे जिसे केंद्रीय सरकार, शासकीय राजपत्र में अधिसूचना द्वारा, नियत करें और इस अधिनियम के विभिन्न उपबंधों के लिए विभिन्न तारीखें नियत की जा सकेंगी।

2. परिभाषाएँ

इस अधिनियम में, जब तक कि प्रसंग से अन्यथा अपेक्षित न होः–

(क) 'नियत दिन' से धारा 3 के सम्बंध में, जनवरी 1965 का 26वाँ दिन अभिप्रेत है और इस अधिनियम के किसी अन्य संबंध में वह दिन अभिप्रेत है, जिस दिन को वह प्रवृत्त होता है।

(ख) 'हिंदी' से वह हिंदी अभिप्रेत है, जिसकी लिपि देवनागरी है।

3\. संघ के राजकीय प्रयोजनों के लिये और संसद के प्रयोग के लिए अँगरेज़ी भाषा का बना रहना।

3\. (1) संविधान के प्रारंभ से पंद्रह वर्ष की कालावधि की समाप्ति हो जाने पर भी, हिंदी के अतिरिक्त अँगरेज़ी भाषा, नियत दिन से ही–

(क) संघ के उन सब राजकीय प्रयोजनों के लिए, जिनके लिए वह उस दिन से ठीक पहले प्रयोग में लाई जाती थी; तथा

(ख) संसद में कार्य के संव्यवहार के लिए प्रयोग में लाई जाती रह सकेगी, परंतु संघ और किसी ऐसे राज्य के बीच, जिसने हिंदी को अपनी राजभाषा के रूप में नहीं अपनाया है, पत्रादि के प्रयोजनों के लिए अँगरेज़ी भाषा प्रयोग में लायी जाएगी। परंतु यह और कि जहाँ किसी ऐसे राज्य के जिसने हिंदी को अपनी राजभाषा के रूप में अपनाया है और किसी अन्य राज्य के, जिसने हिंदी को अपनी राजभाषा के रूप में नहीं अपनाया है, बीच पत्रादि के प्रयोजनों के लिए हिंदी को प्रयोग में लाया जाता है, वहाँ हिंदी में ऐसे पत्रादि के साथ-साथ उसका अनुवाद अँगरेज़ी भाषा में भेजा जाएगा।

परंतु यह और भी कि इस उपधारा की किसी भी बात का यह अर्थ नहीं लगाया जाएगा कि वह किसी ऐसे राज्य को, जिसने हिंदी को अपनी राजभाषा के रूप में नहीं अपनाया है, संघ के साथ या किसी ऐसे राज्य के साथ, जिसने हिंदी को अपनी राजभाषा के रूप में अपनाया है, या किसी अन्य राज्य के साथ, उसकी सहमति से, पत्रादि के प्रयोजनों के लिए हिंदी के प्रयोग में लाने से निवारित करती है, और ऐसे किसी मामले में उस राज्य के साथ पत्रादि के प्रयोजनों के लिए अँगरेज़ी भाषा का प्रयोग बाध्यकर न होगा।

(2) उपधारा (1) में अंतर्विष्ट किसी बात के होते हुए भी, जहाँ पत्रादि प्रयोजनों के लिए हिंदी या अँगरेज़ी भाषा–

(1) केंद्रीय सरकार के एक मंत्रालय या विभाग या कार्यालय के और दूसरे मंत्रालय या विभाग या कार्यालय के बीच;

(2) केंद्रीय सरकार के एक मंत्रालय या विभाग या कार्यालय के और केंद्रीय सरकार के स्वामित्व के या नियंत्रण के किसी निगम या कंपनी या उसके किसी कार्यालय के बीच;

(3) केंद्रीय सरकार के स्वामित्व के नियंत्रण के किसी निगम या कंपनी या उसके इसी अन्य ऐसे निगम या कंपनी या कार्यालय के बीच; प्रयोग में लाई जाती है, वहाँ उस तारीख तक, जब तक, पूर्वोक्त संबंधित मंत्रालय, विभाग, कार्यालय या निगम या कंपनी का कर्मचारी वृंद हिंदी का कार्य-साधक ज्ञान प्राप्त नहीं कर लेता, ऐसे पत्रादि का अनुवाद, यथास्थिति, अँगरेज़ी भाषा या हिंदी में भी दिया जाएगा। (3) उपधारा (1) में अंतर्विष्ट किसी

बात के होते हुए भी, हिंदी और अँगरेज़ी दोनों ही-

(1) संकल्पों, साधारण, आदेशों, नियमों, अधिसूचनाओं, प्रशासनिक या अन्य प्रतिवेदनों या प्रेस-विज्ञप्तियों के लिए, जो केंद्रीय सरकार द्वारा या उसके किसी मंत्रालय, विभाग, कार्यालय या निगम या कंपनी या कार्यालय के बीच; प्रयोग में लाई जाती है, वहाँ उस तारीख तक, जब तक पूर्वोक्त संबंधित मंत्रालय, विभाग, कार्यालय या निगम या कंपनी का कर्मचारी वृंद हिंदी का कार्य-साधक ज्ञान प्राप्त नहीं कर लेता, ऐसे पत्रादि का अनुवाद, यथास्थिति, अँगरेज़ी भाषा या हिंदी में भी दिया जाएगा। (3) उपधारा (1) में अंतर्विष्ट किसी बात के होते हुए भी, हिंदी और अँगरेज़ी दोनों ही—

(1) संकल्पों, साधारण आदेशों, नियमों, अधिसूचनाओं, प्रशासनिक या अन्य प्रतिवेदनों या प्रेस-विज्ञप्तियों के लिए, जो केंद्रीय सरकार द्वारा या उसके किसी मंत्रालय, विभाग या कार्यालय द्वारा निकाले जाते हैं या किए जाते हैं,

(2) केंद्रीय सरकार या उसके किसी मंत्रालय, विभाग या कार्यालय द्वारा या उसकी ओर से या केंद्रीय सरकार धारा 8 के अधीन बनाये गए नियमों द्वारा उस भाषा या उन भाषाओं का उपबंध कर सकेगी, जिसे या जिन्हें संघ के राजकीय प्रयोजन के लिए, जिसके अंतर्गत किसी मंत्रालय, विभाग, अनुभाग या कार्यालय का कार्यकरण है, प्रयोग में लाया जाना है और ऐसे नियम बनाने के राजकीय कार्य के शीघ्रता और दक्षता के साथ निपटारे का तथा जनसाधारण के हितों का सम्यक् ध्यान रखा जाएगा और इस प्रकार बनाए गए संबंध में सेवा कर रहे है और जो या तो हिंदी में या अँगरेज़ी भाषा में प्रवीण हैं, वे प्रभावी रूप से अपना काम कर सकें और यह भी कि केवल इस आधार पर कि वे दोनों ही भाषाओं में प्रवीण नहीं है, उनका कोई अहित नहीं होता है।

(5) उपधारा (1) के खण्ड का के उपबन्ध और उपधारा (2) उपधारा (3) और उपधारा (4) के उपबंध तब तक प्रवृत्त बने रहेंगे, जब तक उन में वर्णित प्रयोजनों के लिए अँगरेज़ी भाषा का प्रयोग समाप्त कर देने के लिए ऐसे सभी राज्यों के विधान मण्डलों द्वारा, जिन्होंने हिंदी को अपनी राजभाषा के रूप में नहीं अपनाया है, संकल्प पारित नहीं कर दिए जाते और जब तक पूर्वोक्त संकल्पों पर विचारकर लेने के पश्चात् ऐसी समाप्ति के लिए संसद के हर एक सदन द्वारा संकल्प पारित नहीं कर दिया जाता।

4. राजभाषा के संबंध में समिति

(1) जिस तारीख को धारा 3 प्रवृत्त होती है उससे दस वर्ष की समाप्ति के पश्चात् राजभाषा के संबंध में एक समिति, इस विषय का संकल्प संसद

के किसी भी सदन में राष्ट्रपति की पूर्व मंजूरी से प्रस्तावित और दोनों सदनों द्वारा पारित किए जाने पर, गठित की जाएगी।

(2) इस समिति में तीस सदस्य होंगे, जिनमें से बीस लोक-सभा के सदस्य होंगे तथा दस राज्य-सभा के सदस्य होंगे, जो क्रमशः लोक-सभा के सदस्यों तथा राज्य सभा के सदस्यों द्वारा आनुपातिक प्रतिनिधित्व पद्धति के अनुसार एकल संक्रमणीय मत द्वारा निर्वाचित होंगे।

(3) इस समिति का कर्त्तव्य होगा कि वह संघ के राजकीय प्रयोजनों के लिए हिंदी के प्रयोग में की गई प्रगति का पुनर्विलोकन करे और उस पर सिफ़ारिशें करते हुए राष्ट्रपति को प्रतिवेदन करे और राष्ट्रपति उस प्रतिवेदन को संसद के हर एक सदन के समक्ष रखवाएगा और सभी राज्य सरकारों को भिजवाएगा।

(4) राष्ट्रपति उपधारा (2) में निर्दिष्ट प्रतिवेदन पर और उस पर राज्य सरकारी ने यदि कोई मत अभिव्यक्त किए हों, तो उन पर विचार करने के पश्चात् उस समस्त प्रतिवेदन के या उसके किसी भाग के अनुसार निर्देश निकाल सकेगा। परंतु इस प्रकार निकाले गए निर्देश धारा 3 के उपबन्धों से असंगत नहीं होंगे।

5. केंद्रीय अधिनियमों आदि प्राधिकृत (हिंदी) अनुवाद

(1) नियत दिन को और उसके पश्चात् शासकीय राजपत्र में राष्ट्रपति के प्राधिकार से प्रकाशित

(क) किसी केंद्रीय अधिनियम का या राष्ट्रपति द्वारा प्रख्यापित किसी अध्यादेश का

अथवा

(ख) संविधान के अधीन या किसी केंद्रीय अधिनियम के अधीन निकाले गए किसी आदेश, नियम, विनियम या उपविधि का,......

हिंदी में अनुवाद उसका हिंदी में प्राधिकृत पाठ समझा जाएगा।

(2) नियत दिन से ही उन सब विधेयकों, जो संसद के किसी भी सदन में पुनः स्थापित किए जाने हों और उन सब संशोधनों के, जो उनके संबंध में संसद के किसी भी सदन में प्रस्तावित किए जाने हों, अँगरेज़ी भाषा को प्राधिकृत किया जाएगा, जो इस अधिनियम के अधीन बनाए गए नियमों द्वारा विहित की जाए।

6. कतिपत दशाओं में राज्य अधिनियमों का प्राधिकृत हिंदी अनुवाद

जहाँ किसी राज्य के विधान मंडल ने उस राज्य के विधान मण्डल द्वारा पारित अधिनियमों में अथवा उस राज्य में राज्यपाल द्वारा प्रख्यापित अध्यादेशों में प्रयोग के लिए हिंदी से भिन्न कोई भाषा विहित की है, वहाँ संविधान के अनुच्छेद 348 के खण्ड (3) द्वारा अपेक्षित अँगरेज़ी भाषा में उसके अनुवाद के अतिरिक्त उसका हिंदी

में अनुवाद उस राज्य के शासकीय राजपत्र में उस राज्य के राज्यपाल के प्राधिकार से, नियत दिन को या उसके पश्चात् प्रकाशित किया जा सकेगा और ऐसी दशा में ऐसे किसी अधिनियम या अध्यादेश का हिंदी में अनुवाद हिंदी भाषा में प्राधिकृत पाठ समझा जाएगा ।

7. उच्च न्यायालयों के निर्णयों आदि में हिंदी या अन्य राजभाषा का वैकल्पिक प्रयोग

नियत दिन से ही तत्पश्चात् किसी भी दिन से किसी राज्य का राज्यपाल राष्ट्रपति की ओर से, अँगरेज़ी भाषा के अतिरिक्त हिंदी या उस राज्य की राजभाषा का प्रयोग, उस राज्य के उच्च न्यायालय द्वारा पारित या दिये गये किसी निर्णय, डिक्री या आदेश के प्रयोजनों के लिए प्राधिकृत कर सकेगा और जहाँ कोई निर्णय, डिक्री या आदेश (अँगरेज़ी भाषा से भिन्न) ऐसी किसी भाषा में पारित किया जाता है, वहाँ उसके साथ-साथ उच्च न्यायालय के प्राधिकार से निकाला गया अँगरेज़ी भाषा में उसका अनुवाद भी होगा।

8. नियम बनाने की शक्ति

(1) केंद्रीय सरकार इस अधिनियम के प्रयोजनों को कार्यान्वित करने के लिए नियम, शासकीय राजपत्र में अधिसूचना द्वारा बन सकेगी।

(2) इस धारा के अधीन बनाया गया हर नियम, बनाए जाने के पश्चात् यथाशक्य शीघ्र संसद के हर एक सदन के समक्ष, उस समय जब वह सत्र में हो, कुल मिलाकर तीस दिन की कालावधि के लिए, जो एक सत्र में या दो क्रमवर्ती सत्रों में समाविष्ट हो सकेगी, रखा जाएगा और यदि उस सत्र के, जिसमें वह ऐसे रखा गया हो या ठीक पश्चाद्वर्ती सत्र के अवसान के पूर्व दोनों सदन उस नियम में कोई उपांतर करने के लिए सहमत हो जाएँ या दोनों सदन सहमत हो जाएँ कि वह नियम नहीं बनाया जाना चाहिए, तो तत्पश्चात्, यथास्थिति, वह नियम ऐसे उपांतरित रूप में ही प्रभावशील होगा या उसका कोई भी प्रभाव न होगा, किंतु इस प्रकार कि ऐसा कोई उपांतर या बातिलकरण उस नियम के अधीन पहले की गई किसी बात की विधिमान्यता पर प्रतिकूल प्रभाव डाले बिना होगा।

6. कतिपय उपबंधों का जम्मू-कश्मीर पर लागू न होना

धारा 6 और 7 के उपबंध जम्मू-कश्मीर राज्यों को लागू न होंगे।

1968 में संसद के दोनों सदनों द्वारा पारित संकल्प

(1) जबकि संविधान के अनुच्छेद 343 के अनुसार संघ की राजभाषा हिंदी रहेगी और उसके अनुच्छेद 351 के अनुसार हिंदी भाषा की प्रसार-वृद्धि करना और उसका विकास करना, ताकि वह भारत की सामासिक संस्कृति के सब तत्त्वों की अभिव्यक्ति का माध्यम हो सके यह संघ का कर्तव्य है।

यह सभा संकल्प करती है कि हिंदी एवं विकास की गति बढ़ाने के हेतु तथा संघ के विभिन्न प्रयोजनों के लिए उत्तरोत्तर इसके प्रयोग के हेतु भारत सरकार द्वारा एम्स अधिक गहन एवं व्यापक कार्यक्रम तैयार किया जाएगा और किए जाने वाले एवं की जाने वाली प्रगति की विस्तृत वार्षिक मूल्यांकन रिपोर्ट संसद की दोनों सभाओं के पटल पर रखी जाएगी और सब राज्य सरकारों को भेजी जाएगी।

(2) जबकि संविधान की आठवीं अनुसूची में हिंदी के अतिरिक्त भारत की 14 मुख्य भाषाओं का उल्लेख किया गया है और देश की शैक्षणिक एवं सांस्कृतिक उन्नति के लिए यह आवश्यक है कि इन भाषाओं के पूर्ण विकास के हेतु सामूहिक उपाय किए जाने चाहिए।

यह सभा संकल्पित करती है कि हिंदी के साथ-साथ इन सब भाषाओं के समन्वित विकास के हेतु भारत सरकार द्वारा राज्य सरकारों के सहयोग से एक कार्यक्रम तैयार किया जाएगा और उसे कार्यान्वित किया जाएगा, ताकि वे शीघ्र समृद्ध हो और आधुनिक ज्ञान के संचार का प्रभावी माध्यम बनें।

(3) जबकि एकता की भावना के संवर्धन तथा देश के विभिन्न भागों में जनता में संचार की सुविधा हेतु यह आवश्यक है कि भारत सरकार द्वारा राज्य सरकारों के परामर्श से तैयार किये गए त्रिभाषा-सूत्र को सभी राज्यों में पूर्णतः कार्यान्वित करने के लिए प्रभावी उपाय किए जाने चाहिए।

यह सभा संकल्पित करती है हिंदी-भाषी क्षेत्रों में हिंदी तथा अँगरेज़ी के अतिरिक्त एक आधुनिक भारतीय भाषा के दक्षिण भारत की भाषाओं में से किसी एक को तरजीह देते हुए और अहिंदी-भाषी क्षेत्रें में प्रादेशिक भाषाओं एवं अँगरेज़ी के साथ-साथ हिंदी के अध्ययन के लिए उस सूत्र के अनुसार प्रबंध किया जाना चाहिए।

(4) और जबकि यह सुनिश्चित करना आवश्यक है कि संघ की लोक सेवाओं के विषय में देश के विभिन्न भागों के लोगों के न्यायोचित दावों और हितों का पूर्ण परित्राण किया जाए।

यह सभा संकल्पित करती है

(क) कि उन विशेष सेवाओं अथवा पदों को छोड़कर, जिनके लिए ऐसी किसी सेवा अथवा पद के कर्त्तव्यों के संतोषजनक निष्पादन हेतु केवल अँगरेज़ी अथवा केवल हिंदी अथवा दोनों जैसी कि स्थिति हो, का उच्च स्तर का ज्ञान आवश्यक समझा जाए, संघ-सेवाओं अथवा पदों के लिए भर्ती करने के हेतु उम्मीदवारों के चयन के समय हिंदी अथवा अँगरेज़ी में से किसी एक का ज्ञान अनिवार्यतः अपेक्षित होगा और

(ख) कि परीक्षाओं की भावी योजना, प्रक्रिया, संबंधों, पहलुओं एवं समय के विषय में संघ लोक सेवा आयोग के विचार जानने के पश्चात् अखिल भारतीय एवं उच्चतर केंद्रीय सेवाओं संबंधी परीक्षाओं के लिए संविधान की आठवीं अनुसूची में सम्मिलित

सभी भाषाओं तथा अँगरेज़ी को वैकल्पिक माध्यम के रूप में रखने की अनुमति होगी।

आदेश

आदेश दिया जाता है कि इस संकल्प की प्रति सभी राज्य सरकारों, संघ राज्य क्षेत्रों तथा भारत सरकार के मंत्रालयों को भेज दी जाए।

यह भी आदेश किया जाता है कि इस संकल्प को भारत के राजपत्र में आम जानकारी के लिए प्रकाशित किया जाए।

इसके बाद गृहमंत्रालय 1971, 1972, 1973, 1974 तथा 1975 में, राजभाषा हिंदी के प्रयोग के संबंध में कई कार्यालय ज्ञापन निकाले।

1976 का राजभाषा अधिनियम

राजभाषा अधिनियम 1963 (1963 का 19) की धारा 3 की उपधारा (4) के साथ पठित धारा 8 प्रदत्त शक्तियों का प्रयोग करते हुए, केंद्रीय सरकार निम्नलिखित नियम बनाती है, अर्थात्

1. संक्षिप्त नाम, विस्तार और प्रारंभ

(1) इन नियमों का संक्षिप्त राजभाषा संघ के शासकीय प्रयोजनों के लिए प्रयोग नियम, 1976 है।

(2) इनका विस्तार, तमिलनाडु राज्य के सिवाय संपूर्ण भारत पर है।

(3) ये राजपत्र में प्रकाशित होने की तारीख को प्रवृत्त होंगे।

2. परिभाषाएँ–इन नियमों में जब तक संदर्भ से अन्यथा अपेक्षित न हो

(क) 'अधिनियम' से राजभाषा अधिनियम, 1963 (1963 का 19) अभिप्रेत है

(ख) 'केंद्रीय सरकार के कार्यालय' के अंतर्गत निम्नलिखित भी हैं, अर्थात्–

(i) केंद्रीय सरकार का कोई मंत्रालय, विभाग या कार्यालय,

(ii) केंद्रीय सरकार द्वारा नियुक्त किसी आयोग, समिति या अधिकरण का कोई कार्यालय, और

(iii) केंद्रीय सरकार के स्वामित्व में या नियंत्रण के अधीन किसी नियम या कंपनी का कोई कार्यालय।

(ग) 'कर्मचारी' से केंद्रीय सरकार के कार्यालय में नियोजित कोई भी व्यक्ति, अभिप्रेत है;

(घ) 'अधिसूचित कार्यालय' से नियम 10 के उपनियम (4) के अधीन अधिसूचित कार्यालय अभिप्रेत है;

(ङ) 'हिंदी में प्रवीणता' से नियम द में वर्णित प्रवीणता अभिप्रेत है;

(च) 'क्षेत्र क' से बिहार, हरियाणा, हिमाचल प्रदेश, मध्यप्रदेश, राजस्थान और उत्तर प्रदेश राज्य तथा दिल्ली संघ राज्य क्षेत्र अभिप्रेत है;

(झ) हिंदी का कार्य साधक ज्ञान से नियम 10 में वर्णित कार्यसाधक ज्ञान अभिप्रेत है।

3. राज्यों आदि और केंद्रीय सरकार के कार्यालयों से भिन्न कार्यालयों के साथ पत्रादि

1. केंद्रीय सरकार के कार्यालय से क्षेत्र में किसी राज्य या संघ राज्यक्षेत्र को या ऐसे राज्य या संघ राज्यक्षेत्र में किसी कार्यालय (जो केंद्रीय सरकार का कार्यालय न हो) या व्यक्ति के पत्रादि, असाधारण दशाओं को छोड़कर हिंदी में होंगे और यदि उनमें से किसी कोई पत्रादि अँगरेज़ी में भेजे जाते हैं, तो उनके साथ उनका हिंदी अनुवाद भी भेजा जाएगा।

2. केंद्रीय सरकार के कार्यालय से का क्षेत्र 'ख' में किसी राज्य या संघ राज्यक्षेत्र को या ऐसे राज्य या संघ राज्यक्षेत्र में किसी कार्यालय (जो केंद्रीय सरकार का कार्यालय न हो) या व्यक्ति को पत्रादि मामूली तौर पर हिंदी में होंगे और यदि इनमें से किसी को पत्रादि अँगरेज़ी में भेजे जाते हैं, तो उनके साथ उनका हिंदी अनुवाद भी भेजा जाएगा।

परंतु यदि कोई ऐसा राज्य या संघ राज्यक्षेत्र यह चाहता है कि किसी विशिष्ट वर्ग या प्रवर्ग के पत्रादि या उसके किसी कार्यालय के लिए आशयित पत्रादि संबद्ध राज्य या संघ राज्यक्षेत्र की सरकार द्वारा विनिर्दिष्ट अवधि तक अँगरेज़ी या हिंदी में भेजे जाएँ और उसके साथ दूसरी भाषा नें अनुवाद भी भेजा जाए, तो ऐसे पत्रादि उसी रीति से भेजे जाएँगे।

(ख) क्षेत्र 'ख' के किसी राज्य या संघ राज्यक्षेत्र में किसी व्यक्ति को पत्रादि हिंदी या अँगरेज़ी में भेजे जा सकते हैं।

3. केंद्रीय सरकार के कार्यालय से क्षेत्र 'ग' में किसी राज्य या संघ राज्यक्षेत्र को या ऐसे राज्य में किसी कार्यालय (जो केंद्रीय सरकार का कार्यालय न हो) या व्यक्ति को पत्रादि अँगरेज़ी में होंगे। (4) उपनियम (1) और (2) में किसी बात के होते हुए भी क्षेत्र 'ग' में केंद्रीय सरकार के कार्यालय से क्षेत्र 'क' या 'ख' में किसी राज्य या संघ राज्यक्षेत्र को या ऐसे राज्य में किसी कार्यालय (जो केंद्रीय सरकार का कार्यालय न हो) या व्यक्ति का पत्रादि हिंदी या अँगरेज़ी में हो सकते हैं।

4. केंद्रीय सरकार के कार्यालयों के बीच पत्रादि

(क) केंद्रीय सरकार के किसी एक मंत्रालय या विभाग और किसी दूसरे मंत्रालय या विभाग के बीच पत्रादि हिंदी या अँगरेज़ी में हो सकते हैं।

(ख) केंद्रीय सरकार के एक मंत्रालय या विभाग और क्षेत्र क 'में स्थित संलग्न या अधीनस्थ कार्यालयों के बीच पत्रादि हिंदी में होंगे और ऐसे अनुपात में होंगे, जो केंद्रीय सरकार ऐसे कार्यालयों में हिंदी कार्य साधन ज्ञान रखने वाले व्यक्तियों की संख्या, हिंदी में पत्रादि भेजने की सुविधाओं और उरारो संबंधित अनुषंगिक बातों

को ध्यान में रखते हुए समय-समय पर अवधारित करें।

(ग) क्षेत्र 'क' में स्थित केंद्रीय सरकार के ऐसे कार्यालयों के बीच, जो खण्ड का या खण्ड ख) में विनिर्दिष्ट कार्यालय से भिन्न हैं, पत्रादि हिंदी में होंगे।

(घ) क्षेत्र 'क' में स्थित केंद्रीय सरकार के कार्यालयों और क्षेत्र 'ख' या क्षेत्र 'ग' में स्थित केंद्रीय सरकार के कार्यालयों के बीच पत्रादि हिंदी या अँगरेज़ी में हो सकते हैं।

(ङ) क्षेत्र 'ख' या क्षेत्र 'ग' में स्थित केंद्रीय सरकार के कार्यालयों के बीच पत्रादि हिंदी या अँगरेज़ी में हो सकते हैं।

परंतु जहाँ ऐसे पत्रादि–

(i) क्षेत्र 'क' या क्षेत्र 'ख' के किसी कार्यालय को संबोधित है, वहाँ यदि आवश्यक होतो

(ii) क्षेत्र 'ग' के किसी कार्यालय को संबोधित है, वहाँ उनका दूसरी भाषा में अनुवाद उसके साथ भेजा जाएगा;

परंतु यह और कि यदि कोई पत्रादि किसी अधिसूचित कार्यालय को संबोधित है, तो दूसरी भाषा में ऐसा अनुवाद उपलब्ध कराने की अपेक्षा नहीं की जाएगी।

5. हिंदी में प्राप्त पत्रादि के उत्तर

नियम 3 और नियम 4 में किसी बात के होते हुए भी, हिंदी में पत्रादि के उत्तर केंद्रीय सरकार के कार्यालय से हिंदी में दिए जाएँगे।

6. हिंदी और अँगरेज़ी दोनों का प्रयोग

अधिनियम की धारा 3 की उपधारा (3) में निर्दिष्ट सभी दस्तावेज़ों के लिए हिंदी और अँगरेज़ी दोनों का प्रयोग किया जाएगा और ऐसे दस्तावेज़ाएँ पर हस्ताक्षर करने वाले व्यक्तियों का यह उत्तरदायित्व होगा कि वे सुनिश्चित कर ले कि ऐसे दस्तावेज़ हिंदी और अँगरेज़ी दोनों में ही तैयार किए जाते हैं, निष्पादित किए जाते हैं, और जारी किए जाते हैं।

7. आवेदन, अभ्यावेदन आदि

(1) कोई कर्मचारी आवेदन, अपील या अभ्यावेदन हिंदी या अँगरेज़ी में कर सकता है।

(2) जब उपनियम (1) में निर्दिष्ट कोई आवेदन, अपील या अभ्यावेदन हिंदी में किया गया हो या उस पर हिंदी में हस्ताक्षर किए गए हों, तो उसका उत्तर हिंदी में दिया जाएगा।

(3) यदि कोई कर्मचारी यह चाहता है कि सेवा-संबंधी विषयों (जिनके अंतर्गत अनुशासनिक कार्यवाहियाँ भी हैं) से संबंधित कोई आदेश या सूचना, जिसका कर्मचारी पर तामील किया जाना अपेक्षित है, यथास्थिति, हिंदी या अँगरेज़ी में होनी चाहिए, तो वह उसो असम्यक् विलंब के बिना उसी भाषा में दी जाएगी।

8. केंद्रीय सरकार के कार्यालयों में टिप्पणों का लिखा जाना

1. कोई कर्मचारी किसी फाइल पर टिप्पण या मसौदा हिंदी या अँगरेज़ी में लिख सकता है और उससे यह अपेक्षा नहीं की जाएगी कि वह उसका अनुवाद दूसरी भाषा में प्रस्तुत करे।
2. केंद्रीय सरकार का कोई भी कर्मचारी, जो हिंदी का कार्यसाधक ज्ञान रखता है, हिंदी में किसी दस्तावेज़ के अँगरेज़ी अनुवाद की माँग तभी कर सकता है, जब वह दस्तावेज़ विधिक या तकनीकी प्रकृति का है, अन्यथा नहीं।
3. यदि यह प्रश्न उठता है कि कोई विशिष्ट दस्तावेज़ विधिक या तकनीकी प्रकृति का है या नहीं, तो विभाग या कार्यालय का प्रधान उसका विनिश्चय करेगा।
4. उपनियम (1) में किसी बात के होते हुए भी, केंद्रीय सरकार, आदेश द्वारा ऐसे अधिसूचित कार्यालयों को विनिर्दिष्ट कर सकती है, जहाँ ऐसे कर्मचारियों द्वारा, जिन्हें हिंदी में प्रवीणता प्राप्त है, टिप्पण, प्रारूपण और ऐसे अन्य शासकीय प्रयोजनों के लिए, जो आदेश में विनिर्दिष्ट किए जाएँ, केवल हिंदी का प्रयोग किया जाएगा।

9. हिंदी में प्रवीणता

यदि किसी कर्मचारी ने

1. मैट्रिक परीक्षा या उसके समतुल्य या उससे उच्चतर कोई परीक्षा हिंदी के माध्यम से उत्तीर्ण कर ली है; या
2. स्नातक परीक्षा में अथवा स्नातक परीक्षा की समतुल्य या उससे उच्चतर किसी अन्य परीक्षा में हिंदी को एक वैकल्पिक विषय के रूप में लिया था, या
3. यदि वह इन नियमों से उपबद्ध प्रारूप में यह घोषणा करता है कि उसे हिंदी में प्रवीणता प्राप्त है, तो उसके बारे में यह समझा जाएगा कि उसने हिंदी में प्रवीणता प्राप्त कर ली है।

10. हिंदी का कार्यसाधक ज्ञान

1. (क) यदि किसी कर्मचारी ने

(i) मैट्रिक परीक्षा या उसकी समतुल्य या उससे उच्चतर परीक्षा हिंदी विषय के साथ उत्तीर्ण कर ली है;

(ii) केंद्रीय सरकार की हिंदी प्रशिक्षण योजना के अंतर्गत आयोजित प्रज्ञ परीक्षा या, जब उस सरकार द्वारा किसी विशिष्ट प्रवर्ग के पदों के संबंध में उस योजना के अंतर्गत कोई निम्नतर परीक्षा विनिर्दिष्ट है, तब वह परीक्षा उत्तीर्ण कर ली है; या

(iii) केंद्रीय सरकार द्वारा उस निमित्त विनिर्दिष्ट कोई अन्य परीक्षा उत्तीर्ण कर ली है;

या

(ख) (1) यदि वह इन नियमों से उपबद्ध प्रारूप में यह घोषणा करता है कि

उसने ऐसा ज्ञान प्राप्त कर लिया है, तो उसके बारे में समझा जाएगा कि उसने हिंदी का कार्यसाधक ज्ञान प्राप्त कर लिया है।

(2) यदि केंद्रीय सरकार के किसी कार्यालय में कार्य करने वाले कर्मचारियों में से अस्सी प्रतिशत ने हिंदी का ऐसा ज्ञान प्राप्त कर लिया है तो उस कार्यालय के कर्मचारियों के बारे में सामान्यतया यह समझा जाएगा कि उन्होंने हिंदी का कार्यसाधक ज्ञान प्राप्त कर लिया है।

(3) केंद्रीय सरकार या केंद्रीय सरकार द्वारा इन निमित्त विनिर्दिष्ट कोई अधिकारी यह अवधारित कर सकता है कि केंद्रीय सरकार के किसी कार्यालय के कर्मचारियों ने हिंदी का कार्यसाधक ज्ञान प्राप्त कर लिया है या नहीं।

(4) केंद्रीय सरकार के जिन कार्यालयों के कर्मचारियों ने हिंदी का कार्यसाधक ज्ञान प्राप्त कर लिया है, उन कार्यालयों के नाम, राजपत्र में अधिसूचित किए जाएँगे :

परंतु यदि केंद्रीय सरकार की राय है कि किसी अधिसूचित कार्यालय में काम करने वाले और हिंदी का कार्यसाधक ज्ञान रखने वाले कर्मचारियों का प्रतिशत किसी तारीख से, उपनियम और हिंदी का कार्यसाधक ज्ञान रखने वाले कर्मचारियों का प्रतिशत किसी तारीख से, उपनियम (2) में विनिर्दिष्ट प्रतिशत से कम हो गया है, तो वह, राजपत्र में अधिसूचना द्वारा, घोषित कर सकती है कि उक्त कार्यालय उस तारीख से अधिसूचित कार्यालय नहीं रह जाएगा।

11. मैनुअल, संहिताएँ, और प्रक्रिया-संबंधी अन्य साहित्य, लेखन-सामग्री आदि

(1) केंद्रीय सरकार के कार्यालयों से संबंधित सभी मैन्युअल, सहिताएँ और प्रक्रिया-संबंधी अन्य साहित्य हिंदी और अँगरेज़ी में द्विभाषीय रूप में यथास्थिति मुद्रित या साइक्लोस्टाइल किया जाएगा और प्रकाशित किया जाएगा।

(2) केंद्रीय सरकार के किसी कार्यालय में प्रयोग किए जाने वाले रजिस्टरों के प्रारूप और शीर्षक हिंदी और अँगरेज़ी में होंगे।

(3) केंद्रीय सरकार के किसी कार्यालय में प्रयोग के लिए सभी नामपट्ट, सूचनापट्ट पत्रशीर्ष और लिफ़ाफ़ों पर उत्कीर्ण लेख तथा लेखन-सामग्री की अन्य मदें हिंदी और अँगरेज़ी में लिखी जाएँगी, मुद्रित या उत्कीर्ण होंगी।

परंतु यदि केंद्रीय सरकार ऐसा करना आवश्यक समझती है तो वह, साधारण या विशेष आदेश द्वारा, केंद्रीय सरकार के किसी कार्यालय को इन नियम के सभी या किन्हीं उपबन्धों से छूट दे सकती है।

12. अनुपालन या उत्तरदायित्व

1. केंद्रीय सरकार के प्रत्येक कार्यालय के प्रशासनिक प्रधान का यह उत्तरदायित्व हो कि वह

(1) यह सुनिश्चित करे कि अधिनियम और इन नियमों के उपबंधों का समुचित रूप से अनुपालन हो रहा है; और

(2) इस प्रयोजन के लिए उपयुक्त और प्रभावकारी जाँच के लिए उपाय करे।

2. केंद्रीय सरकार अधिनियम और इन नियमों के उपबन्धों के सम्यक अनुपालन के लिए अपने कर्मचारियों और कार्यालयों को समय-समय पर आवश्यक निर्देश जारी कर सकती

1.2.5 हिंदी : संपर्क भाषा या अंतर-प्रादेशिक भाषा के रूप में : सरकारी स्तर पर, आम जनता के स्तर पर

(मध्य शिक्षित वर्ग के स्तर पर)

हिंदी राष्ट्रभाषा (शासकीय स्तर पर) का गौरव भले ही न प्राप्त कर पाई हो, मगर संपर्क भाषा के रूप में सरकारी और आम जनता दोनों के स्तर पर पूर्णतः प्रतिष्ठित है। मध्य प्रशिक्षित वर्ग के स्तर पर आम जनता के बीच हिंदी प्रादेशिक भाषा के रूप में सहज ग्राह्य है। यह ग्राह्यता हिंदीभाषी प्रदेशों में ही नहीं, अपितु कमोवेश सभी प्रांतों में भी है।

इसमें हिंदी अंतर-प्रादेशिक भाषा का रूप लेते हुए अखिल भारत के स्तर पर आम जनता के रूप में एक दिन प्रतिष्ठित होने का गौरव प्राप्त कर लेगी। वह इन रूपों में शासन के नियमों, उपनियमों एवं अध्यादेशों से बहुत ऊपर उठकर एक दिन अखिल भारत की अभिव्यक्ति का माध्यम बनेगी। जहाँ तक आम जनता (मध्यम शिक्षित वर्ग के स्तर पर) द्वारा प्रयोग एवं व्यवहार का सवाल है, उस संदर्भ में आज निर्भ्रांत रूप से कहा जा सकता है कि हिंदी पूरे देश में अध्ययन, अध्यापन, शोध एवं व्यवहार की दृष्टि से उपयोग में लाई जा रही है। दक्षिण भारत के चारों राज्यों (आंध्रप्रदेश, केरल, कर्नाटक और तमिलनाडु) तथा महाराष्ट्र, बंगाल, असम, उड़ीसा, अरूणाचल प्रदेश, मणिपुर, सिक्किम, मिज़ोरम, त्रिपुरा, नागालैंड और कश्मीर में हिंदी को प्रयोग औपचारिक और अनौपचारिक दोनों स्तरों पर हो रहा है। इन राज्यों में दक्षिण भारत हिंदी प्रचार सभा, केरल हिंदी प्रचार सभा, और राष्ट्र भाषा प्रचार समिति, वर्धा का कार्य अतिशय महत्व का है। इन संस्थाओं द्वारा हिंदी के प्रचार-प्रसार के साथ-साथ उच्चस्तरीय पाठ्यक्रम एवं अनुसंधान-कार्य भी संपादित किए जा रहे हैं।

1.3 वृहत्तर संदर्भ : अंतरराष्ट्रीय संदर्भ में

आज हिंदी की अंतरराष्ट्रीय संदर्भ में एक पहचान तो बनी है। उसका एक स्वरूप भी खड़ा हुआ है। फिर भी वह स्थान नहीं बन पाया है, जो अपेक्षित था। मेरी दृष्टि में इस का कारण अपने ही देश में हिंदी का पूर्ण प्रतिष्ठा (राष्ट्र भाषा के रूप में) न प्राप्त कर पाना है। फिर भी हिंदी विश्वभाषा के रूप में स्थापित होने की प्रक्रिया से गुज़र रही है। इसके दो कारण हैं, एक-विश्वस्तर पर प्रवासी भारतीयों का होना और उनके द्वारा अपनी मातृभाषा हिंदी के लिए कुछ न कुछ करते रहने का स्वभाव। दूसरा है– विभिन्न देशों द्वारा भारत और भारत की संस्कृति की ओर

उन्मुख होना और भारतीय विद्या के रूप में हिंदी तथा संस्कृत को भी स्थापित करना। वृहत्तर संदर्भ में हिंदी का प्रयोग विदेशी भाषा (अन्य भाषा) के रूप में विदेशियों के लिए हो रहा है। यहाँ यथासंभव प्राप्त संदर्भों एवं आकड़ों के आधार पर उन सभी देशों के हिंदी-प्रयोग संदर्भ को स्पष्ट किया जा रहा है, जो दोनों रूपों में हिंदी को प्रतिष्ठा प्राप्त हुई है।

1.3.1 मॉरीशस में हिंदी

मॉरीशस में हिंदी की अध्ययन, अध्यापन, शोध और रचनात्मक लेखन की स्थिति बहुत् अच्छी कही जा सकती है। आज मॉरीशसी हिंदी का अपना एक रूप स्थिर हो चुका है। यहाँ भारत के लोग काफ़ी है ही, भारतीयों के अतिरिक्त चीन, इंग्लैंड, फ्रांस, मोजांबिक, पूर्वी अफ्रीका, पश्चिमी अफ्रीका तथा सेशेल के लोग भी हैं।

"1965 की जनगणना की अनुसार यहाँ कुल 7,82,044 लोगों में 5,06,552 भारतीय, 24,776 चीनी तथा 2,009 अन्य मूल के लोग थे। इस समय यहाँ बहुमत भारतीयों का है। जहाँ तक भारतीय भाषाओं का प्रश्न है, यहाँ उक्त गणना के अनुसार हिंदीभाषी 2,48,359, उर्दू भाषी 92,276, तमिलभाषी, 4,406, तेलुगुभाषी 16,181, मराठीभाषी 11,533, गुजराती भाषी 1,306 थे।"[2]

"मॉरीशस जाने वाले भारतीयों में पूर्वी उत्तर प्रदेश और बिहार के लोगों की संख्या अधिक थी। यही कारण है कि वहाँ की मॉरीशसी भोजपुरी में भारतीय भोजपुरी के शब्दों की संख्या अधिक है। कुछ प्रमुख शब्द हैं– एक, दु, चार, तिस, हिस, केने (किधर), होने (उधर), हेने (इधर), उइसन, अइसन, (कैसा) जइसन (जैसा) ओतना उतना, जेतना (जितना), केतना (कितना), केतना (कितना) हाली (जल्दी) तुरंते (तुरंत ही) आदि।"[3]

1.3.2 फ़िज़ी में हिंदी

इस देश में सर्वप्रथम 1879 ई. में भारत मूल के लोग पहुँचे। मजदूरी की नियति से गए कुछ भारतीयों में कला, साहित्य, संगीत, संस्कृति और मातृभाषा से लगाव बनाए, रखने की निरंतर अभिरुचि भी बनी रही।

इसीलिए वे आज इन सभी पक्षों से संबंधित संगठनों को खड़ा कर सकते हैं। फ़िज़ी हिंदी, मूलतः हिंदी का वह रूप है, जो अनपढ़ भोजपुरी-भाषियों में 19वीं सदी के अंतिम तथा 20वीं सदी के प्रथम चरण में प्रचलित था।[4] फ़िज़ी हिंदी में प्रयुक्त होने वाले प्रमुख शब्द हैं– 'केरा (केला), गटई (गला) बरखा (वर्षा), संझा (संध्या), मूड (सिर), जून (वक्त, जैसे दोनों जून-दोनों वक्त), गोड (पैर) आदि। ये सभी शब्द अवधी के है।[5] कुछ अन्य शब्द है पल्ला दरवाजा) काका (चाचा, बाप का छोटा भाई) आजा (पिता का पिता, दादा) आजी (दादी), पहुना (अतिथि), करिया (काला) सिस्सा कहानी)।[6] इसमें किसान मित्र, सनातन संदेश, राजदूत, विजय, फिजी वृतांत और शंख आदि पत्रिकाओं का विशेष योगदान है।

1.2.3 त्रिनिदाद में हिंदी

त्रिनिदाद में हिंदी का प्रयोग दो स्तरों पर हो रहा है। एक है–प्रवासी भारतीय मूल के परिवारों में और दूसरे हिंदी सेवी संस्थाओं में। भारतीय प्रवासियों का त्रिनिदाद जाना और उनकी अभिव्यक्ति की माध्यम-भाषा हिंदी का बना रहना और पीढ़ियों के अंतर के बाद उसमें बदलाव भी आना, यह सब परिस्थितिजन्य ही कहा जाएगा।

इन अधिसंख्य भारतीय प्रवासियों से संपर्क स्थापित करने और उन्हें अपने मिशन की ओर आकृष्ट करने के उद्देश्य से ईसाई मिशनरियों ने अच्छा प्रयास किया है। उन्हीं के सत्प्रयासों से हिंदी स्कूलों की स्थापना और हिंदी की पाठ्य पुस्तकों का प्रकाशन भी प्रारंभ हो सका है। डॉ. त्रिलोचन पाण्डेय के अनुसार त्रिनिदाद में नियमित रूप से हिंदी प्रचार-प्रसार का कार्य सन् 1910 से प्रारंभ हुआ, जिसके लिए इस समय चार संस्थाएँ प्रमुख रूप से उल्लेखनीय है–

1. पंडित वर्ग की संस्थाएँ 2. हिंदी एजुकेशन बोर्ड
2. भारतीय विद्या संस्थान 3. हिंदी-निधि।[7]

1.3.4 सूरीनाम में हिंदी

सूरीनामी हिंदी इधर अपने मानक रूप में व्यवहृत है। इसका श्रेय हमारी प्रमुख श्रेष्ठ पत्र-पत्रिकाओं को है। यहाँ भोजपुरी अवधी, मैथिली और कुछ अन्य बोली क्षेत्रों के प्रवासी भारतीयों की अपनी हिंदी का एक रूप अलग से विकसित हो गया है। इसे सूरीनामी हिंदी कहा जाता है। यहाँ सौ से भी अधिक स्कूलों में हिंदी का अध्यान होता है। हिंदी के विकास में वहाँ की स्वैच्छिक संस्था 'हिंदी परिषद' का भी योगदान है। भारतीय संस्कृति केंद्र द्वारा भी हिंदी के अध्यापन की व्यवस्था उल्लेखनीय है।

1.3.5 गुयाना में हिंदी

सूरीनामी हिंदी प्रचार सभा द्वारा हिंदी की परीक्षाएँ संचालित की जाती हैं। हिंदी के अध्यापन की व्यवस्था यहाँ के मंदिरों द्वारा की जाती है। इस व्यवस्था के अंतर्गत हिंदी की कुल 100 पाठशालाएँ चलाई जाती हैं। यहाँ से निकलने वाली हिंदी पत्रिकाओं का हिंदी के विकास में अप्रतिम योगदान है। इनमें कुछ उल्लेखनीय पत्रिकाएँ हैं– आर्य ज्योति, आर्य समाज का पत्र, अमर ज्योति, और ज्ञानदा।

1.4 भारत के पड़ोसी देशों में हिंदी

इसके अंतर्गत पाकिस्तान, बांगलादेश, नेपाल, श्रीलंका, भूटान, मालदीव और म्यांमार है।

1.4.1 पाकिस्तान में हिंदी

पाकिस्तान में हिंदी की तमाम अच्छी संभावनाओं के बावजूद उसके भारत से यथोचित राजनयिक संबंध न होने के कारण हिंदी की स्थिति ठीक नहीं है। कहने भर की उच्चशिक्षा के स्तर पर अध्यापन का प्रावधान रखा गया है, परंतु समुचित व्यवस्था के अभाव में हिंदी वहाँ होते हुए भी नहीं के बराबर है।

लाहौर, पेशावर तथा हैदराबाद के विश्वविद्यालयों में इसके अध्यापन का पाठ्यक्रम मात्र है। अध्ययन-अध्यापन की स्थिति नगण्य है। भविष्य में दोनों देशों के संबंध ठीक होने पर हिंदी के प्रचार-प्रसार की स्थिति भी ठीक हो सकेगी।

1.4.2 बंगलादेश में हिंदी

बंगलादेश में हिंदी की जो स्थिति है, उसे संतोषप्रद कहा जा सकता है। इंडिया इंटरनेशनल स्कूल में सातवीं कक्षा तक हिंदी के अध्यापन की व्यवस्था की गई है। ढाका विश्वविद्यालय में हिंदी का पाठ्यक्रम प्रारंभ किया गया था, वैसा इसका फलितार्थ दृष्टिगत नहीं होता।

1.4.3 नेपाल में हिंदी

नेपाल का पूरा जनमानस हिंदीमय है। वहाँ प्राथमिक, माध्यमिक, स्नातक एवं स्नातकोत्तर स्तरों पर हिंदी के शिक्षण की अच्छी व्यवस्था है। त्रिभुवन विश्वविद्यालय काठमांडू में हिंदी के उच्चस्तरीय अध्ययन, अध्यापन एवं शोध की एक पुष्ट परंपरा स्थापित हुई है। यह विश्वविद्यालय हिंदी के शिक्षण और शोध-क्षेत्र में भारतीय विश्वविद्यालयों के समतुल्य ही कहा जा सकता है।

यही कारण है कि वहाँ हिंदी के प्रति एक अलग प्रकार की जन-जागृति है।

1.4.4 श्रीलंका में हिंदी

श्रीलंका में हिंदी की स्थिति जितनी अपेक्षित हो सकती है, उतनी नहीं है। फिर भी विद्यालयों, सरकारी संस्थाओं और विश्वविद्यालयों में हिंदी को स्थान प्राप्त है। दिसंबर 2013 में मेरा श्रीलंका जाना हुआ था। वहाँ के कैलिनिया विश्वविद्यालय में हिंदी के अध्ययन अध्यापन और शोध की अच्छी सुविधा है। वहाँ मेरी मुलाकात हिंदी विभागाध्यक्ष डॉ. लक्ष्मण से हुई। उन्होंने इलाहाबाद विश्वविद्यालय से डी.फिल् (पी-एच.डी.) किया है। यहाँ हिंदी विषय की शिक्षा एक अतिरिक्त भाषा के रूप में दी जाती है। हिंदी के एक जूनियर प्राध्यापक तथा शोधछात्रों से मिलना हुआ। अनुकूलता अनुसार जाफना केंपस की मुलाकात और मुझे वहाँ के हिंदी विभाग के कार्य का अवलोकन करने के लिए कहा गया। परंतु वहाँ जाना संभव नहीं हो पाया।

1.4.5 भूटान में हिंदी

'भूटान' में भी विद्यालय स्तर तक की शिक्षा व्यवस्था के अतिरिक्त कुछ हिंदी सेवियों द्वारा भी हिंदी के प्रचार-प्रसार के लिए कार्य किया जा रहा है। इस प्रकार का कार्य वहाँ की कई स्वयं-सेवी संस्थाओं द्वारा किया जाता है।

1.5 संयुक्त राज्य अमेरिका में हिंदी

संयुक्त राज्य अमेरिका में हिंदी के साथ भारतीय भाषाओं एवं भारतीय संस्कृति के कई केंद्र स्थापित हैं। इस प्रकार के केंद्रों में शिकागो, कैलिफोर्निया, विस्कांसिल, कोलंबिया, पेन्सिलवानिया, वाशिंगटन, टेक्सॉस एवं विर्जिनिया विश्वविद्यालय, क्ले अरमांट स्कूल ऑफ़ लैंग्वेज़, अमेरिकन विश्वविद्यालय, इलिनाई विश्वविद्यालय,

लांगवीच कीटूमेज, मिशिगन विश्वविद्यालय, सिराक्यूज विश्वविद्यालय आदि प्रमुख हैं।

विर्जिनिया में अंतरराष्ट्रीय हिंदी समिति 1400 का गठन हुआ। आज इनकी विभिन्न शाखाएँ भी बन गई हैं। हिंदी के प्रचार-प्रसार और विस्तार में वहाँ से प्रकाशित होने वाली पत्रिकाओं 'विश्वभारती' 'संगम' और 'जीवन ज्योति' का अत्यधिक योगदान है। इसी प्रकार का कार्य कनाडा, मैक्सिको, क्यूबा, अर्जेन्टाइना, कोलंबिया, ब्राजील और चिली में भी चल रहा

1.6. रूस में हिंदी

रूस में हिंदी के अध्ययन, अध्यापन एवं शोध के स्तर की यथेष्ट प्रगति हुई है। इस दिशा में वहाँ के प्रमुख विश्वविद्यालय मॉस्को भाषा संकाय, लेनिन-ग्राद विश्वविद्यालय लेनिनग्राद, अंतरराष्ट्रीय संबंध संस्थान, मॉस्को अध्ययन संस्थान, लेनिनग्राद और मॉस्को, एशियाई और अफ्रीकी देशों का संस्थान, मॉस्को राष्ट्रीय विश्वविद्यालय मॉस्को, जवाहरलाल नेहरू सांस्कृतिक केंद्र, भारतीय दूतावास मॉस्को, हिंदी विद्यालय मॉस्को, और लेनिनग्राद, व्यक्तिगत संस्थाएँ वॉयस ऑफ़ रसिया हिंदी प्रसारण सेवा, हिंदी समाचार पत्र, आदि का उल्लेखनीय योगदान है।

1.7. जर्मनी में हिंदी

'जर्मनी' में हिंदी का स्तर पर्याप्त समुन्नत है। न्यूनाधिक रूप में वहाँ के अनेक विश्वविद्यालय हिंदी के शिक्षण-प्रशिक्षण कार्य से जुड़े हुए हैं। इसमें से कुछ प्रमुख हैं– मार्टिन लूथर विश्वविद्यालय, मारबुर्ग विश्वविद्यालय, फ्रेंकफ़र्ट विश्वविद्यालय, फ्री विश्वविद्यालय, बर्लिन, लीपजिग विश्वविद्यालय, ग्योटिंगम, विश्वविद्यालय, कील विश्वविद्यालय, मुनिख विश्वविद्यालय, हाइडेलबर्ग विश्वविद्यालय, हैम्बुं विश्वविद्यालय।

1.8. ब्रिटेन में हिंदी

ब्रिटेन में हिंदी के शिक्षण की व्यवस्था दो स्तरों पर है– एक विश्वविद्यालयीन स्तर पर और दूसरा संस्थाओं के स्तर पर। इनसे लीड्स विश्वविद्यालय, कैस्टिज विश्वविद्यालय, लंदन विश्वविद्यालय का विशेष योगदान है। अध्ययन, अध्यापन, पाठ्यसामग्री निर्माण और कोशनिर्माण की दिशा में यहाँ उल्लेखनीय कार्य हुआ है।

1.6. कनाडा में हिंदी

भारत के विभिन्न राज्यों में गए हुए प्रवासी भारतीयों की परस्पर संपर्क-भाषा हिंदी है। यहाँ के प्रायः सभी विश्वविद्यालयों में हिंदी-शिक्षण की व्यवस्था है।

इनमें से कुछ हैं–टोरंटो विश्वविद्यालय, बैंकबूर विश्वविद्यालय, विंडसर विश्वविद्यालय, मांट्रियल विश्वविद्यालय और रंजीना विश्वविद्यालय। संस्थाओं के स्तर पर– हिंदी परिषद, हिंदी लिटरेरी सोसाइटी ऑफ़ गल्क, आदि प्रमुख हैं।

1.10. नीदरलैंड में हिंदी

नीदरलैंड में लायडन एवं निन्मौन विश्वविद्यालय द्वारा हिंदी पाठ्यक्रमों का संचालन किया जाता है। इसके साथ वहाँ की अनेक संस्थाओं द्वारा राष्ट्रभाषा प्रचार समिति

वर्धा के पाठ्यक्रमों का अध्यापन किया जाता है। इन परीक्षाओं के संयोजन का कार्य वहाँ की 'हिंदी परिषद' करती है। भारतीय प्रवासियों की अच्छी संख्या होने के कारण हिंदी को केंद्र में रखकर अन्य प्रकार के भी सांस्कृतिक आयोजन होते रहते हैं।

1.11. फ्रांस में हिंदी

सोरेबन विश्वविद्यालय, पेरिस द्वारा हिंदी के पत्रोपाधि पाठ्यक्रम संचालित किए जाते हैं। यही के प्राच्च' भाषाओं एवं सभ्यताओं के राष्ट्रीय संस्थान द्वारा भी हिंदी प्रशिक्षण का कार्य किया जाता है। सुखद संदर्भ यह है कि यहाँ हिंदी का कार्य अनुसंधान स्तर पर पहुँच चुका है।

1.12. तुर्की में हिंदी

अंकारा विश्वविद्यालय, मिडिल ईस्ट टेकनिकल विश्वविद्यालय तथा तुर्की के अन्य विश्वविद्यालयों में भी हिंदी के शिक्षण का कार्य कमाधिक रूप में संपन्न होता है।

उपर्युक्त देशों के अतिरिक्त स्विट्जरलैंड, डेनमार्क, नार्वे, स्वीडन, इटली, पोलैंड, चेकगणराज्य, हंगरी, दक्षिणी अफ्रीका, जापान, दक्षिणी कोरिया, इटली, ऑस्ट्रेलिया, उक्रेन, क्रोशिया, गणराज्य, चीन, मंगोलिया, उजबेकिस्तान, मैक्सिको, क्यूबा, बेलिजयम, आस्ट्रिया, फ़िनलैंड, रोमानिया, थाईलैंड और रियूनियन द्वीप में भी हिंदी-शिक्षण एवं व्यवहार की संतोषप्रद स्थिति है। यह सब हिंदी-संसार के लिए शुभ एवं सुखद है।

संदर्भ

1. राष्ट्रभाषा भारती, अंक 19-20 पृष्ठ राजभाषा विभाग, गृहमंत्रालय, भारत सरकार नई दिल्ली।
2. डॉ. भोलानाथ तिवारी, हिंदी भाषा का अंतरराष्ट्रीय संदर्भ पृष्ठ-88
3. वही, पृ. 86
4. वही, पृ. 61
5. वही, पृ. 62
6. वही, पृ. 66
7. डॉ. त्रिलोचन पाण्डेय, त्रिनिदाद : कार्नीवाल का देश

2
भाषानियोजन : संकल्पनाएँ, उद्देश्य और हिंदी भाषा-नियोजन

2.1 संकल्पनाएँ

भाषा-नियोजन विकास-सापेक्ष्य है। इस दृष्टि से नियोजन एवं विकास के 'अंतस्संबंधों की चर्चा आवश्यक प्रतीत होती है। प्राकृतिक जीवों के अस्तित्व से लेकर सभ्य मनुष्यों तक भाषा एक महत्वपूर्ण भूमिका निभाती है। भाषा व्यक्ति-विशेष को और किसी सामाजिक समूह को एक खास पहचान प्रदान करती है। भाषा का संक्षण, मिश्रण, आपसी विरोध और परिवर्तन जो कि भाषा के बदलाव से होता है, इस बात को लेकर भाषा-विदों, दार्शनिकों, मनोवैज्ञानियों, समाजशास्त्रियों, और वैज्ञानिकों ने भाषा के समस्त पक्षों के अध्ययन को लक्ष्य बनाया है। चूँकि आर्थिक और सामाजिक योजना में नियोजन की आवश्यकता होती है, अतः इस समय पूरे विश्व में भाषानियोजन पर ध्यान दिया जा रहा है।

भाषा एक संस्कृति है और मानवीय संचार का एक बुनियादी माध्यम भी। इसलिए आज भारत जैसे एक बड़े देश में भाषा-नियोजन की ओर ध्यान दिया जाना अत्यावश्यक है। यह स्पष्ट है कि भाषा का उपयोग चाहे शिक्षा, प्रशासन, या जनसमूह माध्यम में हो, प्रत्येक स्थिति में किसी विकल्प और कार्ययोजना की आवश्यकता हमेशा बनी रहती है।

भाषा-नियोजन के बारे में चर्चा करने के पूर्व योजना की कार्य-प्रक्रिया जानना आवश्यक है। योजना मात्र स्रोतों या संस्थाओं की सूची नहीं है और न ही एक निश्चित लक्ष्य पर पहुँचने में इनका उपयोग। चूँकि तकनीकी विशेषज्ञ कभी-कभी ही निर्णय लेने वाला होता है। अतः यह आवश्यक है कि योजनाकार विकल्पों और स्रोतों के चयन की छूट दे, ताकि लक्ष्य तक पहुँचा जा सके। एक बार जब छूट दे दी जाती है, तब लक्ष्य निर्धारित किए जाते हैं। तभी नियोजित कार्यों का विश्लेषण किया जा सकता है और तभी राजनीतिज्ञ भी निर्णय ले सकते हैं।

2.2 उद्देश्य : भाषा-नियोजन के दो उद्देश्य माने जा सकते हैं–

1. भाषा-विकास
2. वातावरण-परिवर्तन

यहाँ वातावरण का उपयोग वस्तुनिष्ठ या प्राणिनिष्ठ नहीं है, अपितु समाज में प्रत्येक व्यक्ति की सामाजिक सभ्यता के संदर्भ में है। जो लोग प्रगति और आर्थिक विकास चाहते हैं, वे सामाजिक और सांस्कृतिक आधारों को लेकर अवश्य चलते हैं। जैसे कि पाठ्यपुस्तक और प्रयोगशाला में किए जाने वाले प्रयोगों में अन्य स्थितियाँ अपरिवर्तनीय रहती हैं और इससे सारांश निकाल लिया जाता है। आर्थिक योजनाकार आर्थिक योजना के संदर्भ-मात्र को केंद्र-बिंदु मान लेता है। वह यह भूल जाता है कि वास्तविक ज़िंदगी में अन्य स्थितियाँ कभी-कभी ही एक-सी रहती हैं।

भाषा-योजना क्षेत्र-विशेष में बोली जाने-वाली भाषाओं को सूचीबद्ध करना मात्र नहीं है। एक भाषा या बहुभाषाई समाज में कुछ समस्याओं, जैसे-बोली, भाषा-स्तर, विकास, बरताव, पूर्वाग्रह, और गर्व आदि की समस्याओं को सुलझाना होता है। संक्षेप में भाषा-विकास के सभी संबंधित क्षेत्रों का ध्यान भाषा-योजनाकार को रखना पड़ता है।

फ़रग्यूसन (1968) ने औद्योगिक समाज में स्थानांतरणीयता के आधार को विकसित भाषा माना। कोई भ्रम का लाभ ऐसे ले सकता है कि औद्योगिक समाज ने शायद उपयोग में लाई जाने वाली भाषा का कोई भिन्न रजिस्टर बनाया है। किंतु कृषि-समाज में कुछ अलग इकाइयाँ विकसित हुई हैं, जो कि औद्योगिक समाज में नहीं पाई पाती।

अब यह प्रश्न उठता है कि आखिर भाषा-विकास है क्या? भाषा-योजना में समाज द्वारा कोई एक भाषा बनाई जा सकती है? जो भाषा जितनी प्राचीन होती है, वह उतनी ही विकसित मानी जाती है। दूसरी लोकप्रिय धारणा भाषा में प्राप्त गद्य है। अतः बंगाली और तमिल में कौन अधिक विकसित है, इस तर्क से हानिप्रद विवाद खड़ा कर दिया गया है। इसके अतिरिक्त शब्दावली पर भी ज़ोर दिया गया है। आधार और स्तर की बात करते समय जहाँ प्रतिस्पर्धात्मक विविधताएँ होती हैं, वे भाषा विकास की बुनियादी सीढ़ियाँ कहलाती हैं। इसे उच्चारण, लेखन, व्याकरण, शब्दकोश, और पाठ्यपुस्तकों आदि के निर्धारण द्वारा प्राप्त किया जा सकता है। किसी भाषा के पक्षों को बढ़ाना भाषा-विकास का एक दूसरा महत्वपूर्ण पक्ष है। इसे नवीन लिखावट, तकनीकी, शब्द-भंडार के निर्माण और अनुवाद आदि को बढ़ावा देकर श्रेष्ठ ढंग से प्राप्त किया जा सकता है। वे इकाइयाँ, जो पर्याप्त तकनीकी विशेषज्ञता से परिपूर्ण हैं, भाषा-विकास में बहुत बड़ा योगदान दे सकती है और योजना के द्वारा आपसी विवाद और तनाव कम कर सकती हैं।

बहुभाषाई समाज की भाषाई समस्याएँ उलझावपूर्ण होती हैं। इनमें चुनाव

प्रतिस्पर्धात्मक होता है। लक्ष्य को कठिनाई से प्राप्त किया जा सकता है। कारण कि भाषा-उपयोग का संदर्भ वाष्पीकरण प्रकृति का होता है। स्मरण रहे कि कोई भी भाषा या संस्कृति अपने आप में पूर्णतः एकल नहीं है। यहाँ तक कि इंग्लैंड और अमेरिका में अँगरेज़ी बोलने वाले लोगों को इस तरह वर्गीकृत नहीं किया जा सकता। संचार-सुविधाएँ, धार्मिक संगठन, शिक्षा और सांस्कृतिक विकास के विषम अवसर आदि क्षेत्रीय भाषा अंतर के प्रमुख आधार हैं। यहाँ तक कि जहाँ एक भाषा अग्रणी है, वहाँ भी भाषा-भेद पर्याप्त मात्रा में मिलता है।

प्राचीन समय में भाषाविदों ने भाषा का एक स्वरूप माना। आज यह माना जाता है कि किसी समुदाय के बोली तंत्र में अनेक भाषाओं का मिश्रण रहता है। एक प्रधान भाषा समाज की स्थिति में भाषा की विविध प्रजातियाँ किसी विशेष कार्य तक सीमित रहती हैं। इसके विपरीत बहुभाषा-समाज में मातृभाषा की प्रजातियों के अतिरिक्त एक या अधिक भाषाएँ प्रचार-माध्यम का कार्य करती हैं। यह स्वाभाविक है कि वे एक-दूसरे के प्रति एक विशेष दृष्टिकोण पैदा करती हैं। प्रत्येक व्यक्ति को अपनी भाषा सबसे अच्छी लगती है। जब किसी पड़ोसी से कोई व्यक्ति सतत संपर्क करता है, तो उसे सामाजिक-आर्थिक लाभों के लिए और व्यापारिक संबंधों को जोड़ने के लिए भाषाई प्रभाव का काफ़ी उपयोग करना पड़ता है। इस प्रभाव का स्वरूप कई कारकों पर निर्भर करता है। इनमें एक प्रमुख कारक है, संबंधित समुदाय की राजनैतिक-आर्थिक ऊर्जा।

भाषा के किसी भी मानकीकरण के प्रयास में क्षेत्रीय अस्मिता को उपेक्षित नहीं करना चाहिए। कारण कि यह स्थानीय कारक मानकीकरण के किसी भी प्रयास-बोध के स्तर पर नितांत सहायक सिद्ध होता है।

जिस तरह दूसरों की भाषा के प्रति दृष्टिकोणों के भीषण परिणाम होते हैं, उसी तरह खुद की भाषा के प्रति दृष्टिकोण भी। खुद की भाषा में कमी देखने का दृष्टिकोण अन्य भाषा के स्तर के प्रति आकर्षण को जन्म देने और साथ-साथ किसी भाषा-संस्कृति को ग्रहण करने या भाषा को पूर्णतः खो देने की स्थिति को जन्म देता है। फ्रेंच बोलने वाले कनाडियन, पारसी-फ्रेंच की और हिंदी बोलने वाले केरीबियन, तमिल बोलने वाले श्रीलंकाई और हाँगकांग में विस्थापित मलयाली भारत की ओर एक स्तर-विशेष के लिए नज़र डालते हैं। ग़ैर-शिक्षित अल्प भाषाई प्रमुख भाषा को गृह कार्यों के अतिरिक्त अन्य सभी कार्यों के लिए अपना लेते हैं। जैसे भारत में कन्नड़ भाषी तेलुगु को एवं मराठी या कन्नड़ भाषी कोंकणी को। भाषा के प्रति समर्पण की कमी के कारण भाषा-ह्रास की स्थिति विश्व के प्रायः सभी देशों में देखने को मिलती है। भारत में आदिवासियों की अनेक भाषाओं के लुप्त होने के कारण अनेक प्रधान भाषाओं का आधुनिकीकरण के नाम पर प्रचलन है।

कभी-कभी अपनी भाषा के प्रति आस्था विचलित हो जाती है, जो कि आकस्मिक

रूप से उत्पन्न परिस्थितियों के कारण होता है। प्रत्येक समाज में भाषानियोजन की आवश्यकता किसी न किसी रूप में होती अवश्य है। इसकी आवश्यकता विशेषतः उस बहुभाषी समाज में अधिक होती है, जहाँ संचार-माध्यम जटिल होते हैं और जहाँ बोलने वाले को अनेक विकल्पों से गुजरना पड़ता है।

2.3 भाषा-नियोजन का स्वरूप

1857 में उरील में उरील वाश्नराइख ने कोलंबिया यूनिवर्सिटी की एक संगोष्ठी में भाषानियोजन शब्द का प्रयोग पहली बार किया था। तभी से इसके सैद्धांतिक पक्ष को विकसित करने के लिए कई प्रयास किए गए हैं। भाषा-नियोजन भाषा-समस्याओं के संभव समाधानों पर ध्यान केंद्रित करता है। ये समाधान इन समस्याओं के विभिन्न लक्ष्यों, साधनों और परिणामों के बारे में निर्णय लेकर किए जाते हैं। समाजवैज्ञानिकों ने भाषा-नियोजन के क्षेत्र में संगठित रूप से अध्ययन करने का प्रयास किया है। ये प्रयास सामाजिक विशिष्टता और राष्ट्रीय व्यवस्था की सतत रूप से पैदा होने वाली भाषाई समस्याओं का समाधान ढूँढने के लिए किए गए हैं और स्पष्ट रूप से यह कहा जा सकता है कि यह वह क्षेत्र है, जो राज्यशासन के भीतर प्रयुक्त होने वाले कोडों की संरचना और प्रकार्यात्मकता का निर्धारण, दोनों पक्षों को पूरा करने के लिए सजग सरकारी प्रयासों पर विचार करता है। (फ़िशमैन, 1969 : 86) (श्रीवास्तव, 1997:169, 164)

डॉ. श्रीवास्तव ने इस समस्या पर सार्वभौमिक रूप से विचार करते हुए लिखा है– "यह धारणा सही नहीं है कि भाषाई समस्या केवल विकासशील देशों में है; अमरीका, कनाडा जैसे विकसित देश भी गंभीर भाषाई समस्याओं से जूझ रहे हैं। जेनर्ड और दास गुप्ता (1971:197) ने इन समस्याओं को विस्तार से जानने की आवश्यकता पर बल दिया है और यह अनुभव किया है कि भाषा-नियोजन का मुख्य कार्य उस समाज के निश्चित क्षेत्रों को पहचानना है, जो भाषा-संसाधनों के संबंध में सुनियोजित कार्रवाई करना चाहता है। यह ध्यान में रखा जाए कि भाषाई समस्याओं को सामाजिक और राजनैतक ढाँचे के अंतर्गत देखने की आवश्यकता है। इसके अतिरिक्त भाषा को एक अन्य संसाधन के रूप में देखा जा सकता है कि जिस पर प्रशासन अपने उद्‍देश्यों की पूर्ति के लिए विचार कर सकता है।" (श्रीवास्तव 1997:164)

भाषा में शुद्धि की समस्या लेखकों के बीच एक प्रमुख विषय है। भाषानियोजन संक्षेप में भाषा के उस स्वरूप को कहेंगे, जिसे भाषा के ही हेर-फेर द्वारा अपेक्षित शैली में ढाल लिया जाता है। एक अन्य रूप में नियोजन वह मानवीय प्रक्रिया है, जिसका प्रादुर्भाव समस्याओं को खोजे गए निदानों से होता है। यह या तो पूर्णतः स्वभाविक होता है या इसे पूर्वधारणा के अनुसार व्यवस्थित किया जाता है। इसे

ग़ैर-सरकारी या सरकारी माध्यम से संपादित किया जा सकता है। यदि नियोजन अच्छी तरह से किया गया है, तो इसमें तथ्यों की खोज अन्य विकल्प योजना का कार्यक्रम, परिणाम निर्धारण और इन सभी का यथास्थान उपयोग जैसे बिंदु आवश्यक होंगे।

उपर्युक्त स्वरूप भी भाषा-नियोजन के लिए उपयुक्त है। भाषानियोजन की आवश्यकता तभी होती है, जब भाषा में समस्याएँ होती हैं और जब भाषा के किसी भी पक्ष, स्थिति या कारण से असंतुष्टि होने लगती है, तब भाषा-नियोजन के स्वरूप-निर्धारण की आवश्यकता होती है और भी संक्षिप्त रूप से भाषा-योजना को इस तरह परिभाषित किया जा सकता है कि 'यह भाषायी परिवर्तन का परीक्षण है।" ईनर हागेन, 1991)। भाषा एक वर्णनात्मक विज्ञान है, फिर भी कुछ मानकों द्वारा विभिन्न भाषाई खोजों का परीक्षण किया जा सकता है। प्रत्येक व्यक्ति भाषा को अपने तरह से सीख पाता है। इस तरह लोग अपने-अपने जीवन में भाषा में परिवर्तन ला सकते हैं। यह इस तथ्य को प्रतिपादित करता है कि भाषा-नियोजन में प्रायः कुछ न कुछ आपेक्षिक रुचि के लिए गुंजाइश रहती ही है। फिर भी यह सत्य है कि हम भाषानियोजन को एक ऐसा प्रयास कह सकते हैं, जो व्यक्तिगत रुचि को प्रभावित करता है। अन्य परीक्षणों की भाँति प्रत्येक भाषाई खोज को निश्चित मानकों द्वारा तौला जा सकता है।" भाषा-नियोजन का यह उद्देश्य कदापि नहीं है कि वह पूर्व से ही परिवर्तन को बढ़ावा दे या रोके। इसका यह भी आशय नहीं कि यह भिन्न-भिन्न वक्ताओं या समूहों के बीच एकरूपता या वैभिन्य लाए। यह इस बात के लिए भी संकल्पित नहीं है कि विभिन्न भाषाओं के बीच आदान-प्रदान को बढ़ावा दे या उन्हें रोके। भाषानियोजन शुद्धता और संस्करण के लिए भी कार्य कर सकता है। यह भाषा के स्रोतों को या तो विस्तृत या संकीर्ण कर सकता है। यह सुंदरता को नष्ट करके क्षमता को बढ़ाने के लिए कदापि संकल्पित नहीं है। यह शुद्धता और अभिव्यक्ति पर कार्य कर सकता है। यहाँ तक कि उस भाषा के रख-रखाव तक के लिए उत्तरदाई नहीं है, जिसके लिए कि यह आयोजित है, बल्कि यह किसी अन्य भाषा के स्थानांतरण पर कार्य कर सकता है।

भाषा-नियोजन का क्रमबद्ध स्वरूप बनाने के लिए हमें एक ऐसी योजना स्वीकार करनी होगी, जो नव निर्णय की सामान्य पहुँच पर आधारित होगी। वर्तमान में निर्णय- निर्धारण का अध्ययन सामाजिक सिद्धांतों के प्रमुख एवं चुने हुए आधारों में से एक है, और इसमें कोई संशय नहीं कि निर्णय-निर्धारण सामान्य ढंग से भाषा नियोजन के लिए भी उपयुक्त है। यहाँ उन तथ्यों का उल्लेख आवश्यक है, जो योजना को जन्म देते हैं, संबंधित निर्णायक, प्रस्तावित विकल्प और इनसे संबंधित रुकावटें, उपयोग में लाए गए परीक्षण के सिद्धांत और कार्यान्वयन, जिसके द्वारा नीति-निर्धारण किया गया है।

इसके पूर्व उन समस्याओं पर ध्यान केंद्रित किया जाए, जो भाषानियोजन को

जन्म देती हैं। यह आवश्यक होगा कि लिखावट और भाषण की भूमिका को स्पष्ट किया जाए। भाषानियोजन में हम लिखावट और भाषण की भूमिका को द्वितीय स्थान पर रखेंगे, जबकि ऐतिहासिक तथ्यों के आधार पर भाषण प्रथम और लिखावट द्वितीय स्थान पर माने गए है, जो कि नवीन मान्यता के सर्वथा विपरीत है। लिखावट को प्राथमिकता देने का कारण यह है कि लिखावट वक्ताओं के बीच संपर्क का सशक्त माध्यम है, जो कि समय और दूरी के परे है। समाज के लिए इसका स्थाईपन और उपयोगिता भाषण की तुलना में सर्वथा भिन्न है। साथ ही यह मात्र एक दस्तावेज़ बनकर नहीं रह जाती, बल्कि कालातीत होकर समाज को प्रभावित करती है।

भाषा-नियोजन में भाषा-पद्धति की समस्या का भी ध्यान रखा जाता है। भाषा-नियोजन का प्राथमिक संबंध भाषा की लिखित पद्धति से है, न कि ग़ैर शिष्ट पद्धतियों से। ग़ैरशिष्ट पद्धति पर कोई भी प्रभाव द्वितीय प्रभाव कहलाएगा। अनुप्रयुक्त भाषा-विज्ञान का क्षेत्र, जो कि जटिल सामाजिक गतिविधियों का स्पष्ट उल्लेख करता है, एक दिन हमें उन तथ्यों को समझाएगा, जो भाषा-नियोजन से संबंधित है। समाजभाषाविज्ञान की जानकारी लिखित माध्यम के निर्माण और वर्णलेखन के लिए हमें आदेशित करती है कि हम सर्वप्रथम पहचाने और इसके पश्चात् अपने सामाजिक परिवर्तन और सामाजिक नियोजन को पारिणत करें, जिससे कि हमारी ऐसी प्रक्रियाएँ सामान्यतः जुड़ी हुई हैं। अति-भाषानियोजन का संपूर्ण क्रमबद्ध अध्ययन हमें संपूर्ण भाषा-नियोजन को लागू करने, निश्चित करने और परीक्षण करने की जटिलताओं को समझने में सहायक होता है। भाषा-नियोजन का अध्ययन एक प्रकार से सामाजिक एवं भाषाई समस्याओं के हल को संगठित प्रयत्नों के द्वारा जानने का उपक्रम है। वैसे यह अनुप्रयुक्त भाषाविज्ञान के समस्त क्षेत्रों से अधिक आवश्यक है, क्योंकि यह सिद्धांत से प्रायोगिकता की ओर ले जाता है। भाषा-नियोजन पर पूर्व में या वर्तमान किए जा रहे अध्ययनों द्वारा अन्य विकल्पों के विश्लेषणों या अनुमानित सिद्धांतों के हानि-लाभ का विश्लेषण सरकार या अन्य संस्थाओं के बीच किया गया है।

अन्य संस्थाओं ने दबावपरक कार्यों की विवेचना की है, जो विभिन्न प्रकार के विशिष्ट प्रकार के विशिष्ट समूहों से संबंधित हैं। जैसे पढ़े-लिखे लोगों के व्यावसायिक संघ से लेकर टाइपराइटर के निर्माता और पुस्तकों के प्रकाशक से साहित्य के संवाददाता और पत्रकार और आदर्शवादी समूह आदि। अब भावनात्मक और यांत्रिक, नकारात्मक और विध्वंसात्मक शक्तियों के भाषा-नियोजन में अनेक सैद्धांतिक नमूने उपलब्ध हैं। आधुनिक आलोचक और साहित्य-सामग्री शिक्षा में नियोजन और बदलाव, उद्योग, कृषि और सामाजिक नियोजन के अन्य क्षेत्रों के परीक्षण में इस बात का प्रयत्न है कि भाषा-नियोजन में सफलता और असफलता का मूल्यांकन किया जा सके। (रूबिन, 1969)

एक चार दिवसीय राष्ट्रीय-संगोष्ठी जिनमें भाषाविद्, मानवशास्त्री, राजनैतिक, वैज्ञानिक, समाजशास्त्री, मनोवैज्ञानिक, और शिक्षाशास्त्रियों आदि ने उपर्युक्त प्रत्येक के संबंध में भाषा-नियोजन का तुलनात्मक अध्ययन किया, जो कि निर्णयात्मक, दबावकार्य, राष्ट्रीय एकता, कार्यान्वियन और परीक्षण से संबंधित है। जैसे– भाषा-नियोजन की संस्थाएँ भाषा के व्यावहारिक समाजविज्ञान से परिचित होती हैं, वे भाषाविदों और विशेषज्ञों द्वारा निर्णय सुझाने और निर्णयों को क्रियान्वित करने के लिए अधिक उत्सुक दिखाई देती हैं। इस तरह पूर्व-अफ्रीका के अनेक राष्ट्र नवीन 'भाषा उपयोग और भाषा पढ़ाई के सर्वे' (प्रेटर, 1967) में उत्सुक हैं, ताकि उम्र, संख्या, स्थान, और वक्ताओं की विभिन्न स्थानीय भाषाओं पर आधारित संक्षिप्त जानकारी के आधार पर पाठशालाओं, जन-संचार और जन-सेवा की भाषा का परिवर्तित रूप लागू किया जा सके। इसी तरह फ़िलीपाइस सरकार ने परियोजना अनुसंधान के माध्यम से स्थानीय भाषा में शिक्षा की शुरूआत की और उसे राष्ट्रीय भाषा के साथ कुछ वर्षों में सम्मिलित करने की दीर्घ योजना प्रारंभ की है।

एक अत्यंत लोकप्रिय मार्गदर्शिका, जिसमें सरकार की भाषाई योजनाएँ और उनकी शैक्षणिक आवश्यकताओं का उल्लेख किया गया है, एक अनुप्रयुक्त भाषाविज्ञान की रिपोर्ट है, जो कि यूनेस्को द्वारा जारी की गई है। यह शिक्षा में स्थानिक भाषा के उपयोग पर आधारित है। एक बार जब कोई योजना बन जाती है, तब उसे लागू करने की आवश्यकता पड़ती हे। लागू करने में मात्र अपेक्षित रास्ता, जैसे विभिन्न किस्मों का पुनर्वितरण और उनका संचालन ही नहीं बल्कि उनके स्वनिमिक (Phonological), तार्किक (Logical) और व्याकरण (Grammatical) संबंधी सुधारों पर आधारित है। योजनाकार भाषा-अभिकारक संस्थाओं और मंडलों आदि को भाषानियोजन और उसके विकास के लिए उनका चयन करते हैं। ये अभिकारक संस्थाएँ, एजेन्सियों अधिकांशतः स्वतः द्वारा निर्मित प्रतिफल, जैसे– वर्णविन्यास, शब्दकोश, व्याकरण, भाषिक पुस्तकें, अनुवाद-शृंखलाएँ और सस्ते मूल्य का साहित्य आदि का असर और उनकी आत्मस्वीकृति के बारे में जानकारी प्राप्त करती हैं। समाजभाषावैज्ञानिकों द्वारा भाषा के ऐसे अनेक अध्ययन किए गए हैं, जो कि भाषा एजेन्सियों को अत्यंत लाभकारी सिद्ध हुए हैं।

नवीन तकनीकों की शब्दावली, शिक्षा, सरकार और दैनिक जीवन-संबंधी योजना के क्रियान्वयन और प्रसार में जो बाधाएँ आई हैं, उनकी पुनर्गणना एलिस्वामन (1962, 1965, 19714), बेकन (1966), मोराग (1959), पेसन (1963) और तेल (1962) में क्रमशः इंडोनेशिया, मध्य एशिया, जापान, इजराइल और टर्की में की गई हैं, यहाँ तक कि भाषा संबंधी विषयों में सरकार की भागीदारी को लिपिबद्ध किया जाने लगा है। इस संदर्भ में आइरिस सरकार द्वारा आइरिस भाषा पर किए गए प्रयत्नों का उल्लेख करना अत्यंत आवश्यक है। (अनाम, 1965)

व्यावहारिक समाजविज्ञान भाषा का एक अत्यंत आवश्यक क्षेत्र है, जो कि शिक्षा की कठिनाइयों, भाषा-योजना-संबंधी जानकारी का मूल्याँकन करता है। इस संदर्भ में द्विभाषिक पाठशालाओं के ढाँचे और कार्यशैली-संबंधी अध्ययन किए गए हैं (गार्डर, 1967)। भाषा के व्यावहारिक समाजविज्ञान में एक सामान्य रुचि द्विभाषिकता और द्विसांस्कारिता के 'कनाडियन रॉयल कमीशन' ने दिखलायी। इस कमीशन ने मात्र द्विभाषिक शिक्षा पर ही नहीं, बल्कि प्रसारण में द्विभाषिकता, उद्योग चलाने में, सेना संचालन में और अनेक सामाजिक उद्योगों में भी अध्ययनों को अधिकार दिया है।

भाषा के व्यावहारिक समाजशासन की नवीन सुदृढ़ता को लेकर समूचा विश्व भाषानियोजन में संलग्न तो है, किंतु बिना इस बात की ओर ध्यान दिए कि उन्हें नियोजन के अन्य क्षेत्रों की जानकारी प्राप्त है या नहीं। इसमें समाजवैज्ञानिक अनुसंधान के मुख्य उद्देश्य का पता लगाना और उपलब्ध तथ्यों का उपयोग, साथ ही, भाषा के प्रति व्यवहार में भिन्नता को भाषानियोजन के संदर्भ में देखना चाहिए। इस बात का भी विस्तृत ज्ञान होना चाहिए कि शुद्धलेखन (Otrhographic) के निर्णय कैसे लिये जाते हैं। वे पृथक् प्रक्रिया कैसे करते हैं, या एजेन्सियों के द्वारा सरकार के अंदर और बाहर कैसे अपनाए जाते हैं, वे कैसे पृथक् रूप से स्वीकार किए जाते हैं या कि अनेक जनसंख्या-वर्गों से कैसे सीमित किए जाते हैं, वे कैसे तुलनात्मक रूप में तौले जाते हैं, और कैसे योजनापूर्वक जानकारी प्राप्त करने पर योजनाओं को परिवर्तित करते हैं। जब ये पर्याप्त रूप से प्राप्त कर लिए जाएँ, तब सुझाव आमंत्रित किए जाने चाहिए, जो कि भविष्य में भाषानियोजन के प्रतिपादन और मूल्याँकन के लिए उपयोगी होंगे।

अँगरेज़ी में द्विभाषिकता का एकरस होना

प्रारंभिक अवस्था के बाद, अँगरेज़ी में द्विभाषिकता भारतीय महाद्वीप में फैल गई और शैक्षणिक प्रणाली में इसकी जड़ें गहरे प्रवेश कर गई। 16 जुलाई 1854 को सरचार्ल्स बुड ने न्यायिक माध्यम से भारत के तत्कालीन गवर्नर लॉर्ड डलहौजी के पास एक पत्र भेजा। इस पत्र के कारण 1897 ई. में भारत में तीन विश्वविद्यालयों की स्थापना हुई। ये विश्वविद्यालय थे बंबई, कलकत्ता, और मद्रास। उन्नीसवीं शताब्दी के अंत तक पंजाब (लाहौर) और इलाहाबाद विश्वविद्यालय बने। महाविद्यालयों और विश्वविद्यालयों की संख्या बढ़ने से अँगरेज़ी की आवश्यकता बढ़ी और 20वीं शताब्दी के प्रारंभ में अँगरेज़ी भारत में कार्यालयी और शैक्षणिक संदर्भ में स्थापित हो गई। अँगरेज़ी इस तरह एक प्रतिष्ठित भाषा बन गई, जिसने पारसी और भारतीय भाषाओं को भारत के अंदर और बाहर विश्व में भी बदल डाला।

2.4 भाषा-नियोजन की समस्याएँ

वस्तुतः समस्यायुक्त स्थितियाँ बहुत व्यापक हैं। एक ओर जहाँ अपढ़ जनसंख्या बग़ैर लिखित परंपरा के सारे विश्व में है और दूसरी ओर जहाँ लिखना सिखाया गया है, इन दोनों परिस्थितियों में अनेक विशेष स्थितियों को पहचाना जा सकता है। किसी भी स्थिति में जबकि लिखने की या सुधार की बात आती है, वहाँ भाषा योजनाकार को अनेक समस्याओं का सामना करना पड़ता है। यदि भाषा अलिखित है, तो वहाँ वर्तनी होगी। यहाँ तब जब वर्तनी पर्याप्त होगी या कि पूर्णतः स्थापित हो चुकी होगी, तब भी किसी परिवर्तन की विचारणीय आशा नहीं होगी। मानकों में भिन्नता हो सकती है, जिनका मूल्यांकन आवश्यक हो जाएगा। ये उच्चारण, व्याकरण आदि को प्रभावित कर सकते हैं। कभी वैचारिक भिन्नता हो सकती है, अतः जो उपयुक्त है, उसे स्वीकारा जाएगा या कि जो अनुपयुक्त है, उसे त्याग दिया जाएगा। ऐसे निर्णय प्रायः सभी भाषाई समुदायों में लिए जाते हैं जो साधारण से लेकर जटिल स्तर तक के होते हैं।

2.5 भाषा-नियोजन की भूमिका

संकेतीकरण (कोडिफ़िकेशन) को प्रायः मानक भाषा का एक चिह्न माना गया है। संकेत एक क़ानून और संकेतक क़ानून निर्माता की तरह मान लिए गए हैं। संकेतकों की सर्वाधिक आवश्यकता उन्नीसवीं और बीसवीं शताब्दी में उस समय पड़ी, जब अमेरिका और फ्रांस की क्रांतियाँ हुईं और शिक्षा का प्रसार हुआ। आम लोगों तक शिक्षा पहुँचाना एक समस्या थी। किताबें ही एकमात्र शिक्षा के उपकरण थीं। छापाखाने की तकनीकी आवश्यकताओं में सुधार की आवश्यकता पड़ी। कुछ लोगों को आभास हुआ कि उन पर एक नवीन भाषा लादी जा रही है, जो कि अपने ही देश में द्वितीय श्रेणी के नागरिक थे। राजनैतिक असंतुलन से या तो नए राष्ट्र बने या पुराने राष्ट्रों की पुनर्स्थापना की गई और राष्ट्र के बाद नए राष्ट्रों में नई भाषाओं की स्थापना हुई, जिसका कारण व्यक्तिगत संकेतीकरण, सरकारी आयोग, या कि शिक्षाविद् थे।

भाषा, भूगोल, और इतिहास मिलकर प्रस्ताव को सीमित बना देते हैं। दूसरी समस्या बोलने और लिखने की परम्परा के रूप में होती है, जिसे प्रस्तावक को सुधारना पड़ता है। कभी एक या कभी अनेक बिंदु होते हैं। ऐसी स्थिति में अनेक विकल्प होते हैं, तब उनका परीक्षण आवश्यक हो जाता है। यदि एक या अनेक वर्णलेखन (Orthography) पहले से ही लागू हैं, तब योजनाकार की समस्याएँ और भी जटिल हो जाती हैं, जब तक कि वह किसी एक पर कार्य करने का निर्णय नहीं ले लेता और शेष को यथावत् रहने देता है। किसी भी शिक्षित समुदाय में कुछ परंपराओं के साथ भाषण और लेखन-संबंधी मान्यताओं का पूर्ण समूह होता

है, जिनके विरुद्ध योजनाकार शक्तिहीन हो जाता है, जब तक कि वह उनको अपने हित में नहीं कर लेता।

2.6 भाषा-नियोजन के आधार

एडोल्फ़ नोरीन 1092 ने ग़लत भाषा पर अनेक आधार प्रस्तुत किए हैं, जिन्हें वे एक उचित तरीक़ा मानते हैं। उनका मानना है– जो ठीक से नहीं समझा गया, वह ग़लत है, या समझा गया, किंतु कठिनाई से, या जो उच्चारण करने, बोलने या याद करने में कठिन है या लंबा या आवश्यकता से अधिक जटिल है, या कि आदर्श है, परंतु भाषा-वृद्धि नहीं करता। वे सभी कारण जो कि भाषा की क्षमता को बढ़ाते हैं, भाषा-योजना के आधार माने जाते हैं। टेगनर (1894:104) ने सुझाया था कि "सर्वोत्तम भाषा वह है, जो सरलतम ढंग से बोली, और समझी जा सके।" सामान्य सिद्धांत आज भी समसामयिक है, वह स्वरूप समर्थ है, जो समझने और उपयोग करने में सरल है।

किसी भाषा का विकास मात्र विज्ञान या दर्शनशास्त्र की व्यापक शब्दावली बढ़ाना नहीं, बल्कि भावनात्मक और काव्यात्मक अभिव्यक्ति की शब्दावली का विकास करना है।

भाषा-योजना का अन्य आधार ग्राह्यता है। यह परीक्षण का सामाजिक आधार है। बुद्धिमत्ता, शुद्धता, और अच्छापन भाषा के उपयोग के आधार हैं। इन भिन्नताओं के आधार पर भाषा की ग्राह्यता के स्तरों का पता चलता है। चूँकि यह समुदाय न तो एक वर्गीय है और न ही मिश्रित, बल्कि यह उन कठिनाइयों को सूचित करता है, जो भाषा से अलगाव के लिए ज़िम्मेदार हैं।

2.6.1 विस्तारीकरण

भाषा यह विस्तारीकरण संचार के अंतरराष्ट्रीय माध्यम को जन्म देता है, जिससे कम से कम अन्य भाषाओं का अनुवाद किसी भाषा विशेष में संभव हो पाता है। इस तरह राष्ट्रीय स्तर विश्व के अन्य राष्ट्रों से प्रभावित होता है, यहाँ तक कि किसी अन्य देश की भाषा द्वारा प्रताड़ित किए जाने का खतरा भी बन जाता है। योजनाकार जब एक राष्ट्रीय स्तर बनाने या उसे परिवर्तित करने का प्रयत्न करता है, तब उसके समक्ष अनेक विकल्प होते हैं और भ्रमपूर्ण स्थिति बनती है कि वह किस उपयोग को प्राथमिकता दे।

2.6.1 ग्राह्यता

क्षमता, पर्याप्तता और ग्राह्यता के नियम किन्हीं स्थितियों में या तो एकत्रित हो सकते हैं या बिखर सकते हैं और आपस में अनेक प्रकार से संबंधित हो सकते हैं, किंतु उनके संबंधों की सार्थकता परिस्थितिपरक होगी, तथा उन्हें ऐसे किसी भी

योजनाकार को, जो कि कार्यक्रम के क्रियान्वयन का निर्धारण करता है, कुछ निर्णय लेने में सहयोगी होना चाहिए।

2.6.3 कार्यान्वयन

सरकार को किसी ग़ैर-सरकारी इकाई की तुलना में अधिक लाभ यह होता है कि उसका पाठशाला-माध्यम पर नियंत्रण होता है, जिससे एक समूह-विशेष को एक बार और पुनः अपनी लेखन-आदतों पर प्रशिक्षित किया जा सकता है, जबकि ग़ैर-सरकारी निकायों को अपनी व्यक्तिगत या व्यावसायिक क्षमता के अतिरिक्त कोई लाभ नहीं होता। ऐसे कार्यक्रमों की सफलता में अत्यधिक भिन्नता होती है, जो इस बात पर निर्भर है कि लोगों की आवश्यकता को किस सीमा तक पूर्ण किया गया है। भाषाएँ, जैसे– लिथुएनियन (हरमेन, 1929) और एस्तोनियन (रोज, 1938) ने सुशिक्षितों के लिए नवीन शब्द-रचना में काफ़ी सफलता प्राप्त की है, जबकि नवीन जर्मन या डचों के इसी तरह के प्रयास पूर्णतः असफल रहे हैं (ताली, 1948)। भाषा की शिक्षा में दो प्रकार के बुनियादी सूत्र हैं : (अ) सूचकों के द्वारा दिए गए भाषण या लिखित रूप में वैकल्पिक ढाँचा, (ब) भाषाविदों के द्वारा प्रदत्त नियमावली, जिसे व्याकरण के नाम से जाना जाता है। कोई भी व्यक्ति सूचकों (informants) के माध्यम से भाषा सर्वोत्तम तरीके से सीख सकता है जो कि आचरण के नमूनों पर आधारित होती है, किंतु प्रौढ़ों के लिए नियमों का समावेश करना आवश्यक हो जाता है। इसके विपरीत, वास्तविक आलेखों के बिना भाषा सीखना असंभव है। अतः सर्वोत्तम योजनाकार वह है, जो न मात्र संकेतों का निर्माण करता है, बल्कि उनका आलेख भी बनाता है। इस कारण से लिखित भाषा के लिए लेखक उतने ही आवश्यक हैं, जितने कि भाषण के लिए वक्ता।

नार्वोजियन आसेन ने न केवल अपनी भाषा के संकेत बनाए, बल्कि काव्य और गद्य भी लिखा। उन्होंने भाषा में लेखन की संभावना को जन्म दिया और दूसरों के लिए प्रेरणा के स्रोत बने, दूसरों ने उन्हें एक आदर्श उदाहरण मानकर कार्य किया। अंततः भाषा को लोगों के आत्म-सम्मान की वृद्धि में उत्प्रेरक की तरह कार्य करना चाहिए, ताकि वे अपने समाज में विशिष्ट सम्मानित लोगों का दर्जा पा सकें।

सर्व-साधारण तरीक़ा यह है कि सुधार विद्यालय-स्तर से आरंभ किए जाएँ और क्रमशः बच्चों के साथ आगे चलने दिए जाएँ, किंतु यह धारणा समाज में संशय भी पैदा कर सकती है। जैसे कि यदि अँगरेज़ी की मात्राओं का सुधार करना है, तो उसे धीरे-धीरे लाने के बदले तेज़ी से परिवर्तन के द्वारा लाना उचित रहेगा।

2.7 भाषा-नियोजन और सामाजिक परिवर्तन

भाषा नियोजन समाज के अन्य कारकों की तरह उसके परिवर्तन और विकास

क एक सशक्त माध्यम है। भाषा का स्वतंत्र चरित्र इस मान्यता को प्रतिपादित करता है कि भाषा-नियोजन द्वारा भाषा का अपेक्षित उत्थान, परिवर्तन, सुधार, संचालन, और नयापन लाया जा सकता है। (ताली : 1964:605) के इस दृष्टिकोण को संबंधित माना जा सकता है। भाषानियोजन में सामाजिक नियोजन से संबंधित अनेक बातें हैं। सर्वप्रथम, हमें भाषा-नियोजन का समन्वयन कुछ सामाजिक क्षेत्रों में जैसे– 'शिक्षा' 'वित्तीय स्थिति', और 'सामाजिक सुरक्षा' आदि में करना होगा। इस तरह समन्वित कार्यक्रमों का एक ढाँचा तैयार किया जाना चाहिए। नियोजन के विभिन्न क्षेत्रों में समन्वय और दूसरे पर आश्रित रहने की पद्धति द्वारा उन त्रुटियों को खोजा जा सकता है, जो भाषा-नियोजन के उद्देश्य को नष्ट करती हैं। दूसरे, हम भाषा-नियोजन की सामाजिक, सांस्कृतिक, राजनैतिक, और आर्थिक समस्याओं को सम्मलित कर सकेंगे। भाषा-नियोजन के विभिन्न क्षेत्रों और इन क्षेत्रों के विशेषज्ञों के बीच बिना समन्वयन के भाषा-नियोजन किसी अधिक व्यापक भाषा का सहायक बनकर रह जाएगा।

2.7.1 राष्ट्रीय भाषा और सामाजिक परिवर्तन

विकसित राष्ट्रों में राष्ट्रीय भाषा की उन्नति का चुनाव एक केंद्रीय विषय है। भारत में सामाजिक परिवर्तन के लिए राष्ट्रीय भाषा के कार्य प्रमुख तीन कारणों से पूर्ण नहीं हो सके

प्रथम : समाजिक और राजनैतिक बाध्यताओं के बीच राष्ट्रीय भाषा का अर्थ 'राष्ट्र' के नाम पर लुप्त हो गया है।

द्वितीय : राष्ट्रीय स्तर पर अँगरेज़ी और हिंदी के दोहरे व्यापक संचार के कारण भाषा की प्रधानता नहीं रह गई।

तृतीय : राष्ट्रीय भाषा का स्वरूप उपवर्गों में विभाजित हो गया है। यह निर्णय लेने वाली व्यवस्था के लिए असंभव था। राजनैतिक परिवर्तन ने इस दिशा में महत्वपूर्ण भूमिका निभाई, जो कि सामाजिक परिवर्तन का प्रमुख तत्त्व है। भारत की प्रमुख भाषाओं के बीच आपसी तालमेल से राष्ट्रीय पहचान का प्रादुर्भाव होगा। यद्यपि यह निश्चित नहीं है कि इसमें कितना समय लगेगा या इसका भविष्य में स्वरूप क्या होगा।

2.7.2 भाषा-नियोजन : संचार और सामाजिक परिवर्तन

भाषा-नियोजकों द्वारा संचार के महत्व को पहचाना गया है। हारीन (1966) ने कहा है कि वे समस्याएँ, जो भाषा-नियोजन को जन्म देती हैं, अ-संचार (non-communication) की विशेष समस्याएँ हैं। संचार की उपयोगिता, उसकी समाज के प्रति स्पष्ट भूमिका व्यक्ति-विशेष के व्यक्तित्व पर निर्भर है। समाज-परिवर्तन

में संचार का कार्य 'प्रसार-गति', 'जानकारी के फैलाव', 'निर्णय और आदेश, 'युक्ति और विचार' के परिवर्तन द्वारा 'एक मत के विकास' 'सामान्य अनुभव के उद्भव' और 'सामाजिक संस्थाओं के मध्य के मेल' पर निर्भर है। इस प्रकार, संचार-पद्धति संपूर्ण सामाजिक परिवर्तन की क्रमबद्ध सूची और अभिकर्ता भी है। यद्यपि संचार-पद्धति भाषा-नियोजन और सामाजिक परिवर्तन के लिए समान रूप से आवश्यक है, किंतु संचार का अध्ययन इन दोनों में समान रूप से विभाजित नहीं है।

सामाजिक वैज्ञानिकों ने आर्थिक, राजनैतिक, और सामाजिक जीवन में संचार की उपयोगिता के प्रति अपेक्षित जागरूकता प्रदर्शित की है। भाषा-नियोजकों ने समाज के संदेश के उत्पादन, संगठन, निधन, और विन्यास पर कोई विशेष ध्यान नहीं दिया।

2.7.3 भाषानियोजन : आधुनिकता और सामाजिक परिवर्तन

संचार की तरह आधुनिकता भी सामाजिक परिवर्तन और भाषानियोजन की एक आवश्यक विधि है। इसकी विवेचना साहित्य, सामूहिक माध्यम जानकारी, राजनैतिक हिस्सेदारी, सामाजिक उपयोग, और तकनीकी विशेषज्ञता, आदि शब्दों द्वारा की गई है। साहित्य, विशेष रूप से भाषा-नियोजन और सामाजिक परिवर्तन के लिए उपयोगी है। यह आधुनिक समाज के आदान-प्रदान के लिए अत्यंत उपयोगी है, क्योंकि यह सभी निकायों की सुविधाओं के उपयोग और सामाजिक पद्धतियों में हिस्सेदारी प्रदान करता है। यह उल्लेखनीय है कि भारत में शिक्षा और आधुनिकीकरण का स्थान राजनीति और संचार में सहभागिता की दृष्टि से कम है जो कि नियोजकों के लिए एक महत्वपूर्ण बात है। तकनीकी विशेषज्ञता और समुदाय संचार-प्रसार कार्य की प्रक्रिया में भाषा-विकास के दो विशिष्ट क्षेत्र हैं–

(1) बोली का प्रसार

(2) अभिभाषणों की नई पद्धतियों और प्रकारों का विकास

भारतीय भाषा में बोली के प्रकार से संबंधित अनेक बाधाएँ है। शब्दावली के प्रसार की बुनियादी त्रुटियाँ वे व्यवसायी हैं, जिन्हें शब्दावली की आवश्यकता तो है, लेकिन वे इसके निर्माण में भाग नहीं लेते हैं, न ही उनका संपर्क भाषा-नियोजकों से होता है। बग़ैर यह जाने हुए कि इसका विदेशी स्रोत क्या है, जबकि कृत्रिम रूप से निर्मित शब्द या तो उन तक नहीं पहुँचते या कि उन्हें ग़ैर-बुद्धिमतापूर्ण माना जाता है। इस प्रकार, भारतीय भाषाओं में बोली का प्रसार सूची-प्रकाशन से अधिक नहीं हो सका।

भारतीय भाषाओं में नवीन पद्धति और प्रकारों का विकास बोली के विकास से भी पीछे है। इस क्षेत्र के विकास पर अभी तक किसी ने सर्वेक्षण नहीं किया। फिर भी भाषा-नियोजन का यह क्षेत्र पाठ्यपुस्तकों,

शिक्षा-कार्यक्रमों का सफलतापूर्ण प्रसार, जानकारी और ज्ञान के प्रसार और आधुनिकीकरण की दृष्टि से अति महत्वपूर्ण है। आलेख और वर्णविन्यास, उन्नति, कोडीकरण और मानकीकरण, भाषानियोजन तथा आधुनिकीकरण की अनिवार्य आवश्यकताएँ हैं। भारतीय सुधार में रोमन बनाम देवनागरी के प्रश्न को बार-बार उठाया गया है।

2.8 भाषाविदों की भूमिका

यह सही है कि भाषाविद् भाषानियोजन के लिए पूर्णतः तैयार नहीं रहते। किसी भी व्यक्ति में कार्य करने और उसकी समीक्षा भी करने की दोहरी क्षमता एक-सी नहीं होती। बीसवीं सदी में तकनीकी ज्ञान के विकास से सभी भाषाओं में परिवर्तन आया और यह अनुभव किया गया कि पूर्व में अनेक अभाव थे। इसी समय बीसवीं सदी के भाषाविदों ने भाषा की प्रकृति पर महत्वपूर्ण जानकारी दी है, जो मानव-संचार के लिए विशिष्ट माध्यम सिद्ध हुई है।

इस तथ्य को पूर्णतः समझ लेने के बाद ही उपयोगी परीक्षण के लिए जानकारी प्राप्त की जा सकती है। यह भी ऐतिहासिक तथ्य है कि भाषाविदों द्वारा संगठित प्रयास विश्व-इतिहास में भाषानियोजन पर तकनीकी या ग़ैर-तकनीकी कार्यक्रम के रूप में सफल हुए हैं। भाषाविदों द्वारा संगोष्ठी-रिपोर्ट में इस बात पर अधिक ज़ोर दिया गया है। इस तरह की योजना एशिया के विकासशील राष्ट्रों के लिए अत्यंत आवश्यक है।

भाषाविद् इसमें चार तरह से योगदान दे सकते हैं–

(1) इतिहासकार के रूप में (2) विश्लेषणकर्ता के रूप में

(3) सिद्धांतकार के रूप में (4) शिक्षक के रूप में

2.8.1 इतिहासकार के रूप में

इतिहासकार के रूप में वह भाषा के इतिहास को प्रतिपादित कर सकता है। उसके अध्ययन द्वारा किसी वर्ग-विशेष के द्वारा बोली या लिखी जाने वाली भाषा की निरंतरता प्राचीन दस्तावेज़ों द्वारा खोजी जा सकती है या उसका नवीनीकरण किया जा सकता है। वह भाषा में बाह्य तत्त्वों और स्वदेशी (स्थानीय) के बीच अंतर स्पष्ट कर सकता है। इस तरह शुद्धता एवं संकरण के लिए आवश्यकतानुसार आधार प्रस्तुत करता है।

2.8.2 विश्लेषणकर्ता के रूप में

एक विश्लेषणकर्ता के रूप में वह किसी समुदाय-विशेष की बोली और लेखन की वर्तमान प्रक्रिया का शुद्ध विश्लेषण कर सकता है। एक बोली के जानकार के

रूप में वह लोकप्रिय बोली में भिन्नता और एकता के बारे में जानकारी एकत्रित कर सकता है। एक सामाजिक बोली के आधुनिक विद्यार्थी के रूप में वह कई प्रकार के मापदंड स्थापित कर सकता है। वह बोली और लेखन की पद्धति के स्तर की जाँच कर सकता है और उसे स्थापित कर सकता है, ताकि समुदाय की वास्तविक प्रक्रिया को जाना जा सके। वह अपने अनुसंधान के निष्कर्ष को एक व्याकरण या शब्दावली का रूप दे सकता है।

2.8.3 सिद्धांतकार के रूप में

एक सिद्धांतकार के रूप में एक भाषा की सामान्य समझ के लिए वह मार्गदर्शिका का निर्माण कर सकता है। विशेषकर, भाषा-तकनीक, उसके विश्लेषण के अपने ज्ञान के आधार पर विश्व भाषास्वरूप और भाषा-स्वरूप पर वक्तव्य दे सकता है। चूँकि वह भाषा के पूर्व कार्यक्रम का अध्ययन कर चुका होता है और उसकी सफलता की सीमा को देख चुका होता है, इसलिए वह प्राकृतिक और कलापूर्ण परिवर्तन में अंतर स्पष्ट कर सकता है।

2.8.4 शिक्षक के रूप में

एक शिक्षक के रूप में वह भाषा के उपयोगकर्ताओं से संबंधित प्रशिक्षण और पुनर्प्रशिक्षण की समस्याओं पर खुली नज़र रखता है। प्रशिक्षण और अनुभव के द्वारा उसमें इतनी क्षमता होनी चाहिए कि वह जान सके कि एक परियोजना-प्रस्ताव विशेष व्यावहारिक और ऐच्छिक होगा। वह यह निश्चित कर सकता है कि तात्कालिक रूप में अध्ययन के लिए कितना श्रम लगेगा और अपनी ही परियोजना से स्वतः को और अन्य योजनाकारों को अपने छात्रों की रुचि के बारे में जानकारी दे सकता है।

सारांश में, भाषा-नियोजन के लिए भाषाविद् आवश्यक हैं, किंतु पर्याप्त नहीं। भाषा नियोजन एक प्रकार की भाषा-राजनीति है। इसमें राजनीतिशास्त्र की गहराई की आवश्यकता है, जिसमें इससे संबंधितों की सहमति प्राप्त होने की संभावना विद्यमान रहती है। चूँकि इसका गहरा संबंध मानवीय व्यवहार से होता है, जो कि एक सामाजिक प्राणी है, अतः इसे बुद्धिमत्तापूर्ण तरीके से ग्रहण किए गए भाषाई व्यवहार के गद्य के सहारे की आवश्यकता होती है। इसमें दर्शनशास्त्रियों का भी अपना एक महत्वपूर्ण योगदान है। कारण कि दर्शन के अभाव में इसकी पूर्णता की बात कल्पना-मात्र होती है।

2.9 भाषा-नियोजन के गत्यात्मक चरण

भाषमियोजन की गत्यात्मकता पूरी तरह पारिस्थितिजन्य है। इस पारिस्थितिकता के कुल संभाव्य चार चरण हैं। पहला-अपरिवर्तित चरण, दूसरा-तीव्रचरण, तीसरा-स्थिर चरण, और चौथा—अधोचरण। यहाँ इन सभी चरणों को यथाक्रम विवेचित करते हुए

उनका मॉडल भी दिया जा रहा है।

2.9.1 अपरिवर्तित चरण

भाषा-नियोजन का गत्यात्मक चरण-पथ अत्यंत रोचक है। इसमें निहित आधार-स्तंभों के फलस्वरूप यह पथ किसी अनिश्चित पगडंडी की तरह न होकर भिन्न-भिन्न लक्ष्यों के बीच अपने पथ को स्वयमेव खोज लेता है। जैसे-नियोजन के प्रारंभिक 2-3 वर्षों में विकास की गति लगभग शून्य होती है।

वस्तुतः इसे विकास भी कहना उचित नहीं होगा, यह तो विकास के लिए आवश्यक तत्त्वों का संयोजन-मात्र है।

2.9.2 तीव्र विकास-चरण

जैसे-जैसे अवधि बढ़ती है, नियोजन का विकास-क्रम एकदम तीव्र हो जाता है, जो कि अवधि-सापेक्ष होता है और भाषा-नियोजन का यह अंश गणितीय अनुपात में तीव्रता से अपने लक्ष्यों को पार करता चला जाता है। अतः इसे तीव्र विकास-चरण कहेंगे। इस चरण में विकास की गति अवधि के अनुक्रमानुपाती होती है। विकास-क्रम का यह बिंदु जहाँ नियोजन को सफलता की ओर तीव्र गति से ले जाता है, वहीं छोटी-सी कमज़ोरी से अत्यंत प्रभावित भी होता है। यदि क्रम अप्रभावित रहा, तो लक्ष्य तक पहुँचना आसान और निश्चित हो जाता है।

2.9.3 स्थिर चरण

तीव्र विकास-चरण कभी-कभी अचानक स्थिर चरण का स्वरूप ले लेता है, जिसका प्रमुख कारण प्रगति के प्रति संतोष और समुचित प्रयत्नों के प्रति लापरवाही होता है। एक बार तीव्रगति के रुकने पर न तो प्रगति परिलक्षित होती है और न ही गिरावट। नियोजक ऐसी स्थिति में विकास के अनिवार्य घटकों का परीक्षण शीघ्रता से नहीं कर पाते और यथावत स्थिति की अवधि बढ़ती चली जाती है, जिसकी परिणति नियोजन को तीव्रता से अधोगति की ओर ले जाती है।

2.9.4 अधोचरण

अधोचरण का पथ एकदम तीव्र विकास के विपरीत होता है, जहाँ नियोजन के समस्त तत्त्वों का विखंडन तीव्रता से होता है और नियोजन का लक्ष्य एक स्वप्न बनकर रह जाता है। इस तरह भाषानियोजन का विकासक्रम प्रकृतिजन्य सूक्ष्मजीवों (जीवाणुओं) में देखने को मिलता है। जिनकी संख्या तेज़ी से बढ़कर स्थित हो जाती है और अपने ही द्वारा वातावरण में तीव्रता से मरने लगते हैं। विषाक्त वातावरण से जीवाणु अपने आपको पृथक् नहीं कर सकते, किंतु भाषा-नियोजक इस स्थिति से बचने के लिए विनाशकारी तत्त्वों का पूर्वाभास कर के एवं उन्हें समयानुकूल अलग करके

लक्ष्य तक पहुँच सकते हैं।

भाषा-नियोजन के गत्यात्मक चरणों को मॉडल 2.1 में रेखांकित किया गया है।

मॉडल क्र. 2.1 भाषानियोजन के गत्यात्मक चरण

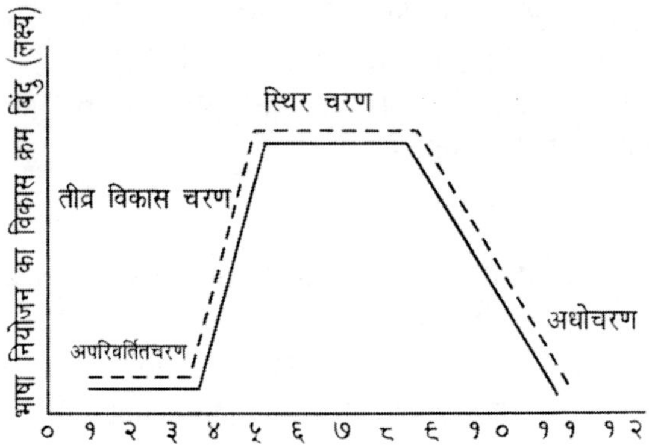

भाषा-नियोजन का अवधि-बिंदु (वर्षों में)

2.10 हिंदी भाषा-नियोजन

यह ध्रुव सत्य है कि आज तक हमारी सरकार ने इस ओर गंभीरता से ध्यान नहीं दिया। इसके पीछे तमाम राजनैतिक कारण हैं। उन कारणों की चर्चा यहाँ अपेक्षित नहीं होगी।

भारतीय संविधान (अनु. 26(1) में अल्पसंख्यक भाषा-समुदायों के संवैधानिक हितों एवं इसके पीछे पंद्रह भाषाओं को कार्यालयी भाषा का दर्जा दिए जाने का उल्लेख है। हिंदी भाषा का नियोजन आज की सबसे बड़ी आवश्यकता है। कदाचित् इसीलिए शिक्षा आयोग द्वारा 'त्रिभाषा-सूत्र' का प्रस्ताव सामने लाया गया था। परंतु यह सूत्र सफल नहीं हो पाया। इसके असफल होने का मूल कारण पूरी तरह सामाजिक स्वीकृति का अभाव रहा है। जब तक देश के दक्षिण और उत्तर दोनों छोरों के लोग एक-दूसरे की भाषा को ज्ञान, संस्कृति और सामाजिक दायित्व के सार पर अपनाने की स्थिति में नहीं हो जाएँगे, तब तक त्रिभाषा सूत्र की स्थिति का चरितार्थ हो पाना सहज नहीं होगा। सवाल केवल मानसिकता का है। जहाँ तक हिंदी का प्रश्न है, उसे स्वीकार करने और देश की राष्ट्रभाषा के रूप में स्थापित करने के पीछे किसी भी प्रांत की जनता की दुर्भावना नहीं है। कारण कि आज सभी

प्रांतों का जनमानस हिंदी की आवश्यकता का अनुभव कर चुका है। बिना इसके परिज्ञान के सफल समाज-सुधारक, सफल नेता, सफल व्यापारी होना कदापि संभव नहीं है। भारत शासन को चाहिए कि भाषा के प्रश्न को राजनीति से अलग मानते हुए हिंदी भाषानियोजन के लिए एक आयोग का गठन करे। इसके लिए सर्वप्रथम प्राथमिक 'औपचारिकताओं की पूर्ति भाषाविदों के माध्यम से राजनीतिज्ञों से नहीं) करानी होगी। ये औपचारिकताएँ इस प्रकार की होंगी।

1. देश में हिंदी बोलने/लिखने/पढ़ने/समझने वालों की वास्तविक संख्या। इस प्रकार की संख्या का आज जो आँकड़ा हमें प्राप्त होता है, वह विश्वसनीय नहीं माना जा सकता।
2. हिंदी का मानकीकरण ध्वनि, लिपि, वर्तनी, शब्दावली, व्याकरण आदि सभी स्तरों पर कराया जाए।
3. हिंदी का आधुनिकीकरण भी सभी स्तरों पर कराया जाए।
4. हिंदी में प्रतिवर्ष आने वाले नए शब्द-प्रयोगों की सूची प्रकाशित की जाए। उनका विधिवत्-शासकीय गजट किया जाए। ऐसे शब्दों को हिंदी के एक-भाषी, द्विभाषी और बहुभाषी कोशों में सम्मिलित किया जाए, जिसका कार्य केवल प्रतिवर्ष प्रयोग में आने वाले नए शब्दों का संग्रह-मात्र होगा। वर्तमान में भारत शासन का जो वैज्ञानिक तकनीकी शब्दावली आयोग है, उसकी परिधि में इस कार्य को नहीं सम्मिलित किया गया है।
5. हिंदी का सभी भारतीय भाषाओं के साथ व्यतिरेकी अध्ययन कराकर समान एवं व्यापक साँचों का निर्माण कराया जाए।
6. आज हिंदी के नए व्याकरण की आवश्यकता है। यह व्याकरण व्यक्ति-विशेष के द्वारा नहीं, अपितु विशेषज्ञ समिति के द्वारा व्यापक सहमति के आधार पर तैयार किया जाना चाहिए।
7. हिंदी की बेसिक शब्दावली का पुनरीक्षित रूप प्रकाशित जाना चाहिए।
8. हिंदी का एक राष्ट्रीय विश्वकोश तैयार किया जाना चाहिए।
9. भारत की सभी भाषाओं का हिंदी की समान शब्दावली के साथ अध्ययन किया जाना चाहिए।
10. इस दिशा में जो भी कुछ काम हुए हैं, उन्हें आगे बढ़ाते हुए विस्तार देना अपेक्षित होगा।

वस्तुतः हिंदी भाषानियोजन न केवल भाषाई आवश्यकता है, अपितु देश की समृद्धि, गौरव, और उसके अपने वास्तविक स्वरूप को पा सकने का मूल स्रोत। कोई भी राष्ट्र कितनी भी भौतिक उन्नति क्यों न कर ले, परंतु जब तक उसकी अपनी राष्ट्रभाषा समृद्ध नहीं होगी, तब तक उसकी समृद्धि की समस्त उपलब्धियाँ मुखर नहीं हो पाएँगी।

3
हिन्दी भाषा-प्रयोजनात्मक शैली भेद

3.0 हिंदी भाषा : शैलीगत प्रभेद

हिंदी भाषा के शैलीगत प्रभेद के कुल चार सार प्राप्त होते हैं—एक : प्रयोजनात्मक शैली भेद (हिंदी, उर्दू, और हिंदुस्तानी की संकल्पना); दो : हिंदी की साहित्यिक शैलियाँ देवकीनंदन खत्री से आचार्य हजारी प्रसाद द्विवेदी तक); तीन : सामाजिक शैलियाँ (औपचारिक हिंदी, वैज्ञानिक हिंदी); चार : मातृभाषेतर रूप में हिंदी की शैलियाँ पिजिन एवं क्रिओल की संकल्पना, भाषासंक्रमण, भाषा-व्याघात, बंबइया हिंदी, कलकतिया हिंदी, एवं मद्रासी हिंदी। हिंदी के ये समस्त शैलीगत प्रभेद उसकी संरचनात्मक एवं सामाजिक संप्रेषण की अद्‌भुत क्षमता का परिचायक हैं। यहाँ इन्हीं का विस्तार अपेक्षित होगा।

3.1 प्रयोजनात्मक शैलीभेद

इसकी तीन शैलियाँ हैं— हिंदी, उर्दू, और हिंदुस्तानी। यह ख्यात ही है कि हिंदी में संस्कृत के तत्सम शब्दों का प्राचुर्य होता है। इसी प्रकार उर्दू में अरबी-फ़ारसी के शब्द व्यवहृत होते हैं। हिंदुस्तानी, इन दोनों की मध्यवर्तिनी है। इसमें जहाँ एक ओर हिंदी के तद्‌भव और देशज शब्द होते हैं, वहीं अरबी, फ़ारसी, तुर्की और अँगरेज़ी के अति प्रचलित शब्द भी होते हैं। वैसे तो आज धीरे-धीरे एक और शैली अस्तित्व में आती जा रही है और वह है अँगरेज़ी शैली। इन तीनों और चौथी के प्रयोग का एक सामाजिक मानदंड-सा बन गया हैं। आज सामाजिक संरचना के मानदंडों के अनुरूप भाषा का प्रतिमान (खासकर मातृभाषा का प्रतिमान) पूरी तरह से बदल गया है। पहले अभिजात अथवा कुलीन परिवारों में भाषा की शुद्‌धता अथवा उस तत्सम-परक शब्दावली-प्रयोग के प्रति एक स्वाभाविक सरोकार-सा बन गया था। जैसे-जैसे सामाजिक श्रेणीकरण का ग्राफ नीचे आता-जाता था, वैसे-वैसे भाषा-प्रयोग (उसके मिश्रित और अवमिश्रित स्वरूप) में गिरावट आने लगती थी। उदाहरण के लिए, जहाँ कभी एक वर्ग संस्कृत बोलता था, तो दूसरा वर्ग प्राकृत। परंतु अब यह पूरी तरह से विपरीत क्रम की ओर उन्मुख हो

गया है। अब जितना ही उच्चकुल होगा, जितना तथाकथित अभिजात समाज होगा, वहाँ उतना ही मिश्रित हिंदी+अँगरेज़ी अर्थात् अँगरेज़ी-हिंदी) भाषा का प्रयोग मिलेगा। भाषा के साथ आत्मपहचान और आत्म-गौरव का भाव भी जुड़ा हुआ है। परंतु यह गौरव और पहचान अपनी जड़ों से दूर होती-सी जा रही है। आज कितने ऐसे भारतीय परिवार हैं, जहाँ मातृभाषा के प्रयोग को तीसरे दर्जे पर रखकर विदेशी भाषा के प्रयोग को प्रतिष्ठा का सूचक माना जा रहा है। जहाँ तक हिन्दी का प्रश्न है, वह अब तत्समवादी संस्कृति से पूरी तरह मुक्त है। समाज धीरे-धीरे एक सहज भाषा को अपनाने की प्रवृत्ति की ओर बढ़ रहा है। आज हिंदी का शुद्ध रूप उनके हाथों में संरक्षित है, जो तथाकथित आभिजात्य से अलग-थलग हैं।

'उर्दू' शैली का प्रयोग आज थम-सा गया है। कारण कि अरबी-फ़ारसी का वातावरण अब समाज से बहुत दूर जा चुका है। इस शैली का प्रयोग अब 'इक्का-दुक्का' ही होता है। पहले हिंदुस्तानी शैली के प्रति भी आग्रह हुआ करता था। परंतु आज यह आग्रह समाप्त-सा है। अब सहज रूप में जिस भाषा के प्रति लोगों का झुकाव अधिक होता जा रहा है, उसमें हिंदी+अँगरेज़ी (टूटी-फूटी शब्दावली) के मिश्रित रूप का है, जो चौथे प्रकार की अभिव्यक्ति का शैलीगत रूप बनता जा रहा है। इस पूरे भाषिक-स्वरूप-संदर्भ को निम्नलिखित आरेखण क्रमांक 3.1 द्वारा व्यक्त किया जा सकता है–

आरेखण क्रमांक– 3.1

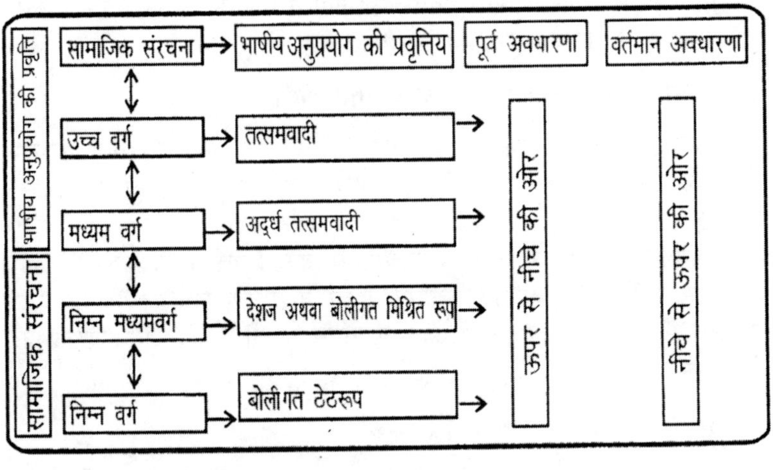

3.2. हिंदी की साहित्यिक शैलियाँ

देवकीनंदन खत्री से लेकर 'बाणभट्ट की आत्मकथा तक' की हिंदी की साहित्यिक शैली का एक रूप नहीं है। इसका रूप क्रमशः बदलता जा रहा है। यहाँ इन्हीं रूपों

का विवेचन किया जा रहा है।

3.3.1 देवकीनंदन खत्री : विवरणात्मक शैली

"दो घड़ी तक वहाँ ठहरने के बाद राजा साहब अपने खेमे में लौट आए और तेजसिंह के साथ बैठकर तरह-तरह की बातें करने लगे। जब रात ज़्यादा चली गई, तो राजा साहब ने चारपाई की शरण ली। तेजसिंह भी अपने खेमे में चले गए और खा-पीकर सो रहे।"[1]

इसके चार घटक बनते हैं:–

1. रात ज़्यादा चली गई	⇔	बीत गई
2. चार-पाई की शरण ली	⇔	सोने चले गए
3. खा-पीकर	⇔	खाकर
4 सो रहे	⇔	सो गए

प्रथम (1) घटक में 'चली गई' का स्थानापन्न 'बीत गई' द्वितीय (2) घटक में 'चारपाई की शरण ली' का स्थानापन्न 'सोने चले गए'। तृतीय (3) घटक में 'खा-पीकर' का स्थानापन्न 'खाकर' और चतुर्थ (4) घटक में 'रहे' का स्थानापन्न 'गए' होगा।

परंतु उपर्युक्त चार घटकों में चिह्नित स्थानापन्न भाषिक रूप का प्रयोग न करके उस समय की भाषा के स्वाभाविक रूप का प्रयोग किया गया है।

3.2.2 आचार्य महावीरप्रसाद द्विवेदी : व्यास शैली

"कविता में कुछ न कुछ झूठ का अंश जरूर रहता है, असभ्य अथवा अर्द्धसभ्य लोगों को यह अंश कम खटकता है और सभ्य लोगों को बहुत संसार में xxxxx ! जो बात जैसी देख पड़े, कवि को उसे वैसी ही वर्णन करना चाहिए।"[2]

उपर्युक्त उदाहरण के संदर्भ में आचार्य रामचन्द्र शुक्ल ने लिखा है– "उनकी यह व्यास शैली विपक्षी को कायल करने के प्रयत्न में बड़े काम की है।"[3] उपर्युक्त उदाहरण में 'देख पड़े' का प्रयोग आज के संदर्भ में 'दीख पड़े' और 'दिखाई पड़े' के रूप में भी हो सकता है।

3.2.3 पं. माधवप्रसाद मिश्र : धारा शैली

"आर्य वंश के धर्म, कर्म और भक्तिभाव का प्रबल प्रवाह जिसने एक दिन जगत् के बड़े-बड़े सन्मार्ग विरोधी भूधरों का दर्पदलन कर उन्हें रज में परिणत कर दिया था। इस परम पवित्र वंश का यह विश्वव्यापक प्रकाश जिसने एक समय जगत् में

अंधकार का नाम तक न छोड़ा था, अब कहाँ हैं? इस गूढ़ एवं मर्मस्पर्शी प्रश्न का यही उत्तर मिलता है कि सब भगवान् महाकाल के पेट में समा गया।"[4]

xxxx "जहाँ महा-महा महीधर लुढ़क जाते थे और अगाध अतल स्पर्शी जल था। वहाँ अब पत्थरों में दबी हुई एक छोटी-सी किंतु सुशीतल वारिधारा बह रही है। जहाँ के महाप्रकाश से दिग्दिगंत उद्भासित हो रहे थे, वहाँ अब अंधकार से घिरा हुआ स्नेह आ प्रदीप टिमटिमा रहा है, जिससे कभी-कभी यह भू-भाग प्रकाशित हो जाता है। xxxxx भारतवर्ष की सुख-शांति और भारतवर्ष का प्रकाश अब केवल 'राम नाम' पर अटक रहा है। xxxxx पर जो प्रदीप स्नेह से परिपूर्ण नहीं है तथा जिसकी रक्षा का कोई उपाय नहीं है, वह कब तक सुरक्षित रहेगा।"[5]

आनुप्रासिक एवं तत्मम शब्दावली से युक्त यह उद्धरण, धारा शैली का सटीक उदाहरण है।

3.2.4 बाल मुकुंद गुप्त : वैचारिक शैली

"भंग छानकर महाराज जी ने खटिया पर लंबी तानी और कुछ काल सुषुप्ति के आनंद में निमग्न रहे xxxxx हाथ-पाँव सुर्ख में, पर विचार के घोड़ों को विश्राम न था। वह ओलों की चोट से बाजुओं को बचाता हुआ परिंदों की तरह इधर-उधर उड़ रहा था। गुलाबी नशों में विचारों का तार बँधा कि बड़े लाट फुरती से अपनी कोठरी में घुस गए होंगे और दूसरे अमीर भी अपने घरों में चले गए होंगे।"[6]

उपर्युक्त उद्धरण में 'खटिया पर लंबी तानी' (अर्थात् निद्रा में सो गए), सुषुप्ति के आन्धं में निमग्न रहे (= अर्थात् नशे में निमग्न रहे); विचार के घोड़ों (= अर्थात् अनेक प्रकार के विचारों/भावों की होड़) आदि वाक्य-खंड से गुप्त जी की शैलीगत विचारयुक्तता का सहज ज्ञान हो जाता है। विचार-पूर्ण लेखन से पाठक न प्रभावित हो, ऐसा संभव ही नहीं।

3.2.5 पं. गोविन्द नारायण मिश्र : काव्यात्मक शैली

"सरद पूनो के समुदित पूरन चंद की छिटकी जुन्हाई सकल मनभाई के भी मुह ससि मलि, पूजनीय अलौकिक पदनखचंद्रिका की चमक के आगे तेजहीन मलीन और कलंकित कर बरसाती, लजाती, सरस सुधाधौली अलौकिक सुप्रभा फैलाती, अशेष मोहजड़ता-प्रगाड़ तम मोम सटकाती, मुस्काती, जिनभक्त-जन-मनवांछित वराभय मुक्ति सुचारू चारी मुक्त हाथों से मुक्ति लुटाती... मुक्ताहारी नीरक्षीर विचार-सुचतुर कवि-कोविदराज-हियसिंहासन-निवासिनी मंदहासिनी, त्रिलोक प्रकाशिनी सरस्वती माता के अति दुलारे, प्राणों से प्यारे पुत्रों की अनुपम अनोखी अतुल बलवाली परम प्रभावशाली सुजन-मन-मोहिनीनवरास भरी सरस सुखद विचित्र वचनरचना का नाम साहित्य है।"[7]

उपर्युक्त उदाहरण में उपसर्गों-प्रत्ययों के जोड़-तोड़ और अनावश्यक विशेषणों

कई अनेक प्रयोगों से कथ्य दब गया है।

3.2.6 पं. चन्द्रधर शर्मा 'गुलेरी' : विचारयुक्त सहज शैली

"मनुस्मृति में कहा गया है कि जहाँ गुरु की निंदा या असत् कथा हो रही हो, वहाँ पर भले आदमी को चाहिए कि कान बंद कर ले या और कहीं उठकर चला जाए। मनु महाराज हैं। न सुनने जोग गुरु की कलंक कथा सुनने के पाप से बचने के दो ही उपाय बताए हैं– या तो कान ढककर वैठ जाओ या दुम दबाकर चल दो।"[8]

उपर्युक्त उद्धरण में शैली की स्वाभाविकता और भाषा की सहज अभिव्यक्ति का एक साथ अच्छा वर्णन मिलता है।

3.2.7 अध्यापक पूर्ण सिंह : लाक्षणिक शैली

"पश्चिमी ज्ञान से मुनष्य मात्र को लाभ हुआ है। ज्ञान का यह सेहरा बाहरी सभ्यता की अंतर्वर्तिकी आध्यात्मिक सभ्यता का वह मुकुट-जो आज मनुष्य जाति ने पहन रखा है, यूरोप को कदापि प्राप्त न होता, यदि धन और तेज को एकत्र करने के लिए यूरोप निवासी इतने कमीने न बनते। यदि सारे पूरबी जगत् ने इस महत्ता के लिए अपनी शक्ति से अधिक चंदा देकर सहायता की, तो बिगड़ क्या गया?"

उपर्युक्त उद्धरण में 'आध्यात्मिक सभ्यता' 'कमीने न बनते' जैसे प्रयोग लाक्षणिक शैली के अद्भुत प्रयोग-संदर्भ है।

3.2.8 बाबू गुलाबराय : सामासिक शैली

आचार्य रामचंद्र शुक्ल ने लिखा है– "समास शैली पर ऐसे विचारात्मक निबंध लिखने वाले, जिनमें बहुत ही चुस्त भाषा के भीतर एक पूरी अर्थ-परम्परा कसी हो, अधिक लेखक हमें न मिले।"[10]

इनकी शैली का नमूना है– "सौंदर्य की उपासना करना उचित है सही, पर क्या उसी के साथ-साथ कुरूपता पूणास्पद और निंद्य है। नहीं, सौंदर्य का अस्तित्व ही कुरूपता के ऊपर निर्भर है। सुंदर पदार्थ अपनी सुंदरता पर चाहे जितना मान करे, किंतु असुंदर पदार्थों की स्थिति में ही सुंदर कहलाता है। अंधों में काना ही श्रेष्ठ समझा जाता है।"[11]

उपर्युक्त उद्धरण में 'उचित है सही' जैसा प्रयोग ही कथ्य को खोलता है, वहीं 'अंधों में काना ही' जैसे मुहावरेदारी उसकी अभिव्यक्ति को और अधिक तीव्रता प्रदान करती है।

3.2.6 आचार्य रामचन्द्र शुक्ल : मनोवैज्ञानिक शैली

समाजभाषावैज्ञानिकों के अनुसार भाषा समाज द्वारा केंद्रित होती है। इसका एक उदाहरण है– चिंतामणि में प्रयुक्त 'सहानुभूति' शब्द का प्रयोग। इससे शुक्ल जी

की शैली का अंदाज़ हो सकेगा। उदाहरण है– "शिष्टाचार में इस शब्द का प्रयोग इतना अधिक होने लगा है कि यह निकम्मा-सा हो गया है। अब प्रायः इस शब्द से हृदय का कोई सच्चा भाव नहीं समझा जाता है। सहानुभूति के तार, सहानुभूति की चिट्ठियाँ लोग यों ही भेजा करते हैं। यह छद्म शिष्टता मनुष्य के व्यवहार-क्षेत्र से सच्चाई के अंश को क्रमशः चरती जा रही है।"[12]

उपर्युक्त वाक्यों में 'सहानुभूति का वर्तमान सामाजिक स्थिति में सार्थक विवेचन हुआ है। यह शब्द अब अपना मान (मूल्य) खो चुका है। अतः इसके लिए निबंधकार द्वारा 'निकम्मा' शब्द का प्रयोग करना औचित्यपूर्ण है।

3.2.10 आचार्य हजारी प्रसाद द्विवेदी : लालित्य एवं अर्थ-गर्भित शैली

आचार्य हजारी प्रसाद द्विवेदी के शैलीगत रूप के कुछ संदर्भ इस प्रकार हैं–

3.2.10.1 लय के स्तर पर

लय तत्त्व का संबंध मात्र पद्य से नहीं, अपितु गद्य से भी है। आचार्य द्विवेदी का गद्य इस लयात्मकता से असंयुक्त नहीं है।

3.2.10.1.1 "वे उसे उपासना-गृह कहा करते थे। स्नान करने के बाद वे एक बार उसमें अवश्य जाया करते थे।" (पुनर्नवा, तीन, पृ. 37) इसमें लय के कारण भूतकालिक क्रिया का बोध होता है।

3.2.10.1.2 "हिमालय का कण-कण हिमालय पुत्री के प्रख्यातजन्य दुख से आर्द्र है और तपस्याजन्य विजय से उल्लसित है।" यहाँ लय के माध्यम से सुख-दुख की मधुरिम दशा की व्यंजना की गई है।

3.2.10.2 मुहावरे के स्तर पर

'पर-पद पर मान, पद-पद पर ठसक'।

बाप रे बाप, इतनी मानवती है कि बस नाक का फोड़ा समझो। (पुनर्नवा, उन्नीस, 199)

3.2.10.2.1 "चारों ओर कुत्सित शवों की गंध से नसें फटने लगी।" (पुनर्नवा, अट्ठारह, 192)

मुहावरों के माध्यम से भावों, कटाक्षों, एवं चित्रात्मकता आदि की सृष्टि इनकी शैलीगत विशेषता है।

कुल मिलाकर देवकीनंदन खत्री से लेकर आचार्य हजारी प्रसाद द्विवेदी तक हिंदी साहित्य का शैलीगत प्रभेद क्रमशः तद्भवीकरण, तत्समीकरण की प्रकृति से गुजरता हुआ अब दोनों के मध्यवर्ती परिपार्श्व में पहुँचकर पूरी तरह से स्वाभाविक बन पड़ा है।

3.3. हिंदी की सामाजिक शैलियाँ

सामाजिक शैली परस्पर-संवाद (अभिव्यक्ति) का वह प्रकार है, जो किसी भी जाति के शैक्षिक, जातीय, सामाजिक, एवं धार्मिक स्थिति के अनुसार स्वतः अपना कोड निर्धारित (संचालित) करता रहता है। इसके दो रूप हैं– औपचारिक हिंदी और वैज्ञानिक हिंदी।

3.2.1 औपचारिक हिंदी

भाषा समाज-सापेक्ष होती है। उसकी विभिन्न सामाजिक शैलियों परिस्थितिजन्य होती हैं। इसके एकाधिक प्रकार और संदर्भ होते हैं। प्रत्येक प्रकार और संदर्भ के अनुसार ही इसका कोड निर्धारित होता है। यह कोड ही सामाजिक स्तर की अभिस्वीकृति भी देता है। उदाहरण के लिए, यदि एक व्यक्ति अपने किसी सामाजिक प्रयोजन में अपने ही कार्यालय के अधिकारी, मित्र, अधीनस्थ कर्मचारी, और सबसे छोटे चतुर्थ श्रेणी कर्मचारी को आमंत्रित करता है, तो उन के सभी कोड अलग-अलग होंगे। इसका एक उदाहरण इस प्रकार है–

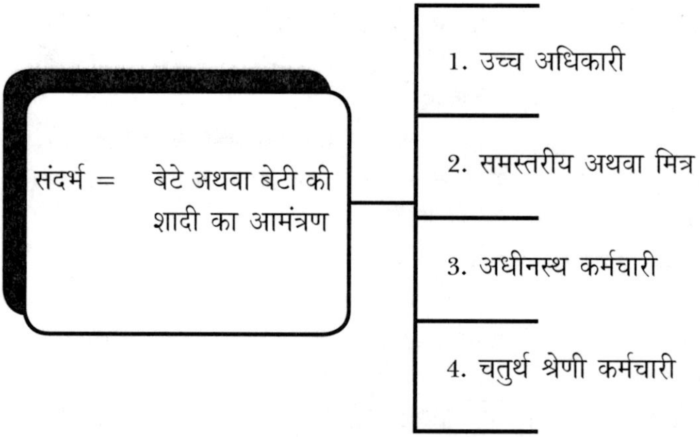

1 का कोड (भाषा/संदेश होगा– पधारकर अनुगृहीत करें।

2 का कोड (भाषा/संदेश होगा– कृपया पधारें।

3 का कोड (भाषा/संदेश) होगा– पधारें।

4 का कोड (भाषा/संदेश। होगा– आना।

स्पष्ट है कि संदर्भ एक है, फिर भी सामाजिक स्तर के कारण कोड में अलगाव आ गया है। इसमें 1 में अतिऔपचरिकता, 2 में औपचारिकता, 3 में अनौपचारिकता और 4 में अति अनौपचारिकता है।

3.3.2 वैज्ञानिक हिंदी

आज हिंदी का क्षेत्र बहुत व्यापक हो गया है। विज्ञान के विविध क्षेत्रों-जीव-विज्ञानों, कृषि-विज्ञानों, पदार्थ-विज्ञानों और भी विज्ञान के अन्य क्षेत्रों में आज हिंदी का प्रयोग होने लगा है। यह प्रयोग पुस्तको में तो हो ही रहा है, आम पत्र-पत्रिकाओं में लेख आदि के माध्यम से भी हो रहा है। कुछ उदाहरण हैं–

1. ये हारमोन संक्रमण-विरोधी कोशिकाओं-लिंफ़ोसाइटस को नष्ट करने के अलावा थाइमस ग्रंथि को भी हानि पहुँचाते हैं।

—साप्ताहिक हिंदुस्तान, 12 अक्तूबर, 1985

2. जीन के स्वभाव और व्यवहार को समझने के लिए इस कठिन मसले को एक स्वीडी वैज्ञानिक ने हल किया और न्यूक्लियिड एसिड की रचना वैज्ञानिकों के सामने आ गई।

—दिनमान, 17 नवम्बर, 1974

3. अब यदि डिंब का मिलन (निषेचन) 'एक्स' गुणसूत्र वाले शुक्राणु से होता है, तो डिंब के 'एक्स' तथा शुक्राणु के 'एक्स' मिलकर था में 2 'एक्स' गुण सूत्र हो जाते हैं।

—कादम्बिनी, मई, 1985

उपर्युक्त संदर्भों के अतिरिक्त विज्ञान के अन्य सभी क्षेत्रों में हिंदी का प्रयोग हो रहा

3.4. मातृभाषेतर रूप में हिंदी की शैलियाँ

मातृभाषेतर रूप में हिंदी प्रयोग की कई शैलियों विकसित हो गई हैं। इसमें पंजाबी हिंदी, बंबइया हिंदी, कलकतिया हिंदी एवं मद्रासी हिंदी जैसी शैलियाँ विकसित हो चुकी हैं। इन सब पर चर्चा के पूर्व पिजिन एवं क्रियोल की संकल्पना, 'भाषा-संक्रमण' और 'भाषा-व्याघात' को स्पष्ट कर लेना आवश्यक होगा। कारण कि भाषेतर शैलियों के विकास के मूल में इनकी एक महत्वपूर्ण भूमिका है।

3.4.1 पिजिन और क्रियोल की संकल्पना

'पिजिन' शब्द मूलतः शब्द अँगरेज़ी से आया है। जब चीनी के मिश्रण (आधार भाषा अँगरेज़ी, प्रभावक भाषा चीनी) से एक विशेष प्रकार की अँगरेज़ी का विकास हुआ। यह भाषा मूलतः बिजिनस' शब्द चीनी उच्चारण में पिजिन' हो गया, अतः वहाँ 'बिजिनस इँगलिश' को पिजिन इँगलिश (Pidgin English) कहने लगे। बाद में इस प्रकार विकसित किसी भी भाषा को पिजिन (भाषा) कहा जाने लगा। हिंदी में इसे मिश्रित भाषा नहीं कह सकते, क्योंकि मिश्रण में केवल मिलने का भाव है, एक के आधार भाषा तथा दूसरी के प्रभावक होने का नहीं। इसीलिए हिंदी में अँगरेज़ी

से 'पिजिन' शब्द लेना उचित समझा गया।"

संयोगात् दो भिन्न भाषाई परिवेश के व्यक्ति किसी स्थान पर मिलते हैं और एक-दूसरे की भाषा से अनभिज्ञ रहते हुए भी जब परस्पर-विचार-विनिमय का यत्न करते हैं, तब उनके यत्न से जिस भाषा का विकास होता है, वह पिजिन कहलाती है। इस प्रकार यह एक कृत्रिम भाषा-रूप है। कालांतर में यही दूसरी पीढ़ी की मातृभाषा हो जाती है। मातृभाषा के रूप में प्रतिष्ठा प्राप्त कर लेने की इसकी 'क्रिओल' संज्ञा हो जाती है। अंतरराष्ट्रीय संदर्भ में मॉरीशस, सूरीनाम, गुयाना और त्रिनीदाद देशों में क्रियोली हिंदी स्थापित है। इसी प्रकार राष्ट्रीय स्तर पर– कलकतिया हिंदी, बंबइया हिंदी, मद्रासी हिंदी, और पंजाबी हिंदी आदि।

पिजिन जहाँ किसी भी क्षेत्र की मातृभाषा नहीं कही जा सकती, वहीं क्रियोल उस भाषा-भाषी समुदाय की मातृभाषा हो जाती है। पिजिन जहाँ सुनिश्चित व्याकरणिक आधार से रहित रहती है, वहीं क्रियोल का एक व्याकरणिक आधार रहता है। पिजिन जहाँ दो भाषाई समुदायों के योग से निर्मित भाषारूप है, वहीं क्रियोल एक ही भाषाक्षेत्र के भाषाई समुदाय की मातृभाषा है। पिजिन जहाँ पूर्णजनाधार के अभाव में सामाजिक प्रतिष्ठा प्राप्त नहीं कर पाती, वहीं क्रियोल का एक निश्चित जनाधार होने से उसे वह प्रतिष्ठा प्राप्त है। पिजिन जहाँ किसी क्षेत्र की औपचारिक अथवा शासकीय कार्यों के संदर्भ में उपयोग में नहीं लाई जा सकती है, वहीं क्रियोल का उपयोग औपचारिक शासकीय स्तरों पर किया जाता है, कारण कि इसकी एक निश्चित व्याकरणिक संरचना भी होती है।

3.4.2 भाषा-संक्रमण और भाषा-व्याघात

भाषा के संदर्भ में 'संक्रमण' का अर्थ विकास होगा। कारण कि सं (सम्यक्) + क्रम (व्यवस्थित गति) + अण् = संक्रमण है। परंतु वह संक्रमण भाषा में अपने ही भाषाई परिवेश एवं रूप में नहीं होता, अपितु दूसरे भाषाई परिवेश एवं रूप में भी होता है। इस रूप में संक्रमण अपने मूल अर्थ से थोड़ा हटकर हैं। इसमें भाषा का विकास तो होता है, परंतु भाषा अन्य भाषा-रूपों से प्रभावित होकर विकास कर पाती है। आज हिंदी में अँगरेज़ी और हिंदी बोलियों के बहुत-से ऐसे शब्द जुड़ गए है जो हिंदी के मूल रूप को दूषित करते हैं परंतु फिर भी आवश्यकता के अनुसार हिंदी को गति भी देते हैं। भाषा पर पड़ने वाले ऐसे प्रभाव चाहे ध्वनि के स्तर पर हो, चाहे रूप के स्तर पर हो, चाहे वाक्य के स्तर पर हों और चाहे उपवाक्य के स्तर पर–ये सब भाषा-संक्रमण के उदाहरण होंगे। जैसे शब्द के स्तर पर टेंपरेचर, नार्मल पेटेंट, टूरिस्ट, फैशनेबिल, सीजन, राउंड, आर्डर, थीसिस, नॉनसेंस, रेकॉर्ड, ट्रैफिक, रिसर्च, समझाइस, पैदाइश, भितरघात, आदि शब्दों को लिया जा सकता है। ऐसे ही वाक्य के स्तर पर -मैं शॉपिंग करने मार्केट जा रहा हूँ सर प्लीज़ ऐसा न कीजिए।

ये मेरे लाइफ़ एण्ड डेथ का सवाल है।

भाषाव्याघात का संदर्भ द्वितीय एवं अन्य भाषा-शिक्षण से है। जब हम मातृभाषा के अतिरिक्त कोई भी भाषा सीखते हैं, तो मातृभाषा उसमें व्याघात उत्पन्न करती है। कारण कि हम बोलने अथवा लिखने के लिए जब भी सोचते हैं, तब सर्वप्रथम विचार मातृभाषा में ही आते हैं। उसके बाद उन विचारों का हम अंतर्मन में अनुवाद करते हैं। यह व्याघात बोली और भाषा दोनों स्तरों पर होता है। बोली-क्षेत्र के प्रयोक्ताओं को भाषा के स्तर पर बोली व्याघात उत्पन्न करती है और भाषा के स्तर पर मातृभाषा व्याघात उत्पन्न करती है। जैसे अवधी क्षेत्र का कोई भी भाषा-भाषी– 'ने' 'परसर्ग' का तब तक प्रयोग नहीं करता, जब तक कि वह बहुत सजग न हो। अन्यथा वह 'मैं खाय। मैं सोचा' ही बोलेगा।

यह व्याघात उच्चारण स्तर पर ही अधिक होता है। परंतु भाषा की प्रकृति की पूरी जानकारी और उसके प्रयोग की सतर्कता के बाद वह व्याघात धीरे-धीरे समाप्त होने लगता है। इसी व्याघात और संक्रमण के कारण भाषा के कई क्षेत्रीय रूप विकसित होने लगते हैं। इन्हें ही बंबइया, पंजाबी, कलकतिया, कन्नड़ा हिंदी व मद्रासी, तेलुगु, मलयाली, हिंदी आदि के नाम से जानते हैं।

3.4.2.1 बंबइया हिंदी

जगदंबा प्रसाद दीक्षित ने बंबइया हिंदी में मुरदाधर' शीर्षक से एक उपन्यास लिखा है।

1. ...."दे नारे! एक नौटाक', और दे दे सच्ची बोलती...कल तेरे कू सारा पइसा दे देऊँगी। इतना भरोसा नई क्या मेरा?" (पृ. 10)

(नौटाक-शराब का नाप)

2. "मैं झूठा बात कभी नई किया। सब करेगा मैं ....पन झूठार बात नई करेगा। पहेला बोला .... अब्बी बोलता........ मेरा ज़िंदगानी में खाली एकच बात है .... तेरे कू चाली में खोली लेके देना........ तेरे कू अच्छा लुगड़ा ला के देना .... तेरे कू इधर से ले जाना। और मैं तेरे कू बोलता मैना याद रख .... एक दिन मेरा टैम जरूर आएंगा जरूर आएंगा। तब तू बोलना मेरे कू।"

(पृ. 21)

3. .... ही .... बोच। उधर एक छोकरा होता मेरा पिछान वाला। सुबू साम बचेला माल दे देता था। मेरे कू। अब वो भी चले गया। भोत त्रास होता मेरे कू। कभी कुछ मिलता... कभी कुछ नई मिलता। कइसा टैम निकलेगा... मालूम नई..।

4. .... अब आज तो तु इधरिच सो जा। मैं तेरे कू जगा बता देऊँगी। .... उधरिच सो जाना। कोई नई देखेंगा तेरे कू उधर। पीछू सुबु करना जो करने का होंगा। (पृ. 54)

5. क्या बोलेगा मैजिस्ट्रेट? .... जाओ! छोड़ देव सब कू। इनका कुछ गुन्हा नहीं। इनके बदले पकड़ लो इंस्पेक्टर लोक कू साहब लोक भू हवलदार लोक कू। बंद करो सब कू। येच हैं असली गुन्हेगार। कब होगा अइसा इंसाफ? कभी नई। कब आएँगा अइसा मजिस्ट्रेट? कभी नई ----। (पृ. 113)

6. कारड़? हौ लाया। ..... जेब में हाथ डालता है .... निकाल कर ई देता है। ...... तेरा कल का दो चपाती जास्ती है। एक कारड का गया। एक चपाती उधार देता आज भी .... भला क्या? चल हट बाजू। चलो दुसरा.....।

7. मैं बोला कि मेरे कने पइसा नई तो मेरा क्या गुच्छा? मेरे कू इधर से तड़ीपार किया। मैं करूँ तो भी क्या? चोरिया किया मैं। किसका वास्ते? हसीना और अमजद केच वास्ते ना? पीछू मेरा क्या गुन्हा तू बोल ना ...... क्या गुन्हा मेरा? (पृ. 136)

इन उदाहरणों में भाषा के कुछ रूप है– कू पइसा, नई (= नहीं) कच्ची, पहेला, लाखोपति छोकरा, टैम, उधरिच (= उधर से), (= से), पीछू (= पीछे), सुबु (=सभी), भोत (= बहुत), कायकू गुन्हेगार, कारड, गुच्छा, आदि।

3.4.2.2 पंजाबी हिंदी

कला सुबा (कुछ 'ह' मिश्रित ध्वनि) के समें फुलवाड़ी में फुल्ल बीनने गई ('ब' में 'ह' की भी कुछ ध्वनि रहती है।) माँ की पूजा के लिए फुल्ल चुनना और ठाकर जी के परसाद की माला बनना ('ब' में थोड़ी 'ह' ध्वनि भी) उसका नित्त का कम्म था। वह फुलवाड़ी के बिच्च माँ पत्थर के छोटे से चबूतरे ('ब' पर अधिक बल) पर बैठी जूही की माला गूँथ रअई (शुद्ध 'ह' का उच्चारण नहीं किया जाता)। अश्व के बूर (बौरों के स्थान पर) की सगन्द से सारा बाग मैक रिया (रेआ) ता। पक्शी कलखकर रएते। पर बात ('ब' में भ की ध्वनि मिली रहती है।) की कोमल सतीर्नआबा ('ब' और 'भ' के बीच की ध्वनि) उसके सुनदर अरण मुख पर पड़कर उसी में लीन हो गई तो उसके मथ्थे से द्रो पत्ती। ('धोती' के लिए) खिसक गई तो वो इक्क लटां जूड़े से निकल कर वायु में दौड रईयातीयां। ('धोती' के लिए) खिसक गई तो दो इक्क लटां जूड़े से निकल कर वायू ममें दौड़ रईयातीयां। उसके अन्तसतल में बी (ब और भ की मिश्रित ध्वनि) रै-रै कर इक्क अन्यात लएर सी दौड़ पड़ती ती। अपनी उस चचंल बआवना का रहस उसे मालूम न ता पर उसके हिरदे में वही सबसे बेगवती ती। उसमें तीवरता और व्याकुलता हिली ती। कला के मन का सुनसार केवल थोड़ी सी कसोर समरितियों का बनाता। उसके बाब (दोनों शब्दों पर काफ़ी बल देकर उच्चारण किया जाता है) का मदुअर ('मधुर' के लिए), इसमें 'द' की ध्वनि अधिक और 'ध' की कम) व्यवहार, माँ का लाड़ पियार, तीरथ-यात्तरियों के कुछ चशीन संसमरन, आसपास के कुछ पेड़, फुलवाड़ी के फुल्ल पौदे और उसका पियारा हिरनोटा कानू। इन्हीं सरबन्द अ (संबद अ यहाँ 'द' की ध्वनि अधिक और

'ध' की कम) व्यवहार, माँ का लाड पियार, तीरथ-यालरियों के कुछ चशीन संसमरन, आसपास के कुछ पेड, फुलवाड़ी के फुल्ल पौदे और उसका पियारा हिरनोटा कानू। इन्हीं सरबन्द अ (संबंद अ यहाँ 'द' पर अधिक बल) की कुछ बातें, कुछ अकार परकार, कुछ रूपरंग, कुछ वारतालाप, कुछ सुबह दुखद बाअबनाएँ उसके बीइत्तस बार-बार गुअम घूम फिर कर उदे और असत होती रेहती ती। पर पिछली सांप वाली कअटना के बाद उसके अन्तकरन में इक्क अग्यात भए अनग्रअत अनखत) आकलता उठती रहती ती। जैसे उस पअंकर प और भ की मिली जुलो ध्वनि) सरप ने उसके पीइतर कुऊस पर अचिदज, सुपत अवेस (आवेश) को जाग्रत कर दिआ हो। चिर-विसमिरत के अबरन को चीरकर इक्क अबस परबिरती के लिए हिरदे में बिल बना दिआ हो।[14]

3.4.2.3 कलकतिया हिंदी

कोला भूखा के षोमय फूलबाड़ में फूल बीनने गई थी। माँ की पूजा के लिए फूल चुनना आर. ठाकुर जी के प्रषाद की माला बनाना उसका नित्त का काम था। वो फूल बाड़ी के बीच में पत्थर के छोट्टे से चबुतरे पर बैठी जूही की माला गूँथ रही थी। आम के बीरों के शुगंध से पारो बाग मोहक रहा था पीक्खी कोलरव कर रहे थे प्रभात की कोमल सोने आभा उसके सुदर ओरून मुख पर पॉडकर उसी में लीन हो गई थी। उसके माथे से धोती खिसक गई और दो एक लटे जूड़े से निकलकर वायु में दौड़ रही थीं। उसके ओंतरतल में भी रोह कर एक ओग्यात लीहार की दौड़ पड़ती थीं। ओपनी उस चोंचल भावना का रोहस्य उसे मालूम न था, पर उसके हृदय में वही सबसे बेगबती थी। कोला के मोनका शंशार केवल थोड़ी सी किशोर स्मृतियों का बना था। उसके बाबा का मोपुर बेबोहार, माँ का लाड़ प्यार तीर्थ यात्रियों के कुछ खीन संस्मरन, आश-पाश के कुछ पेड़, फूल बाड़ी के फूल पौधे और उसका प्यार हिरनौटा कानू। इन्नी के संबंध की कुछ बातें, कुछ आकार-प्रकार, कुछ रूप-रंग कुछ वार्तालाप, कुछ सुखद-दुखद भावनाएँ उसके भीतर बार-बार घूम फिरकर उदय आर अस्त होती रहती थीं। पर पिछले पांपबाली घटना के बाद उसके ऑन्तीकाल में एक आग्यातमय अएंननुभूत आकुलता उठती रहती थी जैसे उस भयंकर शर्प ने उसके भीतर बार-बार घूम फिरकर उदय आर अस्त होती रहती थीं। पर पिछले पांपबाली घटना के बाद उसके ऑन्तीकरन में एक अग्यातमय आकुलता उठती रहती थी जैसे उस भयंकर सर्प ने उसके भीतर पुशकर एक अचिन्त, भूज आवेश को जाग्रत कर दिया हो, चिर विश्वत के आवरण को चीर कर एक औबश-प्रवृत्ति के लिए हृदय में बिल बना दिया हो।[15]

बँगला भाषी जब हिंदी बोलता है तब उसके उच्चारण में निम्न विशेषता पाई जाती है—

'अ' का उच्चारण अर्ध ओ के सदृश होता है।

यथा कला 'कोला' महक...... मीहक

दन्त्य स् के स्थान पर तालव्य श क आगम होता है। यथा सुबह..... शूबा।

यथा सुबह..... सूबा।

'व' के स्थान पर 'ब्' आगम होता है। 'औ' के स्थान पर 'आ' का आगम देखा जाता है—यथा और...... आर।

शब्दान्त य का लोप और पूर्ववर्ती अल्पप्राण ध्वनि का द्वित्व में परिवर्तन पाया जाता है। —यथा नित्य.... नित्त।

शब्दारम्भ में संयुक्त य ध्वनि सुपा होकर पूर्ववर्ती वर्ण को एकराना में बदल देती है।

यथा व्यवहार............ बेबोहार।

सामान्यतया य' का उच्चारण 'ज' के समान होता है। यथा तीर्थयात्री...... तीर्थयात्री 'क्ष्' का 'क्ख्' में परिवर्तन सुनाई पड़ता है और कहीं केवल 'ख्' में।

यथा पक्षी... पोक्खी तथा क्षीण.... खीन।

'ण्' का उच्चारण 'न्' होता है। यथा स्वर्ण.... सोर्न, अरूण....ओरुन।

'ज्ञ्' का उच्चारण 'ग्य्' की भाँति होता है। यथा अज्ञात..... ओग्यात।[16]

3.4.2.4 कन्नड़ा-हिंदी

कळा सुबह के समै फुलवाड़ी में फूल बीनने गयी थी। माँ की पूजा के लिए फूल चुनना और ठाकुर जी के प्रसाद की माला बनाना उसका नित्ते का काम था। वह फुलवाड़ी के बीच में पत्थर के छोटे से चबुतरे पर बैठी जूही की माला गूँथ रही थी। आम के बौरों की सुगंध से सारा बाग महका रहा था। पक्षी कलरव कर रहे थे। प्रभात की कोमल स्वर्ण आभा उसके सुन्दर अरूण मुख पर पड़ कर उसी में लीन हो गयी थी। उसके अंतस्थल में भी रह रहकर एक अज्ञात लहर सी दौड़ पड़ती थी अपनी उस चंचल भावना का रहस्य उसे मालूम न था, उस उसके हृदय में वही सबसे बेगवती थी, उसमें एक तीव्रता और व्याकुलता मिली थी। कला के मन का संसार केवल थोड़ी सी किशोर स्मृतियों का बना था। उसके बाबा का मधुर व्यवहार, माँ का लाड़ प्यार, तीर्थ यात्रियों के कुच छीन संस्मरण, आसपास के कुछ पेड़, फुलवाड़ी के फूल पौधे और उसका प्यारा हिरनौटा कानू। इन्हीं के सम्बन्ध की कुच आकार प्रकार, क्य रूप रंग, कुर वार्तालाप क्य सुखद-दुःखद भावनाएँ उसके भीतर बार-बार घूम फिर कर उदय और अस्त होती रहती थी। पर पिचली सांपवाली घटना के बाद उसके अन्तःकरण में एक अज्ञात भय अननुभूत आकुलता उठती रहती थी जैसे उस भयंकरसर्प ने उसके भीतर घुसकर एक अचिन्त्य, सुप्त आवेश को जाग्रत कर दिया हो, चिर विस्मृत के आवरण को चीर कर एक अवश प्रवृत्ति

के लिए हृदय में बिल बना दिया है।

इनके उच्चारण की विशेषताएँ है।

1. 'ल्' का उच्चारण मूर्धन्य 'ळ्' के समान होता है।
   (मराठी और राजस्थानी में भी मूर्धन्य 'ळ्' पाया जाता है। परिनिष्ठित हिंदी में नहीं)
2. शब्द के मध्य 'म्' के पश्चात् आने वाले 'य्' का लोप हो जाता है। अकारान्त 'म' ऐकारान्त होता है। यथा, समय-समै
   (यह प्रवृत्ति हिंदी-भाषी क्षेत्रों न दिखाई पड़ती है)
3. शब्दांत का संयुक्त 'य्' भी लुप्त हो जाता है और अपने पूर्ववर्ती वर्ण के द्वित्व के साथ एकारान्त में परिवर्तित हो जाता है।
4. हलंत 'थ्' का 'त्' में परिवर्तन हो जाता है।
   यथा, माथा-माता।
5. शब्दांत का ह्रस्व उकारान्त दीर्घ ऊकारान्त हो जाता है।
   यथा, वायु-वायू।
6. 'ड्' के स्थान पर 'ड़्' की स्थिति।
7. 'छ्' के स्थान पर 'च्' का आगम।
   यथा, कुछ-कुच।
8. 'क्ष्' के स्थान पर 'छ्' का प्रयोग।
9. 'ण्' के स्थान पर 'न्' का आगम।[17]

3.4.2.5 मद्रासी हिंदी

कळा सुबः के समै फूलवाड़ी में फूल बीनने गयी ती। माँ की पूजा के लिए फूल चुनना और टागुरजी के प्रसाद की माला बाना उस्का निच्च का काम ता। वह फुलवाड़ी के बीच में पत्तर के छोटे से चबूतरे पर बैटी जूही की माला गूंथ रही ती। आम के बौरों की सुगंध से सारा बाग महक रहा ता। पच्ची कलरव कर रहे थे। प्रभात की कोमल स्वर्ण आभा उस्के सुंदर अरुण मुख पा पड़कर उसी में लीन हो गयी थी। उस्के माते से दोती किसक गयी थी और दो एक लटें जूड़े से निकल कर वायु में दौड रही थी। उस्के अंतराल में भी रह-रहकर एक अज्जात लहर-सी दौड़ पड़ती थी अपनी उस चंचल भावना का रहस्य उसे मालूम न था, पर उसके हृदय में वहीं सबसे बेग्वती थी, उसमें एक तीव्रता और व्याकुलता मिली ती। कला के मन का संसार केवल थोड़ी-सी किशोर स्मृतियों का बना ता। उसके बाबा का मदुर व्यवहार माँ का लाड़-प्यार, तीर्तयात्रियों के कुच छीण संस्मरण, आसपास के कुछ पेड़, फुलवाड़ी के फूल पौधे और उसका प्यारा हिरनौटा कानू। इन्हीं के संबंध की कुच बातें, कुच आकार प्रकार, कुच रूप-रंग, कुच वार्तालाप,

कुच सुखद दुखद बावनाएं, उसके बीतर बार-बार रु फिरकर उदय और अस्त होती रहती तीं। पर पिचलीसांप वाली घटना के बाद उसक अन्तःकरण में एक अज्जातमय अननुबूत आकुलता उटती रहती थी। जैसे उस भयंकर सर्प ने उस्के भीतर गुसकर एक अचिन्त्य, सुप्त आवेश को जाग्रत कर दिया हो चिर विस्मृत के आवरण को चीरकर एक अवश प्रवृत्ति के लिए हृदय में बिल बना दिया हो।

तमिल भाषी के उच्चारण में निम्नांकित भिन्नता पाई जाती है–

खड़ी बोली 'ल्' का उच्चारण मूर्धन्य 'ल्' के समान होता है।

खड़ी बोली 'ह्' का उच्चारण स्पष्ट नहीं है (यह ध्वनि तमिल नहीं है)

खड़ी बोली 'ड्' का उच्चारण 'ड्' के समान है।

खड़ी बोली 'थ्' का उच्चारण 'त्' के समान है।

खड़ी बोली 'ठ्' का उच्चारण 'ट्' के समान है।

खड़ी बोली 'क्' का उच्चारण 'ग्' के समान है।

खड़ी बोली 'त्य् (नित्य में)' का उच्चचारण 'च्च्' (निच्च) के समान है।

खड़ी बोली 'त्थ् (पत्थर में) का उच्चारण 'त्त्' के समान है।

खड़ी बोली 'क्ष' (पक्षी में) का उच्चारण 'च्च्' (पच्ची) के समान है।

खड़ी बोली 'ध्' (धोती, मधुर, में) का उच्चारण 'द्' (दोती, मदुर) के समान है।

खड़ी बोली 'ख्' (खिसक) का उच्चारण 'क' (किसक) के समान है।

खड़ी बोली 'ज्ञ' (अज्ञात) का उच्चरण 'ज्ञ्' अज्ञात) के समान है।

खड़ी बोली 'छ्' का उच्चारण 'च्' के समान है।

खड़ी बोली 'क्ष्' का उच्चारण 'छ्' के समान है।

खड़ी बोली 'भ्' (भावना में) का उच्चारण 'ब्' के समान है।

खड़ी बोली 'घ्' का उच्चारण 'ग्' के समान है।

तमिल भाषी को हिंदी वर्गों को परिनिष्ठित करने में जो कठिनाई पड़ती है उसका कारण यह है कि उनकी लिपि में हिंदी (नागरी) लिपि के स्वर वर्गों के अतिरिक्त अवृत्तमुखी उ, ह्रस्व ऍ, ऐ˘ और ह्रस्व ओ˘ भी हैं और व्यंजनों में हिंदी कवर्ग के केवल क् और ङ्, चवर्ग के केवल च् और ञ्, टवर्ग के केवल ट् और ण् हैं। यह तमिल भाषी के उच्चारण से ज्ञात होता है, पर श्री वी.रा. जगन्नाथधाम के अनुसार तमिल में ब, द्, ग्, ख्, ध्वनियाँ निर्विवाद रूप से विद्यमान हैं (गवेषणा, सितम्बर, 64 पृष्ठ 87), वर्त्स्य त, का उच्चारण तमिल में नहीं होता (वही) तथा अन्तरस्थ में खड़ी बोली के य् के अतिरिक्त वर्त्स्य र् भी है और वर्त्स्य, मूर्धन्य और तालव्य तीन 'ल्' हैं, तालव्य शिष्ट तमिल भाषी ही उच्चारित करते हैं। ड़् धनि तमिष (ळ्) में नहीं है।[18]

3.4.2.6 तेलुगु हिंदी (तेलुगुभाषी द्वारा उच्चारित रूप)

फूल चुनना आउर ठाकूर जी के प्रसार की माला बनाना उस्का निच्च का काम था वह फुलवाड़ी के बीच में पत्थर के छोटे से बहूने पनर बैठी जूही की माला गूंथ रही थी। आम के वाउरों की सुगंधसेसरा बाग महक रहा था पक्षी कलरव कर रहे थे। प्रभात की कोमल स्वर्ण आभा उस्के सुन्दर अरुण मुख पर पड़ कर उसी में लीन हो गयी थी। उस्के माथे से धोती खिसक गयी थी आउर दो येक लटे जूड़े से से निकल कर वायू में दाउड् रही थी। उस्के अन्तस्तल में भी रह-रहकर एक अज्जात लहर-सी दाउड् पड़ती थी। अपनी उस चंचल भावना का रहस्य उसे मालूम न था, पर उसके हृदय में वहीं सबसे बेगवती थी, उसमें एक तीव्रता और व्याकुलता मिली थी। कला के मन का संसार केवल थोड़ी सी किशोर स्मृतियों का बना था। उसके बाबा का मघुर व्यवहार, माँ का लाड़-प्यार, तीर्थ यात्रियों के कुछ क्षीण संस्मरण, आसपास के कुछ पेड़, फुलवाड़ी के फूल पौधे और उस्का प्यारा हिरनाउटा कानू। इन्हीं के संबंध की कुछ बातें, कुछ आकार-प्रकार, कुछ रूप-रंग, कुछ वार्तालाप, कुछ सुखद दुःखद भावनाएँ उसके भीतर बार-बार घूम-फिरकर उदय और स्त होती रहती थीं। पर पिछली साँप वाली घटना के बाद उसके अन्तःकरण में एक अज्जातमत अननुभूत उठती रहती थी जैसे उस भयंकर सर्प ने उसके भीतर घुसकर एक अचित्य सुपा आवेश को जाग्रत कर दिया हो चिर विस्मृत के आचरण को चीरकर एक अवश-प्रवृत्ति के लिए हृदय में बिल बना दिय हो।

जिन तेलुगु भाषी श्री नरसिंहाचार्य ने उपर्युक्त उच्चारण किन्तु, उनकी आयु 26 वर्ष की है और उन्होंने बी ए तक शिक्षा प्राप्त की है।

उनके उच्चारण में इस प्रकार की भिन्नता पाई गई–

1. ला (कला में) का उच्चारण मूर्धन्य ळ के सदृश होता है।
2. अल्प प्राण ब् ध्वनि के पश्चात् आने वाले 'ह' का उच्चारण स्पष्ट नहीं होता, जैसे– सुबह-सुबः
3. 'ड्' और 'ड़्' में भेद नहीं रहता।
4. 'औ' का उच्चारण पूर्ण 'आऊ' होता है।
5. दीर्घ आ के पश्चात् उकारान्त व्यंजनक का उ दीर्घ हो जाता है–
जैसे– ठाकुर-ठाकूर
6. शब्द के मध्यवर्ती अक्षरांत दन्त्य स् का उच्चारण हलन्त हो जाता है। उदाहरण, उसका-उस्का (हिन्दी शब्दों में भी यही प्रवृत्ति बढ़ रही है)
7. त् के पश्चात् आने वाले संयुक्त य् का भी च् में परिवर्तन हो जाता है।[19]

3.4.2.7 मलयाली हिन्दी

कळा सुबह से समै फलवाड़ी में फूल बिनने गयी थी। मामू की पूजा के लिए

फूल चुनना और टागुर जी के प्रसाद की माला बनाना उसका नित्य का काम था। वह फुलवाड़ी के बीच में पत्तर के छोटे से चबूतरे पर बैठी जूही की माला गूंथ रही थी। आम के बौरों की सुगन्ध से सारा बाग महक रहा था। पक्षी कलरव कर रहे थे। प्रभाद की कोमल स्वर्ग आभा उसके सुन्दर अरूण मुख पर पड़ कर उसी में लीन हो गयी थी। उसके माथे से धोती खिसक गई थी और दो येक लदे! जूड़े से निकल कर वायू में दौड़ रही थी। उस्के अंदस्तल में भी रह-रहकर एक अज्ञात लहर सी दौड़ पड़ती थी। अपनी उस चंचल भावना का रहस्य उसे मालूम न था, पर उसके हृदय में वही सबसे बेगवदी थी उसमें एक तीव्रता और व्यागुलदा मिली थी कला के मन का संसार केवल थोड़ी-सी किशोर स्मृतिया का बना था। उसके बाबा का मधुर व्यवहार, मामू का लाड़ प्यार, तीर्थ यात्रियों के कुछ क्षीण संस्मरण, आस-पास के कुछ पेड़, फुलवाड़ी के फूल-पीछे और उसका प्यारा। हिरनौट कानू। इन्हीं के संबंद की कुच बातें, क्य आकार-प्रकार, क्य रूप-रंग, कुच वार्ता-लाप, कुच सुखद-दुखद भावनाएँ उसके भीतर बार-बार घूम फिरकर उदय और अस्त होती रहती थीं। पर पिछली साँप की वाली घटना के बाद उसके अंदःकरण में एक अच्चदमय अननुभूत आगुलता उठती रहती थी जैसे उस भयंकर सर्प ने उसके भीतर घुसकर अचिज्य, सुपा आवेश को जाग्रत कर दिया हो, चिर विस्मृत के आवरण को चीरकर एक अवश प्रवृत्ति के लिए हृदय में बिल बेना दिया हो।[20]

संदर्भ

1. देवकीनंदन खत्री समग्र पृ. 690 संपादक—डॉ. युगेश्वर, हिंदी प्रचारक संस्थान, वाराणसी 1988
2. आचार्य रामचंद्र शुक्ल : हिंदी साहित्य का इतिहास, पृ. 347 से उद्धृत
3. वही
4. आचार्य रामचन्द्र शुक्ल ने इनकी शैली को धारा शैली कहते हुए लिखा है— 'उनके निबंध अधिकतर भावनात्मक होते थे और धारा शैली पर चलते थे' वही पृ. 349।
5. वही, पृ. 349, 50
6. वही, पृ. 352
7. वही, पृ. 353
8. वही, पृ. 354
9. वही, पृ. 357
10. वही, पृ. 358
11. वही

12. चिंतामणि भाग 1 - पृ. 35
13. डॉ. भोलानाथ तिवारी, हिंदी भाषा की सामाजिक भूमिका पृ. 55
14. विनय मोहन शर्मा, हिंदी का व्यावहारिक रूप पृ. 67
15. वही, पृ. 106
16. वही, पृ. 107
17. वही, पृ. 87-88
18. वही, पृ. 94-95
19. वही, पृ. 98-99
20. वही, पृ. 102

4
द्विभाषिकता और हिंदी भाषाई समाज

द्विभाषिकता वैश्विक प्रक्रिया है। यह उतनी ही प्राचीन है, जितनी कि मानव की विभिन्न प्रजातियाँ। इन प्रजातियों का परस्पर-संपर्क ही द्विभाषिकता का उत्स बना। स्पष्ट है कि मानव-सभ्यता और संस्कृति के विकास में प्रायः विभिन्न कोड-परिवर्तन और कोड-मिश्रण का प्रादुर्भाव होता रहा है।

प्राचीन भारतीय दस्तावेज़ों से प्रमाणित होता है कि विद्वानों द्वारा पालि और अर्धमागधी, पालि और संस्कृत, तमिल और संस्कृत, एवं अद्र्धमागधी और संस्कृत के बीच व्यावहारिक सेतु स्थापित किए गए थे।

द्विभाषिकता को सामाजिक उत्थान के लिए सुनिश्चित ढंग से तैयार किया गया था। दो या अधिक भाषाओं के मिश्रित प्रारूप कार्य करना प्रतिष्ठित माना जाता था। मुगल काल में उन विद्वानों को अधिक सम्मान प्राप्त था, जो एक साथ आलिम फ़ाज़िल और संस्कृत के पंडित होते थे। उस समय कम या अधिक महत्व की भाषा– जैसा कोई राजनैतिक वर्गीकरण नहीं था। विभाजन प्रमुखतः भौगोलिक, सांस्कृतिक, और विकासोन्मुखी था। जैसे– संस्कृत, प्राकृत, अपभ्रंश, मागधी, और शौरसेनी।

इसी भाषीय परंपरा में तुलसीदास और विद्यापति द्वारा उत्तर भारत में आलवार, दक्षिण में न्यानार लोगों के द्वारा उच्चारण और लिखावट में उपयोग की जाने वाली बोली के महत्व पर ज़ोर दिया गया था। यद्यपि भारत में 16वीं शताब्दी में यूरोप की तुलना में उत्थान के लिए कोई संगठित आन्दोलन नहीं चलाया गया, किंतु प्राचीन धारणा और भाषाई एकाधिकार को हमेशा चुनौती दी गई और सामाजिक शक्ति और भाईचारा स्थापित करने के अतिरिक्त प्रवचनों तक में लोगों की बोली को अपनाया गया। स्तरीय द्विभाषिक प्रगति के अतिरिक्त भारतीय नाटकों में द्विभाषिकता के भरपूर प्रमाण मिलते हैं।

भारतीय संतों द्वारा सांप्रदायिक कुरीतियों के विरुद्ध और आम लोगों के हित में रोचक उदाहरण दिए गए हैं। श्री गुरु ग्रंथ साहिब द्वारा इस आशय का एक महत्वपूर्ण उदाहरण हैं। कबीर के द्वारा उपयोग में लाए गए कोड-मिश्रण को बहुत से लोगों के द्वारा सराहा गया विभिन्न क्षेत्रों के अनेक संतों ने लेखन की भाषा का

विकास ही नहीं किया, अपितु उनके लेखन ने उन्हें जन-जन का संत बना दिया। संस्कृत और क्षेत्रीय बोली बोलने वालों के बीच उन्होंने सामाजिक और दार्शनिक के रूप में मध्यस्थता की। उनके समानांतर आज विज्ञान के ऐसे बहुत से लोकप्रिय लेखक हैं, जिन्होंने विज्ञान की भाषा और तकनीक को सर्वसाधारण के लिए सुग्राह्य बनाया।

अँगरेज़ी शासन-काल में ज्ञान और भाषा का विभाजन अत्यंत रोचक था। जो विद्वान अरस्तु और लेटी को कुछ सिद्धांतों का जन्मदाता मानकर उदाहरण देते थे, उन्हें आधुनिक विद्वान और जो मनु, शुक्र और कौटिल्य का उदाहरण देते थे, उन्हें जातीय या संकीर्ण विचारधारा वाला माना जाता था। शिक्षा के द्वारा भी उसी तरह की परिस्थिति निर्मित हुई। प्रशासन और शिक्षा में एकभाषिकता के कार्य-प्रचलन से स्थानीय बोली ज्ञान की पूर्ति की दृष्टि से असमर्थ हो गई। अँगरेज़ी का एकाधिकार होने के कारण भारत में चयन के लिए कोई भी स्थान ही न रहा, जबकि प्रारंभिक रूप से यह एक सांस्कृतिक प्रक्रिया थी।

4.1 द्विभाषिकता का स्वरूप

यूरेल वेनरिच (1953) ने अपनी पुस्तक 'लैंग्विज इन कॉंटेक्ट' में द्विभाषिकता को निम्नलिखित रूप से वर्गीकृत किया है–

1. संयुक्त पद्धति, 2. समन्वित पद्धति, 3. सहायक पद्धति

अधिकतर मनोभाषावैज्ञानिकों और विशेष रूप से इरविन और ओसगुड (1914) द्वारा उपर्युक्त प्रथम दो पद्धतियों की ओर ध्यान दिया गया है और इनका विस्तृत मनोवैज्ञानिक स्पष्टीकरण दिया गया है।

वेनरिच के अनुसार द्विभाषिकता "दो भाषाओं को एक के बाद एक व्यवहार में लाने की क्रिया है।" किसी भाषाविद् को दोनों भाषाओं के उपयोग करने की आवश्यकता नहीं है, बल्कि इतना ही पर्याप्त है कि वह उन्हें जानता है। यह कहा जा सकता है कि द्विभाषी में दो भाषाओं को जानने की दक्षता है। आदर्श द्विभाषी वे हैं, जो स्थानीय बोली के साथ गहराई से जुड़े हैं।

आधुनिक भारतीय भाषाओं में द्विभाषिकता का यह भरूप परिवर्तनशील है। इसके कुल दो आधार बनते हैं। पहला, भौगोलिक स्थिति पर आधारित और दूसरा, भाषाओं पर आधारित। इसे निम्नलिखित रूप में आरेखित किया जा सकता है–

4.1.1 आधुनिक भारतीय भाषाओं में द्विभाषिकता का स्थितिपरक स्वरूप

आधुनिक भारतीय भाषाओं में द्विभाषिकता का स्थितिपरक स्वरूप

- भौगोलिक स्थिति के आधार पर
  - 1. असमिया भाषी
- भाषाओं के आधार पर
  - द्विभाभिक
  - बहुभाषिक

2. उड़िया भाषी
3. उर्दू भाषी
4. कन्नड़ भाषी
6. गुजराती भाषी
7. तमिल भाषी
8. तेलुगु भाषी
9. बंगला भाषी
10. पंजाबी भाषी
11. मराठी भाषी
12. मलयालम भाषी
13. संस्कृत भाषी
14. हिंदी भाषी

4.2 सामाजिक परिवेश और द्विभाषिकता की प्रकृति

प्राचीन भारत में एक से अधिक भाषाओं में कार्य करना गौरव की बात माना जाता था। इतिहास से पता चलता है कि आर्य वैदिक भाषाओं की शुद्धता पर विश्वास करते थे, किंतु रोज़मर्रे के कार्य के लिए क्षेत्रीय भाषाओं के विकास के भी पक्षधर थे। इस तरह भारतीय समाज ने सामाजिक, राजनैतिक दृष्टि से तथा बहुधर्मिता के लिए बहुभाषिकता को अपनाया। उस सामाजिक ग्राह्यता को धार्मिक नेताओं और कवियों का भी सहयोग मिला।

मनुष्य को दो भाषाओं की आवश्यकता पड़ती है। एक घर की भाषा, जो मातृभूमि से संबंध रखती है, जो भावनाओं और व्यक्त संबंधों से गहरी जुड़ी होती है। इसके अतिरिक्त अन्य भाषा की भी आवश्यकता होती है, जो घटना, ज्ञान, तर्क और वैज्ञानिक सत्य से परिपूर्ण विश्व के स्तर पर पहचानी जाती है। संसार की छोटी भाषाएँ पहले उद्देश्य की पूर्ति करती हैं। जेसे-जैसे समय बीतता है, वे दूसरे उद्देश्य अर्थात् अंतरराष्ट्रीय भिन्नताओं और आधुनिकता तथा वैचारिक स्तर का बोध कराने में असमर्थ होने लगती हैं। यहाँ यह कहना आवश्यक है कि 'अपर्याप्तता' एक सामाजिक-राजनैतिक विश्वास है, जो कि पिछड़े लोगों को ज्ञान और शक्ति से दूर रखने का एक तरीक़ा था। विश्व में कोई ऐसी भाषा नहीं है, जो अपर्याप्त या अक्षम

हो। प्रत्येक भाषा दूसरी भाषा के समान ही इस अर्थ में अच्छी है कि समाज के जिन उद्देश्यों के लिए उसे बनाया गया है, वह उनकी पूर्ति अच्छी तरह से करती है। यदि किसी भाषा को चुनौती का अवसर दिया जाए, तो वह सामाजिक आवश्यकताओं की पूर्ति में कभी असफल नहीं होती। वह अन्य भाषाओं के सहयोग, आदान, और अन्य स्रोतों से अपने आपको समर्थ बनाकर आपसी सामाजिक आवश्यकताओं की पूर्ति कर सकेगी। हमें यह स्मरण रखना होगा कि शिक्षा में लगातार अँगरेज़ी माध्यम का उपयोग करने से क्षेत्रीय भाषाओं की प्रगति अवरुद्ध हो सकती है। क्षेत्रीय भाषाओं को उनकी नई भूमिका निभाने में प्रोत्साहित किया जाना चाहिए। उसी समय यह भी ध्यान रहे कि ज्ञान का स्रोत उन सभी लोगों को आवश्यकतानुसार मिलना चाहिए, जो उसे उपयोग में लाना चाहते हैं। यदि एक ग़ैर-स्थानीय भाषा को प्रमुख भूमिका निभाने की छूट दी गई, उसे प्रतिष्ठित सामाजिक-आर्थिक दर्जा प्रदान किया गया; तो क्षेत्रीय भाषाओं का विकास न मात्र अवरुद्ध हो जाएगा, अपितु वे कभी भी बहुआयामी संचार-व्यवस्था का शक्तिशाली शस्त्र नहीं बन सकेंगी। भाषाओं का विकास नए संदर्भों और नवीन पारस्परिक प्रक्रियाओं से होता है। एक वैज्ञानिक या कलाकार कभी अपनी भाषाओं से बेचैन हो सकता है। किंतु वह उसे कभी अपर्याप्त नहीं मानता। जब भी उसके व्यक्तित्व और भाषा के बीच प्रतिक्रिया होती है, तब कुछ न कुछ नवीन और अधिक समृद्ध निष्कर्ष निकलता है।

4.2.1 भारत में त्रिभाषिकता

आज भारत में त्रिभाषिकता की स्थितियाँ इस प्रकार हैं–

1. क्षेत्रीय भाषा, जो कि स्थानीय समूहों के बीच में उपयोग में आती है।

2. एक स्थानीय भाषा, जो शिक्षा और प्रशासन में उपयोग में आती है, किंतु जिसे पूर्ण रूप से आधुनिक तकनीकी सभ्यता को समाहित करने का अवसर नहीं दिया जाता।

3. अँगरेज़ी जिसे अंतरराष्ट्रीय संचार का माध्यम माना जाता है।

त्रिभाषिकता की यह स्थिति तीन महत्वपूर्ण उद्देश्यों से संबंधित है। राष्ट्रीय संगठन और राष्ट्रीय पहचान आधुनिक समाज और तकनीकी में सहायक अंतरराष्ट्रीय संचार जो कि आज भाषा-चयन और भाषा-नियोजन के महत्व को प्रदर्शित करते हैं।

इसके साथ ही बहुभाषिक स्थिति किसी भी समाज-भाषावैज्ञानिक के लिए इस अर्थ में महत्वपूर्ण है कि भाषा किस तरह से विभिन्न सामाजिक ढाँचे में कार्य करती है। फिर सामाजिक भाषा की समस्याओं के निदानों को खोजने के लिए उसे व्यवस्थित रूप में कैसे रखा जा सकता है। हमें याद रखना चाहिए कि कोई वक्ता, जो अपनी ही भाषा से शर्म का अनुभव करता है, उसे सामाजिक अभिव्यक्ति के स्तर पर अनेक खतरों से जूझना पड़ता है। अपेक्षित कथ्य है, उसे वाणी नहीं मिल पाती। दूसरी ओर, वह उन सामाजिक छवियों को भी स्पष्ट नहीं कर पाता, जो

उसके हिस्से की हैं।

4.3 उच्चतर भारतीय आर्य भाषाओं के संदर्भ में द्विभाषिकता

जब कोई व्यक्ति किसी ऐसे समुदाय में रहता है, जहाँ उसकी भाषा नहीं बोली जाती, तब वह यह अनुभव करता है कि उसकी भाषा उस समुदाय से अपने विचारों का आदान-प्रदान करने में असमर्थ है। ऐसी स्थिति में उस समुदाय से वैचारिक आदान-प्रदान के मात्र तीन विकल्प हैं।

1. यह कि उन्हें वह अपनी भाषा सिखाए,
2. यह कि उनकी भाषा स्वयं सीखे,
3. यह कि दोनों किसी तीसरी भाषा पर केंद्रित हों।

कोई भी विकल्प अनेक कारकों पर आधारित होता है। जैसे किसी अँगरेज़ी को भारत आने पर किसी भारतीय भाषा को जानने की आवश्यकता नहीं है, क्योंकि जिन्हें उनसे बात करनी होती है, वे स्वतः अँगरेज़ी का कुछ ज्ञान प्राप्त कर ही लेते हैं। यहाँ तक कि अँगरेज़ी अधिकारियों के घर पर कार्य करने वाले नौकर भी अँगरेज़ी का कुछ ज्ञान प्राप्त कर ही लेते हैं, जिससे वे अपना काम चला लेते हैं। अतः यह स्पष्ट है कि आवश्यकता ही अन्य भाषा को जानने के लिए प्रेरित करती है।

किसी ऐसे व्यक्ति को, जो अपने दायरे से बाहर नहीं निकलता, दूसरी भाषा सीखने की आवश्यकता नहीं पड़ती, अपितु उसे उस समुदाय की भाषा सीखनी पड़ती है, जिसमें वह रहता है, ताकि वह लोगों में अच्छी तरह घुल-मिल सके। इसके अतिरिक्त, एक शोध-छात्र को अपनी विशेषज्ञता के क्षेत्र में अधिक जानकारी एकत्रित करने के लिए, एक व्यापारी को व्यापार के विकास के लिए, एक राजनीतिज्ञ को अपने प्रभाव क्षेत्र की व्यापकता के लिए अन्य भाषाएँ जानना आवश्यक है। इस तरह अन्य भाषा को ग्रहण करना आवश्यकता पर आधारित है। जब किसी व्यक्ति या समुदाय को किसी अन्य बोली बोलने वाले व्यक्ति या समुदाय से भाषाई संचार स्थापित करना होता है, तब द्विभाषिकता का जन्म होता है।

भारतीय सामाजिक संगठन का विशेष लक्षण यह है कि भाषा की अपेक्षा जाति और संस्कृति को सर्वाधिक महत्वपूर्ण माना गया है। भारतीय इतिहास और भूगोल ने इसे सशक्त बनाया है। यह सत्य है कि जब कोई समुदाय किसी अन्य भाषाई क्षेत्र में आता है, तो वह वहाँ की स्थानीय बोली को अपने कार्य की सुगमता के लिए अपना लेता है। उदाहरण के लिए, जैसे जबलपुर विश्वविद्यालय में देश के विभिन्न भाषा-क्षेत्रों से चयनित प्राध्यापक कार्य करते हैं। अपने क्षेत्रों में वे अपनी मातृभाषा का उपयोग करते हैं। इसके अतिरिक्त, अधिकांश ने हिंदी में कार्य करने का ज्ञान प्राप्त कर लिया है, क्योंकि वे हिंदी बोली जाने वाले क्षेत्र में रहते हैं। किंतु बच्चे द्विभाषी हैं और ऐसा होना ही चाहिए, क्योंकि कोई सामाजिक बंधन नहीं है। हमारे देश में

ऐसी कोई राजनैतिक या सामाजिक बाध्यता नहीं है कि किसी नागरिक को किसी अन्य प्रदेश में रहने के लिए अपनी मातृभाषा त्यागनी पड़े। भारत में द्विभाषिकता (जैसा कि अन्य जगह भी संभव है) प्राथमिकता के आधार पर दो समुदायों के बीच भाषाई संचार स्थापित करने की आवश्यकता पर आधारित है।

कश्मीर से कन्याकुमारी, द्वारका से हिमालय, और दूरस्थ आसाम तक भारत एक इकाई के रूप में है। हमारे धर्म-स्थल, पवित्र नदियाँ, पहाड़ पर्वत शृंखलाएँ और आश्रम सारे देश में फैले हुए हैं। लाखों नर-नारी, वृद्ध और युवक, गृहस्थ और संन्यस्त सभी इन स्थानों की तीर्थ-यात्रा करते हैं। धार्मिक मेलों के आयोजन बहुभाषी और धार्मिक आस्थाओं से संबद्ध लोगों को एक साथ एकत्रित करने के लिए ज़िम्मेदार हैं। हज़ारों धार्मिक अनुयायी और संन्यस्त पूरे वर्ष भ्रमण करते हैं और देश की सांस्कृतिक एकता को समृद्ध करते हैं। शायद सामाजिक और सांस्कृतिक प्रक्रिया का ऐसा विशाल उदाहरण विश्व में कहीं नहीं देखा गया। भारत के बहुभाषाभाषियों के ऐसे लंबे संपर्क ने भाष-वैभिन्न्य को बढ़ावा दिया है। इन परिस्थितियों में यह स्वाभाविक है कि अनेक परिवारों की भाषाएँ और बोलियां कुछ ऐसे स्वरूपों को ग्रहण कर लेती ह, जो सभी में निष्ठ होते हैं। इस कारण से भारत को एक भाषाई क्षेत्र माना गया है। भारत की सांस्कृतिक भाषा संस्कृत ने इस्लाम के उदय के पूर्व भाषाई संचार की प्रमुख भूमिका निभाई है। यथार्थ में इसने अन्य भारतीय भाषाओं के साथ द्विभाषिकता को जोड़ने वाली भाषा के रूप में योगदान दिया। भारत की सांस्कृतिक एकता के कारण देश की अनेक भाषाओं को संस्कृति से एवं साथ ही जुड़े हुए क्षेत्रों से एक दूसरे को बल मिलेगा। इनके बीच में कभी भी टकराव की स्थिति पैदा नहीं होती।

जैसा कि उपर्युक्त संदर्भ में स्पष्ट किया गया है कि द्विभाषिकता हमेशा दो समुदायों के बीच भाषा-संचार को विकसित किए जाने की आवश्यकता के फलस्वरूप जन्म लेती है। इसके अतिरिक्त, अनेक कारक इस स्थिति को निर्मित करते हैं, जैसा कि भारत में धार्मिक नेता, कवि, समाज-सुधारक, सांस्कृतिक पुनर्जागरण के पुरोधा, राजनीतिज्ञ, व्यापारी, विदेशी मिशनरियों और अन्यों ने हिंदी को एक जोड़नेवाली और राष्ट्रीय भाषा के रूप में विकसित किया है। सभी ने एक उभयनिष्ठ भाषा आधारित संचार को स्वीकार किया। स्वामी दयानंद, महात्मागाँधी, भारतेंदु हरिश्चन्द्र और अनेक ने अपनी समझ से कार्य किया।

यह अवधारणा है कि भारत एक राष्ट्र है, अतः इसकी एक राष्ट्रीय भाषा होनी चाहिए और हिंदी ही एक सबसे उपर्युक्त भाषा है, जो यह महत्वपूर्ण भूमिका निभाती है। हिमांचल में राजनीतिज्ञ इसी धारणा को रखकर हिमांचली भाषा (जो अभी तक विद्यमान नहीं है) को चलाना चाहते है। अन्य प्रदेशों में भी अपनी भाषाओं को लेकर आन्दोलन किए जा रहे हैं। यद्यपि वे अधिक सशक्त नहीं है। कश्मीर में उर्दू

को राजभाषा और पाकिस्तान में राष्ट्रभाषा के रूप में स्वीकार किया जाना भाषाई संचार की दृष्टि से व्यर्थ है।

भारतीय भाषाई संचार प्रक्रिया में हिंदी और अँगरेज़ी संपर्क-भाषाओं के रूप में महत्वपूर्ण भूमिका निभाती हैं। अँगरेज़ी मात्र उच्च शिक्षित समुदाय के बीच एक संपर्क-भाषा के रूप में प्रयुक्त होती है। सही अर्थ में हिंदी ही देश की एक संपर्क भाषा है। यह सामाजिक ढाँचे के सभी स्तरों पर बोली जाती है।

भारत में आज भाषा की समस्या पहले से अधिक जटिल हो गई है। संचार के विराट माध्यमों ने देश के आकार को छोटा कर दिया है। टेलिग्राफ़, टेलिफोन, रेडियो, टेलिविजन आदि ने द्विभाषिक संचार को नया स्वरूप प्रदान किया है। राजनैतिक स्तरों पर जल्दी-जल्दी चुनाव होना, भाषा के आधार पर राज्यों का पुनर्गठन, राष्ट्रीय भाषा का प्रश्न और इसके अन्य भाषाओं से संबंध, अखिल भारतीय सेवाओं के संस्थान और उनके द्वारा संचालित परीक्षाएँ, आदि हमें भाषा-नीति पर रुककर सोचने के लिए बाध्य कर देते हैं। भाषा-नीति केवल प्रशासन को ही नहीं, बल्कि ऐसे सामान्य नागरिक को भी प्रभावित करती है, जो इसके संपूर्ण हल के लिए कटिबद्ध है। शिक्षा के क्षेत्र में यहाँ तक कि राज्य स्तर पर भी, भाषा-नीति को पूर्ण संतोषजनक ढंग से लागू नहीं किया गया। विभाषा-सूत्र के अंतर्गत द्विभाषी शिक्षकों को प्रशिक्षित किया जा रहा है। साथ ही द्विभाषी साहित्य का निर्माण भी हो रहा है। हिंदी का विकास करना और इसे ग़ैर-हिंदी राज्यों में फैलाने के लिए अनेक क़दम उठाए जा रहे हैं। द्विभाषिकता के दो पक्ष हैं : एक, शिक्षित व्यक्ति के लिए और दूसरा, सामान्य व्यक्ति के लिए। एक के लिए कार्यक्रम का आयोजन किया जा रहा है, जब कि दूसरा अपने स्वरूप को सँवारने के लिए संघर्ष कर रहा है। चूँकि सरकार ही भाषाई संचार-माध्यमों को अधिकांशतः नियंत्रित करती है, अतः भाषा-नीति अब सरकार की ज़िम्मेदारी बन गई है। अतः अब हम भाषा-नियोजन की बात करने लगे

4.4 भाषा-परिवर्तन और भाषा-मिश्रण

समाज भाषावैज्ञानिक जानते हैं कि आवश्यकता द्विभाषिकता की जननी है। यह आवश्यकता अल्पावधि या दीर्घावधि के लिए हो सकती है, जो व्यक्तिगत, सामाजिक, सांस्कृतिक, आर्थिक या राजनैतिक प्रभावों से प्रेरित हो सकती है। यदि कोई व्यक्ति दक्षिण भारत के भ्रमण पर जाता है, तो वह तेलुगु, तमिल, या मलयालम और कन्नड़ के सामान्य ज्ञान सहज ही प्राप्त कर लेता है। इसी प्रकार, वह जयशंकर प्रसाद या रवीन्द्र नाथ ठाकुर के साहित्य का अध्ययन हिंदी या बँगला में कर सकता है। जब कोई व्यक्ति अपनी मातृभाषा द्वारा अपने उद्‌देश्यों की पूर्ति नहीं कर पाता, तब वह दूसरी भाषा

सीखता है। यहूदी धार्मिक कार्यों के लिए हेब्रू, घर में बेल्लियन, फ़्लेमिश और ऑफ़िस में फ्रेंच बोलते हैं।

इसके अतिरिक्त अन्य स्थितियों में भी कुछ लोग दूसरी भाषा सीखते हैं जो मातृभाषा का स्थान ले लेती हैं। कुछ समय पश्चात् वे अपने बच्चों को भी अपनी मातृभाषा नहीं सिखा पाते। मातृभाषा की ऐसी अपूर्व स्थिति पारसी संप्रदाय में देखने को मिलती है, जो अभी भी अपनी सांस्कृतिक पहचान बनाए हुए हैं, किन्तु बोलते वे गुजराती भाषा हैं। भारत की विभिन्न सामाजिक इकाइयाँ जो देश के एक क्षेत्र से दूसरे क्षेत्रों में विस्थापित हुए हैं। उन्होंने वहाँ की संस्कृति और मातृभाषा को अपना लिया है। जैसे-उत्तर भारत के पहाड़ी क्षेत्रों में मराठे, महाराष्ट्र और उड़ीसा में कान्यकुब्ज आदि। विदेशों में अमेरिकन प्रवासी, संस्कृति और भाषा के बदलाव के अच्छे उदाहरण हैं। (हेगन, 1972)

भारत में इन सभी द्विभाषिक स्थितियों का मिश्रण है, किंतु द्विभाषिकता सामाजिक, राजनैतिक, और आर्थिक अनिवार्यताओं और स्थितियों से प्रभावित होती है। शिक्षा और लगातार प्रयत्नों से स्थिति अपरिवर्तनीय रहती हैं।

इस प्रकार, भारतीय संदर्भ में द्विभाषिकता को प्रभावित करने वाले प्रमुख कारक हैं– लिंग, वय, वैवाहिक स्थिति, आर्थिक स्तर, शैक्षिक स्तर, जन्म-स्थान आदि। इन कारकों के पारस्परिक संबंधों को निम्नलिखित रूप में आरेखित किया जा सकता है।

4.4.1 भारतीय संदर्भ में द्विभाषिकता को प्रभावित करने वाले प्रमुख कारक

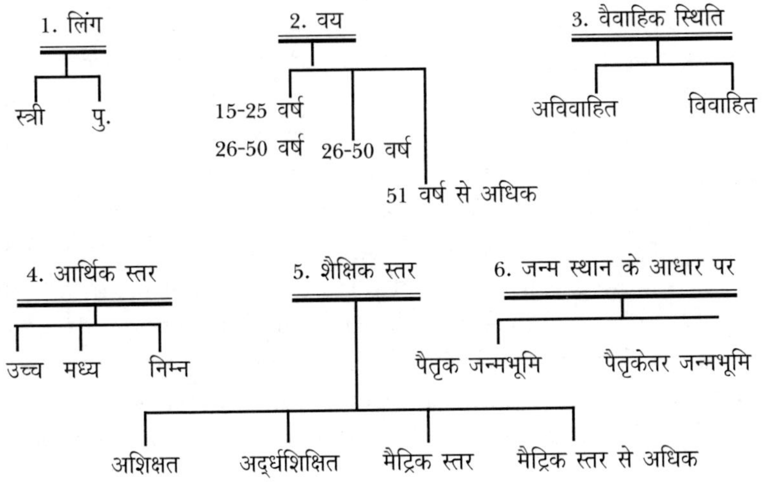

4.4.2 द्विभाषिकता के प्रभाव की संभावनाएँ

भाषा के स्वरूप पर द्विभाषिकता के प्रभाव पर तीखा विरोधाभास समाज शास्त्रियों तथा वैज्ञानिकों की सैद्धांतिक सीमाओं को लाँघ चुका है। मनोभाषावैज्ञानिक भी इस दौड़ में शामिल हो चुके है।

4.4.3 द्विभाषिकता की भारतीय परंपरा

प्राचीन समय में भारतीयों ने आम तौर पर द्विभाषिकता को कोई सामाजिक या व्यक्तिगत कमी नहीं माना और इसके विपरीत द्विभाषी को उन्होंने ऐसा विद्वान् व्यक्ति माना, जो बुद्धिमत्ता और संस्कृति के विभिन्न स्रोतों और दो या अधिक भाषाओं का उपयोग अपने विचारों में कर सकता था। यह उस समय की बात है, जब बुद्ध और महावीर ने पालि और अर्धमागधी की महत्ता को समझाया। कुछ काल पश्चात् उनके शिष्यों ने पालि, अर्धमागधी के मिश्रण से स्वतः के उपयोग के लिए 'बौद्ध संस्कृत' का निर्माण किया। प्राचीन भारत में भाषाई आन्दोलन का कोई विधिवत् ढाँचा नहीं था। सभी वैचारिक भिन्नताएँ, दार्शनिकताएँ, और संस्कृतियाँ अपने आप विकसित होती रहीं और एक विशुद्ध भारतीय आधार का निर्माण हुआ। इसमें बोलियों की भिन्नता काफ़ी हद तक यथावत् थी। जब अँगरेज़ी को शासकों द्वारा योजनाबद्ध शैक्षणिक प्रयासों में स्थापित किया गया था, उसी समय प्रतिस्पर्धात्मक स्थानीय, सामाजिक, और राजनैतिक स्तर पर एक व्यापक माध्यम तैयार हुआ। उसने आधुनिक भारतीय इतिहास को विशेष परिस्थितियों में एक शक्तिशाली संगठनात्मक आधार दिया, यद्यपि इसका महत्व केवल सामाजिक और राजनैतिक क्रियाकलापों तक सीमित था।

अनेक भारतीयों ने आधुनिकता और तकनीकी के नाम पर अँगरेज़ी को अपना लिया और भारतीय भाषाओं की, न केवल अवहेलना की बल्कि उन पर अविश्वास करने लगे। स्वतंत्रता प्राप्ति के एकदम बात स्थिति सुधारने के लिए व्यक्तियों के प्रतिनिधियों को भाषाओं के बारे में संवैधानिक प्रयास करना पड़ा।

आजकल अमेरिका में 'द्विभाषी' को कुछ ऐसा मानते हैं, जो कुछ सामाजिक लाभों से वंचित है (हागेन 1970), किंतु भारत में सामाजिक द्विभाषिकता किसी भी रूप से अवरुद्ध नहीं की गई, बल्कि एक क्षेत्रीय सीमा से निकल कर राष्ट्र स्तर तक समृद्ध हुई है। चेन्नई अरि कोलकाता के मारवाड़ियों द्वारा तमिल और बँगला बोली और लिखी जाती है। आध प्रदेश में मुसलमानों की तेलुगु, केरल में मोपलास की मलयालम आदि और राजधानी के शहरों तथा औद्योगिक इकाइयों में जो हिंदी बोली जाती हैं, ये द्विभाषिकता के कुछ खास उदाहरण हैं।

4.5 प्रकार्यपरक विकास और उसके परिणाम

किसी भी राष्ट्र में साधारणतः सभी भाषाएँ 'राष्ट्र-भाषाएँ' कही जा सकती हैं। फिर भी इन सब में सेतु का कार्य करने के लिए एक निश्चित राष्ट्रभाषा भी होनी चाहिए। राजनीति और भावना पर आधारित ऐसे नामों के अस्तित्व पर प्रश्न-चिह्न नहीं लगाया जा सकता, किंतु राष्ट्रीयता के अस्तित्व को ध्यान में रखकर ही भाषाओं को 'राष्ट्रीय भाषाओं' का दर्जा दिया जा सकता है। भारतीय संविधान के निर्माताओं ने केंद्र और राज्यों की पृथक् भाषाओं को कार्यालयी भाषाओं के रूप में मान्यता दी है। भारतीय परंपरा ने उन्हें 'देश भाषाओं' का नाम दिया है, जिसका अर्थ है क्षेत्रीय भाषाएँ। आगे इसी परंपरा के आधार पर आधुनिक समय में उन्हें 'प्रादेशिक भाषाएँ' और 'प्रदेश भाषा' का नाम दिया गया है। भारत-जैसे उपमहाद्वीप में 'गण-राज्य' और 'गण-संघों' की प्राचीन परंपरा है, जिसने स्वतंत्र गणराज्य के केंद्र स्तर पर अत्यंत अर्थपूर्ण नामांकन किया है। यह मात्र आधुनिक दार्शनिकों के मन का समर्थन नहीं हे। अनेक शाखाओं को समाप्त करके भारत समाजवाद की आशा करता है। अपनी आवश्यकताओं के आधार पर एक भाषा-जाल तैयार करना चाहता है और भारत की उन महान परंपराओं को अक्षुण्ण बनाए रखना चाहता है, जो यहाँ की संस्कृति से संयुक्त है। ध्यातव्य है कि इस पहचान में भाषा की अहम भूमिका होती है। किसी भी बड़े राष्ट्र की समस्याएँ भी बड़ी ही होती हैं। उनके निदान के लिए होने वाली आवश्यकता भी बड़ी ही होती है। भारतीय मस्तिष्क में विसंगतियों से निपटने की अनोखी क्षमता है। इसमें राजनीति और संस्कृति के अनिवार्य तत्वों को आसानी से खोज लिया जाता है। जब कभी भारत की महान संस्कृति को आघात पहुँचता है, तब यूरोप और अमेरिका जैसे एकभाषी प्रजातंत्रों के विपरीत यहाँ समस्याओं को विद्वानों द्वारा अनेक बिंदुओं और दृष्टिकोणों से परखकर एक सर्वमान्य, और विकासोमुखी निष्कर्ष निकाल लिया जाता है। इसलिए द्विभाषिकता (अनेकभाषिकता) भारतीय विद्वता की अनोखी उपलब्धि है। भारत में भाषा-संबंधी किसी भी योजना को अनदेखा नहीं किया जा सकता। इसके विपरीत, योजनाकारों को आपसी तालमेल, स्वरूप, एकरूपता, पहचान और अभी तक प्राप्त अन्य निष्कर्षों को सुधारने, संशोधित करने और आधुनिक बनाने का उद्देश्य रखना चाहिए। आधुनिकता का उद्देश्य देश और जन-सापेक्ष होना चाहिए। स्थानीय शैक्षणिक तकनीकी को व्यापक स्तर पर किए गए परीक्षणों आधारित होना चाहिए। इस प्रकार योजना अत्यंत सहायक एवं उपयोगी सिद्ध हो सकेगी

5
आधुनिकीकरण की संरचना एवं हिंदी भाषा का आधुनिकीकरण

5.1 आधुनिकीकरण की अवधारणा

आधुनिकीकरण भाषा की वह प्रक्रिया है, जिसमें उसे समय एवं समाज की समस्त अभिव्यक्तियों को वाणी देने के योग्य बनाया जाता है। यही कारण है कि आधुनिकीकरण किसी भी भाषाई समाज का आदर्श तो है, परंतु स्थिर नहीं। क्योंकि 'भाषा' क्षेत्र और समय के अनुसार बदल जाती है। यह बदलाव चाहे क्षेत्रीय प्रसार द्वारा किसी बोली के खंड का हो या ऐसे खंड का, जो पद, स्तर अथवा समूह बनाता हो। अंततः वे अपने आपको सामाजिक मूल्य के रूप में स्थापित कर लेते हैं तथा भाषा-क्षेत्र की दृष्टि से निम्न स्तर पर रहने वाले भाषा-भाषी को उच्चस्तरीय ढाँचे में ढालने के प्रयास में लग जाते हैं। विकास की यह प्रक्रिया आपसी अंतर को कम करके समानता को बढ़ावा देती है। इस रूप में यह आधुनिकीकरण का एक हिस्सा बन जाती है। भाषा का आधुनिकीकरण ही भाषा में परिवर्तन और परिमार्जन की आवश्यकता को जन्म देता है। आधुनिकीकरण, परिमार्जन, और भाषा-परिवर्तन के बुनियादी संबंध को 'चित्र- 5.1 में प्रदर्शित किया गया है।

आधुनिकीकरण

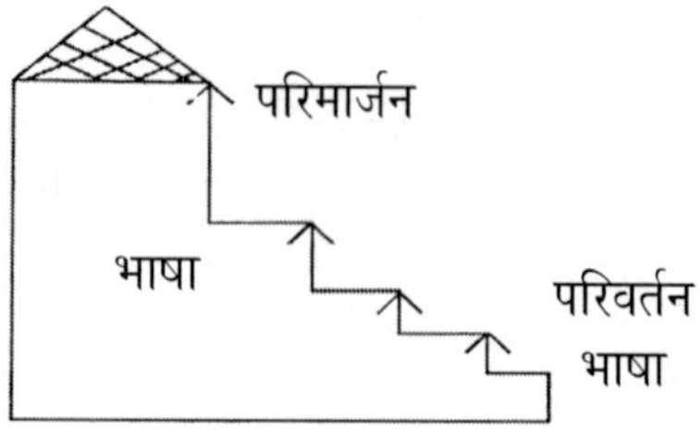

चित्र क्र 5.1

आधुनिकीकरण एक समग्र और आदर्श संकल्पना है। इस संकल्पना का समग्र स्वरूप समाजविज्ञान की शब्दावली को बढ़ाता है और उत्पत्ति, विकास, प्रगति, शुद्धीकरण भाषा में परिमार्जन और परिवर्तन लाता है। आधुनिकीकरण जहाँ भाषा की क्रियात्मक उपयोगिता को बढ़ाता है, वहीं भाषा को युग-सापेक्ष बनाने में साधन (अस्त्र) भी बनता है। यह बढ़ते हुए वर्गीकरण को स्थिर रखता है और प्रामाणिकीकरण की ओर अग्रसर भी।

5.2 आधुनिकीकरण के प्रमुख अभिलक्षण

आधुनिकीकरण का प्रश्न वस्तुतः उत्पादकता, विकास की गति, सामाजिक परिवर्तन, वैज्ञानिक एवं प्रयोग, औद्योगिकीकरण और इसी प्रकार के अन्यान्य संदर्भों से जुड़ा हुआ है। इन तमाम संदर्भों के साथ भाषा का अनुकूलन होता चलता है। यह एक सहज एवं सामाजिक प्रक्रिया है। इन स्थितियों से गुज़र कर एवं उनसे प्रभावित होकर ही भाषा अपने रूप-निर्माण में आधुनिक हो पाती है।

इन तथ्यों के आलोक में 'आधुनिकीकरण' के निम्नलिखित अभिलक्षण स्थिर हो पाते हैं।

(i) भाषा का युगसापेक्ष होना,
(ii) भाषा का अपने स्वरूप में वैज्ञानिक अथवा निर्विकल्पक होना,
(iii) सामाजिक स्थितियों एवं संदर्भों की अभिव्यक्ति में सक्षम होना,
(iv) अधुनातन एवं तकनीकी अभिव्यक्तियों से युक्त होना,
(v) संक्षिप्तता एवं सूत्राकत्मकता से युक्त होना,
(vi) नवीनतम एवं उपयोगी प्रयुक्तियों की अभिव्यक्ति में सक्षम होना,
(vii) व्याकरणिक (भाषा-सिद्ध) और सामाजिक (समाज-सिद्ध) संकल्पनाओं से युक्त होना।

5.2.1 भाषा का युग-सापेक्ष होना

कोई भी भाषा का एकाएक युग की समस्त अभिव्यक्तियों को वाणी देने में सक्षम नहीं हो पाती। इसके लिए उसे अपने स्वरूप में यथा–समय अभिवृद्धि करनी ही पड़ती है। उदाहरणार्थ, आज की हिंदी का जो स्वरूप है, वही एक दशक पूर्व नहीं था। यही नहीं, एक दशक आगे भी वही नहीं रहेगा। उसमें लगभग सभी स्तरों पर कुछ न कुछ भाषीय तत्त्व जुड़ेंगे और कुछ न कुछ घटेंगे भी। भाषा की संरचना के स्तर पर होने वाले घट-बढ़ से हिंदी का जो स्वरूप निर्मित हो सकेगा, वही आधुनिकीकरण की संज्ञा से अभिहित होगा। परंतु यह प्रक्रिया सायास नहीं, अपितु एक सामाजिक आवश्यकता के रूप में घटित होगी। एक सहज प्रक्रिया के रूप में होगी। वह जब इस रूप में सामने आएगी, तो उसमें कहीं कृत्रिमता दृष्टिगत नहीं

होगी। इसी कारण से आज हिंदी सभी प्रकार की अभिव्यक्तियों में सक्षम हो सकी है। भाषा में यह अभिलक्षण शनैः-शनैः ही आ पाता है। कारण कि इसमें सामाजिक ग्राह्यता का होना अनिवार्य है।

5.2.2 भाषा का अपने स्वरूप में वैज्ञानिक अथवा निर्विकल्पक होना

युग के अनुरूप भाषा का वैज्ञानिक अथवा निर्विकल्पक होना आधुनिकीकरण का केंद्रीय पक्ष है। बहुविकल्पीय होने पर वह अपनी युगीन अभिव्यक्ति में सक्षम हो ही नहीं सकती। इसके लिए युग की समस्त प्रयुक्तियों का इसमें समाहार आवश्यक है। यही कारण है कि हम समय-समय पर दूसरी भाषाओं के मुहावरों, लोकोक्तियों और ध्वनियों को इसमें समाहित कर के इसे निर्विकल्पक बनाने का यत्न करते रहते हैं।

5.2.3 सामाजिक स्थितियों एवं संदर्भों की अभिव्यक्ति में सक्षम होना

भाषा में यह सामर्थ्य नए-नए तत्त्वों के संसजन से आती है। इन तत्त्वों के ग्रहण के समय भाषा की प्रकृति, उसकी समाहार-क्षमता (पाचन-शक्ति) और परिवेश को ध्यान में रखना आवश्यक होता है। इसमें एक निश्चित अनुपात का होना भी आवश्यक है।

5.2.4 अधुनातन एवं तकनीकी अभिव्यक्तियों से युक्त होना

विज्ञान, सामाजिक विज्ञान एवं कला-समूह के विषयों से संबंधित तकनीकी अभिव्यक्तियों में सक्षम होना भाषा के आधुनिकीकरण का एक प्रमुख अभिलक्षण है। जहाँ तक हिंदी भाषा का सवाल है, वह आज अंतरिक्ष विज्ञान से लेकर लोकसाहित्य तक की सूक्ष्मतम अभिव्यक्तियों को वाणी देने में सक्षम है। यही नहीं, इन अभिव्यक्तियों के लिए विशेष समिति द्वारा उपयुक्त पारिभाषिक शब्दों का निर्माण भी किया जा चुका है। ये सभी शब्द आज कमोवेश प्रचलन में आ गए हैं और आते जा रहे हैं। यह हिंदी भाषा की समृद्धि के लिए बहुत महत्वपूर्ण एवं उपयोगी कारक सिद्ध होगा। ऐसे और भी अनेक कारक हैं, जो आज हिंदी की अपनी शब्दावली में पूरी तरह अभिव्यक्त होने की सामर्थ्य रखते हैं।

5.2.5 संक्षिप्तता एवं सूत्रात्मकता से युक्त होना

संक्षिप्तता से भाषा में निखार आता है और सूत्रात्मकता से उसकी अभिव्यक्तिगत अन्विति बनी रहती है। ये दोनों पक्ष अत्यंत कठिन किंतु भाषाई समाज के सेतु एवं हेतु हैं। हिंदी को यह गुण विरासत में संस्कृत से प्राप्त है।

5.2.6 नवीनतम एवं उपयोगी प्रयुक्तियों में सक्षम होना

आधुनिकीकरण से भाषा-ग्रहण-क्षमता में वृद्धि होती है। उसके क्षेत्र में विस्तार आता है। ऐसा प्रयोक्ताओं के मानसिक विकास, विस्तृत सामाजिक सोच, एकाधिक

भाषीय समुदायों की पारस्परिक निकटता, विज्ञान और सामाजिक विषयों में होने वाले नित नए अनुसंधानों से संभव हो पाता है।

5.2.7 व्याकरणिक (भाषा-सिद्ध) और सामाजिक (समाज-सिद्ध) संकल्पनाओं से युक्त होना

भाषा व्याकरण से अनुशासित होकर समाज में सामाजिक सिद्धता प्राप्त करती है। समाज ही उसे संजीवन प्रदान करता है। यही कारण है कि जहाँ व्याकरण भी सहायता करने में अक्षम सिद्ध हो जाते हैं, वहाँ समाज में व्याप्त अथवा स्थिर हो चली संकल्पनाएँ ही हमारा मार्गदर्शन करती हैं। कोई भाषा जब व्याकरण-सम्मत शक्ति के साथ-साथ लोक-सम्मत शक्ति भी अर्जित कर लेती है, तब उसमें इस क्षमता का स्वतः विकास हो जाता है। हिंदी ने आज यह क्षमता अर्जित कर ली है।

इस प्रकार, आधुनिकीकरण भाषा की वह संकल्पना है, जिसमें भाषा की युग-सापेक्ष अभिव्यक्ति एवं रूप-रचना के धरातल पर पुनः नव-संसजन होता है, जो कि ग्रहणशीलता से युक्त होती है।

यहाँ यह संकेत्य होगा कि यह नव संसजन सायास न होकर सहज होता है, इसका रेखांकन चित्र क्र. 5.2 में इस प्रकार किया जा सकता है।

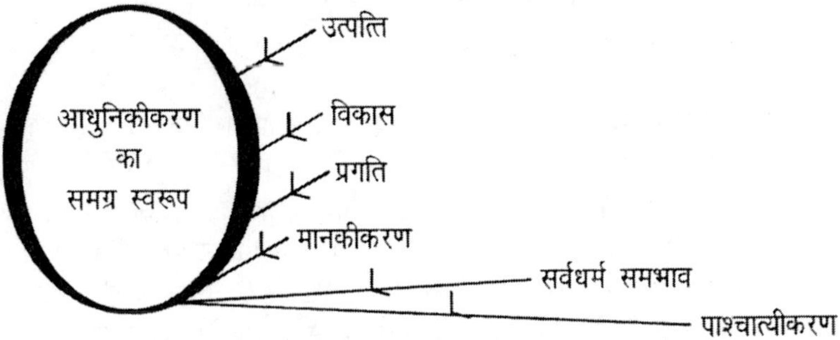

चित्र क्रमांक 5.2

5.3. आधुनिकीकरण के सिद्धांत

इसमें मानकीकरण की अहम भूमिका है। 'मानकीकरण' उन मानकों का विकास है, जो क्षेत्रीय एवं सामाजिक बोलियों को नियंत्रित करते हैं। 'आधुनिकीकरण' का संबंध विकास के सातत्य से है। यह भाषा के पाठों की औद्योगिकता, धार्मिकता और संरचना को आधुनिक रूप प्रदान करता है।

फ़ग्युसन आधुनिकता के दो पक्ष मानते हैं—

(i) अपेक्षित नवीन शब्दों के ग्रहण द्वारा भाषा-क्षेत्र का विकास।

(ii) नवीन पद्धति का विकास।

इन दोनों पक्षों से कई संदर्भ स्पष्ट होते हैं–

(i) यहाँ 'भाषा-क्षेत्र' से तात्पर्य भाषा-व्यवहार के भौगोलिक विस्तार तै है..

(ii) अपेक्षित नवीन शब्दों का ग्रहण और उन्हें अपने में अंगीभूत कर लेना किसी भी भाषा की सामर्थ्य का द्योतक है।

(iii) बिना ग्रहण के विकास संभव ही नहीं है। कारण कि बहुत-सी अत्यंत अधुनातन और जटिल संकल्पनाएँ भी होती हैं, जो किसी पक्ष से रूढ़ हो जाती हैं और उनका प्रयोग भाषा के संदर्भ में उसी सामाजिक अर्थ-संरचना के रूप में किया जाता है।

(iv) इसके लिए किसी न किसी पद्धति का विकास करना पड़ता है और समाज में उसे अपनी अभिस्वीकृति प्राप्त करनी होती है। यह पद्धति ही आधुनिकता का प्रमुख कारक बनता है।

आधुनिकीकरण और राष्ट्र

फ़िशमैन (1968 : 491-498) ने विकासशील राष्ट्रों को आधुनिकीकरण की प्रक्रिया से तीन प्रकारों में विभाजित किया है।

(अ) नवीन विकासशील राष्ट्र उप-सहराज और पूर्व-अफ्रीकी राष्ट्र)

(ब) प्राचीन विकासशील राष्ट्र (उत्तर-अफ्रीका, पूर्व-और दक्षिण-पूर्व एशिया के राष्ट्र)

(स) मध्य-विकासशील राष्ट्र, जिनमें उपर्युक्त दोनों प्रकारों के लक्षण विद्यमान हैं (=भारत)। उनका विश्वास है कि 'अ' समूह के राष्ट्रों में न तो संगठन है और न महान परंपराएँ तथा न ही विदेशी भाषा द्वारा पारंपरिकता से आधुनिकता तक के लक्ष्य को प्राप्त करने का सेतु; 'ब' समूह के राष्ट्रों में एक 'महान परंपरा' है जिन्होंने महान भाषा को राष्ट्र के स्तर पर अक्षुण्ण बनाए रखा है। 'स' समूह के राष्ट्रों में अनेक 'महान परंपराएँ' हैं, जिनमें विदेशी भाषा के सतत उपयोग को अनेक क्षेत्रीय भाषाओं के आधुनिकीकरण से जोड़ा गया है।

गारविन का बौद्धिकता-आधारित मत फ़र्ग्युसन के 'आधुनिकता' के मत से मिलता है। यद्यपि फ़र्ग्युसन के मत में नए शब्द, भाव, और भाषाओं की विशिष्ट शैली है। गारविन की बौद्धिकता में व्याकरण है, जो कि आधुनिकता का आवश्यक अंग है। व्याकरण में शब्दों के निर्माण की तकनीकी के विकास और ऐसी ही युक्तियों के निर्माण, जिसमें विस्तार का निर्माण तो हो, लेकिन उसे सघनता से बुना गया हो, संयुक्त वाक्य हों और साथ उतार-चढ़ाव पूर्ण अभिव्यक्ति का संपूर्ण निर्माण हो। इस प्रकार, व्याकरण आधुनिकता की परिभाषा में महत्वपूर्ण भूमिका निभाता है।

फ़िशमैन (1974) ने आधुनिकता की मान्यता को दूसरे रूप में विस्तार देते हुए

कहा है कि आधुनिकता भाषा-नियोजन की एक ऐसी प्रक्रिया है, जो क्रमशः चुनाव, कार्यान्वयन, कोडिफिकेशन, व्यापकता, और उत्पादन के लक्ष्य तक पहुँचती है।

नेसत्युपकी (1974) ने आधुनिकता को पारिभाषित करने के लिए एक सर्वथा भिन्न मार्ग सुझाया है वे इसे सूक्ष्म और बृहत् स्तर पर की गई एकात्मकता, विकास, गुण, और संगठन का रूप मानते हैं। उनके अनुसार, विकासशील और विकसित या आर्थिकता के अनेक स्तरों पर विकासशील समाज और उनकी संस्कृतियों को दो भागों में बाँटा जा सकता है। पहला, अत्यधिक भाषा-विषमता, जो विकसित आधुनिक समाज में मिलती है और दूसरा, तीव्र विकास वाले एकात्मक समाज जो उन्नत औद्योगिक समाज का प्रतिनिधित्व करते हैं।

अन्नामलाई (1980) मानते हैं कि भाषा-नियोजन में एक संदर्भ है कि आधुनिकीकरण की प्रक्रिया में मानक को व्यापक बनाया गया है। आधुनिकीकरण में मानक के सामान्यीकरण का कोई संदर्भ नहीं है। उनकी यह धारणा द्विभागीय भाषा के वर्गीकरण के कारण है, जो विकसित और विकासशील और जो भाषा को किसी एक क्षेत्र में पुनः संगठित करने में सफल हुए हैं। भारत की अनेक भाषाएँ इस तथ्य के उदाहरण हैं। जब भाषा आधुनिकता के रूप में जन-जन के लिए ग्राह्य होती है, तब यह अत्यंत साधारण भाषा बन जाती है। इसे देखा जा सकता है कि-सामान्यीकरण व्यापकता का प्रतिफल है।

कृष्णमूर्ति (1984) के अनुसार आधुनिकता एक प्रक्रिया है, एक भाषा एक विश्व समुदाय के बीच भाषाओं के अंतरानुवाद के लिए उपयोग में आती है और आधुनिक समाज का उपयुक्त माध्यम बन जाती है।

अन्नामलाई (1990) ने आधुनिकता के तीन आधार सुझाए हैं—

1. तकनीकी सक्षमता, 2. विन्यास अंतर, 3. मूल्य आधार।

उनके अनुसार आधुनिकता की तकनीकी धारणा इस बात पर निर्भर है कि मानव द्वारा बनाए गए माध्यमों का उपयोग किस स्तर पर किया गया है (जैसे संयंत्र, शक्ति, इत्यादि), ताकि लागत और आय के बीच के अनुपात को बढ़ाया जा सके।

विन्यास-अंतर के अनुसार विन्यास में अंतर कार्य-विशेषज्ञता और संगठन के उच्च स्तर को लिया गया है । विन्यास-अंतर व्यक्ति-विशेष के द्वारा प्राप्त किये जाते हैं।

मूल्य-आधार व्यक्तिगत मूल्यों पर आधारित हैं, जो इस बात पर निर्भर है कि वे किस स्तर तक स्वीकार करते हैं ।

5.5 आधुनिकीकरण बनाम पश्चिमीकरण

इस समय आधुनिकीकरण की अनेक संकल्पनाएँ मिलती हैं। इसकी एक अवधारणा समाज को आधुनिक बोध से संपन्न बनाने की है, तो दूसरी आवश्यकतानुसार अन्य समाजों से उसे एक समान स्तर पर जोड़ने की है। इसे जहाँ एक ओर, आम

सहमति एवं समय की माँग के अनुसार स्वीकार किया जा रहा है, वहीं दूसरी ओर पाश्चात्य प्रभाव अथवा आयातित मानकर छोड़ देने का ग़लत आग्रह भी है। जबकि आज सयम एवं अपेक्षाओं को ध्यान में रखते हुए आधुनिकीकरण कम से कम भाषा के स्तर पर तो अनिवार्य हो ही चला है। कारण कि भाषा को अद्यतन किए बिना हम विकास का एक क़दम भी तय नहीं कर सकेंगे।

आधुनिकीकरण को पश्चिमीकरण मानना भी ग़लत होगा, क्योंकि ही आधुनिकीकरण में समय-सापेक्षता का भाव निहित है, वहीं पश्चिमीकरण में अर्थहीन, मूल्यहीन और निष्प्रयोज्य अनुकरण का भाव छिपा है। आधुनिकीकरण एक विश्वजनीन एवं बहुविषयी प्रक्रिया है, अतः इसे अंतरजगत की बहुत-सी अन्य आकस्मिक घटनाओं से जोड़ देना उचित नहीं होगा। पश्चिमीकरण शब्द में विश्व के एक भूखण्ड विशेष की जीवन-पद्धति, रहन-सहन, आचार-विचार और जीवन-शैली का भाव निहित है। यह भाव सार्वजनीन और सार्वदेशीय हो, यह आवश्यक नहीं। परंतु उसका प्रभाव अन्य देशों की जीवन-शैली पर न पड़े, यह भी संभव नहीं। इस प्रकार आधुनिकीकरण का अर्थ अपनी-अपनी पृष्ठभूमि में इस प्रकार से उन्नत हो जा होगा, जो अन्य देशों में होने वाली समान क्षेत्रों की प्रगति के सामने बराबरी के महत्व से जुड़ सके। उदाहरण के लिए भारत का विज्ञान पश्चिम का विज्ञान तो नहीं हो सकता और न ही पश्चिम का विज्ञान भारत का विज्ञान हो सकता है। परंतु दोनों देशों के वैज्ञानिक क्षेत्र में हुए आधुनिकीकरण के कारण एक प्रकार से स्तर की समानता तो प्राप्त होगी। इसी अर्थ में आधुनिकीकरण युग की माँग है और पूर्ति भी।

अतः स्पष्ट है कि आधुनिकीकरण हमारी प्रगति का सूचक है। भाषा की आधुनिकता सहजता के साथ व्यावहारिक होने के कारण लोकप्रिय हो जाती है। आधुनिकता की प्रक्रिया में यदि पाश्चात्य तत्त्वों को भी सम्मिलित कर दिया जाए, तो भी भाषा विदेशी नहीं बनती, बल्कि क्षेत्र-सापेक्ष बन जाती है। विश्व के अनेक भू-भागों में समृद्धिशाली सभ्यताओं को अपनाया गया है। इसका अर्थ यह नहीं कि उसे दबावपूर्ण लादा गया, बल्कि उसे परिमार्जित करके जन-जन की भाषा बनाया गया। जैसे भारतवर्ष में अँगरेज़ों ने दो सौ पचास वर्षों तक राज्य किया, लेकिन वे अँगरेज़ी को भारत की मूल भाषा नहीं बना सके। तात्पर्य यह कि सहजता से स्वीकार्य बदलाव भाषा के परिमार्जन का मापदंड है, चाहे उनमें कितने ही हितकारी बाह्य तत्त्व क्यों न हों। इसी अर्थ में प्रत्येक देश के संदर्भ में आधुनिकीकरण की अपनी-अपनी स्वायत्तता है। यहाँ यह भी तथ्य अत्यंत महत्वपूर्ण है कि किसी भी देश के आधुनिकीकरण में ऐसे वैश्विक तत्त्व हैं, जो केवल उस देश विशेष के लिए नहीं, अपितु विश्व के सभी राष्ट्रों के लिए बिना किसी भेद-भाव के अपनी-अपनी शैली में ग्राह्य होंगे। इसी अर्थ में भाषा का आदान उसकी समृद्धि का आधार बनता है।

5.6 आधुनिकीकरण और समाज

भाषा बाह्य जगत की धारणाओं और स्वतः की मानसिकता से घनिष्ठता से जुड़ी हुई होती है। जैसे-जैसे सामाजिक उत्थान होता है, उसकी भाषा भी विकसित होती जाती है। नई शब्दावली विकसित की जाती है और आधुनिक भाषा की आवश्यकतानुसार नई प्रयुक्तियों और समाज की संचार-क्षमता को बढ़ाया जाता है। अतः भाषा-विकास की प्रक्रिया आधुनिकता के साथ निकटता से जुड़ जाती है और वह आधुनिकता को समाज की एक प्रक्रिया बना देती है। यहाँ यह भी उल्लेखनीय होगा कि मात्र शब्दावली के विकास या प्रयुक्ति को आधुनिकता नहीं माना जा सकता और न ही शब्दावली या प्रयुक्ति को आधुनिकीकरण, अपितु इसमें अंतर्निहित प्रगतिमय संस्कृति, सामाजिक, राजनैतिक और आर्थिक जैसे जीवन आधारों का परीक्षण होना भी आवश्यक है।

समाज का आधुनिकीकरण भाषा-परिवर्तन की आवश्यकता है, जो कि बोली और लेखन दोनों में होना चाहिए।

आधुनिकीकरण की सबसे बड़ी समस्या भाषाई कोड के बोध की है। उसका कारण यह है कि किसी भी भाषाई समाज का सामाजिक स्तर एक-सा नहीं हो पाता। समस्तर के अभाव में भाषाई कोड का स्तर भी भिन्न हो जाता है, उसका व्यवहार पूरी तरह से नहीं हो पाता। ऐसा न हो पाने के कारण ही भाषा अपनी अभिव्यक्ति-क्षमता में अभिवृद्धि नहीं कर पाती। उस क्षमता में जब तक अभिवृद्धि नहीं होगी, तब तक भाषा का आधुनिकीकरण हो पाना संभव नहीं। यह समस्या एक ही भाषा-समाज के भीतर उपसमाजों और उनके द्वारा व्यवहृत अनेक प्रकार की बोलियों के प्रयोगों के कारण भी है, क्योंकि बोली का कोड न तो भाषा का स्थानापन्न हो पाता है और न ही भाषा का कोड बोली का। इसके साथ ही भाषा का विकास-पथ भी व्यापक होता चला जाता है जैसे वैज्ञानिक अनुसंधानों के लिए निर्मित शब्दावली विभिन्न सामाजिक रख सांस्कृतिक संदभों के लिए प्रयुक्त की जाने वाली नवीन शब्दावली आदि। इसी का एक पक्ष क़ानून शब्दावली भी है। जैसे कभी कचहरी की भाषा उर्दू आधारित शब्दावली से क़ानून की भाषा पूरी तरह से मुक्त नहीं हो पा रही है। ऐसी भाषा का बोध और ग्रहण सामाजिक स्तर पर कथमपि संभव नहीं हो पाता है। ठीक इसी तरह क़ानून की ही भाषा में आज भी फ्रेंचभाषा की लोकोक्तियों की भरमार है, जैसे– 'प्राइमाफ़ेसी', 'डेमनमन साइन इंज्योरिया' आदि।

कुछ विशिष्ट भारतीय जो ब्रिटिश शासन के समय विशेष सुविधा-भोगी थे, वे आज भी वही सुख-सुविधाएँ और अधिकारों को बनाए रखना चाहते हैं। एक विशेष चतुराई से उन्होंने सर्वसाधारण लोगों में से कुछ को अँगरेज़ी के पक्ष में कर लिया है। ऐसे लोगों ने यह बताया कि अँगरेज़ी की शिक्षा उच्च पद, प्रतिष्ठा, और आर्थिक सुविधा दिलाने में अधिक सक्षम है। साथ ही साथ बोली के माध्यम से इस प्रजातंत्र

में आधे मन से शैक्षणिक प्रयोग किए हैं, जो कि कम सुविधा-भोगियों की कीमत पर किए गए हैं। यदि भारत-जैसे देश को प्रजातांत्रिक बना रहना है और आधुनिकता की ओर बढ़ना है तो कुछ अल्पसंख्यकों के निहित स्वार्थों के ऊपर नज़र रखनी होगी ताकि बहुसख्यकों की स्वतंत्रता को कायम रखा जा सके।

5.6.1 इस संदर्भ में सबसे महत्वपूर्ण प्रश्न विश्वविद्यालयीन माध्यम-संबंधी है। क्योंकि विश्वविद्यालयीन शिक्षा आधुनिकीकरण का प्रमुख आधार है। शिक्षा ज्ञान, एकता, धर्मनिरपेक्षता और वैज्ञानिक धारणा को बढ़ाती है, ये सभी आधुनिकीकरण के लक्षण हैं। दुर्भाग्यवश अँगरेज़ी के विरोधाभास के विषय ने अनेक भारतीयों के मन को दूषित कर दिया है। उनका मत है कि अँगरेज़ी होशियार लोगों के लिए अनिवार्य है, क्योंकि यह आधुनिक विश्व की ओर खुलने वाली खिड़की है। वे यह भी मानते हैं कि पढ़ाई का माध्यम भी अँगरेज़ी ही होना चाहिए, चाहे वह अच्छी तरह से पढ़ाई जाती हो अथवा बुरी तरह से। लगभग 250 वर्ष की अँगरेज़ी की सर्वोच्चतता के समय अँगरेज़ी शायद ही किसी भारतीय की भाषा रही हो, जिसके आधार पर उसने अंतरराष्ट्रीय स्तर पर सर्जन, आलोचना, या खोज के क्षेत्र में अपनी पहचान बनाई हो। स्वदेशी आंदोलन के समय, शीर्ष नेताओं का जीवंत संपर्क क्षेत्रीय भाषाओं से था। शीर्ष नेताओं में या तो कोई लेखक था या आलोचक या वक्ता, जो कि सभी क्षेत्रीय भाषाओं के विशेषज्ञ थे। वैज्ञानिक डी.सी. घोष और प्राध्यापक सत्येन बोस ने वैज्ञानिक प्रगति के लिए क्षेत्रीय भाषा की वकालत की थी। प्रोफ़ेसर सत्येन बोस, जो कि बोस आइंस्टाइन सांख्यिकी के प्रसिद्ध भौतिक शास्त्री भी थे, ने भौतिकशास्त्र की पुस्तक बंगाली में बच्चों के लिए लिखी थी, जिसे उन्होंने रवीन्द्रनाथ को समर्पित किया था, किंतु उन्नत लोगों ने ब्रिटिश क़ानून के समय विज्ञान और तकनीकी के क्षेत्र में उल्लेखनीय योगदान बहुत कम किया है। भारतीय परिवेश के ऐसे उन्नत लोग, जो मूल सोच की बात नहीं करते, अपनी भाषा में वह ज्ञान, जो उन्होंने श्रेष्ठ अँगरेज़ी शिक्षा से प्राप्त किया है, उसे भी लोगों को नहीं दे सके। इसके लिए उनका तर्क है कि क्षेत्रीय भाषाएँ अविकिसित हैं। यदि उनके तर्क पर आधारित निष्कर्ष को मान लिया जाए, तो उसका यह तात्पर्य होगा कि या तो क्षेत्रीय भाषाओं को शक्तिशाली बनाना आवश्यक है या असंभव।

यह भी स्मरण रखना चाहिए कि लोग तब तक मातृभाषा के माध्यम से पढ़ना नहीं चाहेंगे, जब तक अँगरेज़ी माध्यम का चुनाव मिलता रहेगा। यदि मातृभाषा के माध्यम को स्थापित करना हे, तो अँगरेज़ी का त्याग स्वीकार करना होगा, चाहे उसके जो भी परिणाम हो। 'अन्यथा उच्च शिक्षा के वर्तमान स्वरूप को अव्यवस्थित करने का कोई औचित्य नहीं है, चाहे वह कितना भी उपयुक्त क्यों न हो। इसमें कोई संशय नहीं कि इस बदलाव से शिक्षा में गुणों का ह्रास होगा। इस क्षति की पूर्ति को नवीन नियोजन के सुधार, तेज़ी से प्रगति और उद्‌देश्य की प्राप्ति के लिए

संकल्प से पूरा किया जा सकता है।

5.6.2 भाषा के आधुनिकीकरण पर बहस तब तक पूर्ण नहीं हो सकती, जब तक भाषा की नकारात्मक भूमिका पर चर्चा न की जाए। चूँकि भारतीय राजनैतिक पार्टियाँ स्पष्ट आर्थिक कार्यक्रमों के अभाव के लिए जानी जाती हैं। अतः आर्थिक के अतिरिक्त मदों में किए गए आवंटन का माव विकास-कार्यों पर पड़ता है। इस तरह किसी स्टील संस्थान या नदी के जल के अनेक राज्यों के बँटवारे में भाषाइयों का वर्चस्व आर्थिक पक्षों में शामिल रहता है। वैज्ञानिक तकनीकी शब्दावली के अभाव में प्रगति की दौड़ में कुछ क्षेत्र पीछे रह जाते हैं। जैसे कम्प्यूटर आज की ज़िंदगी का आवश्यक अंग बनता जा रहा है, किंतु क्षेत्रीय भाषाओं में कम्प्यूटर की शब्दावली का विकास उतनी ही तेज़ी से संभव नहीं है।

यदि कोई भारतीय भाषाओं का अध्ययन एक छोर से दूसरे छोर तक उत्तर-दक्षिण आधार के पैमाने पर करता है, तो वह पाएगा कि एक क्षेत्र से दूसरे क्षेत्र तक पहुँचने के लिए उसकी बुद्धिमता का तीव्र ह्रास नहीं होगा। भाषा के विन्यास का विश्लेषण करने पर कुछ विशेष नियमों के बनने की संभावना होगी, जिसमें व्याकरण का ऐसा स्वरूप बनेगा, जिससे साधारण परिवर्तन द्वारा एक या दूसरी भाषाओं का निर्माण संभव हो सकेगा। सघन आनुवांशिक संबंध, विस्तृत द्विभाषा और आपसी लेन-देन एक ऐसी स्थिति पैदा करती है, जो विश्लेषण के लिए सहयोगी सिद्ध होती है। भाषा में व्याकरण-व्यवधान के साथ-साथ अनेक सामाजिक व्यवधान का भी समावेश होता है। शीर्षक के आधार पर सामाजिक और संचार की स्थिति और उसमें सम्मिलित लोग और भाषण की शैली में अंतर आएगा ही। यदि कोई भाषा और बोली के सामाजिक और राजनैतिक संदर्भ का अध्ययन करना चाहता है, तो उसे किसी व्यक्ति विशेष के बारे में समाज में संचार के व्यवहार की गहरी जानकारी मिल सकती है। तत्पश्चात् यह व्यवधानों को समाप्त करने के कार्य में कुछ सूत्र प्रदान कर सकती है, जो कि एक समुदाय में अंतर्समूह-विन्यास और पैमाने को सीमित बनाते हैं। यह आधुनिकीकरण के लिए उपयुक्त नहीं है।

5.6.3 आधुनिकीकरण एक सामाजिक प्रक्रिया, चिंतन, एवं विचारधारा है। अतः भाषा की आधुनिकता को परिभाषित करने का अर्थ यह है भाषा-तंत्र का सक्रिय उपयोग और इसे सतत बनाए रखना। इसमें अनेक तत्त्वों का समावेश है। भाषा समाजिक संचार का माध्यम है, अतः यह आधुनिकता का एक सक्रिय बिंदु है। भाषा-व्यवहार को एक सामाजिक संस्थान के रूप में, आंतरिक विन्यास के रूप में, अध्ययन किया जा सकता है। भाषा में सीधी और आड़ी दोनों विभक्त करने वाली लकीरें हैं, अतः स्तरीय और अस्तरीय बोली, तरीक़ा और व्याख्यान कुंजी और अन्य प्रकार के श्रेणीबद्ध तत्त्व इसमें निहित हैं। भाषा का आधुनिकीकरण स्तरीय अंतर्समूह और ग़ैरस्तरीय बाह्यसमूहों के बीच के माप को विस्तृत करता है और

आधुनिकता को बढ़ाता है।

5.6.4 भाषा का कोई भी स्रोत हो, वह सामाजिक और आर्थिक उद्‌देश्यों की पूर्ति के लिए एक महत्वपूर्ण भूमिका निभाता है। भारत के वर्गीय समाज में जहाँ भाषाओं की विविधता है, बोलियाँ हैं, तरीके हैं, आलेख हैं, ऐसी जगह भाषा की भूमिका अत्यंत जटिल हो जाती है और इसे सावधानीपूर्वक छाँटे जाने की आवश्यकता पड़ती है।

भारत में जातियाँ और उपजातियाँ वर्गों के कारण हैं। जाति-व्यवस्था अपने ऊँच-नीच विभाजन, निश्चित व्यवसाय, शिक्षा, प्रशिक्षण, सुविधाएँ, 'अधिकार, कार्य यहाँ तक कि प्रतिष्ठा आदि के कारण अपनी एक विशिष्ट शब्दावली और मुहावरों के रूप में पहचानी जा सकती है। जाति-बोलियों पर किए गए नवीन अध्ययन से अनेक रुचिपूर्ण तथ्य सामने आए हैं, जो कि हमारे अंतर्मन की झलक देते हैं। तमिल ब्राह्मण और ग़ैर-ब्राह्मणों की बोलियाँ इसके अच्छे उदाहरण हैं। कुछ विशेष शब्दावली और बोली ब्राह्मणों और ग़ैर-ब्राह्मणों के लिए उपयोग में लाई जाती है।

5.6.5 भाषाओं और बोलियों की कुछ लोकप्रिय लोकोक्तियाँ किसी क्षेत्र-विशेष को एक विशेष पहचान ही नहीं देती, बल्कि कुछ सामाजिक मान्यताओं के रूप में एक श्रेणी प्रदान करती हैं। इस संदर्भ में भी नीचे स्तर की बोली बोलने वाले ऊँचे स्तर के ढाँचे के स्वरूप को परिवर्तित कर देते हैं। इस तरह के ऊर्ध्वगमन और संस्कृतीकरण श्रेणीबद्‌ध भारतीय समाज के लक्षण है।

भारत में वैसे भी भाषाओं की अधिकता है। यहाँ की प्रत्येक प्रमुख भाषा में चार-छह प्रमुख बोलियाँ हैं और उनमें से कुछ में सशक्त साहित्यिक परंपराएँ हैं। क्षेत्रीयता और उससे प्रेरित संकीर्ण दृष्टिकोण के कारण कुछ बोली के क्षेत्र अपने आपको स्वतंत्र भाषा मानते हैं। यह संपूर्ण प्रक्रिया एक विभाजक कारक के रूप में देखी जा सकती है। जब तक राजनैतिक, प्रशासनिक और शैक्षणिक स्तर पर प्रतिबंध नहीं लगाए जाते, तब तक वह राष्ट्रीय एकता को छिन्न-भिन्न करने की सबसे बड़ी चुनौती के रूप में बनी रहेगी। अतः यह आधुनिकीकरण-प्रक्रिया के विरुद्‌ध एक परोक्ष कारक के रूप में कार्य करता है।

5.7 आधुनिकीकरण बनाम मानकीकरण

भाषा मानकीकरण के रूप में कम से कम ऊर्जा द्‌वारा अधिक से अधिक सक्षमता लाने वाले मॉडल आधुनिकीकरण के लिए संकल्पित हैं। लिपि का सुधार, जो अन्य मॉडलों की तुलना में पढ़ाई के लिए अधिक उपयुक्त है, उसे इस संदर्भ में 'मानकीकरण' का एक सोपान में माना जाएगा। इसके अतिरिक्त आधुनिकीकरण की दृष्टि से एक भिन्न क्षेत्र है। यह पहले कहा जा चुका है कि भाषा स्थान और समय के अनुसार बदल जाती है– चाहे वह समस्तरीय प्रसार हो, जो कि क्षेत्रों के बीच संसार की कमी के कारण बोली का विखंडन करता है या ऊर्ध्वाधर विखंडन

जो कि वाक्-समुदाय को प्रभावित करता है। ये सभी वाक्-समुदाय अपने-आप और अन्य को सामाजिक मान्यता के माप से तौलते हैं। एक विशेष अवधारणा के अनुसार, जो निम्नस्तरीय हैं, वे उच्चस्तरीय बनने की कोशिश करते हैं। इस तरह वे समाज में उच्चस्तर की ओर बढ़ते हैं। इसे 'संस्कृतीकरण' की सामान्य प्रक्रिया कह सकते हैं, जो कुछ स्तर तक अंतर को कम करते हुए बराबरी को बढ़ावा देती है। इस तरह यह आधुनिकीकरण का एक हिस्सा बन जाती है।

5.7.1 मानकीकरण को सामाजिक उत्थान का प्रतीक माना जा सकता है, किंतु आधुनिकीकरण की दृष्टि से सामाजिक चमक की तुलना में सामाजिक संचार-क्षमता अधिक महत्वपूर्ण है। किसी व्यक्ति-विशेष या समूह के बीच तब तक सशक्त संचार नहीं हो सकता, जब तक एक पक्ष सुविधाओं से वंचित है और सामाजिक कुभावनाओं से ग्रस्त है। आधुनिकीकरण के लक्षणों, जैसे तर्कचातुर्य, समानता, और सामाजिक न्याय दर्शाते हैं कि प्रत्येक व्यक्ति और समूह के बीच विषमता समाप्त होनी चाहिए– चाहे यह सजगता-पूर्ण प्रयत्न द्वारा बोलनेवालों को शिक्षित करने के रूप में हो या कि सहज ही संचार प्रक्रिया के विस्तार के रूप में हो, यह एक विशेष प्रश्न बन जाता है। संचार की स्वाभाविक प्रक्रिया से तात्पर्य यह है कि विभिन्न स्तरों के बीच संपर्क को बढ़ाना है, जो कि भाषण-व्यवहार के अवलोकन को सुविधा प्रदान करती है, संचार के क्षेत्र को विस्तृत करती है और मानकीकरण को मदद करती है।

5.7.2 उपर्युक्त बातों से यह स्पष्ट होता है कि भाषा-मान (NORM) एक सामाजिक परिवर्त है। यह हमेशा ऊर्ध्वगमन नहीं करती कि भाषा का स्तर प्राप्त कर सके। नामकरण जैसे आस्ट्रेलियाई-अँगरेज़ी', 'भारतीय-अँगरेज़ी' या 'अमेरिकन-अँगरेज़ी' यह दर्शाता है कि इनके बीच संबंध आदान-प्रदान के कारण हुआ है। मात्र भाषा ही समाज का प्रतिफल नहीं है, यह अपने सदस्यों के समाजिकीकरण का वाहन है। यह भाषा तब कहलाती है, जब यह वर्ग और जाति-बंधनों को नष्ट कर देती है। इसे आधुनिकीकरण की वृद्धि कहते हैं।

5.7.3 तकनीकी भाषाशास्त्र भाषा का वह विषय है, जिससे नियोजन सरल होता है। नियोजनकर्ता इस विषय को सर्वप्रथम लेते हैं, ताकि भाषा का आधुनिकीकरण किया जा सके। यह ध्यान रहे कि प्रत्येक मान्यता वैज्ञानिक नहीं हो सकती। प्राचीन भाषाविदों की मान्यता थी कि अविकसित और विकासशील पिछड़ी जातियों की कुछ भाषाओं में आधुनिक विचारों को प्रगट करने की क्षमता नहीं है।

5.7.4 भारतीय भाषाओं की तुलना पश्चिम की भाषाओं से करने पर यह ज्ञात होता है कि विचार प्रगट करने की क्षमता तो इनमें भी थी, किंतु तकनीकी ज्ञान की नहीं। अतः अधिक नवीन धारणा यह बनी कि भाषाओं का उत्थान करके उन्हें परिपक्व बनाया जाए, ताकि वे आधुनिक विचारों की संवाहिका बन सकें।

यह तथ्य आंशिक रूप से लिया गया और शेष अंतर्भाषाओं द्वारा समझ बढ़ाकर

तकनीकी शब्दों के एक समूह को अपनाया गया था। इसके लिए भारत में केंद्रीय तकनीकी शब्दावली आयोग की स्थापना हुई। राज्यों में आयोग गठित किए गए। वहाँ शब्दों की सूची तैयार की गई, जो या तो नवीन शब्दों पर आधारित थी या इन भाषाओं के कोश में समाहित शब्द पर।

5.7.5 इस स्थिति से दो धाराएँ निर्मित हुई हैं। पहली, एकीकरण और दूसरी, वियुक्तीकरण। जहाँ केंद्रीय आयोग राज्यों की अनेक सूचियों की तुलना करके एक सर्वमान्य सूची तैयार करता है, वहीं राज्य आयोग अपनी पृथक् पहचान बनाए रखने के लिए सर्वथा भिन्न सूची बनाते हैं। इस तरह केंद्र और राज्यों के बीच सतत विवाद बना रहता है। वियुक्तीकरण स्रोतों का अभी-अभी अत्यधिक भाषाकरण से सहयोग मिला है। महाराष्ट्र में आशिक और मद्रास में बहुतायत रूप में इस अत्यधिक भाषाकरण से भाषाओं में संस्कृत तत्त्व विलीन हो गया हे और तमिल क्षेत्र में, यहाँ तक कि नाम-विशेष, जैसे सोमासुदूरम और बालासुब्रामण्यम, जिनमें कुछ संस्कृत के तत्त्वों का समावेश हैं, उन्हें तमिल में क्रमशः मेथियाजगन और इलुमुरूगन में अनूदित किया गया है। इस तथ्य को अनदेखा कर दिया गया है कि द्रविड़ और भारतीय आर्य भाषाओं में हर समय एक दूसरे के आदान-प्रदान की प्रवृत्ति थी। (द्रविड़ का भारतीय आर्य से लेना द्वारा एम.बी. ऐमन्यू और टी बरो, केली. वि.वि. प्रेस 1962 और ओ.डी.बी. एल द्वारा डी.एस. के चटर्जी लंदन, 1926 1926) जो परस्पर आदान अथवा ग्रहण के अभाव में क्षीण होती जाएगी।

इस प्रक्रिया को दूसरे रूप में भी देखा जा सकता है। भाषा की अनेक बोलियों में से किसी एक को मानक माना जाता है और भाषण के अनेक तरीक़ों में से किसी को दूसरों की तुलना में श्रेष्ठ माना जाता है। तब अमानक बोली को बोलने वाले के लिए प्रतिष्ठा की बात हो जाती है कि वह मानक भाषा को सीखे। संस्कृत या उच्च प्रतिष्ठा प्राप्त भाषाएँ जब तक ये बोली जानेवाली पद्धति से ऐसी स्थिति तक नहीं पहुँच जाती, जहाँ समस्त आधुनिक भारतीय भाषाओं का उपयोग बोली जानेवाली भाषा के साहित्य में हो और उसके फलस्वरूप साहित्य को जीवन के पास लाया जा सके।

5.7.6 इन सबके बावजूद किसी भी प्रतिष्ठा हेतु चाहे जो भी साक्ष्य या दावा प्रस्तुत किया जाए, कार्य-क्षमता, पारदर्शकता और शब्दों की एकता और तकनीकी शब्दावली के लिए हमेशा श्रेष्ठतम भाषाओं का सहारा लिया गया है। संचार की क्षमता और शिक्षा में संप्रेषण के स्तर पर सुविधा बढ़ाने के लिए यह आवश्यक है कि प्रत्येक भाषा के तकनीकी शब्दों की एक ऐसी सर्वमान्य सूची बनाई जाए, जिसमें स्थानीय शब्दों आवश्यकतानुसार न्यूनतम परिवर्तन किया गया हो। इसे शीघ्र ही पूरा कर लिया जाना चाहिए ताकि भाषाओं की एकरूपता और आपसी आदान-प्रदान, लेन-देन को ध्यान में रखकर इसमें आधुनिकीकरण की प्रक्रिया को तीव्र किया जा सके।

5.7.7. प्राथमिकता की दृष्टि से भारतीय स्थिति में लिपि की स्थिति द्वितीयक है। वार्तालाप द्वारा राष्ट्रीय भाषा से इसका घनिष्ठ संबंध होने के कारण इसका महत्व बढ़ा है। आधुनिकीकरण की दृष्टि से लिपि के दो महत्वपूर्ण कारक हैं। पहला, अनेक लिपियों में से एक लिपि खोजना और दूसरा आधुनिक तकनीकी की माँगों की पूर्ति के लिए उसकी रूप रचना (बनावट) का मानकीकरण करना। समस्त भारतीय लिपियाँ– चाहे भाषा के पारिवारिक लगाव से या किसी एक उभयनिष्ठ स्रोत से प्राप्त हों, लिपि की विविधता और उनकी व्यक्तिगत पहचान, उनके विन्यास की एकरूपता को नष्ट करती हैं। यह साधारणतः मान्य है कि भारत के लिए एक परिवर्धित लिपि की अनिवार्यता है, जिसमें निम्नलिखित गुण हों–

(i) दूसरी भाषा के लोगों में एक भाषा के संचार की वृद्धि

(ii) ऐसी भाषा के उपयोग में कुशलता लाने के लिए आवश्यक अवधि में कमी लाना

(iii) भाषाई एकता, आपसी समझ, और भावनात्मक एकात्म

(iv) प्रिंटिंग तकनीकी का अनिवार्य दबाव

अब यह प्रश्न खड़ा होता है कि क्या समस्त वर्तमान लिपियों को बदल दिया जाए या इसे एक पूरक जोड़ने वाले कारक के रूप में लिया जाए अथवा इसके रूप में क्यों और कैसे परिवर्तन और संशोधन किए जाएँ।

रोमन और देवनागरी के बीच घटित युद्ध को 1930 के आस-पास खोजा जा सकता है। यह युद्ध आज भी लड़ा जा रहा है। ऐसा समझा जाता है कि रोमवासियों के उत्तराधिकारी हारा हुआ युद्ध लड़ रहे हैं और वे इस सत्य को जानते हैं। हिंदी को राष्ट्रभाषा मानने को तार्किक-अर्थ नागरी लिपि को मानना है। एक प्रश्न जो प्रायः पूछा जाता रहा है, क्या नागरी अपने वर्तमान स्वरूप में टाइपराइटर और प्रिंटिंग प्रेस के लिए उपयुक्त है? यह प्रश्न जितना प्रत्येक विद्यार्थी और संस्थानों को चिंतित करता रहा है, उतना ही प्रशासकों और नियोजनकारों को भी। अनेक प्रयोगों और काफ़ी वार्तालाप के पश्चात् देवनागरी का परिवर्तित और परिवार्धित स्वरूप सुझाया गया है। परिवर्तन की दृष्टि से इसे अंतिम नहीं माना जाना चाहिए। तकनीकी की अनिवार्यता की दृष्टि से लिपि के आधुनिकीकरण का प्रयल एक साहसी क़दम है।

यह देखकर प्रसन्नता होती है कि इसमें राज्य-स्तर पर आत्मनिरीक्षण में प्रगति हो रही है। विद्वानों की एक समन्वय समिति तेलुगु और कन्नड़ और उनकी लिपियों के बीच अंतर खोज रही है। इसी तरह का सुझाव बंगाली और आसामी लिपियों के बारे में दिया गया है। इस तरह का समन्वय महत्वपूर्ण समझ के लिए मार्ग प्रशस्त करेगा और अनुपयुक्त कारकों को दूर कर सकेगा। इस संदर्भ में राष्ट्रभाषा के बारे में विचार करने पर यह स्पष्ट होता है कि भारत के आंतरिक संचार की सुदृढ़ता के लिए एक भाषा की आवश्यकता है। हिंदी और अँगरेज़ी का उनके चाहने वालों के

कारण ऐसा ध्रुवीकरण किया गया है कि हिंदी को स्वीकार करने का अर्थ अपने-आप अँगरेज़ी को समाप्त करना है। कुछ प्राध्यापकों का मत है कि एक सर्वमान्य भाषा एक बुराई है क्योंकि यह क्षेत्रीय भाषाओं को नष्ट कर देती है। एक अँगरेज़ी के उपासक का यहाँ तक कहना है कि अँगरेज़ी हिंदी की तुलना में छोटी बुराई है। यह विदेशी भाषा है, दूरस्थ है और कम व्यवधान पैदा करती है। केवल इस तथ्य को ध्यान में रखा जाए कि कितने लोग हिंदी बोलते और समझते हैं और हिंदी के पक्ष में निर्णय ले लिया जाना चाहिए। यह तथ्य एक भारतीय भाषा के लिए है। अतः यह अन्य भारतीय भाषाओं से कुछ गुण सरलता से लेकर तथा अपने आपको सशक्त बनाकर इस तर्क को सिद्‌ध कर सकती है।

5.8 आधुनिकीकरण और शब्दावली का विकास

किसी भाषा को आधुनिक भाषा का दर्जा तब दिया जा सकता है, जब वह संचार के सशक्त माध्यम के रूप में कार्य करने लगे। इस तरह की आधुनिकता की प्रक्रिया भाषा के बदलते शब्द-संग्रह में देखी जा सकती है। भाषा में जिन शब्दों का उपयोग नहीं होता, उन्हें त्याग दिया जाना चाहिए। अनुभव के नए उद्‌देश्यों को नाम देने के लिए नवीन शब्दों का निर्माण अपेक्षित होगा। शब्द स्थानीय तत्त्वों से और दूसरी अथवा बाह्य भाषा से लिए जाते हैं। इससे समाज की बदलती आवश्यकताओं की पूर्ति होती है। ये खोजें भाषा के आधुनिकीकरण की प्रक्रिया के एक हिस्से के रूप में देखी जा सकती हैं। यह प्रक्रिया मात्र छात्रों के कार्यकलाप तक ही सीमित नहीं है, अपितु यह आम लोगों में भी देखी जा सकती हैं। इस प्रकार शब्दावली का विकास एक सहज गतिमान हो सकने वाली प्रक्रिया है। यह प्रक्रिया जहाँ थम जाती है, वहीं से भाषा का विकास और उसकी आधुनिकीकरण-प्रक्रिया स्थिर हो जाती है। यह स्थिरता मात्र शब्द तक सीमित नहीं होती, अपितु समाज से इसका सीधा और प्रभावकारी संबंध होता है। इसलिए यह स्पष्ट रूप से कहा जा सकता है जब समाज में स्थिरता आती है और जब समाज के चिंतन और उसकी प्रगति के स्रोत सूखने लगते हैं, तभी शब्दावली के स्तर पर भी यह रिक्तता देखने को मिलती है। यह स्थिति भाषा के आधुनिकीकरण के मार्ग में रुकावट डालती है।

5.9 आधुनिकीकरण के मूल पक्ष

आधुनिकीकरण के पाँच मूल पक्ष हैं— ध्वनि, शब्द, व्याकरण, वर्तनी और लिपि। इन दिशाओं में हिंदी का आज का क्या स्वरूप बनने जा रहा है और क्या बनना चाहिए, इसका यहाँ लेखा-जोखा दिया जा रहा है।

5.9.1 ध्वनि का आधुनिकीकरण

निम्नलिखित ध्वनियाँ आधुनिकीकृत हिंदी में आई हुई हैं–

क़, ख़, ग़, ज़, फ़

ॲ, ऑ

5.9.2 शब्द के स्तर पर आधुनिकीकरण को दो रूपों में देखा जा सकता है। पहला, पूर्ण और दूसरा आंशिक। पूर्ण से तात्पर्य उन शब्दों से है, जो एक अथवा दो अलग-अलग भाषाओं के प्रकृति-प्रत्यय के योग से व्युत्पन्न हैं। आंशिक से तात्पर्य उन शब्दों से है, जो आज नए-नए क्षेत्रों में विभिन्न अभिव्यक्तियों एवं प्रयुक्तियों में प्रयुक्त हो रहे हैं। यहाँ इन दोनों प्रकार के शब्दों का विवेचन किया जा रहा है।

5.9.2.1 पूर्ण

कम	+	ज़ोर	=	कमज़ोर
बद	+	मज़ा	=	बदमज़ा
बा	+	खबर	=	बाखबर
खुश	+	दिल	=	खुशदिल
बिला	+	वज़ह	=	बिलावज़ह
बे	+	शक	=	बेशक
दर	+	असल	=	दरअसल
हम	+	राह	=	हमराह
फी	+	आदमी	=	फी आदमी
दर	+	हकीकत	=	दरहकीकत
हम	+	वतन	=	हमवतन
वा	+	मुलाहज़ा	=	वामुलाहज़ा
बे	+	ढँग	=	बेढंगा
खुश	+	मिज़ाज	=	खुशमिज़ाज
ला	+	ज़वाब	=	लाज़वाब
बैटरी	+	चार्ज	=	बैटरीचार्ज
लाठी	+	चार्ज	=	लाठीचार्ज
रेल	+	गाड़ी	=	रेलगाड़ी

5.9.2.2 आंशिक

एशियाड, बुनियाद, निरमा, मालगुड़ी, अभू-पयू संतोषी माँ, वृत्तचित्र, बंकर, शांतिसेना, इमरजेंसी, स्काईलैब, कारसेवक, मानवशृंखला, खाडशु, कारसेवा, अखिल

भारत, इकवालिया बयान, मुहइया, मालकाना, कराधान, परंतुक[1], अंधसंयोग (ब्लाइंड प्वाइंट), अश्व शक्ति, समआइस, श्याम-श्वेत।

5.9.3 व्याकरण का आधुनिकीकरण

यह तो स्वयंसिद्ध है कि व्याकरण भाषा के बाद की प्रक्रिया है। भाषा जब पूर्ण विकसित होकर बहुविकल्पीय रूप धारण कर लेती है, तो उसे अनुशासित करने हेतु व्याकरण की आवश्यकता पड़ती है। इस प्रकार से भाषा नदी है और व्याकरण उसका तट है। नदी नगर को डुबो न दे, इसलिए तट बनाए जा हैं। ठीक इसी प्रकार भाषा कहीं अनर्थ न हो जाए, इसलिए उसका व्याकरण अपेक्षित है। व्याकरण का आधुनिकीकरण चार स्तरों पर किया जा सकता है–

(i) नामिक धातु अथवा नामिक क्रियाएँ
(ii) पदबंध का आधुनिकीकरण
(iii) उपवाक्य का आधुनिकीकरण
(iv) वाक्य का आधुनिकीकरण

5.9.3.1 नामिक धातु अथवा नामिक क्रियाएँ

हिंदी भाषा में आधुनिकीकरण की प्रक्रिया में अनेक नामिकधातु अथवा नामिकक्रियाओं की संरचना हुई है। इससे हिंदी में क्रिया की पूर्ति नाम-धातुओं से की जाती है। नामिक धातु अथवा नामिक क्रिया की संरचना हेतु संज्ञा, सर्वनाम, विशेषण, एवं क्रियाओं में कुछ क्रिया पद (Verblizer) (=करन) लगाया जाता है। जहाँ नाम का धातु के समान प्रयोग हाता है– वहाँ नाम-धातु होगी। नाम और आख्यात में अंतर केवल धातु की प्रधानता और अप्रधानता का है। जब क्रिया की प्रधानता होती है, तब क्रिया को आख्यात, अर्थात् तिङ् प्रत्ययों के द्वारा बोधित किया जाता है। इसी को तिङन्त पद कहते हैं। जब द्रव्य और क्रिया में द्रव्य को मुख्यता दे दी जाती है, तब क्रिया का अंश गौण हो जाता है और द्रव्य अंश की मुख्यता का बोध सुप् प्रत्ययों द्वारा कराया जाता है, उसे सुबंत पद कहते हैं। सर्वप्रथम यह तथ्य पाणिनि द्वारा ही प्रकाश में लाया गया कि धातु-प्रत्यय के योग से शब्दों की रचना हुई है। इस प्रकार धातु वह अक्षर-तत्त्व है, जो अनेक सदृश शब्दों के मूल में विद्यमान रहता है और जिनका अर्थ उनसे बने उन सभी शब्दों में ही निहित रहता है। जैसा कि सांख्यदर्शन में जगत का मूलकारण प्रकृति की माना गया है। वैसा ही शब्दों का मूल कारण भी प्रकृति है। शब्द प्रकाशिका (14) से इसकी पुष्टि होती

1. इसका प्रयोग इस प्रकार हुआ है– तिरसठवाँ संशोधन (1989) इस अधिनियम द्वारा अनुच्छेद 356 का संशोधन खंड (5) के परंतुक का और अनुच्छेद (355, 6) को लोप किया गया।–
–दैनिक भास्कर, जबलपुर, 11 अगस्त 1905

है– निरुक्ता : प्रकृतेछैय्यानाम धातुप्रभेदतः।' आधुनिक भाषाशास्त्रियों ने धातु को एक प्रकार का 'फोनोटिक टाइप' माना है। ये एक साथ संबंध रखने-वाले शब्दों के समूह का प्रतिनिधित्व करते हैं।

यहाँ गोदान में प्रयुक्त कुछ करना और देना क्रियाकरों (Verbelizers) को उद्धृत किया जा रहा है।

5.9.3.1.2 करना

कुछ करना	- तमाशा देखने के सिवा और कुछ करना अपने वश से बाहर है।
विवाह करना	- इस साल उसका विवाह करना आवश्यक था।
मार-धाड़ न करना	- होरी ने कहा– अब फिर मार-धाड़ न करना।
रक्षा करना	- गाँव के समस्त प्राणियों के हितों की रक्षा करना उनका परम धर्म था।
काम करना	- स्वार्थ से अलग अधिक-से-अधिक काम करना उनके लिए आवश्यक हो गया था।
विरोध करना	- सरोज के कथन का विरोध करना उसका स्वभाव था।
शंका करना	- भेद मान्य समझेगा? ऐसी शंका करना उसकी राष्ट्रीयता का अपमान करना है।
प्राप्त करना	- मेहता का प्रेम और विश्वास प्राप्त करना, उसके मानो राज्य की रानी बन जाना।
विचार करना	- उसकी ओर विचार करना उसके लिए मुश्किल हो जाता है।
दया करना	- मैं मर जाऊँ माता, तो तुम बच्चे पर दया करना। उसे पाल-पोस लेना।
ग़लती न करना	- ग़लती न करना और देख, असमियों को ताकीद करके।
नजराना करना	- पर इजाफा और बेदखली और नजराना करना और लेना पड़ता था।
कहने से करना	- कहने से करना नहीं कठिन है।
मजूरी करना	- मजूरी करना कोई पाप नहीं है।
जिकर न करना	- मगर किसी से भूलकर भी जिकर न करना।
चिंता मत करना	- तुम कोई चिंता मत करना। खाने-पीने का संयम रखना।
खरच करना	- हाँ, बूढ़ा रुपये नहीं खरच करना चाहता।

बातचीत नहीं करना	- मैं तुमसे लेन-देन की कोई बात नहीं करना चाहता।
प्रायश्चित करना	- होरी अगर प्रायश्चित करना चाहता था।
विचार भी न करना	- उस पर शांत मन से विचार भी न करना चाहता था।
अर्ज करना	- मैं इस एलेक्शन के बारे में कुछ अर्ज करना चाहता हूँ।
अभ्यास करना	- अभ्यास करना चाहता हूँ।
प्रस्ताव करना	- मैं एक प्रस्ताव करना चाहता हूँ।
सेवा करना	- मैं तो सेवक हूँ और सेवा करना चाहता हूँ।
खड़ा करना	- जिस आधार पर जीवन का भवन खड़ा करना चाहता हूँ वह अस्थिर है।
बंदी नहीं करना	- आत्मा को मैं इस कारागार में बंदी नहीं करना चाहती।
ऐसा नहीं करना	- मैं ऐसा नहीं करना चाहती, जिसमें माँ बाप को कर्जा चढ़ जाए।
निश्चय करना	- इस तरह खन्ना की ओर देखा मानो निश्चय करना चाहती थी कि वह आदमी है।
दुखी न करना	- धनिया घर का हाल कहकर उसे दुखी न करना चाहती थी।
शमन करना	- समय के आघात का शमन करना चाहती थी।
पार करना	- इस जीवन सागर को पार करना चाहती थी।
जलील करना	- वह मुझे जलील करना चाहती थी।
विवाह नहीं करना	- वह उनके लिए है, जो विवाह नहीं करना चाहते।
हड़ताल करना	- उसी वक्त हड़ताल करना चाहते थे।
फीका न करना	- उसे फीका न करना चाहते थे।
बिदा करना	- सब उसे हँसी-खुशी बिदा करना चाहते हैं।
शासन करना	- आशा न रख कर भी उनके मन पर शासन करना चाहते हैं।
तृप्त करना	- अपनी कुत्सित लालसाओं को तृप्त करना चाहते हैं।
अपमान करना	- मेरा अपमान करना चाहते हैं सब।
लज्जित करना	- और कुछ नहीं है कि तुम मुझे लज्जित करना चाहते हो।
खरचा करना	- खरचा करना चाहते हो तो कमाओ।
बंद करना	- एक दिन बहन ने किताब बंद करना चाहा।
व्यवहार करना	- हमें ऐसा व्यवहार करना चाहिए कि किसी को न अखरे।

इंतजाम करना	- अण्डे, मुर्गी, दूध-घी का इंतजाम करना चाहिए।
पालन करना	- सेवा-सत्कार करके अपने कर्तव्य का पालन करना चाहिए।
खुद करना	- यह काम आपको खुद करना चाहिए।
आग्रह न करना	- मेरे कमीशन में रियायत के लिए आग्रह न करना चाहिए।
हलाल करना	- घरवालों को ही उलटे छुरे से हलाल करना चाहिए?
शिरोधार्य करना	- कोमल हाथों से विष भी मिले, तो शिरोधार्य करना चाहिए।
दान-पुन करना	- आराम से बैठे खाओ और जितना दान-पुन करना चाहो, करो।
दायर करना	- और मुकदमा दायर करना तो आवश्यक ही है?
पालागन करना	- पालागन करना तो दूर रहा।
आदर करना	- बोला-माता का आदर करना तो सबका धरम ही है भाई।
प्रबंध करना	- शगुन के रुपयों का भी कोई प्रबंध करना था।
स्नान करना	- उन्हें अभी स्नान करना था।
राज करना	- फिर तुम मेरी सौत बन कर राज करना।
माफ करना	- क्षीण स्वर में बोला-मेरा कहा सुना माफ करना धनियाँ! अब जाता हूँ।
सरारत न करना	- सजा यही है कि फिर मुझसे सरारत न करना और किसी से करना।
लल्लो-चप्पो करना	- धनिया ने लल्लो-चप्पो करना न सीखा था।
रू-रियायत करना	- किसी के साथ रू-रियायत करना नहीं जानते थे।
देर न करना	- धनिया ने अनुरोध किया-तुम भी देर न करना।
दगा करना	- अपने ऊपर इतना विश्वास करे, उससे दगा करना नीचता है।
छेड़-छाड़ करना	- इस वक्त कुछ छेड़-छाड़ करना नीति-विरुद्ध था।
बात-चीत करना	- औरत जात से इस विषय में बात-चीत करना नीति-विरुद्ध समझते थे।
सत्कार करना	- मुझे सभी का स्वागत और सत्कार करना पड़ता है।
दान-धर्म करना	- इसीलिए दान-धर्म करना पड़ता है, भगवान का भजन भी।
भेंट करना	- जितना समय और स्थान विज्ञापनों की भेंट करना

पड़ता है, वह क्यों करना पड़े

पार करना - अभी फिर लौटती बार यही नाला पार करना पड़ेगा।

तीरथ करना - वहाँ से छूटेंगे, तो हत्या लगेगी। तीरथ करना पड़ेगा। भोज देना पड़ेगा।

स्वीकार करना - संपादक जी को यह पद अवश्य स्वीकार करना पड़ेगा।

त्याग करना - रक्षा के लिए इस देवत्व का कुछ त्याग करना पड़ेगा।

उल्लेख करना - बात-बात में क़ानून की धाराओं का उल्लेख करना।

कर्म करना - कर्म करना प्राणिमात्र का धर्म है।

नेकी न करना - नेकी न करना बदनामी की बात नहीं।

खरच करना - रुपए कमाना भी जानता है और खरच करना भी जानता है।

चेष्टा करना - इसे मिटाने की चेष्टा करना मानव-जाति के सर्वनाश का कारण।

विलंब न करना - आकर मुझसे मिलो। विलंब न करना।

खड़े करना - चुनाव के अवसर पर उम्मीदवार खड़े करना, यही उनका व्यवसाय था।

बैर करना - जल में रहकर मगर से बैर करना लड़कपन है।

भूलें करना - गवाहों का बार-बार भूलें करना, वकील का बिगड़ना।

स्थिर करना - इस विषय में निश्चित रूप से कोई मत स्थिर करना वह अपने लिए असंभव समझते थे।

मेहनत करना - हमें अपनी रोजी के लिए मेहनत करना सीखा ही नहीं।

दुलार करना - तुमने खाली मारना सीखा, दुलार करना सीखा ही नहीं।

फिकर मत करना - तुम दान-दहेज की कोई फिकर मत करना, हम तुमको सौगंध देते हैं।

दृढ़ करना - भ्रातृ-भाव को दृढ़ करना ही था।

शिकार करना - सिंह का काम तो शिकार करना है।

अपमान करना - शंका करना उसकी राष्ट्रीयता का अपमान करना है।

सेवा करना - हमारा एकमात्र उद्देश्य जनता की सेवा करना है।

प्रबंध करना - पाँच-सात दिनों में बीस हज़ार का प्रबंध करना है।

दावा करना - उन पंचों पर दावा करना है।

नौकरी करना - नौकरी करना है तो हम तुझे रख लेंगे।

चैन करना - यहाँ दिन काटना है कि चैन करना है।

भ्रष्ट करना	- गाँव में रहने देना सारे गाँव को भ्रष्ट करना है।
अरज करना	- जो कुछ अरज करना हो, वहीं चलकर करना।

5.9.3.1.3 देना

सहयोग देना	- मैंने कहा, आज तो इस आयोजन में सहयोग देना अधर्म नहीं समझते?
कुछ न देना	- उनकी कथा में जाकर आरती में कुछ न देना अपमान की बात थी।
लिखा देना	- दातादीन ले तो देकर भरपाई लिखा देना।
बाँट देना	- अमीरों से पैसा लेकर गरीबों को बाँट देना।
लगा देना	- आज मंगल का दिन है, नज़र न लगा देना।
दखल देना	- मैं किसी के निजी मुआमले में दखल देना उचित नहीं समझती।
फेंक देना	- बहुत करेंगे, अपने गहने ले लेंगे। फेंक देना उतारकर।
भर देना	- रुई में कुछ बिनौले भर देना उसकी नीति में जायज था।
पिला देना	- दूध गरम हुआ जाता है, उसे पिला देना।
रूप देना	- पर दया को व्यापार का रूप देना उससे न सीखा था।
भेज देना	- हो सके तो कोई दवाई भेज देना।
दे देना	- पाँच-छह दिन के अंदर मुझे जवाब दे देना।
लिख देना	- तीन-चार बीघे जमीन है, इसे भी लिख देना और तब गली-गली भीख माँगना।
चारा पानी देना	- घास छीलना, गायों को चारा-पानी देना और दुहना।
कह देना	- असामियों से ताकीद करके कह देना कि सब-के-सब शगुन करने आएँ।
आश्रय देना	- वह उसे जो आश्रय देना चाहता था, वह मिल गया।
मिटा देना	- और हमारे एहसान को मिटा देना चाहता है।
नहीं देना	- मैं उन्हें इतना ऊँचा स्थान नहीं देना चाहती।
कष्ट न देना	- वह प्रजा को कष्ट न देना चाहते थे।
धोखा देना	- मानो वह भगवान को भी धोखा देना चाहती थी।
हटा देना	- वह मालती को गोविंद के रास्ते से हटा देना चाहते थे।
रियायत देना	- उन्हें तरह-तरह की रियायत देना चाहते हैं।
छोड़ देना	- भोला क्या उसे भिखारी बनाकर छोड़ देना चाहते हैं?

बदला देना	- आभूषणों से उसके एहसानों का बदला देना चाहता था।
मार देना	- ऐसे आदमियों को तो गोली मार देना चाहिए।
औंगी न देना	- लेकिन चलते हुए बैल को औंगी न देना चाहिए।
गालियाँ देना	- जितना चाहे मार ले, जितनी गालियाँ देना चाहे दे लें।
ज़्यादा देना	- इससे ज़्यादा देना तो जोखिम था।
दिखा देना	- दोनों को बुलाकर दिखा देना चाहिए।
मार देना	- किसी मेहरिया की ओर ताके, उसे गोली मार देना चाहिए।
दे देना	- अहंकार को, अपने दंभ को तिलांजलि दे देना चाहिए।
गालियाँ देना	- जितना चाहे मार लें, जितनी गालियाँ देना चाहें दे लें।
बना देना	- बच्चों को दवाओं का आदी बना देना ठीक नहीं।
समझा देना	- तुम उसे समझा देना, दादा कि मेरा अपराध क्षमा करें।
कर देना	- तू ही मेरा संदेशा कह देना।
भेज देना	- तो, कल गोबर को भेज देना।
फोड़कर देना	- पर वह कौड़ी का एक दाँत भी फोड़कर देना न चाहते थे।
लेकर देना	- और मिर्जाजी रुपए लेकर देना न जानते थे।
तावान देना	- गाय के मामले में सबको तावान देना पड़ा।
डाँड़ देना	- इसी चुड़ैल के पीछे डाँड़ देना पड़ा, बिरादरी में बदनामी हुई।
निकालकर देना	- मुझे अपने हृदय का रक्त निकालकर भी देना पड़े तो मैं खुशी से दे दूँगा।
कर देना	- उसे अपना एक नौकर कम कर देना पड़ा।
काट देना	- मोटा-झोटा खा-पहनकर उमिर काटा देना, बस अपना तो यही राग है।
बेच देना	- एक मित्र से गाय लेकर बेच देना भी बहुत ही वैसी बात है।
छोड़ देना	- रख लेना पाप नहीं है, हाँ रख के छोड़ देना पाप है।
कह देना	- अहीर ने कहा, दादा से कह देना, मंगल के दूध पीने के लिए भेजी है।

दे देना	- मुझे इसकी मजदूरी दे देना।
भेज देना	- गोबर को ऊख गोड़ने भेज देना।
करा देना	- उनके मुआमलों को अफसरों से मिलकर तय करा देना, यही उनका व्यवसाय था।
भगा देना	- सोना गाय के पास जाए तो भगा देना।
छाप देना	- वहाँ यह समाचार भी छाप देना।
खिला देना	- एक जून खिला देना।
रहने देना	- ऐसे आदमी को गाँव में रहने देना, सारे गाँव को भ्रष्ट करना
थूक देना	- भीख न माँगे, तो मेरे नाम पर थूक देना।
फेंक देना	- स्वेच्छाचार को जड़ से खोदकर फेंक देने का ज़िम्मा लिया है।
बतला देना	- आपको यह बतला देने का मोह मुझसे नहीं रुक सकता।
तौल देना	- इस फसल में सब कुछ खलिहान में तौल देने पर भी।
डाल देना	- लेकिन एक मड़ैया डाल देने से काम चल जायेगा।
घटा देना	- अगर पाँच को हानि थी, तो मंजूरी घटा देना से दस का लाभ था।
चढा देना	- अगर एक लोटा जल चढ़ा देने से वरदान मिल जाए तो क्या बुरा
फैला देना	- भूत और भविष्य में फैला देने से वह और भी क्षीण हो जाती

5.9.3.2 वाक्य का आधुनिकीकरण

अँगरेज़ी के प्रभाव के कारण आज की वाक्य-रचना ऐसी हो गई है, जिसे हिंदी कहना भी अटपटा-सा लगता है। कुछ उदाहरण हैं–

5.9.3.2.1 अँगरेज़ी शब्दों एवं पदबंधों का प्रयोग

1. सर, मेरी हेल्प कीजिए, ये मेरे लाइफ एण्ड डेथ का प्रश्न है।
2. मैं संडे को कुछ शापिंग करने के लिए इंदिरा मार्केट जाऊँगा।
3. रियली, मोहन बहुत हैंडसम ब्वाय है।
4. मैं नहीं जानता कि क्या राइट है, क्या राँग है, यह कार्य तो विदिन वीक होना ही है।
5. ओ फादर यू आर ग्रेट।

6. मुझे यू बस स्टैण्ड जाना है। मेरे कुछ गेस्ट आ रहे हैं।
7. मुझे बीए, का पेपर सेट करना है।
8. इस कार्य के कई ऑप्शन हैं।
9. आपकी बहुत लाउड स्पीच से मैं वेरी मच इंप्रेस हुई।
10. अगर आप माइंड न करें, तो कुछ रिक्वेस्ट करूँ।

5.9.3.2.2 अँगरेज़ी समानाधिकरण उपवाक्यों का प्रयोग

1. उस लड़के को, जिसने कल मुझे गाली दी थी, आज बहुत मार पड़ी।
2. प्रथम भाषा, जो संस्थागत भाषा भी हो, को मातृभाषा मानना तर्कसंगत है।

5.9.3.3. उप-वाक्य का आधुनिकीकरण

उपवाक्य के स्तर पर अँगरेज़ी का प्रभाव बहुत देखने को मिलता है।
1. मोहन ने माइन्ड नहीं किया।
2. राधा को फीवर है।
3. चुनाव में कन्फ्लिक्ट पड़ गया।

5.9.4 वर्तनी का आधुनिकीकरण

डॉ. रमेशचंद्र महरोत्रा इस पक्ष के शीर्षस्थ विद्वान हैं। वर्तमान भारत की धरती पर उन-जैसा इस विषय का अन्य कोई चिंतक नहीं है। 'मानक हिंदी का शुद्धिपरक व्याकरण' और 'मानक हिंदी के शुद्ध प्रयोग' उनके चिंतन की साक्षी हैं।

यहाँ विवेव्य संदर्भ के कुछ उदाहरण 'मानक हिंदी का शुद्धिपरक व्याकरण' से दिए जा रहे हैं :–

आवाज़; शुद्ध, अँगरेज़ी, काँगरेस, पद्मिनी, द्वितीय, सिद्धि, हड्डियाँ, बुद्धिजीवी, शुद्धीकरण, ऊँचाई, ऊधो, जरूरी, सुश्रुषा, ऍन.सी.सी., अक्षौहिणी, पाँचवाँ, माँ, अँगना, मुँह, साँस, होऊँगा, इंगलिश, सिंचाई, सींचा, दुःख, दुःसह, निःशुल्क, निःस्वार्थ, विद्युत, विद्वान, संवत्, उद्घाटन, द्वारा, वाङ्मय, विद्या, सद्बुद्धि, संवत्, वाक्य-विन्यास, अंतर्धान, उत्तरदाइत्व, उत्तरदाई, स्थाइत्व, स्थाई, याज्ञवल्क्य, ज्येष्ठ, स्वातंत्र्य, स्वास्थ्य, बरदाश्त, प्रशंसा, सारांश, कदम, ताक, ताकती, हलका, अखबार, कारखाना, खतरा, बुखार, आखिर, खाना, खैर, सनसनीखेज, कागज़, गजब, ज़रा, जेब, नाज़, पृथक्, सृहीत, द्रष्टा, ब्राह्मण, ब्रह्मा, चिन्ह, अपह्नुति, आह्लाद्, जिह्वा, समाचार पत्र, विश्वविद्यालय, भाषाविज्ञान, क्रियाविशेषण, आप का, इस को, उन से, तुम से, मैं ने, सब के लिए, मुझ को, देखकर, खरीदारी, प्रियदर्शनी, उपलक्ष्य, लाइब्रेरी, सोसाइटी।

5.9.5 लिपि का आधुनिकीकरण

लिपि का आधुनिकीकरण करते हुए 5-6 फरवरी, 1980 को भाषा-विशेषज्ञों की एक बैठक हुई, जिसमें परिवर्धित देवनागरी में निम्नलिखित सुधार किया गया है।[1]

1. हटाए गए लिपिचिह्न
   (क) कश्मीरीः इ, उ, ज, झ
   (ख) संस्कृत : लृ, ल
2. जोड़े गए लिपिचिह्न
   (क) कश्मीरी : अ, आँ
   (ख) हल चिह्न :

3. परिवर्तित लिपि-चिह्न

	पूर्व	परिवर्तित रूप
(क) कश्मीरी ह्रस्व अ	अं	आ
(ख) दक्षिण भारतीय भाषाओं में ह्रस्व ए :	ऍ	एं
(ग) सिंधी अंतः स्फोटी	द	ड
(घ) मलयालम	ष	ळ

(ङ) उर्दू-फ़ारसी अथवा अरबी (अ) को व्यंजन मानते हुए इनके साथ अन्य मात्राएँ इस प्रकार जुड़ेंगी : जि, श्री, सु आदि।

इस प्रकार परिवर्धित देवनागरी वर्णमाला का जो रूप स्वीकृत हुआ है, वह निम्नलिखित है—

5.9.5.1 परिवर्धित देवनागरी वर्णमाला

स्वर	:	अ आ इ ई उ ऊ ऋ ॠ ए ऐ ओ औ
मात्राएँ	:	ा ि ी ु ू ृ ॄ े ै ो ौ
अनुस्वार	:	(अं)
अनुसाकिता चिह्न	:	
व्यंजन	:	क ख ग घ ङ
		च छ ज झ य
		ट ठ ड ढ ण ड ढ
		त थ द ध न
		प फ ब भ म
		य र ल व ल श ष स ह
संयुक्त व्यंजन	:	क्ष त्र ज्ञ श्र
हल् चिह्न	:	

विशेषक चिह्न :

स्वर : (1) ह्रस्व ए और ए आ
मात्राएँ– ो
(2) कश्मीरी के विशिष्ट स्वर उ ऊ अ आ अं ऑ
मात्राएँ - - - ा ॅा

व्यंजन :

(1) कश्मीरी चवर्ग च छ
(2) सिंधी अंतः स्फोटी व्यंजन ग ज ड ब
(3) तमिल और मलयालम φ ळ
(4) बंगला-असमिया य
(5) दक्षिण भारतीय भाषाओं के 'रु' का कठोर उच्चारण र
(6) तमिल न
(7) मलयालम का वर्त्स्य न

1. देखें देवनागरी तथा हिंदी वर्तनी का मानकीकरण, पृ. 19, 20 एवं 21 (केंद्रीय हिंदी निदेशालय, दिल्ली)

(8) फ़ारसी-अरबी अँगरेज़ी और से गृहीत स्वन् क़ ख़ ज़ झ फ़
(9) उर्दू अन (ध) अं
स्थिति के अनुसार आ (आदत) अि (अिबादत), ओ (ओद), अु (अुमर) अै (अैब) और (औरत), आदि

5.9.5.2 पैराग्राफ़ों आदि के विभाजन में सूचक वर्णों तथा अंकों का प्रयोग

देखने में आया है कि अँगरेज़ी-हिंदी अनुवादों में तथा अन्य प्रशासनिक साहित्य में विषय कें विभाजन, उपविभाजन तथा पैराओं-उप पैराओं का क्रमांकन करते समय अँगरेज़ी A,B,C/a,b,c के लिए कहीं क, ख, ग तथा कहीं अ, आ, इ और कहीं, अ ब स का प्रयोग किया जाता है। यह अनेकता भी हिंदी के मानक स्वरूप के विकास में बाधक रही है। केंद्रीय हिंदी निदेशालय ने इस विषय पर भाषा-विशेषज्ञों की दिनाँक 5-6 फरवरी, 1980 की बैठक में विचार-विमर्श के बाद यह निर्णय किया है कि A, B, C अथवा a, b, c के लिए हिंदी में सर्वत्र क ख ग का प्रयोग किया जाए। जहाँ रोमन वर्ण कोष्ठक में हो, वहाँ देवनागरी वर्षों को भी कोष्ठकों में रखा

जाए। विषय के विभाजन, उपविभाजन, पैराओं या उप पैराओं के लिए अंतरराष्ट्रीय अंकों अर्थात् 1, 2 3 के प्रयोग के साथ-साथ आवश्यकता के अनुसार रोमन i, ii, iii आदि का प्रयोग किया जा सकता है।

पैराग्राफ़ों के विभाजन में सूचक वर्णों तथा अंकों का प्रयोग

Grammer	**व्याकरण**
1. The Alphabet	1. वर्ण विचार
A. Vowels	क स्वर
1. Definition	1. स्वर की परिभाषा
2. Kinds of vowels	2. स्वर-भेद
(1) According to	(1) रचना के अनुसार
(i) Basic (Monophthong)	(i) मूल (एक स्वर का)
(ii) Lengthdended	(ii) दीर्घीकृत
(a) Long	(क) दीर्घ
(b) protracted	(ख) क्षत
(iii) diphthong	(iii) संध्यक्षर
(2) According to nasality	(2) अनुनासिकता के आधार पर
(i) Oral/non-nasal	(i) मौखिक/निरनुनासिक
(ii) Nasal	(ii) अनुनासिक
b. Consonants	ख. व्यंजन
II. The world	II. शब्द विचार
III. The sentene	III. वाक्य विचार
IV Composition	IV. रचना

5.10 आधुनिकीकरण और संक्षिप्तीकरण

आधुनिकीकरण और संक्षिप्तीकरण का अन्योन्याश्रित संबंध है, कारण कि समय की अनुकूलता, संक्षिप्तता, स्पष्टाभिव्यक्ति, सूत्रात्मकता, गणितीय तत्त्व आदि आधुनिकीकरण की मूल चित्त-वृत्ति से संबद्ध हैं। ऐसी स्थिति में संक्षिप्तीकरण का बहुत महत्व है। लंबे-लंबे शब्द-प्रयोगों, पदबंधों उपवाक्यों तक को संक्षिप्तीकरण के माध्यम से स्पष्ट किया जा सकता है। इस प्रकार संक्षिप्तीकरण जहाँ एक ओर समय की माँग है, वहीं वह आधुनिकीकरण का रचक-तत्व भी है। आधुनिकीकरण के अंतर्गत आनेवाले सभी पक्षों में, चाहे वे रूप के स्तर पर हों अथवा भाव के स्तर पर उनमें संक्षिप्तता की प्रवृत्ति है ही। यह प्रवृत्ति भाषा को वैज्ञानिकता की ओर ले जाती है। भाषा की वैज्ञानिकता उसके टिकाऊपन का जहाँ मूल कारक है, वहीं

उसके प्रचार-प्रसार का भी एक सशक्त आधार है। भाषा के स्तर पर विविध क्षेत्रों में प्रयुक्त होने वाले संक्षिप्त रूपों को दिया जा रहा है। ये संक्षिप्त रूप दो कोटि के हैं एक कोटि जिसे संक्षेपण कहते हैं तथा दूसरी कोटि है जिसे परिवर्णी कहते हैं। भाषा में संक्षेपण की कुल चार कोटियाँ प्राप्त होती हैं– (i) आद्यक्षरी (ii) संदूषण (iii) कतरन (iv) आद्यक्षरी लघु लिखित रूप। इसे आरेखण द्वारा इस प्रकार व्यक्त किया जा सकता है।

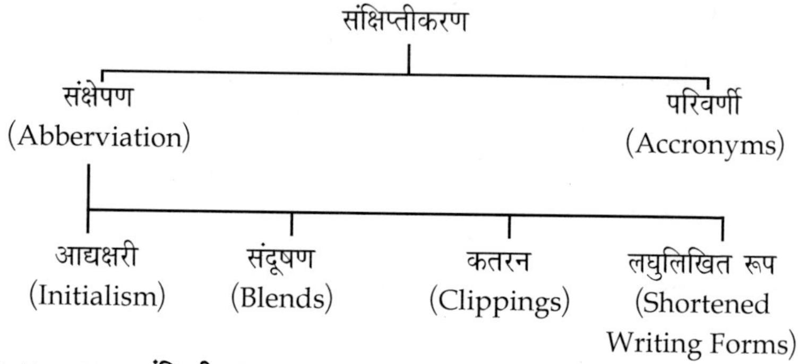

5.10.1 शब्द- संक्षिप्तीकरण

संक्षेपण या संक्षिप्तिका या Abbreviation शब्द, संयुक्त शब्द या वाक्यांश का वह छोटा रूप होता है, जिसमें सामान्यतः शब्द, संयुक्त शब्द, या वाक्यांश के प्रथम अक्षर होते हैं। इसमें सभी अक्षर अलग-अलग उच्चरित होते हैं। संक्षिप्तिका या संक्षेपण में आद्यक्षरी (Initialism), संदूषण (Blends), कतरन (Clippings) और लघु लिखित, रूप (Shotrened writing forms)आते हैं।

आद्यक्षरी (Intialims)– आद्यक्षरी (Initialism) एक या अधिक शब्दों के पहले अक्षर या अक्षरों से बनाया जाता है, परिणामी अक्षर अलग-अलग उच्चरित होते हैं, एक शब्द के रूप में नहीं। जैसे CIA-Central Intelligence Agency आद्यक्षरी लंबे बहुअक्षरी शब्द के शब्द समूहों के पहले अक्षरों से भी बनाए जाते हैं। जैसे– Dichioro di-phenyl! tricholoro ethane से D.D.T.

संदूषण (Blends)– संदूषण, एक शब्द के प्रारंभ का एवं दूसरे शब्द के अंत का संयोजन होता है। जैसे– Caplet-capsule और Tablet का संयोजन है।

कतरन (Clippings)– कतरन बहुअक्षरी शब्द के अंतिम भाग को छोड़ने पर बनने वाला छोटा रूप है। जैसे– Chemotherapy-Chemo बन जाता है, Examination-exams बन जाता है। कतरन के अंत में बिंदु नहीं लगता।

लघु लिखित रूप (Shortened Writing Forms) – बहुत से संक्षेपण होते हैं, जो उच्चरित नहीं होते। उदाहरणार्थ rm. जो कि Room का लघु रूप है, Km., Kilomter का लघु रूप है। इन संक्षेपणों के लिखित रूप प्राप्त होते हैं, जिन्हें लघु

लिखित रूप कहा जाता है, लघु लिखित रूप के अंत में बिंदु लगाया जाता है।

5.10.1.1 आद्यक्षारी (Intialism)

AAFI	Ameature Atheletics Federation अमेच्योर एथलेटिक्स फेडरेशन आफ इंडिया
AAI	Airport Authority of India एयरपोर्ट एथारिटी आफ इंडिया
AAGSP	All Assam Gana Sangram Parishad ऑल असम गण संग्राम् परिषद्
AAPSO	Afro Asian Peoples Solidarity Organisation अफ्रो एशियन पीपुल्स सालिडेरिटी ऑर्गेनाइजेशन
ABC	Atomic, Biological and Chemical Warfare एटामिक बायोलाजिकल एंड केमिकल वारफेयर
ABM	Anti-Ballistic Missile एंटि-बैलिस्टिक मिसाइल
ABSU	All Boadland Students Union ऑल बोडोलैंड स्टूडेंट्स यूनियन
AC	Anti-Cristum, Air Condition एंटी-क्रिस्टम, एयर कंडीशन
A/C	Account एकाउंटेंट
ACIC	The Atlanta Council for International Cooperation द अटलांटा काउंसिल फ़ार इन्टरनेशनल कोआपरेशन
ACC	Ausillary Cadet Core आग्ज़ीलरी कैडेट कोर
AD	Anno Domini एन्नो डामिनी
ADB	Asian Devlopment Bank एशियन डेवलपमेंट बैंक
ADR	American Deposity Reciept अमेरिकन डिपाजिटरी रिसीप्ट (संयुक्त राज्य में प्रदान की गई प्रतिभूति जो कि विदेशों में प्रदान की जाने वाली प्रतिभूति का प्रतिनिधत्व करती है।)

ADMK	Anna Dravida Muntra Kangam अन्ना द्रविड़ मुनेत्र कणगम
AEC	Atomic Energy Commission एटामिक एनर्जी कमीशन (परमाणु ऊर्जा आयोग) (1946 से 1974 तक कार्य करने वाली शासकीय संस्था जो कि परमाणु ऊर्जा के असैन्य उपयोगी देखभाल करती थी)
AERB	Atomic Energy Regulatory Board एटामिक एनर्जी रेग्युलेटरी बोर्ड
AG	Accountant General एकाउंटेंट जनरल
AH	Anno Hizary एन्नहिजरी
AHQ	Army Head Quarter आर्मी हेड क्वार्टर
Al	Air India एयर इंडिया
AIBAMC	All India Babari Maszid Action Commottee ऑल इंडिया बाबरी मस्जिद एक्शन कमेटी
AICC	All India Congress Comitte ऑल इंडिया कांग्रेस कमेटी
AICTE	All India Council of Technical Education ऑल इंडिया काउंसिल आफ टेक्निकल एजुकेशन
AIIMS	All India Institute of Medical Sicences ऑल इंडिया इंस्टीट्यूट आफ मेडिकल साइंसेज
AIR	All India Radio आल इंडिया रेडियो
AITMC	All India Motor Transport Congress ऑल इंडिया मोटर ट्रांसपोर्ट कांग्रेस
AITUC	All India Trade Union Congress ऑल इंडिया ट्रेड यूनियन कांग्रेस
AJT	Advance Jet traner एडवांस जेट ट्रेनर

AMC	Asset Management Companies ऐसेट मैनेजमेंट कंपनीज
ANC	African National Congress अफ्रीकन नेशनल काँग्रेस (अश्वेत अफ्रीकन का 1912 में स्थापित एक राजनैतिक संगठन है जो कि दक्षिण अफ्रीका में रंगभेद नीति के विरोध में कार्यरत हैं।)
APC	Agricultural Prices Commission एग्रिकल्चरल प्राइसेज कमीशन
APEC	Asia-Pacific Economic Co-operation एशिया पैसिफिक इकोनॉमिक कोआपरेशन
APHLC	All Parties Hill Leaders Conference आल पार्टीज हिल लीडर्स कान्फ्रेंस
APPU	Asian Pacific Postal Union एशियन पेसीफिक पोस्टल यूनियन
ARDC	Agricultural Refinance and development Coropration एग्रीकल्चरल रिफाइनेंस एंड डेवलपमेंट कार्पोरेशन
ASLV	Augmented Sattelite Launch Vehicle आगमेंटेड सैटेलाइट लांच वेहिकिल
ASI	Archeological Survey of India आर्कियोलाजिलकल सर्वे ऑफ़ इंडिया
ATA	Air Time Authority एयर टाइम एथॉरिटी
ATO	Air Taxi Operators एयर टैक्सी आपरेटर्स
ATR	Action Taken Report ऐक्शन टेकेन रिपोर्ट
AVSM	Ati Vishishta Seva Medal अति विशिष्ट सेवा मेडल
AVARD	Association of Voluntary Agencies for Rural Develompnent एसोसिएशन आफ वाल्यूंटरी एजेंसीज फ़ार रूरल डेवलपमेंट
AWACS	Airborne Warning and Control System

	एयरबोर्न वार्निंग एंड कंट्रोल सिस्टम
BARC	Bhabha Atomic Research Centre भाभा एटामिक रिसर्च सेंटर
BBC	British Broadcasting Corporation ब्रिटिश ब्राडकास्टिंग कारपोरेशन (एक ब्रिटिश रेडिया दूरदर्शन नेटवर्क)
BC	Before Christ बिफोर क्राइस्ट (आधुनिक कैलेंडर प्रणाली में ईसा के जन्म के पहले का समय)
BCG	Besilus Calmety Guderin बैसिलस कालमेटी गुडरीन
BCCL	Bharat Cooking Coal Limited भारत कुकिंग कोल लिमिटड
BMP	Breake Horse Power ब्रेक हार्स पावर
BSE	Bombay Stock Exchage बॉम्बे स्टाक एक्सचेंज
BSF	Border Security force बॉर्डर सिक्योरिटी फोर्स
CA	Chartered Accountant चार्टर्ड एकाउंटेंट
CACP	Commission for Agricultural Costs and Prices कमीशन फ़ार एग्रीकल्चरल कॉस्ट्स एण्ड प्राइसेज
CBFC	Central Board of Film Certification सेंट्रल बोर्ड ऑफ़ फिल्म सर्टीफिकेशन
CCI	Cricket Club of India क्रिकेट क्लब ऑफ़ इंडिया
CD	Compact Disc कॉम्पैक्ट डिस्क
CDP	Community Development Programme कमुनिटी डेवलपमेंट प्रोग्राम
CGA	Central Ganga Authority सेन्ट्रल गंगा अथॉरिटी

CIA	Central Intelligence Agency सेन्ट्रल इंटेलिजेंस एग्लेंसी (1947 ई. में स्थापित अमेरिकी सरकार की संस्था जो कि पूरे विश्व से सूचनाओं को एकत्र करती है व उनकी जाँच करती है तथा विभिन्न साधनों से राष्ट्रीय रक्षा का इंतजाम करती है।)
C1D	Criminal Investigation Department क्रिमिनिल इन्वेस्टिगेशन डिपार्टमेंट (इसे सामान्यतः स्काटलैंड यार्ड के नाम से जाना जाता है, लंदन पुलिस की जासूसी संस्था है।)
C1L	Coal India Limited कोल इंडिया लिमिटेड
CJ	Civil Judge सिविल जज
CRR	Cash Reserve Ratio कैश रिज़र्व रेशियो
CSIR	Council of Scientific Test Van Treaty कौंसिल ऑफ़ साइंटिफिक ऐंड इंडस्ट्रियल रिसर्च
CTVT	Compherasive Test Van Treaty कस्टीहेंजिव टेस्ट वैन ट्रीटी
DDP	Dessert Development Programme डेजर्ट जनरल ऑफ़ टेस्निकल डेवलपमेंट
DNA	De oxi-Ribose Neuclic Acid डि ऑक्सी राइबोस यूक्लिक एसिड
DJ	District Judge डिस्ट्रिक्ट जज
DPCO	Drugs Price Control Order ड्रग्स प्राइस कंट्रोल आर्डर
DPEP	District Primary Education डिस्ट्रिक्ट प्राइमरी एजुकेशन प्रोग्राम
DVC	Damodar Valley Corporation दामोदर वैली कारपोरेशन
ECA	Economic Corporation Administration इकोनॉमिक को ऑपरेशन रणमिनिस्ट्रेशन

EAC	Empoloyent Asistance Centre इम्प्लायमेंट एसिस्टेंट सेन्टर
ECB	External Commercial Borrowing एक्सटर्नल कमर्शियल बोरोइंग
ECG	Electro Cardiogramme इलेक्ट्रोकार्डियो ग्राम (हृदय की धड़कन के कारण उत्पन्न वियुत बल को मापने वाली मशीन के द्वारा उत्पन्न ग्राफ़ या रेखाचित्र।)
EEA	Europin Economic Area यूरोपियन इकोनॉमिक एरिया
EEC	Europian Economic Community यूरोपियन इकोनॉमिक कमुनिटी (यूरोपीय समुदाय द्वारा सन् 1950 में स्थापित एक संगठन है जो कि व्यापार और परिवहन के अवरोधों को दूर करता है तथा अर्थ नीति बनाता है।)
EEG	Electroencephalogram इलेक्ट्रोइन्ससेफेलोग्राम (मस्तिष्क की तरंगों का रेखाचित्र।)
EFA	Education for All एजूकेशन फ़ार आल
EMF	Electromotive Force इलेक्ट्रोमोटिव फोर्स (विद्युत वाहक बल)
FBI	Federal Bureau of Investigation फेडरल व्यूरो आफ इनवेस्टीगेशन (संयुक्त राज्य की न्याय विभाग की एक शाखा है जो कि संघीय क़ानूनों के उल्लंघन की जाँच करती है।)
FM	Frequency Modulation फ्रिक्वेंसी माडुलेशन
GDP	Grass Domestic Product ग्रीस डोमेस्टिक प्रोडक्ट (सकल घरेलू उत्पाद) किसी राष्ट्र की वस्तु और सेवाओं का कुल मूल्य।
GMT	Greenwich MeanTime ग्रीनविच मीन टाइम

	(ग्रीनविच से निकलने वाली अक्षांस रेखा का समय जो कि पूरे विश्व के लिए मानक समय है।)
GNP	Gross National Product ग्रास नेशनल प्रोडक्ट (सकल राष्ट्रीय उत्पाद)
HDI	Human Development Index ह्यूमन डेवलपमेंट इंडेक्स
HEC	Heavy Engineering Coporation हैवी इंजीनियरिंग कॉर्पोरेशन
H1V	Human Immunodeficiency Viurs ह्यूमन इम्यूनो डिफिसियेंसी वायरस (एड्स उत्पन्न करने वाला वायरस)
HSD	High Speed Diesel हाई स्पीड डीज़ल
HRD	Human Resource Development ह्यूमन रिसोर्स डेवलपमेंट
ICC	International Cricket Conference इंटरनेशनल क्रिकेट कॉंफ्रेंस
ICCW	Indian Council of child Welfare इंडियन काउंसिल ऑफ़ चाइल्ड वेल्केयर
ICBM	Inter Continental Ballistic Missile इंटर कॉंटीनेंटल बैलिस्टिक मिसाइल
ICJ	International Court of Justice इन्टरनेशनल कोर्ट ऑफ़ जस्टिस
IDBI	Industrial Development Bank of India इंडस्ट्रियल डेवलपमेंट बैंक ऑफ़ इंडिया
IFCI	Industrial Finance Corporation of India इंडस्ट्रियल फाइनेंस कार्पोरेशन ऑफ़ इंडिया
IFFI	Industrial Film Festival of India इंडस्ट्रियल फिल्म फेस्टिवल ऑफ़ इंडिया
ILO	International Labour Organization इंटरनेशनल लेबर ऑर्गेनाइजेशन
IMF	International Monetary Fund इंटरनेशनल मॉनिटरी फंड (अंतर्राष्ट्रीय मुद्रा कोष)
IOC	International Olympic Committee

	इंटरनेशनल ओलम्पिक कमेटी
IPC	Indian Penal Code इंडियन पैनेल कोड
IRBI	Industrial Reconstruction Bank of India इंडस्ट्रियल रिकंस्ट्रआन बैंक ऑफ़ इंडिया
ISBN	International Standard Book Number इंटरनेशनल स्टैंडर्ड बुक नंबर
ISD	International Subscriber Dial इंटरनेशनल सब्सक्राइबर डायल
ISI	International Standard Intitution इंटरनेशनल स्टैंडर्ड इंस्टीट्यूशन
ISI	Inter Services Intelligence इंटर सर्विसेस इंटलीजेंस
IYF	International Year of the Family इंटरनेशनल ईयर ऑफ़ द फैमिली
IYT	International Year of the Tollerance इंटरनेशनल ईयर ऑफ़ द टालीरेंस
JKDA	Jammu- Kashmir Democratic Alliance जम्मू-कश्मीर डेमोक्रेटिक एलायंस
JKLF	Jammu-Kashmir Liberation Front जम्मू काश्मीर लिबरेशन फ्रंट
JMM	Jharkhand Mukti Morcha झारखण्ड मुक्ति मोर्चा
JPC	Joint Parliamentary Committe ज्वाइंट पार्लियामेंट्री कमेटी (संयुक्त संसदीय समिति)
KNLP	Kissan Mazdoor Lok Paksh किसान मजदूर लोक पक्ष (कि.म.लो.प.)
KVIC	Khadi and Village Industries Commission खादी एंड विलेज इंडस्ट्रीज कमीशन
LOC	Line of Control लाइन ऑफ़ कंट्रोल
LPG	Liquified Petrolium Gas लिक्विफाईड पेट्रोलियम गैस
LSD	Lysergic Acid Diethylamide

	लिसर्जिक एसिड डी. एथिलमाइड
NREP	National Rural Employment Programme नेशनल रूरल एम्पलायमेंट प्रोग्राम
NRY	Nehru Rozgar Yozna नेहरू रोज़गार योजना
NSEI	National Stock Exchange of India नेशनल स्टॉक एक्सचेंज ऑफ़ इंडिया।
NTPC	National Thermal Power Corporation नेशनल थर्मल पावर कॉरपोरेशन
OBC	Other Backward Classes अदर बैकवर्ड क्लासेज (अन्य पिछड़ा वर्ग 'अपिव')
OIC	Organization of Islamic Countries अर्गेनाइजेशन ऑफ़ इस्लामिक कंट्रीज
OIL	Oil India Limited ऑयल इंडिया लिमिटेड
ONGC	Oil and Natural Gas Commission ऑयल एंड नेचुरल गैस कमीशन
PCO	Public Call Office पब्लिक काल ऑफ़िस
PDS	Public Distribution System पब्लिक डिस्ट्रीब्यूशन सिस्टम
PIB	Press Information Bureau प्रेस इन्फॉर्मेशन ब्यूरो
PLO	Pallestine Liberation Organization पैलेस्टाइन लिबरेशन आर्गेनाइजेशन (फिलीस्तीन मुक्ति संगठन फि.मु.स.)
PM	Post Meridion, Prime Minister पोस्ट मेरेडियन, प्राइम मिनिस्टर
POK	Pakistan Occupied Kashmir पाकिस्तान ऑक्यूपाइड काश्मीर
PMRY	Prime Minister's Rozgar Yojana प्राइम मिनिस्टर्स रोज़गार योजना
PSLV	Pollar Sattelite Launching Vehicle पोलर सैटेलाइट लॉचिंग वेहिकल

PTI	Press Trust of India प्रेस ट्रस्ट ऑफ़ इंडिया
RBA	Rashtriya Badha Ayog राष्ट्रीय बाढ़ आयोग
RCC	Reinforced Concrete रीनफोर्स्ट कंक्रीट
SCI	Shipping Corporation of India शिपिंग कार्पोरेशन ऑफ़ इंडिया
STD	Subscriber Trunk Dialing सब्स्क्राइवर ट्रंक डायलिंग
TDS	Tax Deduction at Sources टैक्स डिडक्शन एट सोर्सेज
UAE	United Arab Emirates यूनाइटेड अरब अमीरात
VRS	Voluntary Retirement Scheme वाल्यूंटरी रिटायरमेंट स्कीम
VSSE	Vikram Sarabhai Space Centre विक्रम साराभाई स्पेस सेंटर
WHO	World Health Organization वर्ल्ड हेल्थ ऑर्गेनाइजेशन
WTO	World Trade Organization वर्ल्ड ट्रेड ऑर्गेनाइजेशन
WWI	World Watch Institute वर्ल्ड वॉच इंस्टीट्यूट
ZBB	Zero Based Budget जीरो बेस्ट बजट
ZST	Zone Standard Time ज़ोन स्टैंडर्ड टाइम

राजपत्रित, अराजपत्रित और सरकारी रेलवे पुलिस के पदों के कूट संक्षेपों और पूरे पदनामों की समेकित सूची

कूट संक्षेप	**पदनाम**
अक्यानिरी	अल्पाहार कक्ष एवं यान निरीक्षक

अधीकारेपु	अधीक्षक कार्यालय (सहायक महानिरीक्षक/ रेल)
अधीरेपु	अधीक्षक (स.रे.पु.)
अनुधिरेपु	अनुभाग अधिकारी (स.रे.पु.)
अनुनिरीता	अनुरक्षण निरीक्षक (तार)
अनुनिरीता	अनुरक्षण निरीक्षक (ब्लाक)
अनुनिरीब्ला	अनुरक्षण निरीक्षक (तार)
अननिरीसि	अनुरक्षण निरीक्षण सिगनल (बिजली)
अननिरीसिबिज	अनुरक्षण इंचार्ज
अनुरिचाबिज	अनुरक्षण इंचार्ज, बिजली
अनुलोनिरी	अनुरक्षण लोको निरीक्षक
अभिनिरेपु	अभियोजना निरीक्षक (स.रे.पु.)
अभिप्रेप्र	अभिरक्षा और प्रेक्षण प्रबन्धक
अवनिरी	अवशेष निरीक्षक
अवपर्य	अवतरण पर्यवेक्षक
अवसपर्य	सहायक अवतरण पर्यवेक्षक
अशनिरी	अग्नि शमन निरीक्षक
आईंजी	ओचलिक इंजीनियर
आईंनिरी	आँचलिक ईंधन निरीक्षक
आएठे	आउट एजेन्सी ठेकेदार
आननिरी	आँचलिक अनुरक्षण निरीक्षक
आयाधी	आँचलिक यातायात निरीक्षक
आयाधी	आँचलिक यातायात अधीक्षक
आलेधि	आँचलिक लेखा अधिकारी
आबाइंजी	आवासिक इंजीनियर
इंकचा	इंजन कक्ष चालक
इंखदी	इंजन खरादी
इंजप	इंजन परीक्षक
इंजमप	इंजन मरम्मत परीक्षक
इंजीशाफो	इंजीनियरिंग शाला फोरमैन
इंताब	तार बाबू इंचार्ज
इंशधी	अधीक्षक (इंजन शक्ति)
इंशनिक	इंजन शक्ति नियंत्रक
इंशानुधी	अधीक्षक, इंजन शक्ति और अनुरक्षण

ईंनिरी	ईंधन निरीक्षक
ईंपनिरी	ईंधन पड़ताल निरीक्षक
ईंपा	ईंधन पाल
इंसानिरी	ईंधन सांख्यिकीय निरीक्षक
उइंजी	उत्पादन इंजीनियर
उओव	उप ओवरसियर
उकोधी	उप-कोयला अधीक्षक
उकोयुक्त	उपकोयला आयुक्त
उखनिरीरेसुद	खुफिया उप निरीक्षक (रेलवे सुरक्षा दल)
उगोप्र	उपगोदी प्रबन्धक
उधीरेपुर	उप-अधीक्षक (स.रे.पु.)
उनिक	उन नियंत्रक
उपधीरेपु	उप अधीक्षक (स.रे.पु.)
उपनिरेपुर	उप निरीक्षक (स.रे.पु.)
उपसबमा	उप पतन संरक्षक और बन्दरगाह मास्टर
उबमाड्रेधी	उप बन्दरगाह मास्टर और ड्रेजर अधीक्षक
उभंडानिक	उप भंडार नियंत्रक
उमंधिं	उप मण्डल अधिकारी
उमंधिरेपु	उप मंडल अधिकारी (स.रे.पु.)
उमहाप्र	उप महाप्रबन्धक
उमहाप्रयो	उप महाप्रबन्धक, योजना (प्र.का.)
उमुइंजी	उप मुख्य इंजीनियर
उमुकाधि	उप मुख्य कार्मिक अधिकारी
उमुनिक	उप मुख्य नियंत्रक
उमुपचाधी	उप मुख्य परिचालन अधीक्षक
उमुबिंजी	उप मुख्य बिजली इंजीनियर
उमुबेनिरी	उप मुख्य बेतार निरीक्षक
उमुलेधि	उप मुख्य लेखा अधिकारी
उमुलेप	उप मुख्य लेखा परीक्षक
उमुबाधी	उप मुख्य वाणिज्य अधीक्षक
उमुसिदूइंजी	उप मुख्य सिगनल और दूर संचार इंजीनियर
उयातनिक	उप यातायात नियंत्रक
उयोधि	उत्पादन योजना अधिकारी
उरेपनिरी	उप रेलपथ निरीक्षक

उदित	उप वित्त सलाहकार
उसकोयुक्त	उप सहायक कोयला-आयुक्त
उसमनिरी	उप सहायक मलेरिया निरीक्षक
एक्सचि	एक्सरे चित्रकार
एक्सतक	एक्सरे तकनीशियन
एम्बुचा	एम्बुलेंस चालक
एरेपयिरी	एवजी रेल-पथ निरीक्षक
एलिक	एवजी लिपिक
एसस्टेमा	एवजी सहायक स्टेशन मास्टर
एस्टेमा	एवजी स्टेशन मास्टर
ओव	ओवरसियर
औनिरी	औषधि निरीक्षक
कइंजी	कर्षण इंजीनियर
कईनिरी	कनिष्ठ ईंधन निरीक्षक
ककोधि	कनिष्ठ कोयला आबंटन अधिकारी
ककोयुक्त	कनिष्ठ उप कोयला-आयुक्त
कखानिरी	कनिष्ठ खाद्य निरीक्षक
कज	कप्तान (जहाज)
कटिनिरी	कनिष्ठ टिकट निरीक्षक
कंड	कण्डक्टर
कडिभंडा	कनिष्ठ डिपो भंडारी
कनिओब	कनिष्ठ ओवरसियर
कपरिनिरी	कनिष्ठ परिवहन निरीक्षक
कप्र	कर्मशाला प्रबन्धक
कबिंजी	कर्मशाला बिजली इंजीनियर
कमाप्रस्कू	कमानडेण्ट प्रशिक्षण स्कूल
कमासस्क्	कमाडेण्ट सशस्त्र स्कन्ध
कर्मचामे	कर्मशाला चार्जमैन
कर्मनिरी	कर्मशाला निरीक्षक
कर्मपर्य	कर्मशाला पर्यवेक्षक
कर्मफो	कर्मीदल फोरमैन
कम्पा	कम्पाउण्डर
कलाईनिरी	कनिष्ठ लोको ईंधन निरीक्षक
कल्याधि	कल्याण अधिकारी

कवाधि	कनिष्ट वाणिज्य अधीक्षक
कसिअन्तनु	कनिष्ठ सिगनल और अन्तर्पाशन अनुरक्षक
कसिंचा	कनिष्ठ सिगनल इंचार्ज
कस्टेमा	कनिष्ठ स्टेशन मास्टर
कशचा	कर्षण शक्ति चालक
कशनिक	कर्षणशक्ति नियंत्रक
कशनिरी	कर्षणशक्ति निरीक्षक
काइंजी	कार्यपालक इंजीनियर
काधि	कार्मिक अधिकारी
काधिप्रका	कार्मिक अधिकारी (प्रधान कार्यालय)
कार्याधी	कार्यालय अधीक्षक
कांवा	कांटे वाला
केनिरी	केबुल निरीक्षक
केम	केबिन मैन
केसंयो	केबुल संयोजक
कोधी	कोयला अधीक्षक
कोनिरी	कोयला निरीक्षक
कोयप	कोयला पड़ताल कर्ता
कोयुक्त	कोयला-आयुक्त
क्रनिरी	क्रेन निरीक्षक
खंडनिक	खण्ड नियंत्रक
खस	खनन सलाहकार
खापाधी	अधीक्षक (खानपान)
खापानिरी	खानपान निरीक्षक
खापालेपनिरी	खानपान लेखा परीक्षा निरीक्षक
खुनिरीरसुद	खुफिया निरीक्षक (रेलवे सुरक्षा बल)
खोसानिरी	खोया सामान निरीक्षक
गदुधि	गल्ला दुकान अधिकारी
गदुप	प्रबन्धक (गल्ला दुकान)
गदुसनिक	गल्ला दुकानों का सहायक नियंत्रक
गनिरी	गर्डर निरीक्षक
गाकंड़	गाड़ी कंडक्टर
गानिरी	गाड़ी निरीक्षक
गाप	गाड़ी परीक्षक

गापलिक	गाड़ी पार्सल लिपिक
गाप्रचामै	गाड़ी प्रकाश चार्जमेन
गाप्रफि	गाड़ी प्रकाश फिटर
गाग्रफो	गाड़ी प्रकाश फोरमेन
गाबती	गाड़ी बत्ती वाला
गार्ड	गार्ड
गायलिक	गाड़ी यान लिपिक
गालिक	गाड़ी लिपिक
गासनिरी	गाड़ी संचालन निरीक्षक
गिगाउनिरी	गिट्टी गाड़ी उप निरीक्षक
गिगापर्य	गिट्टी गाड़ी पर्यवेक्षक
गिप	गिट्टी पड़तालकर्ता
गोधी	गोदी अधीक्षक
गोप्र	गोदी प्रबन्धक
पचा	घड़ी में चाभी भरने वाला
घठे	घड़ी ठेकेदार
घनिरी	घड़ी निरीक्षक
घसा	घड़ी साज
धाधी	घाट अधीक्षक
घानिरी	घाट निरीक्षक
चटिनिरी	चल टिकट निरीक्षक
चभण्डा	चल भंडारी
चमाब	चल माल बाबू
चलेनिरी	चल निरीक्षक, लेखा
चलमाब	चल माल बाबू
चलसालिक	चल सहायक समान लिपिक
चस्टानिरी	चल स्टाक निरीक्षक
चामैयिन	चार्जमैन बिजली अनुरक्षण
चालक	चालक
जकधी	जलकल अधीक्षक
जकनिरी	जलकल निरीक्षक
जजनिनिरी	जल और निकास परीक्षक
जजनिसनिंरी	सहायक निरीक्षक जल और जल निकास
जनिनिरी	जल निकास निरीक्षक

जनिरी	जल निरीक्षक
जसंपनिरी	जन संपर्क निरीक्षक
जसंप्रधि	जन संपर्क एवं प्रचार अधिकारी
जंजस्टाप	जंक्शन स्टाक पड़ताल
जंस्टेमा	जंक्शन स्टेशन मास्टर
जशोप्रा	जल-शोधन संयंत्र आपरेटर
जिईंनिरी	जिला ईंधन निरीक्षक
जिगानिक	जिला गाड़ी नियंत्रक (कर्षण)
जिजीसि	जिला इंजीनियर सिगनल
जितायानिरी	जिला तार यातायात निरीक्षक
जिधीरेपु	जिला अधीक्षक (स.रे.पु.)
जिनरीगदु	जिला निरीक्षक (गल्ला दुकान)
जिनुनिरी	जिला अनुरक्षण निरीक्षक
जिभंड़ानिक	जिला भण्डार नियंत्रक
जियाताधि	जिला यातायात अधीक्षक
जिवानिरी	जिला वाणिज्य निरीक्षक
जिलोनिरी	जिला लोको निरीक्षक
जेघाधी	अधीक्षक, जेटी एवं घाट
झचामे	झलाई चार्जमैन
टंडिनिरी	टंकी डिब्बा निरीक्षक
टिक	टिकट कलेक्टर
टिजानिरी	टिकट जाँच निरीक्षक
टिब	टिकट बाबू
टीलवा	टीका लगाने वाला
टीस	टीका सहायक
टेओव	टेलीग्राफ़ ओवरसियर
टेजाँधि	टेलीग्राफ़ जाँच अधिकारी
टेता	टेलीग्राफ़ तार अनुरक्षक
टतालानु	टेली तार लाइन अनुरक्षक
टेनिरी	टेलग्राफ़ निरीक्षक
टेपओव	पर्यवेक्षी टेलीग्राफ़ ओवरसियर
टेफोआ	टेलीफोन आपरेटर
टेफोनिरी	टेलीफोन निरीक्षक
टेफाअनु	टोलीफोन अनुरक्षक

टेफोलिक	टोलीफोन लिपिक
डिभंडा	डिपो भण्डारी
डिभंडाकेखापा	डिपो भंडारी (केन्द्रीय खानपान भंडार)
डिसपे	डिस्पेंसरी
ड्रेक	ड्रेजर कमाण्डर
ड्रेमामुजी	ड्रेजर मास्टर एवं मुख्य इंजीनियर
ड्रेमुधि	ड्रेजर मुख्य अधिकारी
तर्कनिरी	सतर्कता निरीक्षक
तर्काधि	सतर्कता अधिकारी
तामिंचा	तार मिस्त्री इंचार्ज
तुचौनिरी	तुला चौकी निरीक्षक
तुचौफि	तुला चौकी फिटर
तुमनिरी	तुला मशीन निरीक्षक
तुमफि	तुला मशीन फिटर
तुममे	तुम मशीन मेकेनिक
थाधिरेपु	थाना अधिकारी (स.रे.पु.)
दनिरी	दर निरीक्षक
दमनिरी	दमकल निरीक्षक
दस्टेधि	दमकल स्टेशन अधिकारी
दाई	दाई
दाखो	दावा खोजी
दानिनिरी	दावा निवारण निरीक्षक
दानिमंवाधी	मंडल वाणिज्य अधीक्षक (दावा निवारण)
दानिरी	दावा निरीक्षक
दिक्षेंधी	अधीक्षक दिल्ली क्षेत्र
द्विइंजी	द्वितीय इंजीनियर
द्वआ	दूर मुद्रक आपरेटर
प्रनिरी	दूर मुद्रक पर्यवेक्षक
द्वपर्य	दूर मुद्रक पर्यवेक्षक
द्वमे	दूर मुद्रक मैकेनिक
दूसंचारनिरी	दूर संचार निरीक्षक
दूसंचामै	दूर संचार मैकेनिक
नईजी	नगर इंजीनियर
निड़ाशाफो	फोरमेन निचला ढांचा शाला

निर्मानिरी	निर्माण निरीक्षक
निरीउत्पा	निरीक्षक (उत्पादन)
निरीताया	निरीक्षक तार यातायात
निरीप्रा	निरीक्षक (प्राप्ति)
निरीबो	निरीक्षक बोडिंग
निरीपेपु	निरीक्षक (स.रे.पु.)
निरीरेसुद	निरीक्षक (संचार)
नौकर्मफासे	नौककर्मशाला फोरमेन
नौकानिरी	नौका निरीक्षक
नौधी	नौ अधीक्षक
नौशाफी	नौशाला फोरमैन
पटेओव	पर्यवेक्षी टेलीग्राफ़ ओवरसियर
पप्रधि	पत्तन प्रशासन अधिकारी
पम्पचा	पम्प इंजन चालक
पर्य	पर्यवेक्षक
पर्यस्टेमा	पर्यवेक्षी स्टेशन मास्टर
परिनिरी	परिवहन निरीक्षक
परिशमै	परिवहन शक्ति मैकेनिक
पालिक	पार्सल लिपिक
पुइंजी	पुल इंजीनियर
पुतोनिरी	पुनर्तल निरीक्षक
पुनिरी	पुल निरीक्षक
पुपगे	पुल फोरमैन
भालिक	पूछताछ एवं आरक्षण
पूलिक	लिपिक पूछताछ लिपिक
प्लेस्थानिरी	प्लेट स्थापना निरीक्षक
प्लेस्थापर्य	प्लेट स्थापना पर्यवेक्षक
प्रकोखा	प्रबन्ध कोयला खान
प्रकोजा	प्रधान कोयला जाँच कर्ता
प्रगाकंड	प्रधानगाड़ी कण्डक्टर
प्रगाप	प्रधान गाड़ी परीक्षक
प्रगाबू	प्रधान गाड़ी बाबू
प्रचटिप	प्रधान चल टिकट परीक्षक
प्रटिक	प्रधान टिकट बाबू

प्रटेफोआ	प्रधान टेलीफोन ऑपरेटर
प्रताबू	प्रधान तार बाबू
प्रतुबू	प्रधान तुला बाबू
प्रदनिरी	प्रधान दर निरीक्षक
प्रनिंजी	इंजीनियर प्रमुख (निर्माण)
प्रनिरी	प्रधान निरीक्षक
प्रनिरीसिअन्त	प्रशिक्षु, निरीक्षक, सिगनल और अन्तर्पशिन
प्रन्यूनगानिरी	प्रधान कूदत गाड़ी निरीक्षक
न्रन्यूगाप	प्रधान कूदत गाड़ी परीक्षक
प्रपालिक	प्रधान पार्सल लिपिक
प्रफो	प्रधान फोरमैन
प्रबनिरी	प्रधान बत्ती निरीक्षक
प्रबिजफो	प्रधान बिजली फोरमैन
भण्डालिक	प्रधान लिपिक और भंडारी
प्रभालिक	प्रभारी लिपिक
प्ररसज्ञ	प्रधान रसायनज्ञ
प्ररोकसा	प्रधान रोकड़ साक्षी
प्रथीं	प्रशिक्षित अभ्यर्थी
प्रलिक	प्रधान लिपिक
प्रसपा	प्रधान समय पाल
प्रसिनु	प्रधान सिगनल अनुरक्षक
प्रसिफियाँ	प्रधान सिगनल फिटर (यांत्रिक)
प्रसिफि	प्रधान सिगनल फिटर
प्रसिफिपा	प्रधान सिगनल फिटर (पाशन)
प्रशाधि	प्रशासनिक अधिकारी
प्रशीमे	प्रशीतक मेकेनिक
प्रिंजप्रस्कू	प्रिंसिपल, तकनीकी प्रशिक्षण स्कूल
प्रिंप्रस्कू	प्रिंसिपल, रेलवे प्रशिक्षण स्कूल
प्रिंसिदूस्कू	प्रिंसिपल, सिगनल और दूर संचार स्कूल, भारतीय रेल
प्रिंस्टाका	प्रिंसिपल, रेलवे स्टाफ कालेज
फामा	फायर मास्टर
फिंचा	फिटर इंचार्ज
फिंचातुम	फिटर इंचार्ज (तुला मशीन)

फिंचाप	फिटर इंचार्ज (पम्प)
फिचामे	फिटर चार्जमैन
फिसंचा	फिटर (संचार)
फोटेआब	टेलीग्राफ़ ओवरसियर (स्वचालित फोन)
फोमै	फोरमैन
फोबिजनु	फोरमैन (बिजली अनुरक्षण)
बन्दओव	बन्दरगाह ओवरसियर
बन्दयाताधी	बन्दरगाह यातायात अधीक्षक
बमा	बन्दरगाह मास्टर
बाकप	बायलर कक्ष परिचर
बानिचामै	बायलर निर्माता चार्जमैन
बानिरी	बायलर निरीक्षक
बाशाफो	बायलर शाखा फोरमैन
बिचामै	बिजली चार्जमैन
बिजइंचा	बिजली वाला इंचार्ज
बिजकर्मफो	बिजली कर्मशाला फोरमैन
बिजघधी	बिजली घटर अधीक्षक
बिजघफो	बिजली पर फोरमैन
बिजधी	बिजली अधीक्षक
बिजनिरी	बिजली निरीक्षक
बिजनिरीस	बिजली निरीक्षक (सरकारी)
बिजनुइंचा	अनुरक्षक इंचार्ज (बिजली)
बिजपर्य	बिजली पर्यवेक्षक
बिजप्रनिरी	बिजली प्रकाश निरीक्षक
बिजफि	बिजली फिटर
बिजफिटे	बिजली फिटर (टेलीग्राफ़)
बिजफों	बिजली फोरमैन
बिजमि	बिजली मिस्त्री
बिजवा	बिजली-वाला
बिजसिनु	बिजली सिगनल अनुरक्षक
बीआ	बीजांक आपरेटर
बेआइंचा	बेतार आपरेटर (इंचार्ज)
बेडाक	बेड़ा कमाण्डर
बेताइंचाज	बेतार इंचार्ज

बेतातानिरी	बेतार और तार निरीक्षक
बेतानिरीत	बेतार निरीक्षक (तकनीकी)
बेतामे	बेतार मैकेनिक
बेतामोमे	बेतार मोटर मेकेनिक
बेतायानिरी	बेतार निरीक्षक, यातायात
बैमें	बैट्रीमैन
ब्लासिन	ब्लाक सिगनल अनुरक्षक
भंडा	भण्डारी
भंडाधी	भण्डार अधीक्षक
भंडानिक	भण्डार नियंत्रक
भंडापर्य	भण्डार पर्यवेक्षक
भंडिपोधींचा	डिपो अधीक्षक इंचार्ज, भण्डार डिपो
भसुलिक	भण्डार सुपुर्दगी लिपिक
भनिरी	भवन निरीक्षक
भयालिक	भण्डार यान लिपिक
भोजनिरी	भोजन कक्ष और भोजन यान निरीक्षक
भोप्र	भोजनालय प्रबन्धक
मैकाधी/जिकाधि	मंडल/जिला कार्मिक अधिकारी
मंचिधि/जिचिधि	मण्डल/जिला चिकित्सा अधिकारी
मंडाधी	मण्डल अधीक्षक
मंधीरेपु	मण्डल अधीक्षक (स.रे.पु.)
मंपचाधी	मण्डल परिचालन अधीक्षक
मैपरिधि	मण्डल परिवहन अधीक्षक
मंपानिरी/जिपानिरी	मण्डल/जिला पार निरीक्षक
मंबिंजी/जिबिंजी	मण्डल/जिला बिजली इंजीनियर
मवाधी जिवाधी	मण्डल/जिला वाणिज्य अधीक्षक
मसिजी	मण्डल सिगनल इंजीनियर
मैसिदूइंजी/जिसिदूइंजी	मण्डल/जिला सिगनल और दूरसंचार इंजीनियर
मइंजी/जिंजी	मण्डल/जिला इंजीनियर
मनिओव	मलेरिया निरोधी ओवरसियर
मनिरेपु	मण्डल निरीक्षक (स.रे.पु.)
मनिरेसदु	मण्डल अधीक्षक, रेलवे सुरक्षा दल
मपका	महरम पट्टी कार

मफ़िशाफी	मशीन और फिटिंग शाला फोरमैन
मयांजी/जियांजी	मण्डल/जिला यांत्रिक इंजीनियर
मलेनिरी	मलेरिया निरीक्षक
मलेपा	मण्डल लेखा पाल
मलेविद	मलेरिया विद
मशफो	मशीन शाला फोरमैन
महाप्र	महाप्रबन्धक
महप्रमुइंजी	महाप्रबन्धक एवं मुख्य इंजीनियर
माअभि	माल अभिकर्ता
माडिफो	माल डिब्बा फोरमैन
माधी	माल अधीक्षक
मानिरी	माल निरीक्षक
मापरिनिरी	मार्ग परिवहन निरीक्षक
मापर्य	माल पर्यवेक्षक
माबू	माल बाबू
मायानिरी	मार्ग यान निरीक्षक
मायापर्य	माल और यार्ड पर्यवेक्षक
मालेपा	माल लेखा पाल
अलिक	मिलान लिपिक
मुआनिरी	मुख्य आरक्षण निरीक्षक
मुकबिंजी	मुख्य कर्षण एवं बिजली इंजीनियर
मुकाधि	मुख्य कार्मिक अधिकारी
मुखापानिरी	मुख्य खान पान निरीक्षक
सुधिकी	मुख्य खनन इंजीनियर (रेलके बोर्ड)
मुगानिक	मुख्य गाड़ी नियंत्रक
मुगाप	मुख्य गाड़ी परीक्षक
मुचिधि	मुख्य चिकित्सा अधिकारी
मुटिबू	मुख्य टिकट बाबू
मुतानिरी	मुख्य तार निरीक्षक
मुतायानिरी	मुख्य नगर यातायात निरीक्षक
मुदूनिरी	मुख्य दूरसंचार निरीक्षक
मुद्रणाधी	मुद्रणालय अधीक्षक
मुद्रलेसाधी	अधीक्षक मुद्रण एवं लेखन सामग्री
मुनवीस	मुख्य नक्शा नवीस

मुनिक	मुख्य नियंत्रक
मुनिरी	मुख्य निरीक्षक
मुनिरीदम	मुख्य निरीक्षक, दमकल
मुनिरीपुतोप्र	मुख्य निरीक्षक, पुनतोलन (प्रधान कार्यालय)
मुनुनिरीसि	मुख्य अनुरक्षण निरीक्षक, (सिगनल)
मुनुनिरीसिबिज	मुख्य अनुरक्षण निरीक्षक, सिगनल (बिजली)
मुपचाधी	मुख्य परिचालन अधीक्षक
मुपासानिरी	मुख्य पार्सल और सामान निरीक्षक
मुप्रधि	मुख्य प्रशासनिक अधिकारी
मुप्रपर्य	मुख्य प्रगति पर्यवेक्षक
मुफादम	मुख्य फायरमैन (दमकल)
मुबानिरी	मुख्य बायरल निरीक्षक
मुबिजी	मुख्य बिजली इंजीनियर
मुबिजवा	गुख्य बिजली वाला
मुबेतानिरी	मुख्य बेतार निरीक्षक
मुबेतामे	मुख्य बेतार मेकेनिक
मुभंडानिक	मुख्य भंडार नियंत्रक
मुमानिरी	मुख्य माल निरीक्षक
मुमाबू	मुख्य माल बाबू
मुयांजी	मुख्य यांत्रिक इंजीनियर
मुयावीस	मुख्य यांत्रिक नक्शानवीस
मुयानिरीबे	मुख्य यातायात निरीक्षक (बेतार)
मुयालिक	मुख्य यातायात लिपिक
मुरेपनिरी	मुख्य रेल पथ निरीक्षक
मुरोक	मुख्य रोकड़िया
मुलिक	मुख्य लिपिक
मुलेधि	मुख्य लेखा अधिकारी
मुलेप	मुख्य लेखा परीक्षक
मुलेनिरी	मुख्य लेखा निरीक्षक
मुवाधी	मुख्य वाणिज्य अधीक्षक
मुसनिरी	मुख्य सफाई निरीक्षक
मुसानिरी	मुख्य सामान निरीक्षक
मुसिदुइंजी	मुख्य सिंगनल एवं दूर संचार इंजीनियर
मुसुधि	मुख्य सुरक्षा अधिकारी

मुसिनिरी	मुख्य सिगनल निरीक्षक
मुसिनु	मुख्य अनुरक्षक
मोचायां	मोटर चालक (यांत्रिक)
मोट्राचा	मोटर ट्राली चालक
मोट्राफि	मोटर ट्राली फिटर
मोनिक	मोटर नियंत्रक
मोमे	मोटर मेकेनिक
यांजी	यांत्रिक इंजीनियर
यांपर्य	यांत्रिक पर्यवेक्षक
यांफि	यांत्रिक फिटर
यांफो	यांत्रकि फोरमैन
यांसिनु	यांत्रिक सिगनल अनुरक्षक
यार्डनिरी	यार्ड निरीक्षक
यार्डपर्य	यार्ड पर्यवेक्षक
यार्डफो	यार्ड फोरमैन
यांसिनु	यांत्रिक सिगनल अनुरक्षक
यार्डनिरी	यार्ड निरीक्षक
यार्डपर्य	यार्ड पर्यवेक्षक
यार्डफो	यार्ड फोरमैन
यार्डमा	यार्ड मास्टर
यार्डशाफो	यार्ड शाला फोरमैन
यातानिरी	यातायात निरीक्षक
याताप्रचा	यातायात प्रचारक
यातापर्य	यातायात पर्यवेक्षक
याधी	यातायात अधीक्षक
यानानिरी	यानान्तरण निरीक्षक
यानिरी	यात्री निरीक्षक
यायालिक	यानानारण यान लिपिक
याशाचामै	यार्डशाला चार्जमैन
यास	यात्री सहायक
रंगशाफो	रंग रोगन शाला फोरमैन
रसा	रंगसाज
रधा	रसयानज्ञ एवं धातुविद
रशेफो	रनिंग शेड फोरमैन

रसज्ञ	रसायनज्ञ
रिनिरी	रिले निरीक्षक
रिफि	रिले फिटर
रेआसूधिरेपु	रेल आसूचना अधिकारी (स.रे.पु.)
रेउनिरी	रेल पथ उप निरीक्षक
रेदूनिरी	रेडियो दूर संचार निरीक्षक
रेपनिनिरी	रेल पथ एवं निर्माण निरीक्षक
रेपनिरी	रेल पथ निरीक्षक
रेपमि	रेल पथ मिस्त्री
रेपूधि	रेल पथ पूर्ति अधिकारी
रेप्ली	रेलवे प्लीडर
रेप्रक्शी	अधीक्षक, रेलवे प्रशिक्षण स्कूल
रेरोनिरी	रेल रोड निरीक्षक
रेलधिव	रेल अधिवक्ता
रोक	रोकड़िया
रोकसा	रोकड़ साक्षी
रोवि	रोग विज्ञानी
लंगमा	लंगर मास्टर
लफो	लदान फोरमैन
नानिरीक	लाइन निरीक्षक (कर्मीदल)
ललिाध	लागत लेखा अधिकारी
लेधि	लेखा अधिकारी
लेपनिरी	लेखा परीक्षा निरीक्षक
लेसाधि	लेखक सामग्री अधीक्षक
लोकप्र	लोको कर्मशाला प्रबंधक
लोडिभंडा	लोको डिपो भंडारी
लोनिरी	लोको निरीक्षक (अनुरक्षण)
लोफो	लोको फोरमैन
लोभंडा	लोको भंडारी
लोमिलफो	लोको मिलराइट फोरमैन
लोमुनिरी	लोको मुख्य निरीक्षक
लोशचा	लोको शंटर इंचार्ज
लोशेइंचा	लोको शेडमैन इंचार्ज
वइजीसिदू	वरिष्ठ इंजीनियर, सिगनल एवं दूर संचार

वउमहाप्र	वरिष्ठ उप महाप्रबन्धक
वकल्याधि	वरिष्ठ कल्याण अधिकारी
वकाधि	वरिष्ठ कार्मिक अधिकारी
वखानिरी	वरिष्ठ खाद्य निरीक्षक
वगाप	वरिष्ठ गाड़ी परीक्षक
वपरिधि	वरिष्ठ परिवहन अधिकारी
वबिंजी	वरिष्ठ बिजली इंजीनियर
वभंडानिक	वरिष्ठ भंडार नियंत्रक
वयाजी	वरिष्ठ यांत्रिक इंजीनियर
वरिओव	वरिष्ठ ओवरसियर
वलेधि	वरिष्ठ लेखा अधिकारी
ववाधि	वरिष्ठ वाणिज्य अधीक्षक
ववानिरी	वरिष्ठ वाणिज्य निरीक्षक
वविटिनिरी	वरिष्ठ विशेष टिकट निरीक्षक
वस्तीपाधी	वरिष्ठ स्तीपर पास कर्ता अधिकारी
वाताचामै	वातानुकूल चार्जमैन
वातामे	वातानुकूल चार्जमैन
वानिरी	वाणिज्य निरीक्षक
वास्तुक	वास्तुक
विकाधि	विशेष कार्य अधिकारी
विकिचिकि	विकिरण चिकित्सक
विधिधि	विधि अधिकारी
विधिनिरी	विधि निरीक्षक
विधिस	विधि सलाहकार
विधि	विधि अधीक्षक
विनिस्टाप	विनिमय स्टाक पड़तालकर्ता
विसमुलेधि	वित्त सलाहकार और मुख्य लेखाधिकारी
वेलिक	वेतन लिपिक
वैस	वैयक्तिक सहायक
शपनिरी	शक्ति परिवहन निरीक्षक
शमा	शंटिंग मास्टर
शल्यचि	शल्य चिकित्सक
शाआलिक	शायिका आरक्षण लिपिक
शिनिरी	शिकायत निरीक्षक

शितालानिरी	शिरोपरि तार लाइन निरीक्षक
शेखदी	शेड खरादी
शाखचा	शेड खरादी इंचार्ज
श्रकल्याधि	श्रमिक कल्याण अधिकारी
संकोयुक्त	संयुक्त उप कोयला आयुक्त
संचनिरी	संचलन निरीक्षक
सफोपु	संरचना फोरमैन (पुल)
सांधि	सांख्यिकीय अधिकारी
सानिरी	सांख्यिकीय निरीक्षक
सांसमधि	सांख्यिकीय और समन्वय अधिकारी
सअशनिरी	सहायक अग्नि शमन निरीक्षक
सइंजी	सहायक इंजीनियर
सइंजीसिदू	सहायक इंजीनियर, सिगनल और दूर संचार
सउइंजी	सहायक उत्पादन इंजीनियर
सउनिरेपु	सहायक उप निरीक्षक (स.रे.पु.)
सउमहाप्र	सहायक महाप्रबन्धक
सकइंजी	सहायक कर्षण इंजीनियर
सका	सहायक कर्मशाला प्रबन्धक
सकमासस्क	सहायक कमाडेंट, सशस्त्र स्कंध
सकल्याधि	सहायक कल्याण अधिकारी
सकाधि	सहायक कार्मिक अधिकारी
सकोथी	सहायक कोयला अधीक्षक
सखस	सहायक खनन सलाहकार
सखापाधी	सहायक अधीक्षक (खान पान)
सगानिक	सहायक गाड़ी नियंत्रक (कर्षण)
सगोप्र	सहायक गोदी प्रबन्धक
सचस्टाधि	सहायक चल स्टाक अधिकारी
सचिधि	सहायक चिकित्सा अधिकारी (मलेरिया)
सचिव	सचिव
सजसधि	सहायक जन संपर्क अधिकारी
सटिबू	सहायक टिकट बाबू
सड़धी	सड़क अधीक्षक
सड्किप्र	सवारी डिब्बा कर्मशाला प्रबंधक
सडिकर्मफो	फोरमैन सवारी डिब्बा कर्मशाला

सडिनिरी	सवारी डिब्बा निरीक्षक
सडिभंडागदु	सहायक डिपो भंडारी (गल्ला-दुकान)
सड़पनिरी	सड़क परिवहन निरीक्षक
सदकमा	सहायक दमकल मास्टर
सदनिरी	सहायक दर निरीक्षक
सदानिरी	सहायक दावा निरीक्षक
सदूनिरी	सहायक दूर संचार निरीक्षक
सधी	सप्लाई अधीक्षक
सधीता	सहायक अधीक्षक, तार
सधीरेपु	सहायक अधीक्षक (स.रे.पु.)
सनइंजी	सहायक नगर इंजीनियर
सनिनिरी	सहायक निरीक्षक, निर्माण
सनिरीगदु	सहायक निरीक्षक, गल्ला दुकान
सनिरीन्याप्र	सहायक निरीक्षक, न्यायाधीश प्रकरण
सनुनिरीब्ला	सहायक अनुरक्षण निरीक्षण (ब्लाक)
सननिरीसि	सहायक अनुरक्षण निरीक्षक (सिगनल)
सनौधी	सहायक नौ-अधीक्षक
सनौनिरी	सहायक नौका निरीक्षक
सपचाधी	सहायक परिचालन अधीक्षक
सपरिफी	सड़क परिवहन फोरमैन
सपर्य	सप्लाई पर्यवेक्षक
सप्रथि	सहायक प्रचार अधिकारी
सपा	समयपाल
सपाबू	सहायक पार्सल बाबू
सपुइंजी	सहायक पुल इंजीनियर
सपुनिरी	सहायक पुल निरीक्षक
सफाउनिरी	सफाई उप निरीक्षक
सफाधी	सफाई अधीक्षक
सफानिरी	सफाई निरीक्षक
सफामि	सफाई मिस्त्री
सफापर्य	सफाई पर्यवेक्षक
सफिस	सहायक फिटर (संचार)
सफो	सहायक फोरमैन
सबानिरी	सहायक बिजली इंजीनियर

सबिचामै	सहायक बिजली चार्जमैन
सबिजघधी	सहायक बिजली घर अधीक्षक
सबिजफि	सहायक बिजली फिटर
सबिजफिटे	सहायक बिजली फिटर (टेलीग्राफ़)
सबिजफो	सहायक बिजली फोरमैन
सभंडा	सहायक भंडारी
सभंडानिक	सहायक भंडार नियंत्रक
सभंडापर्य	सहायक भंडार पर्यवेक्षक
सभनिरी	सहायक भवन निरीक्षक
समनिरी	सहायक मलेरिया निरीक्षक
समनिरेपु	सहायक महानिरीक्षक (स.रे.पु.)
समाडिमुनिरी	मुख्य निरीक्षक सवारी और माल डिब्बा
समाब	सहायक माल बाबू
समागानिरी	सहायक मार्ग यान निरीक्षक
समायापार्य	सहायक माल और यार्ड पर्यवेक्षक
समुद्रणाधी	सहायक मुद्रणालय अधीक्षक
समुद्रलेसाधी	सहायक अधीक्षक, मुद्रण एवं लेखा
समुद्राधी	सामग्री सहायक मुद्रण अधीक्षक
समुलेप	सहायम मुख्य लेखा-परीक्षक
सम्पनिरी	संपर्क निरीक्षक
सयांजी	सहायक यांत्रिक इंजीनियर
सयांपर्य	सहायक यांत्रिक फोरमैन
सयार्डफो	सहायक यार्ड फोरमैन
सयाताधी	सहायक यातायात अधीक्षक
सयाताप्रचा	सहायक यातायात प्रचारक
सयानिक	सहायक यातायात नियंत्रक
सयामेरी	सहायक यानान्तरण निरीक्षक
सयामा	सहायक यार्ड मास्टर
सरधा	सहायक रसायनज्ञ और धातु विद्
सरशेफो	सहायक रनिंग शेड फोरमैन
सरेपनिरी	सहायक रेलपथ निरीक्षक
सरेसंचानिरी	सहायक रेडियो संचार निरीक्षक
सलेधि	सहायक लेखा अधिकारी
सलेपधि	सहायक लेखा परीक्षा अधिकारी

सलेपा	सहायक लेखा अधिकारी
सलोक	सहायक लोको कर्मशाला प्रबन्धक
सलोफो	सहायक लोको फोरमैन
सवाधी	सहायक वाणिज्य अधीक्षक
सवानिरी	सहायक वाणिज्य निरीक्षक
सवानिरीतु	सहायक वाणिज्य निरीक्षक (तुलाई)
सविटिनिरी	सहायक विशेष टिकट निरीक्षक
सविधि	सड़क विकास अधिकारी
सविस	सहायक वित्त सलाहकार
सशचि	सहायक शल्य चिकित्सक
सशितानिरी	सहायक निरीक्षक (शिरोपरितार)
ससंचनिरी	सहायक संचलन निरीक्षक
ससचि	सहायक सचिव
ससडिकप्र	सहायक सवारी डिब्बा कर्मशाल प्रबन्धक
ससडिफो	सहायक सवारी डिब्बा फोरमैन
ससडिनिरी	सहायक सवारी डिब्बा सफाई निरीक्षक
ससनिरी	सहायक सफाई निरीक्षक
ससांधि	सहायक सांख्यिकीय अधिकारी
ससिअन्तनु	सहायक सिगनल एवं अर्न्याशन अनुरक्षक
ससिनु	सहायक सिगनल अनुरक्षक
ससिफि	सहायक सिगनल फिटर
ससुधि	सहायक सुरक्षा अधिकारी
सस्टेमा	सहायक स्टेशन मास्टर
सस्टेमाया	सहायक स्टेशन मास्टर (याडे)
सालिक	सामान्य लिपिक
साभंडा	सामान्य भंडारी
सिअन्तचामै	सिगनल एवं अन्तर्पाशन चार्जमैन
सिअन्तनिरी	सिगनल एवं अन्तर्पाशन निरीक्षक
सिअनानु	सिगनल एवं अन्तर्पाषन अनुरक्षक
सिअनानुबिज	सिगनल एवं अन्दाशन अनुरक्षक (बिजली)
सिअन्तसपा	सिगनल एवं अन्दाशन समय-पाल
सिगप्रभु	सिगनल प्रशिसु
सिगफि	सिगनल फिटर
सिगिचा	सिगनल इंचार्ज

सिनु	सिगनल अनुरक्षक
सिनेआ	सिनेमा आपरेटर
सिपारेपु	सिपाही (स.रे.पु.)
सुधि	सुरक्षा अधिकारी
सुनिरी	सुरंग निरीक्षक
स्टाडिपो	स्टाक डिपो प्रबन्धक
स्टाप	स्टाक पड़तालकर्ता
स्टेनिरीक	स्टेशन निरीक्षक कर्मीदल
स्टेधी	स्टेशन अधीक्षक
स्टेमा	स्टेशन मास्टर
स्टेमाया	स्टेशन मास्टर (यात्री)
स्थासंप	स्नेह सांख्यिकीय निरीक्षक
स्लीउसम्प्र	स्लीपर उपचार संयंत्र प्रबन्धक
स्लीपधि	स्लीपर पास कर्ता अधिकारी
स्वानिरी	स्वास्थ्य निरीक्षक
स्थापरि	स्वास्थ्य परिचारक
स्विबोप	स्विच बोर्ड परिचर
हथिरेपु	हलका अधिकारी (स.रे.पु.)
हपुइनरेपु	हवलदार (रेलवे सुरक्षा दल)
हेकारेपु	हेड कांस्टेबुल (स.रे.पु.)
होप्र	होटल प्रबन्धक
क्षेधिरेपु	क्षेत्रीय अधिकारी (स.रे.पु.)
क्षेनिरी	क्षेत्रीय निरीक्षक
Amtrak	American Track अमेरिकन ट्रेक (संयुक्त राज्य के विभिन्न शहरों के मध्य रेल सेवा उपलब्ध कराने वाला नियम)
Caplet	Capsule/Tablet कैप्सूल/टेबलेट
Expy	Express way एक्सप्रेसवे
Medicaid	Medical aid मेडिकल ऐड
Mexamerican	Mexican-American

	मेक्सिकन-अमेरिकन

5.10.1.3 कतरन (Clipping)

Ad	Advertisement एडवर्टाइजमेंट (विज्ञापन)
Ar	Arabic अरेबिक
Brit	British ब्रिटिश
Cal	Calorie कैलोरी
Card	Cardinal कार्डिनल (सेट लुईस कार्डिनल बेसवाल टीम का सदस्य)
Chemo	Chemotherapy केमोथेरेपी
Co-op	Cooperative कोआपरेटिव (सहकारी)
Cos	Cosine कोसाइन
d	day डे (दिन)
dag	dekagram डेकाग्राम
db	decibal डेसिबल
del	delete डेलिट
Dem	Democrate डेमोक्रेट (डेमोक्रेटिक पार्टी का सदस्य)
diff	difference डिफरेंस (भिन्नता)
dy	dyne

	डाईन
el	elveated एलीवेटेड
esc	escape इस्केप (कप्यूटर की बोर्ड पर एक 'कुंजी' बटन)
exam	examination एक्वामिनेशन (परीक्षा)
f	focal length फोकल लेंथ (फोकस दूरी)
fax	facsimile फैक्सी माइल (एक ऐसी मशीन जो कि टेलीफोन लाईन के द्वारा लिखित सामग्री इलेक्ट्रानिक माध्यम से संचारित करती है व उसे फिर से प्राप्त करती है।)
fed	Federal Reserve System फेडरल रिजर्व सिस्टम संयुक्त राज्य की केन्द्रीय बैंकिंग संस्था)
gym	gymnasium जिम्नासियम
ha	hectare हेक्टेयर
Heb	Hebrew हिब्रू
Hz	hertz हर्टज
Jap	Japanese जापानीज
km	Kilometer किलोमीटर
lab	laboratory लेबोरेटरी (प्रयोगशाला)
math	Mathematics

	मेथमेटिक्स

5.10.1.4 लघु लिखित रूप

adj.	Adjective एडजेक्टिव (विशेषण)
adm.	Administration एडमिनिस्ट्रेशन (प्रशासन)
adv.	Adverb एडवर्ब (क्रिया विशेषण)
afr.	Arica अफ्रीका
Anon.	Anonymous एनो नाइमस अज्ञात व्यक्ति)
Approx.	Approxmmately एप्रक्सिमेटली (लगभग)
Astrol.	Astrology एस्ट्रोलाजी (ज्योतिष विज्ञान)
Bal.	Balcony बाल्कनी
Bar.	Barometer बैरोमीटर (वायु दाब मापने का यंत्र)
Cap.	Capacity कैपेसिटी (धारिता)
Capt./Cpt.	Captain कैप्टेन (कप्तान)
Chgo.	Chicago शिकागो
Comp.	Complimentary कन्कल्यूजन (सारांश)
con.	conclusion कंडीशन (शर्त)
Corp.	corporation कार्पोरेशन (परिषद्)
Corr.	Correspondent

	कारेस्पोडेंट (संवाददाता)
cwt.	hunderweight
	हंड्रेडवेट
cyl.	cylinder
	सिलेंडर
dbl.	double
	डबल
Dec.	December
	दिसम्बर
dep.	departure
	डिपार्चर
dial..	Dialect
	डायलेक्ट (बोली)
Dr.	Doctor
	डॉक्टर
dram.	dramatic
	ड्रामेटिक
Ec.	Ecuador
	इक्वेडोर
ecol.	ecology
	इकोलॉजी
econ.	economics
	इकोनॉमिक्स
ed.	editor
	एडीटर (संपादक)
elect.	Electric, Electricity
	इलेक्ट्रिक, इलेक्ट्रिसिटी (विद्युत)
enc.	enclosed
	इक्लोज्ड (संलग्न)
eng.	engineer
	इंजीनियर
Eng.	England
	इंग्लैंड
eq.	equal

	इक्वल
est.	estimated
	इस्टिएमेटेड (अनुमानित)
Feb.	February
	फेबररी (फरवरी)
Fem.	female
	फिमेल
fig.	figure
	फिगर
fwd	forward
	फॉरवर्ड
gen.	gender
	जेंडर
Gen.	General
	जनरल
geom.	Geometry
	ज्योमेट्री
gyn.	gynecology
	गायनेकोलॉजी
hdqrs.	headquarters
	हेडक्वार्टर्स
hist.	history
	हिस्टरी
hosp.	hospital
	हॉस्पिटल
hwy.	highway
	हाईवे
imp.	important
	इंपीटेंट (महत्वपूर्ण)
incl.	including
	इंक्ल्युडिंग
Jan.	January
	जनवरी
junc.	junction

	जंक्शन
Kor.	Korea
	कोरिया
lang.	language
	लैंगुल्म (भाषा)
Lib.	Liberal
	लिबरल (प्रगतिशील)
	Library
	लाइब्रेरी (पुस्तकालय)
mag.	magazine
	मैगजीन (प त्रिका)
med.	medical
	मेडिकल

5.10.2 परिवर्णी (Acronyms)

परिवर्णी या एक्रोनिम संयुक्त शब्द या वाक्यांश का वह छोटा रूप होता है, जिसमें सभी शब्दों के प्रारंभिक अक्षर इस प्रकार उच्चरित होते हैं, जिस प्रकार वे एक शब्द में उच्चरित होते हैं। इस प्रकार परिवर्णी एक शब्द है, जो कि एक वाक्यांश या संयुक्त शब्द के पहले अक्षर या अक्षरों से मिलकर बनता है। बनने-वाली अक्षरों की शृंखला एक शब्द के समान उच्चरित होती है, अक्षरों की सूची के रूप में नहीं। उदाहरणार्थ Scuba-Self Contained under water breathing apparatus के शब्दों में प्रथम अक्षरों से मिलकर बना है। कभी-कभी निर्धारक (articles) या संबंध-सूचक शब्द के प्रथम अक्षर परिवर्णी बनाने के लिए निकाल दिए जाते हैं या फिर कभी-कभी कुछ स्वर बाहर से भी शामिल कर लिए जाते हैं। जैसे– GATT-General agreement in Tarrifs and Trade में परिवर्णी बनाने के लिए 'On' के ‘o’ को बाहर कर दिया जाता है, क्योंकि GAOTT का उच्चारण अटपटा है। इसी प्रकार PSAT-Perliminary Scholistic Aptitude Test को परिवर्णी PEE-SAT बनाने के लिए स्वर Paraaminobenzoic Acid से PABA बाहर से जोड़ दिए गए हैं। जैसे– Paraaminobenzoic Acid से PABA परिवणी नाम बना है।

“परिवर्णी शब्द (Acronyms) उस सृजन प्रक्रिया के परिणाम होते हैं, जिसमें दो या दो से अधिक शब्दों का संक्षिप्तीकरण भाषा की अपनी शाब्दिक संरचना के अनुरूप किया जाता है। परिवर्णी शब्दों की संरचनागत बुनावट तो अन्य शब्दों के अनुरूप ही होती है, पर अर्थ के धरातल पर उनमें दो या दो से अधिक शब्दों से बना एक पदबंध रहता है। जैसा कि श्रीवास्तव और चोपड़ा (1983) ने दिखाने का

प्रयत्न किया है, जब किसी एक परिवर्णी शब्द का सृजन और मानकीकरण हो जाता है, तब भाषा में उसे एक स्वायत्त शब्द का स्थान मिल जाता है। शब्द से पद बनाने के लिए जिन प्रत्ययों का विधान भाषा करती है, वे सभी विधान इसीलिए परिवर्णी शब्दों पर भी लागू होते हैं। हिंदी में हिंदी के अपने शब्दों के आधार पर बने ऐसे कुछ परिवर्णी शब्द हैं– यथा, आंसुना (= आन्तरिक सुरक्षा क़ानून), भालोद (= भारतीय लोक दल), माकपा (= मार्क्सवादी कमुनिस्ट पार्टी) आदि। व्यवहार में ऐसे वाक्य हिंदी समाचार पत्रों में सामान्यतः पढ़ने को मिलते हैं–। 'आंसुका' के अंतर्गत तीन व्यक्ति गिरफ्तार', 'भालोद के नेताओं द्वारा हड़ताल की घोषणा', 'माकपा में दक्षिण व वाम की लड़ाई'। स्पष्ट है कि आर्थी दृष्टि से पदबंधी रचना होने के बावजूद ये परिवर्णी शब्द व्यलिक अभिव्यक्ति और रूप-संरचना में वास्तविक शब्द की भाँति ही व्यवहृत होते हैं।" (भाषा-विज्ञान' रवीन्द्रनाथ श्रीवास्तव, 1997 पृ.103)

कुछ प्रमुख परिवर्णी नाम (Acronyms) यहाँ दिए जा रहे हैं–

AFTRA - American Federation of Television and Radio Artrists
अमेरिकन फ़ेडरेशन ऑफ़ टेलीविज़न ऐंड रेडियो आर्टिस्ट्स (दूरदर्शन, रेडियो में काम करने वाले लोगों का एक श्रमिक संघ)

AID - Agency for International Development
एजेंसी फ़ॉर इन्टरनेशनल डेवलपमेंट संयुक्त राष्ट्र की अंतर्राष्ट्रीय विकास सहयोग संस्था का एक अंग जो कि विकासशील देशों की स्व-सहायता कार्यक्रमों में आर्थिक सहयोगी करती है।)

AIDS - Acquired Immunodeficiency Syndrome
एक्वायर्ड इम्यूनोडिफ़िसिंयसी सिंड्रोम (एक वायरस जन्य बीमारी जो किशरीर की प्रतिरोधक क्षमता कम करती है, जिससे रोगी सामान्य संक्रमण के प्रति भी संवेदनशील हो जाता है।)

Amex - American stock Exchange
अमेरिकन स्टॉक एक्सचेंज

ASAP - As soon As possible
ऐज सूज ऐज पासिबल (यथाशीघ्र)

AWOL - Absent Without Leave
ऐब्सेंट विदाउट लीव (बिना अवकाश के

अनुपस्थित)

BAM	- Brooklyn Academy of Music ब्रकलिन अकादमी ऑफ़ म्यूज़िक
BASIC	- Beginner's All - Purpose Symbolic Instrunction Code बिगिनर्स आल परपज सिंबलिक इंस्ट्रक्शन कोड (कम्प्यूटर भाषा)
CARE	- Cooperative for American Relief to Everywhere कोऑपरेटिव फ़ार अमेरिकन रिलीफ टू एवरीवेयर
CENTO -	- Central Treaty Organization सेंट्रल ट्रीटी ऑर्गेनाइजेशन
CLEP	- College Level Examination Porgramme कालेज लेवल इग्जामिनेशन प्रोगाम
CORE	- Congress of Racial Equality काँग्रेस ऑफ़ रेशियल इक्वलिटी (शिकागो में सन् 1942 में स्थापित एक नागरिक अधिकार समूह)
DARE	- Dictionary of American Regional English डिक्शनरी ऑफ़ अमेरिकन रीजनल इँग्लिश
DAT	- Digital Audio Tape डिजिटल ऑडियो टेप
DEFCON -	- Defence Readiness Condition डिफ़ेंस रेडीनेस कंडीशन (सैन्य आधारित रक्षात्मक तैयारी)
EFTA	- European Free Trade Association यूरोपियन फ्री ट्रेड एसोसिएशन (सन् 1956 में स्थामित एक यूरोपीय आर्थिक संगठन)
ENIAC	- Electronic Numerical Integrator and Computer इलेक्ट्रॉनिक न्यूमेरिकल इंटीग्रेटर एंड कप्यूटर
EPCOT -	- Experimental Prototype Community of Tomorrow

	एक्सपेरिमेंटल प्रोटोटाइप कम्यूनिटी ऑफ़ टुमॉरो
ERDA	- Energy Research and Development Administration एनर्जी रिसर्च एंड डेवलेपमेंट एडमिनिस्ट्रेशन
ESOL	- English for Speakers of Other Language इंग्लिश फ्रीर स्पीकर्स जी अदर लैंग्युएज
ESOP	- Employee Stock Ownership Plan इंप्लाई स्टॉक ओनरशिप प्लान
Eurotom	- European Atomic Energy Community यूरोपियन एटोमिक एनर्जी कम्यूनिटी
FEMA	- Federal Emergency Management Agency फ़ेडरल इमरजेंसी मैनेजमेंट एजेंसी
FICA	- Federal Insurance Contributions Act फेडरल इंशोरेंस कंट्रीब्यूशन्स ऐक्ट
Fortan	- Formoula translation फॉर्मूला ट्रांस्लेशन (एक कंप्यूटर भाषा)
GIGO	- Garbage In Garbage Out गारबेज इन गारबेज आउट
GMAT	- Graduate Management Admission Test ग्रेजुएट मैनेजमेंट एडमिशन टेस्ट
Hifi	- High Fidelity हाई फडेलिटी
HOPE	- Health Oppertunity for People Everywhere हेल्थ ऑपरजूनिटी फ़ॉर पीपुल्स एकरीवेयर
Kiss	- Keep it simple, stupid कीप इट सिंपल, स्टूपिड
Lan	- Local area network लोकल एरिया नेटवर्क
Laser	- Light aprnlification by stimulated emission of radiation

		लाइट एंप्लीफिकेशन बाई स्टिमुलेटेड एमीशन ऑफ़ रेडिएशन
LEM	-	Lunar Excursion Module लूनर एक्सर्सन माड्यूल
LIFO	-	Last in, first out लास्ट इन फर्स्ट आउट
MAD	-	Mutual Assured Destruction मुचुअल एसयूर्ड डिस्ट्रक्शन
MADD	-	Mothers Against Drunk Driving मदर्स अगेनस्ट ड्रंक ड्राइविंग
Maser	-	Microwave amplification by stimulated emission of radiation माइक्रोवेव एंग्लिफिकेशन बाई स्टिमुलेटेड एमिशन आफ रेडिएशन
MASH	-	Mobile Army Surgical Hospital मोबाइल आर्मी सर्जिकल हास्पिटल
MIPS	-	Million Instrunctions Per Second मिलियन इंस्ट्रक्शन्स पर सेकंड
MOMA	-	Museum of Modern Art म्यूजियम आफ मार्डन आर्ट
NASA	-	National Aeronautics And Space Administration. नेशनल एरोनाटिक्स एंड स्पेस फमिनिस्ट्रेशन
NATO	-	North Atlantic Treaty Organization नार्थ अटलांटिक ट्रीटी आर्गनाजेशन
NARAL	-	National Abortion Rights Action League नेशनल एबार्शन राइट्स ऐक्शन लीग (एक राजनैतिक संगठन जो कि प्रतिबंधित गर्भपात कराने के विरुद्ध संघर्षरत है।)
NASDAWQ-	-	National Association of Securities Dealers Automated Quo tations. नेशनल एसोसिएसन ऑफ़ सिस्युरटीज डीलर्स आटोमेटेड कोटेशन।

NET	- National Educational Television नेशनल एजुकेशनल टेलीविजन - National Education Test नेशनल एजुकेशन टेस्ट
NIMBY	- Not In My Backyard नाट इन माई बैकयार्ड
NORAD -	- North American Air Defence Command नार्थ अमेरिकन एयर डिफेंस कमाण्ड
NOW	- National Organization for Women नेशनल आर्गेनाइजेशन फ़ार वोमेन
NYNEX	- Newyork New England Exchange न्यूयार्क न्यू इंग्लैंड एक्सचेंज
OPEC	- Organization of Petroleum Exporting Countries आर्गेनाइजेशन ऑफ़ पेट्रोलियम एक्सपोर्टिंग कंट्रीज
OSHA	- Occupational Safety And Health Administration ऑक्यूपेशनल सेफ्टी एंड हेल्थ एडमिनिस्ट्रेशन
OTEC	- Ocean Thermal Energy Conversion ओसेन थर्मल एनर्जी क्नवर्सन
Oxfarm	- Oxford committee for famine relief ऑक्सफोर्ड कमेटी फ़ार फैमिल रिलीफ
PABA	- Para-aminobenzoic acid पैरा ऐमिनोबेंजोइक एसिड
PAC	- Political Action Committee पोलिटिकल ऐक्शन कमेटी
PERT	- Program Evaluation and Review Technique प्रोग्राम इवैजुएशन एंड रिभ्यू टेक्तिक
PETA	- People for the Ethical Treatment of Animals पीपुल फ़ार द एथिकल ट्रीटमेंट ऑफ़ एनिमल्स

PIN	- Personal Identification Number पर्सनल आइडेंटीफिकेशन नम्बर
Pixel	- Picture element पिक्चर ऐलीमेंट
POSSLQ -	- Person of Opposite Sex Sharing Living Quarters पर्सन ऑफ़ अपोजिट सेक्य शेरिंग लिविंग क्वार्टर्स
Radar	- Radio detecting and ranging रेडियो डिटेक्टिंग एंड रेजिंग
RAM	- Random Access Memory रैंडम ऐक्सेस मेमोरी
RICO	- Racketeer Influenced and Corrupt Organizations रैकेटियर इनफ्लुएंस्ड एंड करप्ट आर्गेनाइजेशन
ROM	- Read Only Memory रीड ओन्ली मेमोरी (कम्प्यूटर शब्द जो कि कंप्यूटर में सदैव विद्यमान सूचनाओं के रूप में रहती है।)
SAC	- Strategic Air Command स्ट्रैटेजिक एयर कमाण्ड (संयुक्त राज्य अमेरिका की तोप व मिसाइल वर्षक सेना जिसका मुख्यालय नेब्रास्का में है।)
SADD	- Students Against Drunk Driving स्टूडेंट्स अगेंस्ट ड्रैक ड्राइविंग (एक छात्र संगठन जिसका उद्देश्य मद्यपान की अवस्था में गाड़ी चलाने पर होने वाली दुर्घटनाओं को कम करना है।)
SATO	- Southeast Asia Treaty Organization साउथईस्ट एशिया ट्रीटी आर्गेनाइजेशन
SIDS	- Sudden Infant Death Syndrome सडेन इनफ़ैन्ट डेथ सिन्होम
SNAFU	- Situation Normal All Fouled up सिचुएशन नार्मल आल फाडल्ड अप
SONAR	- Sound Navigation And Ranging

साउंड नेविगेशन एंड रेंजिंग

SOWETO - - Southwest Townships
साउथ वेस्ट टाउनशिप्स (जोहान्सबर्ग द. अफ्रीका) के दक्षिण पश्चिम में स्थित एक पिछड़ा जिला)।

START - Strategic Arms Reduction Treaty
स्ट्राटेजिक आर्म्स रिडक्शन ट्रीटी (रूस और सरा. अमेरिका के राष्ट्रपतियों के मध्य 31 जुलाई 1991 को की गई संधि जिसमें आणविक अस्त्रों के प्रयोग पर नियंत्रण करने का प्रस्ताव था)

SWAT - Special Weapons Attack Team
स्पेशल वीपन्स अटैक टीम
- Special weapons and tactics
स्पेशन वीपन्स एंड टैक्टिक्स (एक विशेष पुलिस दस्ता)

TASER - Tele Active Shock Electronic Repulsion
टेली-ऐक्टिव शोक इलेक्ट्रानिक रिपल्सन

TESL - Teaching of English as Second Language
टीचिंग ऑफ़ इग्लिश ऐज सेकंड लैंग्युएज

Tex-Mex - Texas - Mexican
टेक्सास मेक्सिकन

TOEFL - Testing of English as Foreign Language
टेस्टिंग ऑफ़ इंग्लिश ऐज फारेन लैंग्वुयज

UNCTAD - United Nations Conference on Trade and Development
यूनाइटेड नेशन्स कांफ्रेंस आन ट्रेड एंड डेवलपमेंट (संयुक्त राष्ट्र का कार्यक्रम जो कि व्यापार और विकास से संबद्ध है।)

UNESCO - United Nations Educational, Scientific and Cultural Organizations
यूनाइटेड नेशन्स एजुकेशनल साइंटिफिक एंड कल्चरल आर्गेनाइजेशन

UN1CEF - - United Nations International

Children's Emergency Fund
यूनाइटेड नेशन्स इंटरनेशनल चिल्ड्रेन इमरजेंसी फंड (संयुक्त राष्ट्र संघ का एक कार्यक्रम जो कि कम मूल्य पर विकासशील राष्ट्रों के बच्चों के लिए सामुदायिक स्वास्थ्य कायक्रम चलाता है।)

UNIVAC - Universal Automated Computer
यूनिवर्सल ऑटोमेटेड कंप्यूटर

VISTA - Volunteers in Service To America
वॉलंटियर्स इन सर्विस टू अमेरिका

ZIP - Zone Improvement Plan
जोन इंप्रवमेंट जान

5.11 लोकोक्ति एवं मुहावरे का आधुनिकीकरण

आज कुछ ज़्यादा पढ़े-लिखे लोग नए प्रकार की लोकोक्तियों एवं मुहावरों का प्रयोग करते हैं। प्रायः कहा जाता है कि 'आवश्यकता आविष्कार की जननी है' (necessity is the mother of invention), प्रकाश डालना (to throw light), रिकार्ड तोड़ना, (To break the record), 'विहंगम दृष्टि' (bird's eye view), 'क, ख, ग जानना' (to know abc), प्रेम और युद्ध में सब कुछ उचित है (Every thing is fair in love and war)

5.12 हिंदी भाषा का कंप्यूटरीकरण

प्रत्येक भाषा और लिपि में तत्कालीन युग और उस युग की मेधा और कला-कौशल का प्रतिबिंब दिखाई पड़ता है। भारत की अधिकतर लिपियों का उद्‌भव ब्राह्मी लिपि से हुआ है। हिंदी, नागरी, बंगला, असमी, उड़िया, मराठी, गुजराती और गुरुमुखी लिपियाँ एक-दूसरे से इतनी मिलती-जुलती हैं कि इन्हें एक ही लिपि की भिन्न-भिन्न प्रणालियाँ कहा जा सकता है। दक्षिण भारतीय लिपियाँ तमिल, तेलुगु कन्नड़, और मलयालम भी परस्पर समान और एक जैसे सिद्धांतों पर आधारित है, परंतु ये देवनागरी सैं भिन्न हैं। हिंदी, मराठी, नेपाली और संस्कृत लिखने के लिए देवनागरी लिपि अपनाई गई है। गुजराती लिपि देवनागरी जैसी ही है, केवल शिरोरेखा का उसमें अभाव है। गुरुमुखी, उड़िया, और बंगला के अक्षर देवनागरी से अधिक भिन्न नहीं हैं। इस प्रकार देवनागरी लिपि का हमारी सभ्यता और इतिहास से बहुत गहरा संबंध है।

आधुनिक तकनीकी के विकास में कम्प्यूटर का आविष्कार एक युगांतरकारी

घटना है। जीवन के सभी क्षेत्रों में कैयूटर का उपयोग किया जा रहा है। भाषिक अध्ययन और विश्लेषण भी इससे अछूता नहीं है। आरंभ में कम्प्यूटर साधित भाषा संसाधन का कार्य अंग्रेजी भाषा तक सीमित रहा लेकिन आज कंप्यूटर का उपयोग अरबी, चीनी, हिब्रु, जापानी और कोरियन जैसी जटिल लिपियों के लिए भी किया जा रहा है। वस्तुतः कम्प्यूटर एक उपकरण है। इसकी दो संकेतों की अपनी एक स्वतंत्र गणितीय भाषा है और उसी में यह हमारी भाषाओं को ग्रहण करके समस्त कार्य करता है। इसलिए कंप्यूटर को किसी भी भाषा और लिपि को अपनाने में कोई बुनियादी और तकनीकी बाधा नहीं हैं। कंप्यूटर टैक्नोलॉजी का उपयोग भाषागत अध्ययन और विश्लेषण में बहुत सरलता से किया जा सकता है। अभिकलनात्मक भाषिकी (Computational Linguistics) भाषाविज्ञान की एक शाखा ही बन चुकी है।

कंप्यूटरीकृत सांख्यिकीय अध्ययन, समनुक्रमणिका विश्लेषण, उपसर्गनिपात विश्लेषण जैसे व्याकरणिक अध्ययन, पांडुलिपि की प्रामाणिकता का निर्धारण, लेखक की लेखन-शैली का विश्लेषण और विभिन्न भाषाओं के आपसी संबंधों और व्याकरणिक संरचनाओं का पता लगाने जैसे साहित्यिक और भाषावैज्ञानिक अध्ययन के लिए कम्प्यूटर टैक्नोलॉजी का व्यापक रूप में उपयोग हो रहा है।

देवनागरी लिपि एक वैज्ञानिक लिपि है। भारतीय भाषाएँ विश्व की अनेक भाषाओं की तुलना में वाक्य-विज्ञान, ध्वनिविज्ञान और रैखिक दृष्टि से अधिक सुनियोजित हैं। अमरीकी वैज्ञानिक श्री रिक बिग्ज की यह धारणा है कि संस्कृत भाषा कंप्यूटर प्रोग्राम की दृष्टि से एक आदर्श भाषा है। इसलिए देवनागरी लिपि में कंप्यूटर में काम करना कठिन नहीं है, किंतु आवश्यक सॉफ़्टवेयर के अभाव में सन् 71665 से पूर्व इसकी कल्पना भी नहीं की जा सकती थी। सर्वप्रथम अमेरिका में जीरोक्स कार्पोरेशन के सहयोग से श्री जोजफ डी. बेकर ने इस दिशा में आरंभिक प्रयास किए। उन्होंने चीनी, जापानी, हिंदी, पंजाबी और उर्दू आदि अनेक भाषाओं में सर्वप्रथम शब्द-संसाधन का कार्य किया। 'स्टार' नाम से प्रचलित इस प्रणाली के अंतर्गत मूल पाठ का कुंजीयन रोमन लिपि में करके अपेक्षित लिपि में उसका लिप्यंतरण और मुद्रण किया जाता था। यह प्रणाली इतनी सुनियोजित और दोषहीन थी कि अमेरिका में आज भी उक्त भाषाओं में शब्द-संसाधन का कार्य इसी प्रणाली के माध्यम से किया जाता है।

सन् 1971-72 में आई.आई.टी. कानपुर में एक बहुत सरल कुंजीपटल और उसकी प्रणाली तैयार की गई, जिसे सभी भाषाओं के लिए इस्तेमाल किया जा सकता था। इसका पहला प्रोटोटाइप टर्मिनल सन् 1978 में तैयार किया गया, किंतु भारत में पहले द्विभाषी कम्प्यूटर 'सिद्धार्थ' का निर्माण टैक्नोलॉजी संस्थान, पिलानी और डी.सी.एम. ने मिलकर किया।

सन् 1985 में सी.एम.सी. लिमिटेड ने 'लिपि' नामक बहुभाषी शब्द-संसाधन

का विकास किया। पर्सनल कम्प्यूटर (आई.बी.एम. कंपेटेबिल पी.सी.) के आ जाने से स्थिति में क्रांतिकारी परिवर्तन आया है। अधिकांश कंपनियों के द्विभाषी/त्रिभाषी शब्द-संसाधन पैकेज बाज़ार में सरलता से मिलने लगे हैं। इनमें प्रमुख हैं : सॉफ़्टेक कंपनी का 'अक्षर', टाटा कंसल्टी सर्विस का 'शब्द माला', हिंदीट्रोन का 'आलेख' सोनाटा का मल्टीवर्ड', काल का 'सुलेख', एस.आर.जी. का 'शब्द रत्न' आदि। इनकी सहायता से किसी भी पर्सनल कम्प्यूटर या पी सी पर हिंदी और अन्य भारतीय भाषाओं में शब्द-संसाधन का कार्य किया जा सकता है।

सामान्य यांत्रिक टाइपराइटर की मदद से किसी पाठ को कागज़ पर टाइप किया जाता है, किंतु उसमें किसी प्रकार के संशोधन, परिवर्तन, या परिवर्धन के लिए उसे फिर से टाइप करना आवश्यक होता है। इलेक्ट्रॉनिक टाइपराइटर पर छोटे-मोटे संशोधन दो-चार पंक्तियों के वीडियो रक्रीन' पर किए जा सकते हैं। नए मॉडल के कुछ इलेक्ट्रॉनिक टाइपराइटरों में छोटा-सा स्मृति कोश भी होता है, जिसमें 15-20 पृष्ठों तक के प्रलेख संगृहीत किए जा सकते हैं, किंतु कम्प्यूटर आधारित शब्द संसाधक की सहायता से संशोधन-परिवर्तन के अलावा हज़ारों पृष्ठों की सामग्री स्मृति-कोष में संगृहीत की जा सकती है। पूरे के पूरे अनुच्छेद एक फाइल से दूसरी फाइल में अंतरित किए जा सकते हैं।

डाटा संसाधान के लिए सामान्यतः डीबेस III लोटस I, III जैसे सॉफ़्टवेयर पैकेजों का प्रयोग किया जाता है। आइ.आई.टी. कानपुर द्वारा विकसित जिस्ट' प्रणाली के माध्यम से आज डाटा संसाधन से संबंधित सभी कार्य हिंदी और अन्य भारतीय भाषाओं में सरलता से संपन्न किए जा रहे हैं। इलेक्ट्रॉनिकी विभाग भारत सरकार ने सभी भारतीय भाषाओं के लिए 'इस्की– 8 (ISCI-8)' कोड स्वीकार किया है। इसमें रोमन लिपि के सभी अक्षरों के साथ-साथ भारतीय भाषाओं के सभी अक्षरों को समाहित किया गया है।

डेस्क प्रकाशन (Desk Top Pub) प्रकाशन जगत् की सबसे बड़ी उपलब्धि है। इसके माध्यम से हिंदी में कंपोज़िंग का समस्त कार्य अपनी मेज पर ही किया जा सकता है। पर्सनल कम्प्यूटर पर 'वेंचुरा' सॉफ़्टवेयर की मदद से जिस्ट' कार्ड लगाकर या 'प्रकाशन' आदि सॉफ़्टवेयर के ज़रिए टंकित पाठ को विभिन्न पृष्ठों में विभाजित किया जा सकता है। वर्तनी-जाँच (Spell-Check) की मदद से टंकित पाठ स्वतः ही संशोधित हो जाता है। स्कैनर की मदद से कोई रेखाचित्र या टंकित सामग्री भी कम्प्यूटर के स्मृति-कोष में सीधे भेजी जा सकती है।

उपर्युक्त विवरण से यह स्पष्ट है कि कम्प्यूटर टैक्नोलॉजी के माध्यम से आज हिंदी भाषा का अध्ययन-विश्लेषण सरलता से किया जा सकता है। इस संबंध में मुख्य दिशाएँ और कार्य इस प्रकार हैं–

1. शब्द-संसाधन :– यह कार्य लगभग सभी सरकारी कार्यालयों में और विदेशी

विश्वविद्यालयों में किया जाने लगा है।

2. लिप्यंतरण :– भारतीय रेलवे में सी.एम.सी. लिमिटेड के सहयोग से टिकटों पर स्टेशन नामों का मुद्रण, आरक्षण-तालिकाओं की छपाई, दिल्ली महानगर की टेलीफोन निर्देशिका की द्विभाषी छपाई आदि का कार्य लिप्यंतरण के विशेष सॉफ़्टवेयर विकास केंद्र मुंबई द्वारा विदेशी नामों को रोमन से हिंदी में लिप्यंतरित करने के लिए विशेष सॉफ़्टवेयर का विकास किया जा रहा है।

3. कोश-निर्माण :– वैज्ञानिक व तकनीकी शब्दावली आयोग ने टाटा कंसल्टैंसी सर्विसेज द्वारा विकसित सॉफ़्टवेयर की मदद से पारिभाषिक शब्दावली का विशाल द्विभाषी कोश कंप्यूटर पर संकलित, अनुक्रमित और प्रकाशित करना प्रारंभ कर दिया है। केंद्रीय तिब्बती अध्ययन संस्थान, वाराणसी में तिब्बती, संस्कृत, हिंदी, अँगरेज़ी का विशाल कोश मैकनतोष प्रणाली से तैयार किया जा रहा है।

4. मशीनी अनुवाद या कंप्यूटर-साधित अनुवाद :– इस दिशा में सर्वप्रथम भारतीय विज्ञान संस्थान, बैंगलोर में अँगरेज़ी से हिंदी में सरल पाठ के सीमित शब्दावली में अनुवाद का सफल प्रयोग किया गया। इस समय आई.आई.टी. कानपुर में भारतीय भाषाओं में परस्पर-अनुवाद के लिए संस्कृत के कारक व्याकरण को आधार बनाकर एक योजना आरंभ की गई है। इस परियोजना के अंतर्गत सर्वप्रथम हिंदी से तेलुगु में अनुवाद का प्रयोग किया जा रहा है। राष्ट्रीय सॉफ़्टवेयर विकास केंद्र मुंबई में अँगरेज़ी से हिंदी में जटिल से जटिल वाक्यों को रूपांतरित करने की एक परियोजना प्रारंभ की गई हैं।

5. कंप्यूटर-साधित भाषा-शिक्षण :– विद्यालयों में कफकर की सहायता से शिक्षण का कार्य भारत में राष्ट्रीय स्तर पर 'CLASS' कार्यक्रम के अंतर्गत आरंभ किया गया हे। इंगलैंड से प्राप्त होने के कारण आरंभ में इसका सॉफ़्टवेयर और हार्डवेयर अँगरेज़ी भाषा के लिए ठीक था, किंतु बाद में सी.एम.सी. लिमिटेड ने बी.बी.सी. माइक्रो नामक इस कम्प्यूटर हार्डवेयर में आवश्यक परिवर्तन करके और प्रश्नकोश' आदि अनेक सॉफ़्टवेयर हिंदी और भारतीय भाषाओं में बनाकर भारतीय भाषाओं के माध्यम से कंप्यूटर-साधित शिक्षण का मार्ग प्रशस्त कर दिया है। इस दिशा में सबसे महत्वपूर्ण कार्य आई.आई.टी. मद्रास में शुक्ला दंपति ने किया है। उन्होंने एक ऐसी प्रणाली का विकास किया है, जिसकी सहायता से हिंदी के माध्यम से सभी विषय पढ़ाए जा सकते हैं। रैखिक रूप में माउस की सहायता से हर प्रकार के रेखाचित्र बनाए जा सकते हैं। स्कैनर के द्वारा चित्रों को स्मृति-कोश में संगृहीत किया जा सका हे। दक्षिण भारत हिंदी प्रचार सभा, मद्रास ने आई.आई.टी. मद्रास के सहयोग से एक परियोजना हिंदी भाषा-शिक्षण के संबंध में आरंभ की है। भारतीय भाषा संस्थान, मैसूर और क्षेत्रीय हिंदी संस्थान, आगरा ने बी.बी.सी. माइक्रो पर हिंदी और अन्य भारतीय भाषाओं के शिक्षण के लिए विशेष सॉफ़्टवेयर तैयार किए

हैं। अमेरिका के सिराक्यूस विश्वविद्यालय के हिंदी विभाग के प्राध्यापक डॉ. तेज भाटिया भी इस दिशा में प्रयत्नशील हैं।

6. डेस्क प्रकाशन :– सर्वप्रथम भारतीय भाषाओं में डेस्क प्रकाशन के क्षेत्र में मैकनतोष' का आगमन हुआ, किंतु इसका प्रयोग कुछ मुद्रणालयों तक ही सीमित रहा, लेकिन आज पर्सनल कम्प्यूटरों के लिए अनेक सॉफ़्टवेयर बाज़ार में आ गए हैं। कुछ प्रकाशन-गृह और हिंदी के अखबार सोनाटा कंपनी द्वारा विकसित 'प्रकाशक' सॉफ़्टवेयर की मदद से फोटो कंपोजिंग करने लगे हैं। वी.एस.एस. इंजी प्रा लिमिटेड, मुंबई द्वारा विकसित सॉफ़्टवेयर जिस्ट' प्रौद्योगिकी पर आधारित है। सॉलुस्टान नामक अमरीकी कंपनी ने जीरोक्स कॉर्पोरेशन के वैबुरा' सॉफ़्टवेयर पर आधारित गुरु' नामक डेस्क प्रकाशन प्रणाली सॉफ़्टवेयर का निर्माण किया है। अब तक मैकनतोष और पर्सनल कम्प्यूटर के लिए विकसित सॉफ़्टवेयरों का एक-दूसरे के साट प्रयोग करना संभव नहीं था, किंतु हाल ही में नई दिल्ली स्थित स्कैनसैट नामक कंपनी ने दानों के बीच संवाद स्थापित करके अद्वितीय सफलता प्राप्त की है।

7. प्राकृतिक भाषा-संसाधन :– कम्प्यूटर की भाषाएँ मुख्यतः दो स्तर की होती हैं– निम्न स्तरीय (Low level) और उच्च स्तरीय (High level) भाषाएँ। निम्न स्तरीय भाषाओं के अंतर्गत मशीन कोड और एसेम्बली भाषाएँ आती हैं। ये भाषाएँ कंप्यूटर पर प्रयुक्त माइक्रोप्रोसेसर चिप और कम्प्यूटर की बनावट पर आधारित होती हैं। हर मशीन के लिए ये भाषाएँ अलग-अलग होती है। उच्च स्तरीय भाषाएँ आम तौर पर अनुप्रयोग विशेष से संबधित भाषाएँ हैं। इन भाषाओं में प्रोग्राम अनुप्रयोगों की दृष्टि से लिखे जाते हैं। जैसे कोबोल (COBAL) व्यापार और वाणिज्य क्षेत्र के लिए उपयुक्त है, तो फ़ोट्रॉन (FORTRAN) गणित क्षेत्र के कार्य के लिए उत्तम है, और बेसिक (BASIC) सर्वोपयोगी भाषा है। इस प्रकार अब तक मजूदर के साथ संवाद स्थापित करने के लिए विशिष्ट भाषाओं का प्रयोग आवश्यक था, किंतु पाँचवीं पीढ़ी के सुपर कंप्यूटर में कृत्रिम बुद्धि के विकास से वैज्ञानिक यह आशा करने लगे हैं कि कदाचित्, 21वीं सदी में कम्प्यूटर के साथ प्राकृतिक भाषा में भी संवाद स्थापित किया जा सके। दस दिशा में जापान आदि देशों में वैज्ञानिक सक्रियता से कार्य कर रहे हैं। भारतीय भाषाओं में भी यह कार्य विभिन्न भारतीय प्रौद्योगिकी संस्थानों में किया जा रहा है।

5.13 इंटरनेट और हिंदी

'इंटरनेट' इस युग की सबसे बड़ी वैज्ञानिक उपलब्धि है। यह विश्व भर में फैले कंप्यूटरों, का व्यवस्थित जाल है, जिसमें सभी कंप्यूटर संचार-तकनीकों से आपस में जुड़े होते हैं। इनका ज्ञान भंडार-विशाल है। इसके उपभोक्ता अपनी मनचाही पुस्तक, इच्छित सूचनाएँ मनमाफिक संगीत, फिल्म कुछ ही क्षणों में देख-सुन सकते हैं। इस सूचना-तकनीक का प्रभाव समाज के हर वर्ग, समूह, उद्योग पर पड़ा है। भारत और

उसकी राष्ट्रभाषा हिंदी भी, इससे अछूती नहीं है।

इंटरनेट पर समस्त सूचनाओं का आदान-प्रदान एच.टी.एम.एल. (हाइपर टेक्स मार्क ऑफ़ लैंग्वेज़) तकनीकी भाषा में होता है। साथ ही कंप्यूटर पर अद्यतन तकनीक से जुड़कर कार्य करने के लिए, विंडोज़ तथा अन्य वातावरण सहयोग करते हैं। भारत सरकार के कार्यालयों में पुणे की कंपनी सी-डेक के उत्पाद प्रचुर मात्रा में प्रयोग किए जाते हैं। जिस्ट कार्ड, जिस्टशैल आदि सी-डेक के वे उत्पाद हैं, जिनकी सहायता से सभी अनुप्रयोगों के लिए ग़ैर-सरकारी कंपनियों ने भी हिंदी में इंटरनेट सुविधा सुचारु रूप से संचालित करने के लिए बहुत से सॉफ़्टवेयर बनाए हैं, जो विंडोज तथा एम.एस. ऑफ़िस वातावरण में कार्य करते हुए हिंदी का स्पेल चेक, ऑन लाइन डिक्शनरी, मैचिंग फ़ॉट, एच.टी.एम.एल. सपोर्ट आदि सुविधा से युक्त हैं। इनमें रूपा, सुचिता, अंकुर, प्रकाशक, आकृति, आकृत ऑफ़िस, अक्षर फ़ार विंडोज़ ए. पी.एस. चित्रलेखा विंकी आदि प्रसिद्ध हैं। देवबेस अक्षर, शब्द रत्न, सुलिपि आदि सॉफ़्टवेयर डॉस वातावरण में कार्य करते हुए केवल हिंदी और अँगरेज़ी में शब्द-संसाधन की सुविधा देते हैं।

'इंटरनेट' पर हिंदी भाषा से संबद्ध इच्छित सूचनाएँ प्राप्त करने के लिए यदि हमें संबंधित 'वेबसाइट' का नाम मालूम है, तो हम कम्प्यूटर पर सीधे उसका नाम टाइप करके सेवाएँ ले सकते हैं, अन्यथा अपने लक्ष्य तक पहुँचने के लिए 'सर्चइंजन' की सहायता ली जाती है। 'सर्च इंजनो की संख्या लगभग एक दर्जन है जो कि अँगरेज़ी भाषा में जानकारी उपलब्ध कराते हैं। इनमें www.yahoo.com, www.google.com, www.redif.com सबसे अधिक शक्तिशाली सर्वर हैं। www.netjal.com विश्व में पहला एकमात्र सर्च इंजन है, जो हिंदी भाषा में सूचनाएँ उपलब्ध कराता है लेकिन यह भी पूर्णतः आत्मनिर्भर न होकर, 'याहू' पर आश्रित है।

इनमें हिंदी भाषा से जुड़े मुख्य 'पोर्टल' निम्नलिखित हैं :—

1. www.webduniya.com (यह विश्व का पहला हिंदीभाषी पोर्टल है।)
2. www.netjall.com (यह भारत की ग्यारह भाषाओं में उपलब्ध एक मात्र भारतीय पोर्टल है)
3. www.jagran.com (यह विश्व का सबसे बड़ा हिंदी पोर्टल है।)
4. www.intelindia.com
5. www.bharatdarshan.com
6. www.indiainfo.com
7. www.wahindia.com
8. www.samachar.com
9. www.webspawner.com
10. www.khoj.com

11. www.boloji.com

12. www.hindinest.com

उपर्युक्त पोर्टल पर हिंदी में सूचनाएँ प्रसारित करने के लिए विभिन्न चैनल हैं, जो कि निम्नलिखित हैं

1. नेट जाल :– नेट दैनिक, सामयिकी आज का फीचर, खेल जगत क्रिकेट फिल्मी दुनिया, आपका भविष्य धर्म-ध्यान विवाद (राजनैतिक) बाज़ार, नए हैंड- (रहन सहन टी.वी.) खरीदारी हल्ला चर्चा। दिनमान (साहित्य) आपकी तलाश (स्वास्थ्य एवं महिला) मौसम राजनीति, गपसप संपादकीय-समाचार, आज खास कैरियर, ई-पत्र सेवा आदि।

2. वेब दुनिया :– क्रिकेट, व्यापार, सामयिक खेल जगत् वेब दुनिया सिटी बहस, चुनाव, आई.टी. मंडी बाज़ार, फोटो गैलरी ज्योतिष, साहित्य जनमत, धर्म– दर्शन व्रत-त्योहार, बॉलीवुड रोमांस, कैरियर, गुदगुदी कैरीकैचर, सेहत, पर्यटन, व्यंजन वामा, नन्हीं दुनिया जन्म-कुंडली व मिलान वैवाहिक ई-शॉपिंग, हेल्प लाइन ई-मेल ग्यारह भारतीय भाषाओं में उपलब्ध हैं।

3. जागरण :– समाचार, जागरण पोस्ट ग्रीटिंग्स पुनर्नवा (साहित्य) जागरण सखी जागरण उदय, मेरा जागरण विचार मंच सिने मजा, वर्गीकृत, टेलीदर्शन, राशिफल, अजब-गजब चर्चा में जागरण इमेज खाना-खजाना जागरण गेम्स जागरण फ़ैशन, गुदगुदी, सिटी जागरण (कानपुर) (नई दिल्ली)। वर्तमान में लगभग एक दर्जन हिंदी समाचार-पत्र इंटरनेट पर उपलब्ध हैं जो कि निम्नांकित हैं–

1. नई दुनिया-इंदौर (इंटरनेट पर हिंदी का प्रथम समाचार पत्र जो कि 16 जनवरी, 1997 से प्रारंभ हुआ।
2. हिंदी मिलाप-हैदराबाद (यह इंटरनेट पर उपलब्ध हिंदी का प्रथम दैनिक समाचार पत्र है।)
3. दैनिक जागरण
4. दैनिक भास्कर
5. इंडिया टुडे (हिंदी दैनिक, हैदराबाद)
6. अमर उजाला
7. भारत दर्शन
8. नवभारत टाइम्स (हिंदी संस्करण)
9. राजस्थान पत्रिका
10. नव-भारत
11. नेट दैनिक (इसके अतिरिक्त नेट साप्ताहिक भी उपलब्ध है)।
12. अरानन्द
13. नश्कर (लखनऊ से प्रकाशित किंतु वर्तमान में अनुपलब्ध साप्ताहिक)

इसके अतिरिक्त कुछ पत्रिकाएँ भी इंटरनेट पर उपलब्ध है। मध्यप्रदेश

सरकार की मध्यप्रदेश पंचायिका, (www.bbchindi.com, www.air.com) आकाशवाणी पर तथा www.aajtak.com, www.ddindia.net दूरदर्शन पर सूचनाएँ सुनाने-दिखानेवाली प्रमुख साइटें हैं। 'भारत दर्शन'१ इंटरनेट पर उपलब्ध भारत की पहली ऑडियो पत्रिका है।

इसके अतिरिक्त इंटरनेट पर पत्र-व्यवहार करने के लिए ई-पत्र नामक सेवा, विश्व की एकमात्र सेवा है, जो हिंदी में टंकित-अंकित संदेश प्रेषित करती है।

'इंटरनेट' पर हिंदी भाषा-साहित्य के विकास हेतु हिंदी शिक्षकों एवं पाठों की व्यवस्था उपलब्ध है। ये सेवाएँ अँगरेज़ी भाषा में उपलब्ध हैं। संभवतः इसका कारण यह है कि अंतरराष्ट्रीय स्तर के इंटरनेट-उपभोक्ताओं के लिए अँगरेज़ी ही एक मात्र सर्वग्राह्य माध्यम है। इस कार्य में संलग्न मुख्य वेव-साइटें निम्नलिखित हैं–

इस कार्य में संलग्न मुख्य वेब-साइटें निम्नलिखित हैं–

(i) www.rajbhasha.com/learnhindi/hinditut.htm

(ii) www.cs.colostate.edu/malaiya/hindilinks.htm

(iii) www.ukindia.com/zhinool.htm

(iv) www.avashy.com/hindiscripttutor.htm

(v) www.aa.tufs.ac.jip/kmach/kw-ge-e/htm

(vi) www.intelindia.com/hinditeacher/teacheroncdrom.html

(vii) http://ccat.sas.upenn.edu/plc/hindi/viedeo/html

उपर्युक्त वेबसाइटों में भारत सरकार की www.rajbhasha.com एक-मात्र ऐसी वेबसाइट है, जो कि हिंदी भाषा में भी शिक्षण की सुविधा प्रदान करती है। ये वेबसाइटें केवल भारत में ही नहीं, वरन् रूस, सिंगापुर, साइरस, लंदन, ऑस्ट्रेलिया, जापान, आदि देशों में भी हिंदी शिक्षण देनेवाली संस्थाओं से जुड़ी हैं।

6
प्रयुक्ति : संकल्पनाएँ एवं विकास-सरणियाँ

भाषा अपनी सामाजिक अभिव्यक्ति में बहुआयामी होती है। उसकी इसी बहुआयामी प्रकृति को प्रयुक्ति (Register) कहा जाता है। प्रयुक्ति के द्‌वारा भिन्न-भिन्न क्षेत्र के विषयों की केंद्रीय विशिष्टताओं को स्पष्ट किया जाता है। उदाहरण के लिए यदि हिंदी भाषा की प्रयुक्तियों को लें तो स्थूल रूप से उसके कई क्षेत्र होंगे। जैसे प्रशासनिक प्रयुक्तियाँ, व्यापारिक प्रयुक्तियाँ, चिकित्सा-क्षेत्र की प्रयुक्तियाँ, बाज़ार-भाव की प्रयुक्तियाँ, खेल-जगत की प्रयुक्तियाँ, राजनैतिक क्षेत्र की प्रयुक्तियाँ, पत्रकारिता की प्रयुक्तियाँ, विधि-क्षेत्र की प्रयुक्तियाँ, आदि। वस्तुतः प्रयुक्ति का संबंध उसकी अपनी भाषागत सामजिक व्याप्ति से भी होता है। जो भाषा अपनी प्रकृति में जितनी बहुआयामी होगी, उस भाषा को अधिक प्रयोग में लाया जायेगा।

बहुविध क्षेत्रों में हिंदी प्रयुक्तियों को इस प्रकार आरेखित किया जा सकता है–

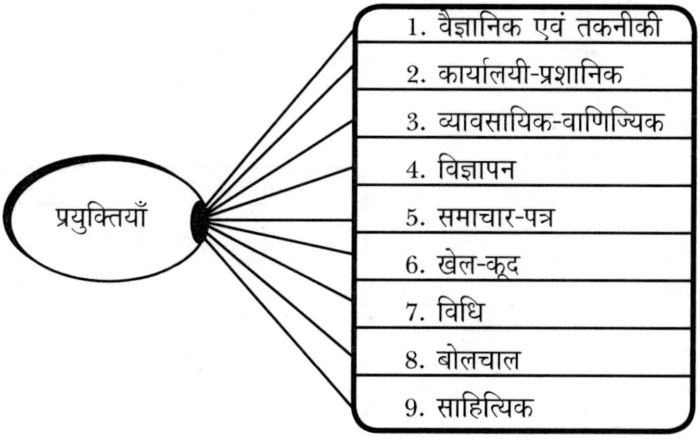

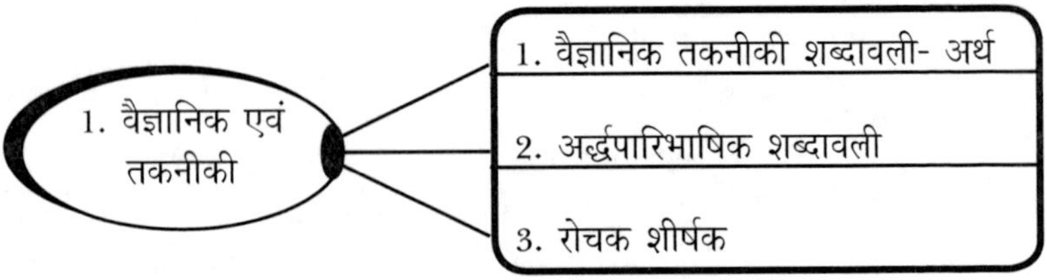
1. वैज्ञानिक एवं तकनीकी
1. वैज्ञानिक तकनीकी शब्दावली- अर्थ
2. अर्द्धपारिभाषिक शब्दावली
3. रोचक शीर्षक

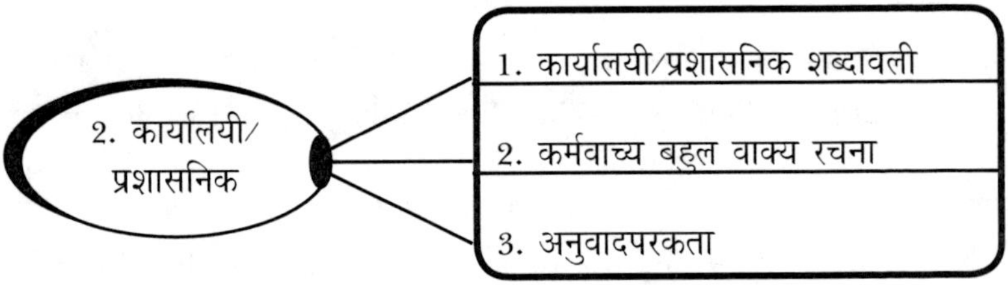
2. कार्यालयी/ प्रशासनिक
1. कार्यालयी/प्रशासनिक शब्दावली
2. कर्मवाच्य बहुल वाक्य रचना
3. अनुवादपरकता

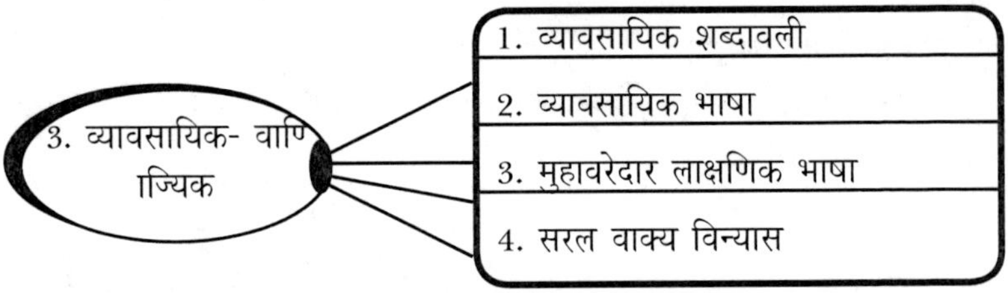
3. व्यावसायिक- वाणिज्यिक
1. व्यावसायिक शब्दावली
2. व्यावसायिक भाषा
3. मुहावरेदार लाक्षणिक भाषा
4. सरल वाक्य विन्यास

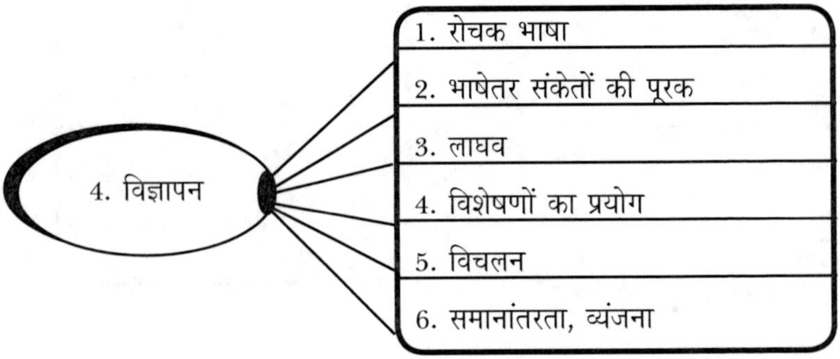
4. विज्ञापन
1. रोचक भाषा
2. भाषेतर संकेतों की पूरक
3. लाघव
4. विशेषणों का प्रयोग
5. विचलन
6. समानांतरता, व्यंजना

- 5. समाचार पत्र
  - 1. समानांतरता
  - 2. सूचनापरकता
  - 3. अप्रतिबद्धता
  - 4. वर्णनात्मकता
  - 5. दृष्टि

- 6. खेलकूद
  - 1. खेलकूद की शब्दावली
  - 2. आकर्षक शीर्षक
  - 3. मुहावरेदार रोचक भाषा
  - 4. अपूर्ण वाक्य कोड मिश्रण
  - 5. आँखों देखा हाल

- 7. विधि
  - 1. पारिभाषिक शब्द
  - 2.सहज वाक्य विन्यास

- 8. बोलचाल
  - 1. विशिष्ट स्तंभ
  - 2. प्रचलित शब्दावली
  - 3. वाक्य रचना सहज
  - 4. अनूदित भाषा

- 9. साहित्यिक
  - 1. कलात्मकता
  - 2. अनेकार्थता
  - 3. सहजता
  - 4. परिपूरक भाषा

6.1 प्रशासनिक प्रयुक्तियों : प्रशासनिक क्षेत्रों में प्रयुक्तियों के मुख्य क्षेत्र प्रादेशिक एवं केंद्रीय कार्यालय होते हैं। यह हिंदी की वह प्रयुक्ति है, जो प्रशासनिक कार्य निष्पादित करने की क्षमता रखती है। इसके मुख्यतः तीन क्षेत्र हैं।

प्रशासनिक क्षेत्र

विधान मंडल | प्रशासनिक कार्यालय | न्याय मंडल

प्रशासनिक कार्यालयों में व्यवहृत प्रशासनिक प्रयुक्ति के क्षेत्र को तीन भागों में रखा जा सकता है—

(1) केंद्रीय कार्यालय की प्रयुक्ति

(2) निगमों एवं संस्थानों की प्रयुक्ति

(3) प्रादेशिक कार्यालयों की प्रयुक्ति

प्रशासनिक कार्यालयों में व्यवहृत प्रयुक्ति के पाँच रूप हैं :—

(1) आलेख (2) टिप्पणी (3) अनुवाद (4) सारलेखन (5) टीप।

6.2 इस प्रकार प्रशासनिक हिंदी, हिंदी का वह रूप है, जो शासन के विविध-क्षेत्रों में कार्य को संपन्न कराने में सहयोग करती है जो सरल, सुबोध, और सुगम होती है तथा जिसे प्रशासन के क्षेत्र में निम्न से लेकर उच्चाधिकारी तक समझते हों। इस प्रकार हिंदी में वह प्रयुक्ति जो प्रशासनिक कार्य निष्पन्न कराने में सक्षम हो, उसे ही प्रशासनिक हिंदी कहना समीचीन होगा।

6.2.2 प्रशासनिक हिंदी में वाक्य सरल, सुव्यवस्थित और नियमानुकूल होने चाहिए। जैसे— स्वीकृति, अनुमोदित, अग्रिम सूचना दें आपसे निवेदन है कि शीघ्र निपटारा करें।

6.2.2 प्रशासनिक हिंदी में कभी-कभी अतिरिक्त शब्दों का प्रयोग होता है (जो पुनरुक्तिदोष से ग्रस्त होते हैं)—

(1) कृपया मुझे आज्ञा देने की कृपा करें।

(2) सविनय नम्र निवेदन है कि इन बातों को नम्रतापूर्वक देखा जाए।

(3) इसे अत्यंत आवश्यक समझ आवश्यक कार्रवाई करें।

6.2.3 प्रशासनिक हिंदी में अधिक से अधिक संयुक्त वाक्य लिखे जाते हैं:—

(1) अविलंब सूचना दें, जिससे कि सहायता भेजी जाए।

(2) भारत सरकार द्वारा व्यापक एवं गहन कायक्रम तैयार किया जाएगा।

(3) आचरण आपत्तिजनक है, किंतु एक बार मौका दिया जा सकता है।

6.2.4 प्रशासनिक हिंदी में सामान्य वाक्य का भी प्रयोग किया जाता है:—

(1) उन्हें नियुक्ति का प्रस्ताव भेजा गया है।

(2) सत्यापन करने पर मालूम हुआ कि.......

(3) कागज़........को भेज दिए जाएँ।

6.3. केंद्रीय राजकीय, निगम एवं संस्थानों में प्रयोग की जाने वाली, प्रशासनिक प्रयुक्तियाँ प्रशासनिक क्षेत्र में व्यवहृत पत्रों को सरल, संक्षिप्त और प्रभावोत्पादक होना चाहिए।

कार्यालयों में व्यवहृत होने वाले पत्रों का प्रमुख स्वरूप इस प्रकार होता है—

राज्य शासन	केंद्रीय शासन
1. पत्र की क्रम-संख्या (सरनाम)	1. सरनाम, भारत सरकार और संबंधित मंत्रालय
2. म.प्र. शासन तथा मंत्रालय, विभाग का नाम	2. पत्रादि की संख्या एवं तारीख
3. प्रेषक का नाम/पद संख्या	3. भेजने वाले का नाम/पदनाम
4. प्राप्तकर्ता का नाम एवं पद संज्ञा	4. पाने वाले का नाम
5. संबोधन	5. विषय एवं संदर्भ (यदि हो तो)
6. पत्र का मुख्य कलेवर	6. संबोधन
7. स्वनिदेश	7. पत्र का मुख्य कलेवर
8. प्रेषक के हस्ताक्षर एवं पद संज्ञा	8. भेजने वाले के हस्ताक्षर
9. अधोलेख यदि हो तो	9. अकृषि यदि हो तो
10. संलग्नक	10. संलग्नक

6.4 टीप-संबंधी कुछ प्रयुक्तियाँ इस प्रकार हैं :–

(1) आपसे अनुरोध किया जाता है कि आप अपने विभाग में शीघ्र आदेश जारी करें। मैंने संबंधित अधिकारियों को लिखा है। जैसे ही प्रपत्र प्राप्त हो जाएगा, आपको सूचना दे दी जाएगी।

(2) संदर्भित विषय पर आपका पृष्ठ........तारीख.......के साथ समाप्त किए गए विषय में यह अनुरोध है कि उपर्युक्त में पत्र में पैरा.........में आवश्यक प्रमाण पत्र अविलंब भिजवाए जाएँ, जिससे कार्यालय संबंधित अधिकारी के नाम वेतनपर्ची बना सके।

(3) श्री...... निश्रे.लि. की नियुक्ति संबंधी....... के संदर्भ में आपसे अनुरोध है कि इस कार्यालय को शीघ्र ही निम्न प्रपत्र भिजवाने का कष्ट करें, ताकि उनके नाम वेतनपर्ची जारी की जा सके।

1. कार्यभार लेने का प्रमाण-पत्र।
2. अंतिम वेतन प्रमाण-पत्र जिसमें स्थापना, वेतन बिलों की प्रदत्त जानकारी हो।
3. सभी प्रकार से पूरी की गयी सेवा पुस्तिका की जानकारी।

4. पदोन्नति के कारण रिक्त हुए पद का प्रबंध।
5. कृपया इनका बकाया भुगतान शीघ्र करें।
6. ये बिल काफ़ी समय से भुगतान के लिए बकाया हैं, वसूली के शीघ्र उपाय करें।
7. नीचे लिखे वाउचर आपको प्रेषित किए जाते हैं। कृपया स्वीकार करें तथा वाउचर, फोलियो नम्बर देकर इस कार्यालय को वापस करें।
8. उपर्युक्त वाउचर काफ़ी लेट भेजा गया है। वह भी केवल एक प्रति में, जबकि सदैव की भाँति दो प्रतियों में देना चाहिए। अतः कथित वाउचर आपको वापस किया जाता है, जिसे दो प्रतियों में प्रेषित करें।
9. उपर्युक्त स्थानांतरण पत्र की दो-दो प्रतियाँ स्वीकृत प्रमाणित एवं विनिधान के पश्चात माह..... के लेखा में समायोजनार्थ प्रेषित किए जा रहे हैं।
   सूचनार्थ प्रेषित है का जवाब– प्लीज वैरीफाई (दिया गया)
   ऐक्सेप्टेशन ऑफ़ टी.व्ही. रिसीट फ्रॉम.

कृपया उपर्युक्त टी.व्ही. आप माह......लेखे में समायोजन करें। लेट होने पर.. ... कृपया उपर्युक्त टी.व्ही. आप.......को वापस भेज देवें, क्योंकि........लेखे बंद हो चुके हैं। अतएव उपर्युक्त.....लेखे में समायोजन करना संभव नहीं है।

संलग्न पत्र पर आवश्यक कार्रवाई करें।

अनुमोदनार्थ प्रस्तुत– केवल दस्तखत पर काम चला लेते हैं।

कृपया टीप दें।

अनुमोदनार्थ प्रस्तुत– अँगरेज़ी में इमीडिएट।

आदेशार्थ प्रस्तुत।

पिछले वर्ष अनुविभागीय अधिकारी..... के आदेश क्रमांक.......दिनांक.......द्वारा। क्रिकेट का कुछ समान खरीदा गया है, अतएव शेष मात्रा जो अब खरीदी होनी है, वह स्वीकृति की जावे, ताकि उसका आदेश स्वीकृत दर पर दिया जा सके।

अनुमोदनार्थ प्रस्तुत- नियमानुसार निर्धारित किमी चलने के बाद टायर बदले जा सकते हैं?

पुनः प्रस्तुत... आदेशनार्थ प्रस्तुत– क्योंकि जिनके कोटेशन एक ही दुकान के बहुत ही कम कीमत के हैं, अतः उन्हें अनुमोदित किया जाता है तथा बाकी के जो कम रेट हैं, अर्थात् लाल डॉट पेन से घेरे गए हैं, उन्हें अनुमोदित किया जाता है।

आदेशनार्थ प्रस्तुत-चुनाव कार्य के समय का भुगतान जिलाध्यक्ष कार्यालय से होगा।

दस्तखत किए.......

आपसे यह अनुरोध है कि आप अपने विभाग से शाघ्रि आदेश जारी करें। मैंने संबंधित अधिकारियों को लिखा है। जैसे ही प्रपत्र प्राप्त हो जएंगे, आपको सूचना

दी जायेगी।

संदर्भित विषय पर आपका पृष्ठांकन.....तारीख......के साथ समाप्त किए गए! विषय में यह अनुरोध है कि उपर्युक्त संदर्भ के पत्र में पैरा........में आवश्यक प्रमाण पत्र अविलंब भिजवाएँ, जिससे कार्यालय संबंधित अधिकारियों के नाम वेतनपर्ची बना सके।

श्री...... नि.श्रे.लि. की नियुक्ति संबंधी......के संदर्भ में आपसे अनुरोध है कि इस कार्यालय को शीघ्र ही निम्न प्रपत्र भिजवाने का कष्ट करें, ताकि उनके नाम वेतनपर्ची जारी की जा सके 1

1. कार्यभार लेने का प्रमाण-पत्र
2. अंतिम वेतन प्रमाण-पत्र, जिसमें स्थापना, वेतन बिलों के प्रदत्त की जानकारी हो।
3. सभी प्रकार से पूरी की गयी सेवा-पुस्तिका की जानकारी।
4. पदोन्नति के कारण रिक्त हुए पद का प्रबंध।

1. प्राप्त किया।
2. भेज दिया गया है।
3. पृष्ठ 7 देखें टी.एफ.बी.एस./एम.टी.एफ./आई.एम.एस.टी./10 दिनांक 24. 4.85 प्र.ई.सं. भिलाई से प्राप्त हुआ, जिसमें श्री.......प्रबंधक के अवकाश पर जाने के बाद श्री...........प्रबंधक का कार्य देखेंगे। सूचनार्थ प्रस्तुत है।
4. प्रबंधक दूरसंचार का भिलाई से प्राप्त हुआ है, में..........की यात्रा का अनुमोदन करने हेतु अग्रिम कार्रवाई हेतु प्रस्तुत है।
5. संदर्भ पृष्ठ........अनुसार स्वीकृत पत्र अनुमोदन हेतु.....
6. पृष्ठ........के आधार पर एक प्रारूप अनुमोदन हेतु प्रस्तुत है।
7. कृपया इनकी सरकारी यात्रा अनुमोदन करने हेतु प्रस्तुत है।
8. अनुमोदनार्थ प्रस्तुत।
9. महाप्रबंधक के। अनुमोदन प्रबंधक भिलाई को सूचित करें।
10. उपरोक्त टितार्गो के अनुसार एक स्वीकृत-पत्र प्रारूप आपके अनुमोदन हेतु प्रस्तुत है।
11. आग्रिम कार्रवाई हेतु प्रस्तुत है।
12. भेज दिया गया है।
13. कृपया पृष्ठ....देखें। अग्रिम कार्रवाई हेतु प्रस्तुत है।
14. उपर्युक्त संदर्भ के अनुसार एक प्रारूप स्वीकृत-पत्र अनुमोदन हेतु प्रस्तुत है।
15. यात्रा की स्वीकृति अनुमोदन हेतु प्रस्तुत है।
    भेज दिया गया है।

16. अग्रिम कार्रवाई हेतु प्रस्तुत है।
17. स्वीकृति के पत्र अनुमोदन हेतु प्रस्तुत है।
18. अनुमोदन हेतु प्रस्तुत है।
19. सूचनार्थ प्रस्तुत है।
20. कृपया..अग्रिम कार्रवाई हेतु प्रस्तुत है।
21. उपर्युक्त टिप्पणी के अनुसार एक स्वीकृति-पत्र अनुमोदन हेतु प्रस्तुत है।
22. पद की स्वीकृति हेतु अग्रिम कार्रवाई हेतु प्रस्तुत है।
23. यदि पी.एच.ई. से पानी लेना बंद कर दें तो क्या वह कोई मेन चार्ज लेंगे या विकल नहीं लेंगे।
24. क्या ट्यूबवेल के पानी को पीने के लिए टेस्ट कराया गया है और क्या पानी ठीक है?
25. पी.एच.ई. कोई चार्ज नहीं लेगा।
26. ट्यूबवेल का पानी पीने लायक है। उसका टेस्ट कराया गया है।
27. भेज दिए गए हैं।
28. दूरसंचार कारखाना रिछाई अधारताल जबलपुर में नई लोहपथ के निर्माण बावत।
29. कृपया फाइल सहायक अभियंता (परि.) को वापस कीजिए।
30. अग्रिम कार्रवाई हेतु प्रस्तुत है।
31. पृष्ठ......के विष्यान्तर्गत स्मरण पत्र का प्रारूप अनुमोदन हेतु प्रस्तुत है। भेज दिया गया है।
32. दिनांक..........लेखा परीक्षण, जबलपुर से प्राप्त हुआ। संदर्भ पृष्ठ... देखें। अग्रिम कार्रवाई हेतु प्रस्तुत है।
33. देखें...........दिनांक........मंडल रेल प्रबंधक से प्राप्त हुआ है। रेललाइन का कार्य अभी पूरा नहीं हुआ..........तक पूरा हो जाएगा आपके जानकारी एवं निर्देश के लिए प्रस्तुत है।
34. परीक्षक जबलपुर से पत्र 14 के प्रति उत्तर में प्राप्त हुआ। अग्रिम कार्रवाई हेतु प्रस्तुत है।
35. सूचनार्थ प्रस्तुत है। अग्रिम कार्रवाई हेतु प्रस्तुत है।
36. तार भेज दिया गया है।
37. देखें क्रमांक.........दिनांक.......मुख्य प्रशासनिक अधिकारी (निर्माण) मुंबई से प्राप्त हुआ है, जिसमें संशोधित प्रारंभिक प्राकल्पना का अग्रिम भुगतान हेतु अग्रिम कार्रवाई हेतु प्रस्तुत है।
38. क्रमांक...........दिनांक...........उप मुख्य प्रशासनिक अधिकारी (निर्माण) म.रे.) जबलपुर से संशोधित प्रारंभिक प्राक्कल्पना की बकाया राशि का

शीघ्र भुगतान हेतु अग्रिम कार्रवाई हेतु प्रस्तुत है।

39. नवीन संशोधित प्राकल्पना सहित डिप्टी चीफ इंजी (निर्माण) सेंट्रल रेलवे, जबलपुर व्यक्तिगत जाकर दिया।
40. उप मुख्य अभि (निर्माण) म.रे. जबलपुर को भुगतान की सूचना भेज दी गई है। सूचनार्थ प्रस्तुत है।
41. उसकी एक फोटो प्रति संलग्न है। संलग्न पत्र-1
42. दूरसंचार कारखाना रिछाई, जबलपुर में रेलवे साइडिंग के निर्माण के अग्रिम भुगतान बावत।
43. प्राप्त किया।
44. जिसकी स्वीकृति भी अतिशीघ्र प्रदान करने की कृपा करें।
45. मूल प्रति फाइल...............पृ..................उपलब्ध है।
46. उपर्युक्त पत्र के प्रति उत्तर में भेजा जा रहा है।
47. कृपया एस.ए. III को एक रिमाइंडर भेजे।
48. उपर्युक्त संदर्भ के अनुसार एक प्रारूप अनुमोदनार्थ प्रस्तुत है।
49. अधीक्षण यंत्री भोपाल से प्राप्त हुआ सूचनार्थ प्रस्तुत है।
50. उपरोक्त पत्र का अध्ययन करके उसके अनुसार आवश्यक स्टील की मात्रा व उपलब्धि के बारे में शीघ्र सूचित करने का कष्ट करें।
51. मिनिट्स ऑफ़ मीटिंग्स।
52. स्वीकृत-पत्र की प्रति माँगी है, जिसके आधार पर तिथि का निर्धारण कर सके।
53. उपर्युक्त संदर्भ में एक प्रारूप-पत्र अनुमोदनार्थ प्रस्तुत है।
54. श्री........पृ॰.......देखें। उसकी 2 प्रति टाइप करने की कृपा करें।
55. अग्रिम कार्रवाई हेतु प्रस्तुत है।
56. स्वीकृति-पत्र सभी संबंधित अधिकारियों को भेजे दिए गए हैं।
57. आपसे अनुरोध है कि उपर्युक्त कार्य। के लिए वित्तीय वर्ष..........में उपयुक्त तिथि का प्रावधान करके इस कार्यालय को सूचित करने की कृपा करें।
58. पृ.........दिनांक.........का स्मरण का प्रारूप बनाकर आपके हस्ताक्षर हेतु प्रस्तुत है।
59. हर 14 दिन के बाद स्मरण-पत्र भेजिए।
60. उपर्युक्त टिप्पणी के अनुसार स्वीकृत-पत्र का प्रारूप अनुमोदन हेतु प्रस्तुत है।
61. सूचनार्थ कृपया अध्ययन करें।
62. ....के पद पर बाद में कार्रवाई की जाए।
63. हिंदी की कार्यशालाओं से संबंधित को सूचनाएँ हस्ताक्षर के लिए प्रेषित

हैं। कृपया दोनों सूचनाओं के स्टेंसिल कटा लें।

64. स्टेंसिल दोनों सूचनाओं के कट चुके हैं। वे उनके साइक्लोस्टाइल कॉपियाँ भी आवश्यकतानुसार कर ली गयी हैं व वितरण प्रारंभ साइक्लोस्टाइल कॉपियाँ भी आवश्यकतानुसार करा ली गयी हैं व वितरण प्रारंभ हो गया है।
65. कार्यालय आदेश प्रारूप अनुमोदन हस्ताक्षर हेतु प्रस्तुत।
66. स्टेंसिल के साइक्लोस्टाइल कॉपियाँ कटवाकर वितरण प्रारंभ हो गया है, सहमत हूँ।
67. अगले पेज में इस मामले का विवरण दिया गया है।
68. मामले का दैनिक विवरण निम्नानुसार है।
69. विभाग के कार्यालय ज्ञापन क्रमांक.........तारीख की दू कॉपी लगा दी गई है।
70. केवल सूचनार्थ।
71. सूचना हेतु प्रस्तुत है।
72. आदेश हेतु प्रस्तुत है।
73. मंजूरी-पत्र का प्रारूप अनुमोदन हेतु।
71. कृपया पूर्व टिप्पणी का अवलोकन करें।
75. सामान्य शाखा को कार्रवाई हेतु प्रेषित किया जाए।
76. मामला विचाराधीन है।
77. पावती प्रेषित की जा चुकी है।
78. अतः विचाराधीन पत्र विचारार्थ उनके पास भेज दिया जाए।
79. देखकर वापस किया जाए।
80. विचाराधीन पत्र प्राप्ति की सूचना नहीं भेजी गई।
81. प्रारूप तदनुसार संशोधित कर लिया गया है।
82. मामले में विलंब हेतु खेद है।
83. चरित्र संतोषजनक पाया।
84. .....विभाग को सूचित करते हुए भेज दे।
85. इसका हमारे विभाग से कोई संबंध नहीं है।
86. प्रस्ताव अपने आप में स्पष्ट है।
87. आवश्यक कार्रवाई की जा रही है।
88. .....विभाग से परामर्श लिया जाए।
89. सामान्य आदेश जारी करें।
90. फाइल आने की प्रतीक्षा की जाए।
91. स्वीकृत

92. अनुमोदित।
93. लोवेस्ट रेट्स मँगवाए जाएँ।
94. विवरण संलग्न है।
95. कृपया विभागीय पत्र क्रमांक.........दिनांक.........का अवलोकन करें।
96. कृपया समस्त विवरण भेजें।
97. अग्रसारित।
98. पुनः प्रस्तुत।
99. यह धारणा असत्य पाई जाती है।
100. मामला समाप्त किया जाए।
101. अनुभाग कोई टिप्पणी नहीं करना चाहता।
102. कृपया विचार प्रकट करें।
103. कार्यशाला शीघ्र ही आयोजित की जाए।
104. भुगतान किया जाए।
105. यह मामला ....विभाग को दे।
106. अभ्यावेदन दें।
107. रिपोर्ट की प्रतीक्षा की जाए।
108. ...विभाग को पुनः विचार करें।
109. मामला रिकार्ड किया जाए।
110. स्पष्ट कीजिए।
111. स्पष्टीकरण माँगा जाए।
112. शीघ्र अनुस्माक भेजिए।
113. प्रस्ताव पर ज़ोर न दें।
114. मामले की संक्षेपिका तैयार की जाए।
115. अधिसूचना जारी करें।
116. टेंडर बुलवाए जाए।
117. निपटारा एक माह में हो जाना चाहिए।
118. समन्वय अनुभाग निकाल लें।
119. महानिदेशक ने कागज लौटा दिए।
120. मंजूरी दी जाती है।
121. क्या इंग्लिश टाइपराइटर खरीदना आवश्यक है?
122. आवेदन अस्वीकार कर दिए जाएँ।
123. डेट बढ़ा दी जाए।
124. छुट्टी स्वीकृत की जाए।
125. ......मंत्रालय कृपया इसे देख ले।

126. आश्वासन नहीं दिया जा सकता।
127. इस विषय पर निर्णय अभी संभव नहीं है।
128. कार्यालय इस पर सहानुभूतिपूर्वक विचार करे।
129. जांच शीघ्र पूरी की जाए।
130. शीघ्र संभव नहीं है।
131. विधानसभा-सत्र के पश्चात्.....।
132. ....बाबू की ओर।
133. आदेश जारी किए जाएँ।
134. बिल पास किया जाए।
135. सेंट्रल के मुताबिक बिल है। निरीक्षण किया जाए।
136. निरीक्षण करें।
137. उद्धरण दें।
138. आय-व्यय प्रस्तुत करें।
139. गणतंत्र दिवस की रूपरेखा बनाएँ।
140. सूचना के लिए नई पावती देख लें।
141. सहमति प्रदान करें।
142. तुरंत भेजी जाएगी।
143. भंडार का ब्यौरा प्रस्तुत करें।
144. विवरण संलग्न करें।
145. उपर्युक्त नियम अवलोकनार्थ भेजे।
146. तद्नुसार सूचित' करें।
147. कार्रवाई से अवगत कराएँ।
148. पार्टी को सूचित करें।
149. इश्यू होने के बाद।
150. सत्र समाप्ति पर विचार किया जाएगा।
151. नियम के विपरीत है।
152. वार्षिक समीक्षा की जाए।
153. चरित्र उत्तम है।
154. यथासंभव प्रयास किया जाए।
155. रिक्त पद अभी न भरे जाएँ।
156. कर्मचारी के छुट्टी से आने की प्रतीक्षा करें।
157. कृपया बिल पर हस्ताक्षर कर स्वीकृत करें।
158. बोर्ड ने यह विचार किया है कि किस कारण बिल पर भुगतान में रोक लगाई जाए।

159. जवाब माँगा जाए।
160. फाइल मँगाई जाए।
161. पिछली कार्रवाई के पेपर्स संलग्न करें।
162. प्रतिलिपि सूचनार्थ एवं आवश्यक कार्रवाई हेतु संबंधित विभाग को प्रेषित।
163. दैनिक प्रशासनिक कार्य हिंदी में किए जाएँ।
164. विभागीय कार्रवाई प्रगति पर है।
165. ग़लती से कार्य में विलंब हुआ।
166. भविष्य में ग़लती हेतु ध्यान रखा जाए।
167. विभाग को मंजूरी देने का अधिकार है।
168. अनुपालनार्थ।
169. अगली सूचना तक इंतजार करें।
170. कार्रवाई पुनः प्रारंभ की जाए।
171. कर्मचारियों को आवश्यक सुविधाएँ दी जाएँ।
172. क्या सीएल की एप्लीकेशन प्राप्त हुई है।
173. मामला किस स्थिति में है।
174. .... आप देख लें।
175. निकट भविष्य में विचार किया जाएगा।
176. अंतिम पैरा स्पष्ट करें।
177. पत्र के द्वितीय प्रश्न का जवाब दिया जाए।
178. यह मामले का महत्त्वपूर्ण तथ्य है, इसलिए जवाब देना संभव नहीं है।
179. कार्य हेतु अंतिम प्रोग्राम दिया जाए।
180. यह नियमानुकूल है, स्वीकृति दी जाए।
181. स्पॉट देखना चाहूँगा।
182. जाँच के आदेश दे दिए गए हैं।
183. एप्रूव्ड किया जाता है।
184. चालान किया जाए।
185. संतोषजनक नहीं है।
186. आदेश रद्द कर दिया जाए।
187. व्यक्तिगत सुनवाई कर जाँच की रिपोर्ट प्रस्तुत की जाए।
188. रजिस्टर में नोट करें।
189. सस्पेंशन टाइम का उल्लेख करें।
190. पार्टी मेरे पास भेजें।
191. प्रमाण उपलब्ध नहीं है।

192. सूचनार्थ प्रस्तुत।
193. अवलोकनार्थ।
194. वेतन से वसूल किया जाए।
195. उत्तर भेजा गया है।
196. विचारार्थ प्रस्तुत।
197. वरीयता प्रदान की जाए।
198. सप्लाई हेतु आदेश दिए जाएँ।
199. कार्रवाई की जा चुकी है।
200. सहानुभूतिपूर्वक मध्यम मार्ग अपनाया जाए।
201. शीघ्र निर्णय ले।
202. ....मंत्रालय की ओर अग्रेषित।
203. कार्रवाई संलग्न है।
204. यह मूलभूत नियम है कि कर्मचारी जिस प्रकार के अवकाश की माँग करता है, उसे कम किया जा सकता है अथवा अस्वीकृत किया जा सकता है, परंतु अवकाश को अवकाश स्वीकृत करने वाले अधिकारी द्वारा बदला नहीं जा सकता है।
205. कृपया पावती भेजे।
206. अक्सर यह पाया जाता है कि विभाग के अधिकारी पत्र पर हस्ताक्षर नहीं करते।
207. वे कृपया शासन के निर्देशों के सभी नियमों/बोर्डों एवं स्वायत्तशासी संस्थाओं को जानकारी में लाते हुए उनका परिपालन करने की व्यवस्था करें।
208. कृपया उक्त निर्देशों का पालन करें।
209. कृपया इस ज्ञापन में दिए गए निर्देशों को पूर्ण किया जाए।
210. जाँच की जा रही है तथा शीघ्र भेजी जा रही है।
211. पत्र की स्वच्छ प्रतियाँ हस्ताक्षर हेतु प्रस्तुत हैं।
212. जाँच कर ली गई है। रपट भेजी जा रही है।
213. मुख्यालय को सूचित करें कि श्री शुक्ला ने दिनांक 30.4.86 तक छुट्टी और बढ़ा ली है।
214. आवश्यक कार्रवाई हेतु।
215. कृपया लौटती डाक से मुझे मेरे नाम सें अवगत कराने की अवस्था करें।
216. कृपया वस्तुस्थिति से शीघ्र अवगत कराएँ।
217. कृपया फाइल करें।
218. श्री.....................स्टेनों कृपया सारी तैयारियों दत्तने।

219. कृपया पुट-अप करें।

6.5 खेल-जगत की प्रयुक्तियाँ

1. वाग और मैथ्यूज की चमकीली वल्लेबाजी-दैनिक भारस्कर
2. डीन जोंस, बार्डर और मैथ्यूज की बदौलत आस्ट्रेलिया का विशाल स्कोर-नवीन दुनिया।
3. बायकॉट ने अलविदा कहा-न. दु.
4. प्रथम श्रेणी क्रिकेट से बायकॉट का सन्यास-दैनिक भास्कर
5. संजय स्मारक हाँकी कल से-नवभारत
6. संजय गांधी टूर्नामेंट आज से– दैनिक भास्कर
7. इंदिरा गांधी स्वर्ण हाँकी में चार नए चेहरे शामिल- नवभारत
8. हाँकी कोचिंग कैम्प में चार नए खिलाड़ी- दैनिक भास्कर
9. कानपुर टेस्ट : पहला दिन।
   रवि रलायके शतक के करीब, श्रीलंका विशाल रकोर का तरफ नवी.दु.
10. इस वर्ष मैकमोहन का बोलबाला रहा दैनिक भास्कर
11. टिकिट, गुज़र गया वो जमाना- न.दु.
12. ग्रीन पार्क पर दर्शकों की कमी- दैनिक भास्कर
13. अजहर दोहरा शतक बनाने से चूके : कपिल का लाजवाब सैकड़ा- दैनिक भास्कर
14. भारत का रिकॉर्ड स्कोर, अजहर दोहरे शतक से चूके- नवभारत
15. कपिल का पाँचवाँ सैकड़ा- नवभारत
16. कपिल, अजहर का नयनाभिराम शतक, अजहर के दोहरे शतक में एक रन की कसर, सनी मैन ऑफ़ द मैच- न.दु.
17. भारतीय दल में पंडित के स्थान पर मोहिन्दर-जनसत्ता
18. मोहिन्दर की वापसी- न.दु.
19. सरकार खेलों की सुदृढ़ नीति बनाने की पक्षधर- जनसत्ता
20. अत्या संतुष्ट नहीं- न.दु.
21. उन्होंने मनिंदर को छक्का लगाया-रेडियो कमेंटरी
22. मनिंदर को गली पर तैनात किया।
23. बहुत तेज़ी से चौका गया।
24. मनिंदर आज छाए रहे।

6.6 व्यापार-जगत की प्रयुक्तियाँ

1. तेल भावों में मिश्रित तेज़ी- न.दु.।

2. तिलहन खेती को बढ़ावा देने विस्तृत कार्यक्रम- दैनिक भास्कर।
3. चीनी नरम..................न.दु.।
4. चीनी का उत्पादन घटा, खपत बड़ी- दैनिक भास्कर।
5. माँग पाकर चाँदी उछली- सोना सामान्य रहा।
6. यूनिट के भाव।
7. कोटा घटने से खाद्य तेलों और वनस्पति में तेज़ी का तूफान।
8. शेयर बाज़ार।
9. अनाज सामान्य रहा।
10. स्टॉक एक्सचेंजों के विस्तार पर बल।
11. देश में मूँगफली का सबसे अधिक उत्पादन- दैनिक भास्कर
12. दक्षेस देशों को मूँगफली तकनीकी देने की भारतीय पेशकश-जनसत्ता।
13. पौंड पाँच पैसे मंहगा— जनसत्ता।
14. साबुन वाले तेलों में तेज़ी, किराना में माँग सुला— जनसत्ता।
15. इलायची निर्यात बढ़ाने पर ज़ोर।
16. चाँदी और आगे बड़ी।
17. माल के अभाव में सब्जियों में उछाल, फलों में केला दौड़ा।
18. कुकुंद मंडी पाक्षिक समीक्षा।
19. सत्र समाप्ति के कारण तेलों में खिंचाव, वनस्पति सुर्ख।
20. चाँदी फिर ढलान पर।
21. ऊँची बदली दर के भय से शेयरों में गिरावट।
22. दाल मूँग में मंदी का सिलसिला, चावल गेहूँ पूर्व स्तर पर।
23. मुद्रा स्फीति में गिरावट।
24. तेलों में तेज़ी का ज़ोर, सोयाबीन 100 रु. वनस्पति में 20 रु. की सुखी।
25. 6 लाख टन चीनी कोटा जारी, सट्टेबाजी खत्म।
26. चाँदी थमी, सिक्का खरीदी, बिक्री में 900 रु. का फर्क।
27. बढ़िया फसल के संकेत से खाद्य तेलों में मंदी की गंगा बही।
28. सोया, पामोलिन तेल के आयात का विरोध।
29. मूँग में सुधार के लक्षण, पोहा लुढ़का, सूजी, मैदा में नरमी।
30. तेलों में मंदी की धारणा नहीं।
31. बाज़ार के चेहरा जई, मंदी में लेबाल गायब, दूबरे और दो आषाढ़।
32. चावल की माँग ढीली पड़ी।
33. फल सब्जी बाज़ार पर पर्यूषण पर्व की छाया।
34. नया माल आने से मूँग के भाव लुढ्के चावलों में दवाब बना।
35. स्टॉकिस्टों की पकड़ के बावजूद व्यापार मंदा रहा अगस्त में।

36. जीरा, हल्दी में फर्जी तेज़ी।
37. थोक मूल्य सूचकांक में लगातार वृद्धि।
38. सिक्के में दीवाली माँग की ज्योति।
39. कपड़ा बाज़ार में ग्राहकी सुस्त, रेडीमेड पर लाटरी का हमला।
40. सराफा में मंदी जारी।
41. 155 लाख टन दलहन उत्पादन लक्ष्य पूर्ण होने की संभावना।
42. रुई के भावों में कमी।
43. बंद मिलों की संख्या बढ़ रही है।
44. हस्तशिल्प निर्यात लक्ष्य 66 सौ करोड़।
45. अनाज बाज़ार में कमज़ोर कारोबार।
46. आयात होने से गेहूँ के भाव ढीले पड़े, सूजी, मैदा में नरमी।
47. तेलों में सटोरिये ठंडे पड़े।
48. तेल अरंडी में गिरावट का रुख।
49. हिंद पेट्रोलियम का 60 अरब अ कारोबार।
50. अब सुपर एरियल उपभोक्ता को 5 रु. की छूट।
51. तंबाकू उद्योग संकट में।
52 गोदरेज स्फ्ट एवं पशु आहार संपूर्ण आहार है।
53. गेहूँ दबाव में।
54. तेलों में आशिक मजबूती।
55. चाँदी में मंदी का प्रकोप, सोना में मामूली घट-बढ़।
56. चीनी अपनी मिलों के लिए कुनैन बनी।
57. गेहूँ में गिरावट का रुख।
58. मंडी नाकेदारों द्वारा सब्जी व्यापारियों से अवैध वसूली।
59. चाँदी के भाव धराशायी, सिक्का भी नीचे लुढ़का।
60. मूँग के भाव लुढ़के।
61. वनस्पति औंधे मुँह गिरा, ऊँट अब पहाड़ के नीचे।
62. आयात घटने से पोस्ता दाने में तेज़ी।
63. जमींदार व स्टाकिस्ट गेहूँ के स्टॉक से पीछे हटे।
64. पर्व पश्चात कपड़ा बाज़ार में ग्राहकी के अच्छे संयोग।
65. अंगड़ाई लेकर अंडा दबाव में आया।
66. चेलैया समिति की सिफ़ारिशें शीघ्र लागू की जाएँ : एसोचेम।
67. बासमती में गिरावट।
68. कुस्कुट बाज़ार पाक्षिक समीक्षा।
69. चीनी मिलों के विस्तार हेतु 866 करोड़।

70. चाँदी में घटा-बड़ी।
71. मूँग के भाव जुड़के, सूजी मैदा में नरमी, गेहूँ में सुस्ती।
72. चाँदी में मंदी का तूफान थमा नहीं, सोना में मामूली सुधार।
73. प्रतिक्रियात्मक मंदी के बाद पूँजी बाज़ार में तेज़ी : आरबीआई।
74. मूल्य सूचकांक में मामूली गिरावट।
75. आयात की खबर से चाँदी बेसुध, भाव 6000 पर।
76. गेहूँ में सुधार मूँग ढीली।
77. उचित मूल्य की दुकानों में चावल मंहगा होने के आसार।
78. तेलों में स्टाकिस्ट सक्रिय।
79. देशी चना में तेज़ी आई, मूँग में नरमी।
80. तेल मजबूती की ओर।
81. सभी शेयर बाज़ार में समान सेटलमेंट अवधि शुरू होगी।
82. भावों के पसीने से सोना-चाँदी लथपथ।
83. राखी के धागे व्यापार की चौखट पर।
84. जवाहरात के विदेशी व्यापारियों ने दिवाला पीटा।
85. मुद्रा संकट से उबरने का तरीक़ा।
86. विदेशी मुद्रा कमाकर लौटने वालों पर रोक-टोक पूरी तरह समाप्त।
87. राशन में गेहूँ में पुनः भाव वृद्धि की आशंका।
88. माँग बढ़ने से खाद्य तेलों में सुर्खी।
89. चाँदी भाव 30 के उछाले पर।
90. मौजूदा बांडों पर डिस्काउंट में बढ़ोतरी।
91. अगस्त के लिए 635 लाख टन।
92. शेयर घोटाले में कुछ दलालों के नाम और जुड़ने से कारोबार बंद।
93. स्टॉक के अभाव में खाद्य तेलों में मजबूती।
94. दिल्ली शेयर बाज़ार के सौदे।
95. तिलहन पेराई पर अनारक्षित नीति लागू होने की संभावना।
96. अनाज बाज़ारों में गेहूँ भावों पर मौसम हावी।
97. चाय उद्योग पर संकट के बादल।
98. शेयर दलालों पर सरकारी-तंत्र हावी।
99. चाय की नीलामी भी कमज़ोर हो गई।
100. यूरोपीय समुदाय का एकीकृत बाज़ार 6 जनवरी को महत्त्वपूर्ण साबित होगा।
101. बम्बई शेयर बाज़ार का खुशनुमा दिन।
102. भारत गोल्ड माइंस को लगातार घाटा।

103. वैध भुगतान वाले शेयर कुर्की से मुक्त।
104. होटल उत्सव में अमेरिकल डायमंड आभूषणों की भव्य प्रदर्शनी सह बिक्री।
105. डी.के. कैमो प्लास्ठ 28 जुलाई से पूँजी बाज़ार में।
106. चना दाल वर्षों बाद 1000 की उड़ान पर।
107. चने की मंदी भारी तेज़ी की ओर अग्रसर पर।
108. अधिक उपभोग वाली वस्तुओं पर सबसिडी बदस्तूर जारी रहेगी।
109. बम्बई शेयर सूचकाक।
110. लघु उद्योगों हेतु ब्याज दर घटाने की माँग।
111. चाँदी भी आयात में शामिल होने की ओर।
112. मिल डिलेवरी शक्कर में उछाल।
113. मध्यप्रदेश राज्य तिलहन संघ को एक और विशेष पुरस्कार।
114. खारक फसल सितम्बर मध्य के पूर्व आने की संभावना नहीं।
115. फिक्की द्वारा आवश्यक उपभोक्ता क़ानून को आगे नहीं बढ़ाने का सुझाव।
116. काजू निर्यात बढ़ाने के लिए सतत प्रयास जारी।
117. खांडसारी आवक से शक्कर फिर टूटी।
118. 6 वर्षों के बाद किराना जिंसों के निर्यात में इजाफा।
119. टिस्को शेयर खरीदने की अनुमति मिली।
120. नई शक्कर मिलों के लिए गुंजाइश।
121. सार्वजनिक क्षेत्र के शेयरों की बिक्री पर लोकसभा में सरकार की ज़ोरदार खिंचाई।
122. गाँव और शहर के लिए अलग-अलग आयात-निर्यात क़ानून बनाने की माँग।
123. ग़ैर खाद्यान्न फसलों पर रुझान बढ़ने से खाद्यान्न संकट का खतरा।
124. शेयर घोटालों के पर्दे में ऐसे भी लोग थे।
125. तेज़ी की लालच में आले का बुखार उतरा।
126. सोने के भविष्यवाणी बदलने के आसार।
127. गेहूँ चावल को छोड़कार अन्य जिंसों में मंदी।
128. हफ्ता भर की दूरी के बाद भी राखी बाज़ारों में सन्नाटा।
129. चाँदी झटका खा गयी।
130. दलहन संघ का सम्मेलन।
131. गेहूँ की आवक 15 हज़ार बोरी।
132. सावन का महीना और चाँदी का मौसम।

133. शक्कर गुड बाज़ार पर मंदी यथावत।
134. गेहूँ दड़ा 5 रु. की मंदी पर उतरा।
135. प्रमुख किराना बाज़ारों में तेज़ी की चर्चा।
136. नन्ही सावलिया घरेलू आटा चक्की में जूस, आलू चिप्स, गीली दाल पीसने की नई विधि।
137. देशी चने पर तेज़ी अँगूठा दिखा गई।
138. शेयर बाज़ार में मंदड़िये हावी।
139. तेल तिलहन में मिला-जुला रुख।
140. बेहतर बरसात ने अनाज सटोरियों को खमोश किया।
141. सोना घटा, चाँदी में घट-बढ़।
142. गुड चीनी चौतरफा मंदा।
143. मूँग, उड़द सरसों मंदी की चपेट में।
144. किसान अपना माल आढ़त में बेच सकते हैं।
145. चाँदी सोने के घटे उठाव से व्यापार ठप।
146. बिक्री कर हटाने की बात निराधार।
147. कनाडा गेहूँ भारत की ओर।
148. खाद्य तेलों की इई में 6 लाख टन की कमी।
149. एशिया में खाद्यान्न उत्पादन की स्थिति।
150. अमेरिकी मुन्ना व्यापार पर शंका।
151. काली मिर्च के भाव टूटकर आधे रह गए।
152. मास्टर गेन 8 हज़ार करोड़ रुपयों के शेयरों को डिबेंचरों में शामिल करेगा।
153. मुद्रा स्फीर्ति और मूल्य सूचकाँक।
154. चार सौ शेयर दलालों की स्थिति भुगतान करने योग्य नहीं।
155. मूल्य सूचकांक 226.2 पर पहुँचा।
156. सोना-चाँदी में सुधार।
157. शेयरों में ऊँचे प्रीमियम का लालच देने वाले प्रमोटर।
158. बाज़ारों की साप्ताहिक समीक्षा का लेखा-जोखा।
159. तेल तिलहन में गिरावट।
160. गेहूँ के बाद अब चावल आयात की चर्चा।
161. उत्पादन में तरक्की शक्कर ने की।
162. शेयर प्रतिबंधों पर और अधिक ढील।
163. नई तकनीक से गन्ने की दुगनी फसल।
164. बादाम खरीदना हर आदमी के बस में नहीं।

165. सुपारी 60 रु. किलो की स्थिरता पर।
166. दाल भावों में उतार का सिलसिला कायम।
167. दान में मिला हुआ सोयाबीन तेल अगले माह भारत आने की उम्मीद।
168. संतान सातें तक चाँदी उछाल पर रहेगी।
169. व्यापारियों की घोषित हड़ताल स्थगित।
170. स्वर्ण बैंक स्थापना अभी भी अधर में।
171. संगठित मार्केट के बग़ैर दाल भावों की असलियत का पता चल पाना मुस्किल।
172. शक्कर पर दिशावरी माँग कमज़ोर।
173. गेहूँ चावल का बकाया स्टाक छटेगा।
174. वर्षा की बौछारों से संग्रह खोरी पर अंकुश।
175. हीरा बाज़ार को स्थिर रखने हेतु डिबीयर्स द्वारा व्यापक पैमाने पर खरीदी का क्रम।
176. छोटे और मझोले व्यवसायी भी आयकर दाताओं की लिस्ट में।
177. सितम्बर के शक्कर कोटा से भाव बड़े।
178. कनाडा से आयातित गेहूँ पहुँचने से भाव टूटे।
179. सोने की भारी आवक भी बाज़ारों पर बे-असर।
180. बुक बांड की नई दिलखुश चाय का बाज़ार में प्रवेश।
181. तेलों में मंदी।
182. चना, मसूर को छोड़कर अन्य जिंसों में मंदी।
183. आस्ट्रेलिया से 5 लाख टन सफेद गेहूँ का आयात तय।
184. हरी ककड़ी के भावों में तीजा पर्व का दबाव।
185. शेयर सूचकांक में उछाल।
186. अमरीका का उपहार कृत तेल अगले माह।
187. खाद्य तेल बाज़ारों में मिला-जुला रुख।

6.7 विज्ञापन-जगत की प्रयुक्तियाँ

विज्ञापन वस्तुओं की विशेष रूपों से जानकारी देने का एक माध्यम है, जिसके द्वारा वस्तुओं की माँग में वृद्धि की जाती है। 'विज्ञापन' विक्रय-कला का एक प्रमुख अंग है, जिसके द्वारा ग्राहक में उस वस्तु-विशेष को खरीदने की इच्छा जागृत की जाती है।

विज्ञापन निम्न कार्यों की पूर्ति करते हैं :-

1. विज्ञापन वस्तुओं की जानकारी अधिक से अधिक लोगों तक पहुँचाते हैं।
2. विज्ञापन लोगों के अंदर वस्तुओं के गुणों के विषय में विश्वास पैदा करने

का प्रयास करते हैं।

3. विज्ञापन लोगों में वस्तुओं को खरीदने की इच्छा जागृत करते हैं।

विज्ञापन के उद्देश्य

सामान्यतः विज्ञापन के निम्न उद्देश्य होते हैं–

1. उत्पादनों की जानकारी देना
2. बिक्री बढ़ाना।
3. उत्पादक और उपभोक्ता के बीच प्रत्यक्ष संबंध स्थापित करना।
4. वितरण-प्रणाली को सहज बनाना।
5. मूल्यों में स्थिरता लाना।
6. प्रतिस्पर्धा की क्षमता बढ़ाना।
7. व्यापार की ख्याति बढ़ाना।
8. उचित मूल्य पर उत्तम वस्तु प्रदान करने का प्रयास करना।

विज्ञापन के माध्यम वर्तमान प्रगतिशील युग में विज्ञापन क्त स्थान अति महत्त्वपूर्ण है। आजक विज्ञापन के अनेक माध्यम प्रचलन में है। विज्ञापन का सही माध्यम विज्ञापन की सफलता के लिए विशेष रूप से उत्तरदाई होता है। आजकल विज्ञापन के निम्नलिखित माध्यम अपनाए जाते हैं:–

1. समाचार-पत्र और पत्रिकाएँ।
2. दूरदर्शन एवं आकाशवाणी, फिल्म (सिनेमा), लाउडस्पीकर।
3. डाक द्वारा प्रत्यक्ष विज्ञापन।
4. बाह्य विज्ञापन (दीवारों पर लगे पोस्टर, पैम्पलेट आदि) विज्ञापन दाता विभिन्न माध्यमों के द्वारा वस्तु की सूचना देता है, उपभोक्ता का ध्यान आकर्षित करता है, रुचि-निर्माण करके वस्तु की बिक्री बढ़ाने के विभिन्न आकर्षणों द्वारा अपना व्यवसाय विकसित करने का प्रयास करता है। विज्ञापन के द्वारा उद्देश्यों की पूर्ति करने के लिए कुछ आवश्यक तथ्य निम्न हैं–

1. आकर्षण।
2. रुचि-निर्माण बढ़ाना।
3. इच्छा की तीव्रता बढ़ाना।
4. इच्छित उद्देश्यों की पूर्ति करना।

विज्ञापन चाहे दीवार पर हो, चाहे समाचार-पत्रों में, उसमें अपनी ओर खींच लेने की क्षमता होनी चाहिए। विभिन्न रंग, चित्र, विभिन्न प्रकार की लिखावट, आदि के प्रयोग से विज्ञापनों का आकर्षण बढ़ाया जाता है। विज्ञापन के आकर्षण से लोगों के मन में रुचि पैदा होने के कारण वस्तु का क्रय बढ़ सकता है। घोषणा, घटनाओं का उल्लेख प्रमाणित आँकड़ों के सहारे विज्ञापन के द्वारा कुछ संदेश भी दिया जाता है। अनेक प्रलोभनों या आश्वासनों के कारण

ग्राहक को वस्तुओं को लेने के लिए बाध्य कर दिया जाता है। यही विज्ञापन के उद्देश्यों की सफलता है।

विज्ञापन में इन बातों के अतिरिक्त कुछ सामान्य बातों पर भी ध्यान दिया जाता है–

(1) विज्ञापन की भाषा सरल और स्पष्ट हो।

(2) विज्ञापन की प्रतिलिपि संक्षिप्त किंतु पूर्ण हो।

(3) प्रतिलिपि में वस्तु से संबंधित गुण– विशेषताओं का उल्लेख हो।

(4) प्रतिलिपि में नवीनता हो।

(5) प्रतिलिपि में अतिशयोक्ति एवं कृत्रिमता न हो।

(6) प्रतिलिपि समयानुकूल हो।

विज्ञापन को प्रभावशाली बनाने के लिए प्रो. डावर ने निम्न गुणों का होना आवश्यक बताया है।

1. ध्यानाकर्षण तत्त्व :- चित्र, रंगों का प्रयोग, मार्मिक नारे, आकर्षक शीर्षक, प्रदर्शन आदि के प्रयोग से ध्यानाकर्षण किया जा सकता है। उदा

- परिवार के लिए मां की पसंद 'डालडा'
- उत्तम सिलाई की नींव 'मोदी धागा'
- तकलीफ से आराम पचनोल'

2. सुझाव तत्त्व :- संक्षिप्त, सरल और स्पष्ट शब्दों में वस्तु की विशेषताओं का उल्लेख करना चाहिए। लोगों के मन में वस्तुओं के प्रति विश्वास पैदा करने के लिए, विशिष्ट अनुभवों का उल्लेख और विधि को बतलाना चाहिए। उदाहरण–

- माधुरी दीक्षित के सौंदर्य का राज लक्स'
- सफोला' के प्रयोग के कारण ही मेरा भोजन अधिक स्वादिष्ट होता है।
- अपने दाँतों की सुरक्षा के लिए 'बिनाका टूथब्रश' का प्रयोग कीजिए।
- 'हॉर्लिक्स' ज़्यादा शक्ति देता है।

3. विश्वास-तत्त्व :- जिन लोगों के लिए विज्ञापन दिया जाता है, उसकी भाषा और शैली से लोगों के मन में विश्वास पैदा हो सके, अर्थात् विज्ञापन में आश्वासनों को देना आवश्यक है। उदाहरण–

- शुद्धता की गारंटी एगमार्क
- सनलाइट साबुन शुद्ध वनस्पति तेलों से बना हुआ है। चर्बी साबित करने वाले को 1000 रु. का इनाम।

4. भावात्मक तत्त्व :- विज्ञापन में लोगों की भावनाओं के अनुकूल ही शब्दों एवं चित्रों का प्रयोग किया जाए। उदाहरण–

- कुटीर उद्योगों का संरक्षण दीजिए।
- भारतीय साहस तथा पूँजी से बनी, हिंद साइकिल।

- स्वदेशी माल ही खरीदिए।

5. शिक्षा-तत्त्व :- वस्तु की प्रयोग-विधि का विज्ञापन प्रतिलिपि में वर्णन किया जाए। उदाहरण–

- 'ताज' स्फूर्ति और ताजगी पहुँचाने वाली चाय.............
- पहले ताजा पानी लीजिए।
- उबलने के बाद चीनी डालिए।
- चाय की पत्ती डालिए और 2 से 4 मिनिट तक ढके रखिए।
- स्वाद और आवश्यक रंग आने तक दूध-डालिए।
- प्यालों में भरकर उसका असली मजा लीजिए।

मनोविज्ञान ने सिद्ध कर दिया है कि व्यक्ति की अपनी कुछ स्वाभाविक प्रवृत्तियाँ या इच्छाएँ होती हैं। प्रत्येक व्यक्ति अपनी इन इच्छाओं की पूर्ति करना चाहता है। आधुनिक विज्ञापन में ऐसी प्रवृत्तियों का सहारा लेकर वस्तुओं के प्रति ग्राहकों को आकर्षित किया जाता

उदाहरण–

- नानी ने माँ से कहा

और

माँ ने मुझसे कहा

ग्राइपवाटर

बच्चों को तंदुरुस्त और हँसमुख बनाता है। (पैतृक प्रवृत्ति)

- अपने दाँतों को

सुरक्षित रखिए

और बिनाका फ्लोराइट इस्तेमाल कीजिए। (सुरक्षा प्रवृत्ति)

- अपने देश की रक्षा के लिए, अपने भविष्य के लिए

इंदिरा विकास पत्र खरीदिए। (संचय प्रवृत्ति)

- सुंदरता की प्रतिमा

कितने ही डिजाइनों तथा हल्के से हल्के।

गहरे से गहरे........

रंगों वाले मोहक वस्त्र

हकोना। (वस्त्र प्रवृत्ति)

- बढ़िया से बढ़िया साबुन की टिकिया से कहीं अधिक धुलाई की शक्ति के लिए

- सनलाइट

थोड़ा-सा सनलाइट रगड़िए और

लीजिए ढेर-सा झाग

आज ही सनलाइट इस्तेमाल कीजिए।

सनलाइट हिंदुस्तान लीवर का उत्पादन। (कौतूहल प्रवृत्तियो)

विज्ञापन के विभिन्न प्रकार

1. - रैलीफैन,
   'रोशनी आई
   बचत भी लाई'
   चार बल्ब मुफ्त....
   रैलीफैन के हर एक टेबल या
   सिलिंग पंखे की खरीददारी पर।
   यह भेंट 31 जुलाई तक ही है। जल्दी कीजिए।
   - जब खरीदें, ऊषा ही खरीदें- ऊषा फैन।
2. - रंग रूप में आज भी वही बालापन '**पियर्स साबुन**'
   - रंग रूप का दर्पण........चंदन
   - शान और सफाई, जैसे लांड्री की धुलाई डबल बी
   - सुपर रिन की चमकार ज़्यादा सफेद
   निरमा सुपर.........
   दाम फिर भी कम।
3. शिंगार कुम-कुम हरेक सौंदर्यवती के पहचान
   - सभी की पसंद शिल्पा बिंदिया..............
4. एक अत्योत्तम टॉनिक में जो कुछ होना चाहिए इसमें वह सब कुछ शागिल है, वरन् इससे कुछ अधिक! हमदर्द का सिंकारा
   विश्व प्रसिद्ध फैमिली टॉनिक प्रत्येक ऋतु में सबके लिए।
   - सरदर्द की खास दवा इवीक्स विन– 500
   - हरेक परिवार की आवश्यकता कैलास जीवन मल्टीपर्पज आयुर्वेदिक क्रीम।
5. **॥ राजकमल ॥**

   सुबह 6 बजे
   टैक्स फ्री टैक्स फ्री
   दामिनी
   कलाकार-ऋषिकपूर, सनी देवल, मीनाक्षी, परेश रावल, अमरीशपुरी

   टाटा चाय

   - कम दाम में ऊँचा क्वालिटी की आपकी भरोसेमंद टाटा चाय। बागानों में ही पैक हुई खास आप ही के लिए यह जायकेदार चाय बिना किसी अतिरिक्त मूल्य के
6. दिन भर की थकान मिटाए, रेड लेबल चाय।
   - स्वाद और सुगंध में आज भी सर्वोत्तम सपट चाय।
7. बच्चों और महिलाओं के लिए खुशखबरी।
   सेल..... सेल..... सेल......
   सुनहरा मौका हाथ से न जाए, केवल 25 दिसम्बर तक सभी प्रकार के कपड़े

और कई प्रकार की साड़ियाँ आज ही खरीदिए।

होटल ऋषि एजेंसी, जबलपुर

- ग्राहकों की माँग पर दूसरी बार जबलपुर, सुपर मार्केट में खद्दर के कपड़ों की सेल..... 5 रुपये से 50 रुपये तक की छ..यह योजना 2 अकबर तक ही है।

8. बच्चों को कान्वेंट में पढ़ाए या सरकारी स्कूल में उन्नति और विकास के लिए 'नंदन' का हर अंक उन्हें अवश्य दें।
   - 'कादंबिनी' भारतीय भाषाओं की विशिष्ट पत्रिका
   जून-93 तंत्र और सम्मोहन विशेषांक
   कीमत सिर्फ 6 रुपये, अपनी प्रति आज ही बुक करके रखिए!
9. उड़ता घोड़ा छाप दियासलाई
   घर भर में रोशनी लाई।
   - गुलाब सुरक्षित दियासलाई, प्रभात मैच फैक्टरी शिवकाशी
   - एक्सप्रेस दस रंगों से युक्त मैचेस, कीमत 50 पैसे
10. स्वाद और सुगंध
    बादशाह मसाला
    उत्पादक— कुलकर्णी एंडसन्स, मुंबई-70
    - कामधेनु आचार और पापड़ का मसाला
    उत्पादक-भवानी पेठ, पुणे
11. धारा-धारा शुद्ध
    धारा-डबल फिल्टर्स, मूँगफली तेल
    अंतरराष्ट्रीय टेंपर प्रूफ पैक में उपलब्ध।
12. 'मोनिका' नमकीन और मीठा
    कुरकुरा स्वाद भरा....
    - स्वाद भरे, शक्ति भरे 'पारले जी'
13. शुद्धता की पहचान, कोको केअर हेअर ऑईल
    - बालों में सुंदरता का राज सिमको सिकाकाई तेल
14. साफ स्वास्थ्य और डैंड्रफ रहित बालों के लिए क्लिनिक स्पेशल शैंपू
15. जब अच्छी चीज चाहिए, तो मालेक्स ही लाइए मालेक्स प्रेशर कुकर।

7
हिंदी भाषा का मानकीकरण

7.1 मानकीकरण की संकल्पना

'मानकीकरण' भाषा की एक सहज सामाजिक प्रक्रिया है। इस प्रक्रिया के द्वारा भाषा के प्रचलित अनेक विकल्पों में से एक का चयन अथवा निर्धारण किया जाता है। विकल्प रहित होना ही किसी भाषा की वैज्ञानिकता भी है, किंतु यह स्थिर प्रक्रिया नहीं है। जब कोई भाषा संक्रमण की प्रक्रिया में रहती है, तो उसके स्वरूप का पूर्णतः मानक हो पाना संभव नहीं हो पाता। कारण कि उसके नित्य अधुनातन प्रयोगों से विकल्पों की एकाधिक स्थितियाँ निर्मित होती रहती हैं।

विलियम ए स्टीवर्ट (1970:534) ने मानकीकरण की परिभाषा इस प्रकार से दी है : प्रयोक्ताओं के समुदाय के भीतर 'शुद्ध' प्रयोगों की परिभाषा करने वाले मानदंडों के औपचारिक समुच्चय का संहिताबंधन और स्वीकृति। इस प्रकार मानकता से तात्पर्य उस सापेक्ष स्थिति से है, जो संबंधित कई समान स्थितियों में 'मान' अथवा आदर्श के रूप में गाढ़ा अथवा स्वीकार्य होती है। मानकीकरण में भाषिक तत्त्वों का मिश्रण सतत होता रहता है। तात्पर्य यह है कि इसमें यथापेक्षित तत्त्व जुड़ते रहते हैं।

अतः 'मानक' भाषा से तात्पर्य किसी भाषा समूह के उस भाग से है, जो उस भाषा के अन्य समस्त भाषा रूपों को 'मानक' के रूप में स्वीकार्य अर्थात् उस भाषा के बोलनेवाले उस भाषारूप का प्रयोग अन्य भाषा-भाषियों के साथ करें और अपनी अधीनस्थ बोली के प्रयोग करनेवालों के साथ उस रूप का प्रयोग करते समय प्रतिष्ठा का अनुभव करें। मानकभाषा उस भाषा के बोलनेवालों के लिए सामाजिक प्रतिष्ठा का प्रतीक है। अतः मानकभाषा' की संकल्पना मुख्य रूप से सामाजिक है, संरचनात्मक नहीं। यह समाज के मानक वर्ग की भाषा होती है। अपनी मानकता अर्थात् प्रतिष्ठा के कारण कभी-कभी मानकभाषा ही राष्ट्रभाषा बन जाती है।

संरचनात्मक दृष्टि से मानकभाषा भी अपनी भाषा के विभिन्न रूपों में से एक रूप अर्थात् एक बोली होती है, किंतु मानक बनते ही उसकी विशिष्ट बोलीगत विशेषताएँ निरस्त होने लगती हैं तथा वह 'क्षेत्रीय' से अक्षेत्रीय' बनना शुरू करती

है, तब वह बोली विज्ञेष' नहीं रह जाती। और इस कारण कुछ विशेष परिस्थितियों में वह किसी की मातृभाषा नहीं रह जाती। अक्षेत्रीाय' तथा अबोली' बनना भाषा की अनिवार्यता है, क्योंकि मानक भाषा किसी एक क्षेत्रीय बोली की अपेक्षा अधिक विस्तृत क्षेत्र में प्रयुक्त होती है तथा उसे एक समूह-विशेष की बोली के सामान्य प्रयोग की अपेक्षा एक से अधिक समूहों के विभिन्न प्रयोगों के लिए उपयुक्त होना पड़ता है। इस आवश्यकता के फलस्वरूप मानक भाषा की प्रकृति का विकास दो परस्पर विपरीत दिशाओं में होता है। इस प्रक्रिया का लक्ष्य होता है आंतरिक, अर्थात् संरचनात्मक दृष्टि से संसंजन तथा बाह्य, अर्थात् प्रयोग की दृष्टि से क्षेत्र-विस्तार। संरचनात्मक संसंजन के कारण विस्तृत क्षेत्र में प्रयुक्त होने पर भी उसमें एकरूपता संभव हो सकती है। प्रयोग-क्षेत्र के विस्तार के कारण वह जीवन से जुड़े हुए विभिन्न भाषाई प्रयोगों के लिए सक्षम बनती है। इस प्रकार संरचना की दृष्टि से अधिकतम बहुरूपता प्राप्त करना मानक भाषा का चरम लक्ष्य होता है।

संरचनात्मक एकरूपता का आदर्श रूप तो वह है, जिसमें किसी एक शब्द का एक ही उच्चारण तथा एक ही वर्तनीगत रूप हो, प्रत्येक शब्द के लिए एक भिन्न शब्द तथा प्रत्येक शब्द का एक अलग एवं समस्त कथनों के लिए अपवाद रहित एक व्याकरणिक ढाँचा हो। यह तभी संभव है जब कि भाषा स्थिर हो, अर्थात् उसमें किसी प्रकार का भाषाई परिवर्तन न आ पाए। यह स्थिति व्यावहारिक दृष्टि से संभव नहीं है, क्योंकि किसी भी जीवित भाषा के लिए अपरिवर्तशील रहना संभव नहीं है।

संरचनात्मक एकरूपता तथ। प्रयोगात्मक बहुरूपता की परस्पर विपरीत प्रवृत्ति कभी-कभी एक-दूसरे की गति की अवरोधक बन जाती है। रूप या संरचना की स्थिरता भाषा के बाह्य व्यवहार को सीमित कर सकती है या प्रयोग अथवा व्यवहार का विस्तार संरचना की एकरूपता को खंडित कर सकता है। पहली स्थिति का उदाहरण संस्कृत है, जिसे लोक-व्यवहार से इसलिए हटना पड़ा, क्योंकि उसकी रचना स्थिर बन गई थी; और दूसरी स्थिति का उदाहरण हिंदी है, जिसमें क्षेत्र-विस्तार के कारण उतनी संरचनात्मक एकरूपता नहीं है; कहीं वह बंबइया हिंदी है तो, कहीं कलकतिया, दिल्ली में वह पंजाबीपन लिए हुए है, तो बनारस और बलिया में पूर्वीपन।

अतः मानक भाषा के लिए मध्य मार्ग अपनाना आवश्यक है, जिससे वह एकरूपता (संरचना) एवं बहुरूपता (प्रयोग) के दुहरे लक्ष्य को प्राप्त कर सके।

इस दुहरे उद्देश्य की सिद्धि के लिए मानक भाषा में सतत लचीलेपन और बौद्धिकीकरण के गुण होने चाहिए (गार्विन, 1914) जिससे वह सांस्कृतिक परिवर्तनों के अनुकूल अपने को ढाल सके तथा आधुनिक औद्योगिक, बहुधर्मी, बहुजातीय तथा शैलीगत दृष्टि से आदान-प्रदान का ऐसा संपर्क स्थापित कर सके, जिसे परस्पर 'अनुवादकत' का नाम दिया जा सक्ता है। (फ़र्ग्यूसन, 1968)।

7.2 मानकीकरण के सोपान

मानकीकरण के चार सोपान हैं– चुनाव, संसंजन, प्रयोग, और स्वीकृति।

मानकीकरण की प्रक्रिया उस समय प्रारंभ होती है, जब किसी भाषा के विभिन्न रूपों (बोलियों) में से किसी एक रूप को मानक बनाने के लिए चुना जाता है। इस चुनाव के बनेक कारण हो सकते हैं, यथा शासन का बल, धर्म का आश्रय, साहित्य की श्रेष्ठता, आदि। चुनाव के पश्चात् संबंधित बोली में संरचनात्मक संसंजन तथा प्रयोगात्मक विस्तार प्रारंभ हो जाता है; जिसके फलस्वरूप वह किसी विशेष क्षेत्र की बोली न रहकर अक्षेत्रीय बन जाती है। तब उसे संपूर्ण भाषा-समूह का प्रतीक स्वीकार कर लिया जाता है।

'मानक भाषा' के लिए भाषा के किस रूप को चुना जाए; इसके लिए कोई विशेष बंधन नहीं है। उदाहरणार्थ, फ़िनलैंड में मानक भाषा का आधार वहाँ की एक बोलचाल की बोली को बनाया गया है, इजराइल में क्लासिकल भाषा हिब्रू को मानक भाषा के रूप में स्थापित किया गया है। मानक भाषा के विकास के लिए बोलियों को अनिवार्य रूप से कुछ बलिदान करना पड़ता है, क्योंकि उनको अपना क्षेत्र सीमित ही रखना पड़ता है। यदि उनके क्षेत्र का विकास होने लगता है, तो उसके बोलने वालों की भाषाई स्वामिभक्ति मानक भाषा के प्रति न होकर उस बोली-विशेष के प्रति होने लगती है और वे मानक भाषा को प्रतिष्ठा का प्रतीक नहीं मानते। यह बात मानक भाषा के विकास में बाधा उत्पन्न करती है। कहने की आवश्यकता नहीं है कि हिंदी कई विभिन्न बोलियों के विकास का अनावश्यक प्रयत्न हिंदी के विकास की गति को मंद करेगा।

प्रतिष्ठा का प्रतीक एवं मानक वर्ग की भाषा होने के कारण मानक भाषा ही कभी-कभी राष्ट्रभाषा बन जाती है। राष्ट्रीय भावना के विकास के लिए राष्ट्रीय एकता की आवश्यकता पड़ती है। मानक भाषा विभिन्न क्षेत्रों में संपर्क का साधन होने के कारण राष्ट्रीय एकता में सहायक होती है। अतः देश में राष्ट्रीय भावना का जितना ज़्यादा विकास होगा, मानक भाषा के विकास की गति उतनी तीव्र होगी।

भाषा के मानकीकरण और 'लेखन' का आपस में गहरा संबंध है। लेखन भाषा को न केवल स्थिरता एवं स्थायित्व प्रदान करता है, अपितु लेखन से भाषा के संरचनात्मक संसजन या आकार की एकरूपता बनाए रखने में बड़ी सहायता मिलती है। मानक भाषा का लिखित रूप आदर्शरूप बनकर उच्चारण की भिन्नताओं को नियंत्रित करने में सहायता प्रदान करता है। मानक भाषा में प्रयोग की विविधता रख बहुरूपता भी लेखन के माध्यम से ही आती है। इसलिए सामान्य रूप से भाषा का लिखित रूप ही 'मानक भाषा' कहलाता है। लेखन के माध्यम से ही मानक भाषा विकास के विभिन्न स्तरों को पार करती है। मानक भाषा के संबंध में जब 'विकास'

शब्द का प्रयोग किया जाता है, तब उसका उद्देश्य प्रयोग या व्यवहार के विस्तार से होता है। लेखन के संबंध में भाषा विकास की प्रक्रिया का विवेचना करते हुए क्लॉस कहते हैं; कि आरंभ में यह भाषा लोक साहित्य तथा हास्य-व्यंग्य का माध्यम रहती है; उसके पश्चात् उसमें सामान्य गीत रचना आरंभ होती है; इसके पश्चात् सामान्य गद्य और गंभीर विवेचना-पूर्ण गद्य की रचना होती है। विकास का अंतिम स्तर है– वैज्ञानिक तकनीकी रचनाओं तथा शासन व्यवहार में उसका प्रयोग क्तीस (1952)। इस संदर्भ में यदि हिंदी को देखा जाए तो लगेगा कि हिंदी लोक साहित्य पद्य एवं गंभीर गद्य में प्रयुक्त होने के स्तर पार कर चुकी है तथा अब विकास के अंतिम चरण में आ पहुँची है; जब भाषा का प्रयोग वैज्ञानिक विषयों की मौलिक रचनाओं एवं शासन में होने लगता है।

इसे त्रिकोण से निर्देशित किया जा सकता है–

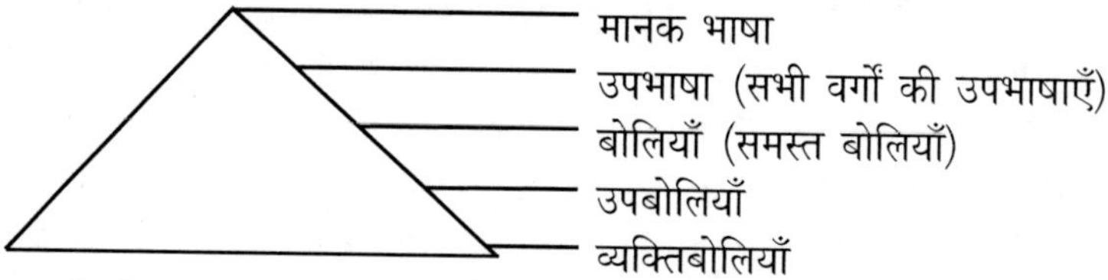

यह त्रिकोण मानक भाषा का बोधक है। इसी में व्यक्तिबोलियाँ, उपबोलियाँ एवं उपभाषाएँ समाहित हैं। इन्हीं के ऊर्ध्वपरत पर मानक हिंदी की स्थापना हुई है। आज मानक हिंदी अपना जो भी रूप ग्रहण कर पाई है, उसमें न केवल खड़ी बोली का, अपितु सभी बोलियों एवं उपभाषाओं का योगदान है।

7.3 मानकीकरण के आवश्यक तत्त्व

भाषा के संबंध में मानकीकरण को निम्नांकित तीन तत्त्वों में परिभाषित किया जा सकता है:-

(1) क्षमता (2) परिमेयता (3) साधारणता

7.3.1 क्षमता

मानकीकरण की तकनीकी अत्यंत विस्तृत और अदोहित क्षेत्र है। एक आधारभूत बिंदु जिसका यहाँ उल्लेख करना आवश्यक है कि हम क्षमता का कोई निश्चित मापदंड नहीं बना सकते और न ही इस पर नए तत्त्वों को किसी स्तरीय क्रम में रख सकते हैं; क्योंकि एक स्वरूप जो कि एक निश्चित उद्देश्य और विशेष कार्य के लिए अधिक प्रभावी हो सकता है, वही दूसरे के लिए कम प्रभावी हो सकता है। अतः हमें दोनों की आवश्यकता है– (अ) विशेष और निश्चित उद्देश्य जो कि एक दूसरे से भिन्न और असमान स्तर पर हैं तथा (ब) उपयुक्त वैकल्पिक समूह। मानकीकरण

की व्यवस्थित तकनीकी सरल और उपयोगी है, परंतु एक विधि के रूप में प्रत्येक बिंदु पर संभावित निर्णयों ओर विकल्पों की संभावनाएँ प्रदान करती है। हमें क्षमता को मापने की विधि की आवश्यकता नहीं है, किंतु उसकी तुलना की आवश्यकता तो हे ही। सांख्यिकीय सिद्धांतों को निश्चित करने में मापन-क्षेत्र की अनुपस्थिति को छोड़ा नहीं जा सकता। सांख्यिकीय अनुपात शक्ति के लिए एक सूत्र हो भी सकता है और नहीं भी। सांख्यिकीय दृष्टि से मानकीकरण एक विचित्र घटना है और इसी कारण सर्वथा अनिश्चित भी है। यदि हम 'प्रधानमंत्री' की वर्तनी को दस बार मानकीकृत कर सकें तो प्रत्येक प्रयास में हम सफलता की संभावना का सांख्यिकीय माप कर सकते हैं। अतः एक विशिष्ट मानकीकरण केवल एक बार ही होता है। एक महत्त्वपूर्ण बिंदु मानकीकरण के क्षेत्र में 'स्वनिमविज्ञान' है। वर्णनात्मक भाषा-विज्ञान में स्वनिम विज्ञान बहुत ही आवश्यक और विशेष अध्ययन का क्षेत्र है।

उपर्युक्त तथ्यों को ध्यान में रखते हुए 'क्षमता' की इस विवेचना को तीन भागों में विभक्त किया जा सकता है– (1) लेखन (2) व्याकरण (3) शब्द-कोश या निघंटु

7.3.1.1 लेखन

लेखन के अध्ययन में, व्यापक ओर विशिष्ट आलेखन के मध्य की आधारभूत भिन्नता को ध्यान में रखना आवश्यक है। व्यापक आलेखन में लेखन-प्रणाली के एक-दूसरे से संबंधित ज्ञात संकेतों का प्रयोग किया जाता है, जबकि विशिष्ट आलेखन में संकेतों के विशिष्ट प्रयोग का (जिसके लिए वे संकेतित हैं) विचार किया जाता है। यह भिन्नता उसी प्रकार की है, जैसे कि वाक्य में शब्दों के 'व्याकरण-सम्मत प्रयोग' और 'अर्थपरक प्रयोग' के मध्य होती है।

व्याकरण आलेखन में पहली समस्या विभक्तीकरण की है। इस विधि में पहले असमान टुकड़ों या ग्राफ़ों को सूचीबद्ध किया जाता है और उसके बाद सतत निरीक्षण के बाद उपर्युक्त रेखाचित्रों को सूचीबद्ध किया जाता है। तात्कालिक या प्रारंभिक सूची में लिए गए कुछ रेखाचित्रों या आलेखों को विभिन्न वर्गों में विभक्त किया जाता है, तत्पश्चात् उन्हें अंतिम सूची में शामिल किया जाता है। दूसरी समस्या रेखाचित्र या आलेखन में उसके अवयवों के आकार को लेकर है, जो कि उसके भाग के आरेखीय होने के कारण उत्पन्न होती है।

व्यापक आलेखन या रेखाचित्र-प्रणाली में मानकीकरण की समस्याएँ तीन प्रकार की होती है जो कि लिपि की दिशा, लेखन-संकेतों के सही समायोजन, और लेखन-तंत्र में नए संकेतों के समावेश से संबंधित हैं–

7.3.1.1.2 लिपि-दिशा

लिपि-दिशा में तीन विकल्प पाए जाते हैं–

(1) पुनरावृत्ति और वैकल्पिक दिशा।

(2) ऊर्ध्व ओर क्षैतिज दिशा।

(3) दाए से बाएँ और बाएँ से दाईं ओर की दिशा।

लेखन में उपर्युक्त तीन भेदों के सही प्रतिरूप का लेखन संभव नहीं है और न ही नीचे से ऊपर की ओर लेखन भी कहीं भी किसी भी समय प्रचलित नहीं था। पुनरावृत्ति और वैकल्पिक दिशायुक्त लेखन के विषय में यह ध्यातव्य है कि लेखन-प्रणाली के प्रारंभिक दौर में परिवर्तित दिशायुक्त लेखन का प्रचलन था, पर आज विद्यमान और संस्कारित लिपियों में किसी में भी परिवर्तित दिशायुक्त लेखक प्रणाली नहीं पाई जाती। विकल्पों के दूसरे जोड़े के विषय में कुछ साक्ष्य हैं, जैसे बच्चे ऊर्ध्वाधर-लेखन को कुछ आसानी से समझ जाते हैं। यद्यपि इसके विषय में यह साक्ष्य भी महत्त्वपूर्ण है कि ऊर्ध्व-लेखन, पाठन में आँखों को जल्दी थका देता है। विकल्पों के अंतिम जोड़े के विषय में यह तथ्य महत्त्वपूर्ण है कि दाएँ हाथ से लिखने वाले अधिकांश भाषाई लेखन में सर्वाधिक हैं। इस विषय में दो तर्क दिए जाते हैं– (1) दाएँ से बाएँ लिखने पर यह ध्यान रख पाना कठिन होता है कि ठीक इसके पूर्व क्या लिखा गया है। (2) दाईं से बाईं भुजाओं का संचालन कठिन होता है और संतुलन भी नहीं रह पाता।

7.3.1.1.2 लिपि की रूपरेखा

इस विषय के अंतर्गत चयन निम्न तीन विकल्पों के मध्य होता है :–

(1) संशोधन योग्य अवयवों को केंद्र या परिधि में रखना।

(2) समानांतरता और संशोधनार्थ अवयवों के मध्य इसकी अनुपस्थिति।

(3) असतत अवयवों का उच्च और निम्न मूल्य।

विकल्पों के प्रथम युग्म के विषय में यह प्रश्न उपस्थित होता है कि संशोधन-योग्य अवयवों को कहाँ रखना चाहिए, इसके लिए रोमन लिपि का उदाहरण लिया जा सकता है, जिसमें प्रत्येक ग्राफ़ के चारों ओर एक वृत्त होता है। इसके अतिरिक्त देवनागरी लिपि का उदाहरण भी है, जिसमें परिवर्तनकारी अवयव प्रायः ग्राफ़ के केंद्र के पास रहते हैं।

विकल्पों के द्वितीय युग्म के लिए देवनागरी लिपि का जी उदाहरण लिया जा सकता है, जिसमें परिवर्तनकारी अवयव वाहक अवयवों के नीचे, ऊपर, पहले, और बाद में तथा समांनातर रूप में रखे जा सकते हैं।

तृतीय युग्म में बल या ज़ोर आधार-रेखा के पास होता है, जो कि कम खर्चीला और कम लंबा, रुकावट-हीन, गतिसापेक्ष और गति के साथ त्वरित तथा इसके

विपरीत भी होता है।

7.3.1.1.3 लिपि-प्रसार

इसमें चयन नवीनग्राफ़ों, चिह्नों, और नवीन मूल्यों के मध्य होता है। दो या तीन या चार या और अधिक ग्राफ़ों के सतत क्रम को द्विग्राफ़ कहा जाता है और यह नवीन मूल्य का एक उपभेद है। नवीन ग्राफ़, भाषाविदों, मुद्रकों, और शिक्षकों के दृष्टिकोणों पर आधारित होते हैं और प्राप्त करने में काफ़ी मँहगे सिद्ध होते हैं। लेकिन एफ बार प्राप्त कर लेने के बाद नवीन ग्राफ्रों का बनाए रखना खर्चीला नहीं है।

7.3.1.1.4 कूट-प्रकार

घटिया या निम्नस्तरीय कूटीकरण या पुनर्कूटीकरण के विषय में बहुत कुछ कहा जा सकता है। इसमें विस्तृत सूचनाओं को एक छोटे से समूह में रख लिया जाता है, अन्यथा उनके प्रयोग के लिए कम मूल्य के संकेतों की शृंखलाओं की आवश्यकता पड़ती है। जैसे कि शीघ्रलेखन का उपयोग करने वाला यह जानता है कि चिह्नों का आदेशित क्रम जो कि पूर्ण तथा अपरिवर्तनीय होता है, उसे अधिक शक्तिशाली ढंग से मात्र एक संकेत या निशान से बदला जा सकता है। अतएव जितना कम से कम कूटीकरण' होगा, उतनी ही विस्तृत कार्यविधि होगी।

7.3.1.2. वर्तनी-प्रकार

लेखन की स्वनिमिक पद्धति में संकेत मात्र स्वनिमों के लिए होते हैं। इस संबंध में स्वनिमिक अक्षर, भाषा का स्वरूप वास्तविक रूप से पंजीकृत ही नहीं, बल्कि शक्तिशाली भी बनाते हैं।

7.3.1.3 चिह्नांकन-प्रकार

व्याकरण की सीमाओं को दर्शाने के लिए विरामचिह्नों का चयन तीन प्रकार से हो सकता हे। यदि प्रत्येक ग्राफ़ एक वर्ग-विशेष को दर्शाता है, तब उस स्तर की इकाइयों के लिए सीमांकन समस्या भी बन जाता है। ये सीमाएँ अनौपचारिक या औपचारिक हो सकती हैं और यदि औपचारिक हैं, तो पार्श्विक या समुख हो सकते हैं।

जब किसी बड़ी इकाई के अर्थपरक या सांख्यिकीय संकेतों के आधार पर छोटे-छोटे भाग किए जा सकते हों और पूरी इकाई में विकल्पों का लंबा समूह विद्यमान हो, तो अनौपचारिक सीमांकन प्रभावी होता है।

समुख-सीमांकन तभी प्रभावी है, जब सीमित करने वाले भाग परिभाषित हो तथा बड़ी संरचनात्मक इकाई के भाग न हों। बहुत-से अवयवों के लिए यह कहा जा सकता है कि वाक्य के प्रारंभ में या अंत में समुख-सीमांकन का प्रयोग किया जाता है। इससे वाक्य की सीमाएँ व्यवस्थित होती हैं और इस प्रकार से ऐसे छोटे-छोटे

वाक्य बनते हैं, जो कि लंबी संरचनात्मक इकाई की सीमाएँ बनते हैं। ठीक यही विशेषताएँ और हीनताएँ पार्श्विक सीमांकन के विषय में भी कही जा सकती हैं।

औपचारिक सीमांकन सदैव परिवर्तशील और अस्पष्ट संकेतों से नहीं प्राप्त होता। एक बार शामिल विराम-चिह्न के अनेक उपयोग हो सकते हैं और यह सांख्यिकीय या अर्थपरक संकेतों के लिए प्रयुक्त हो सकता है। दूसरी तरफ कुछ अनौपचारिक संकेत संकेतीकरण में निश्चित होते हैं और एक निश्चित औपचारिक संकेत देने में ही प्रयुक्त होते हैं।

7.3.1.4 व्याकरण

व्याकरण की आपेक्षिक अच्छाइयों और कमियों के विषय में अभी तक सही ढंग से जानकारी नहीं मिल पाई है। इस विषय में न्यूनाधिक जानकारी प्राप्त हुई है, यह तर्कसंगत है।

7.3.1.4.1 वाक्य-संरचना में मानक विधि है कि वाक्य व्याकरणसम्मत हो और वाक्य-पदों का क्रम एक केंद्रीय बिंदु के चारों ओर व्यवस्थित हो तथा औपचारिक रूप से उसके पद उसके अनुचर हो। प्रत्येक वाक्य छोटे-छोटे व्याकरण-सम्मत पदों के टुकड़ों से बन सकता है, इस प्रकार यह क्रम दूविविन्यासात्मक होता है, न दूविपदी। आरोहात्मक वाक्य-संरचना में अनुचर पद, केंद्रीय पद के आगे रखे जाते हैं या पीछे रखे जाते हैं, इसका कोई प्रतिबंध नहीं है, अर्थात् इससे वाक्य-संरचना दूषित नहीं होती। प्रतिगामी वाक्य-संरचना में इस प्रकार का प्रतिबंध पाया जाता है और इसके लिए स्मरण-शक्ति की आवश्यकता होती है। तीसरे प्रकार की वाक्य-संरचना 'अत्यधिक प्रभावी वाक्य-संरचना' कही जा सकती है, जो पदीय बल, पदीय तनाव, या पदों को दिए गए समय से परिलक्षित होती हैं। लेखन-भाषा में इनमें से किसी के प्रयोग का विचार तभी किया जा सकता है, जबकि इसका लेखन में औपचारिक प्रयोग हो चुका हो।

रूपविज्ञान के लिए पूर्वलग्न या उपसर्ग, या प्रतिलग्न (प्रत्यय) और अतिलग्न के मध्य की भिन्नता को समझना या जानना आवश्यक है। अतिलग्न में शाब्दिक बल, शाब्दिक ध्वनि, शाब्दिक लंबाई, मूल प्रत्यवर्तन, मूल प्रेरणा और मध्य वर्ग शामिल हो सकते हैं। उपसर्ग में, शब्द का अंत दूसरे कोष्ठक की भाँति कार्य करता है और प्रतिभागी वाक्य-संरचना की तरह शब्द के स्तर पर विशिष्ट बनता है। अधिकांश भाषाओं में वर्गों के अनुसार इनकी संख्या का क्रम अनुलग्न, पूर्वलग्न और अतिलग्न होता है, जबकि पुस्तक में इनकी आवृत्तियों का क्रम अतिलग्न, अनुलग्न, और पूर्वलग्न का होता है। लेखन-भाषा में अनुलग्न, पूर्वलग्न की तुलना में ज़्यादा प्रभावशील होते हैं।

व्याकरण की नवीनता के लिए आवश्यक है कि व्याकरणिक विभाजन तथा

विस्तार और पुनर्वर्गीकरण के मध्य भिन्नता को समझा जाए। उन्हें एक ही आकार और एक ही क्रम में व्यवस्थित किया जाए।

7.3.1.5 शब्द-संग्रह (शब्दकोश)

शब्दों और शब्दिमों को एक दूसरे के साथ व्यवस्थित क्रम में रखने या करने को शब्दसंग्रह कहते हैं। शब्द तात्कालिक रूप से पहचाना गया या अनेक विकल्पों के स्वरूपों में से चुना गया एक न्यायिक शब्दिम है। 'शब्दिम' किसी भी ध्वनि की शृंखला या लिपि है, जिसके लिए आबंटन और आबंटनों की सीमाओं के समुच्चय में एक सर्वमान्य अर्थ नहीं निकाला जा सकता। तीन प्रकार के शब्दिम' अपनी विशिष्टता के कारण हो सकते हैं–

(1) कोई भी 'रूपिम' एक शब्दिम है, यद्यपि इसका अर्थ इसके पूर्ण भाग से ही निकाला जा सकता है, अलग-अलग खंडो से नहीं, क्योंकि इसके अलग-अलग खंडों में कोई अर्थ नहीं होता।

(2) कोई भी 'भाषा स्वरूप' एक शब्दिम है, चूँकि-अनुक्रम का अर्थ उसके संरचनात्मक अवयवों से नहीं निकाला जा सकता है, न ही समान रूप से व्यवस्थित अनुक्रमों से ही निकाला जा सकता।

(3) किसी शब्दिम को दूसरे शब्दिम में मिलाने की अनुरूपता एक शब्दिम है। यद्यपि यह समान या एक जैसे शब्दिमों की अनुरूपता से स्पष्ट नहीं हो पाता। शब्दिमों में नवीनीकरण तीन प्रकार से हो सकता है–

(1) अनुसंधान (2) पुनर्निर्माण (3) उधार लेना।

7.3.1.6 अनुसंधान

अनुसंधान उच्चारण-संबंधी, लिपि-संबंधी, या आकस्मिक आवश्यकता-संबंधी हो सकते हैं। उच्चारण-संबंधी अनुसंधान को निम्न भेदों में विभाजित किया जा सकता है (अ) परिवर्णी, जिसमें वर्णित वाक्यांश के आने वाले शब्द के प्रथम या दो अक्षरों को लिया जा सकता है। उदाहरण के लिए veg (vegetable)। (ब) संक्षिप्तीकरण, मध्य अक्षरों को छोड़ देना, उदाहरण के लिए express (high) way, mdi (cal) care (स) ध्वन्यात्मक रूपांतरण-उदाहरण के लिए to slurp (टू सर्प), a blurb (ए बर्ब) (द) संयुक्त रूपांतरण जैसे oxbridge (oxford and cambridge)।

लिपि-संबंधी अनुसंधान निम्न प्रकार के हो सकते हैं (अ) आने वाले शब्दों के प्रथम एक या दो शब्दों से बनने वाले परिवर्णी जैसे RADAR, NATO (ब) पूर्ण अक्षरों के रूप में उच्चारित होने वाले अक्षरों से बनने वाले परिवर्णी जैसे TV, SIL, (स) (ध्वन्यारूप) रूपान्तरण जैसे छ 'a dog and a Dog' पर (द) संयुक्त रूपांतरण, जैसे bit (binary digit).

आकस्मिक आवश्यकता-संबंधी अनुसंधान निम्न प्रकार से हो सकता है (अ) एक वर्णनात्मक वाक्यांश से वर्गीकारी, अवांक्षित या चिंह्नाकित करने वाले शब्दों को हटाकर जैसे bell (telephone comany) व 'नवभारत' (समाचार-पत्र), ताजा (चाय)। (ब) नए शब्दों को स्थानापन्न करना जैसे logic (discovery, algebraic, metaphysical) (स) उपयुक्त नाम अपनाना-जैसे असेंबली (संसद), न उधार लेना, पर अर्थ नहीं (इ) शब्द और अर्थ दोनों को उधार लेना (ई) आकस्मिक स्थानापन्न, जैसे आर्यभट्ट, रामानुजन संख्या।

पुनर्निर्माण में अपेक्षित शब्दिमों के समुच्चय में से नए शब्दिम का निर्माण आता है, जिससे अवांछित शब्दिमों को हटाया जा सके। उधार लेने के अंतर्गत अन्य भाषा की ध्वनियों और व्याकरण सहित या रहित, उस भाषा के साथ एकरस होना समाहित है।

7.3.2. भाषाई परिमेयता

प्रत्येक विज्ञान परिचय, शाखाओं, और टैक्नोलाजी को तीन क्षेत्रों में विभाजित किया गया है। प्रत्येक दर्शन काल, मत, और व्यक्ति इन तीनों में विभाजित है। ऐसा कोई विज्ञान या दर्शन नहीं है, जो कि एक निश्चित समय-सीमा से अधिक समय तक अविकारी रूप में रह सके। अतः भिन्नताएँ और अभिन्नताएँ जो किसी एक दृष्टिकोण से उचित होती हैं दूसरे दृष्टिकोण से उचित होती हैं दूसरे दृष्टिकोण से अनुचित हो जाती हैं। जैसे– ऊँचाई और छोटापन एक इंजीनियर के लिए उपयुक्त तो हो सकता है पर इसका प्रयोग सर्वत्र तर्क-संगत नहीं है। इसी प्रकार 'शिष्टाचार' का भी उदाहरण लिया जा सकता है। शिष्टाचार एक सभ्य समाज-पद्धति है, जिसमें अवलोकित लक्षणों और समझे हुए उद्देश्यों का संकलन है। जैसे– 'नमस्कार' में एक व्यक्ति दूसरे व्यक्ति का अभिवादन स्वीकार करता है, जबकि वे आपस में कम से कम 24 घंटे के अंतराल में पहली बार मिलते हैं। यह एक निश्चित शिष्टाचार के अंतर्गत आता है। यह बहुधा स्वीकार किया जाता है कि शिष्टाचार मात्र साधारण चर्चा के लिए ही नहीं बल्कि साहित्यिक और वैज्ञानिक व्याख्यानों में भी उतना ही आवश्यक है। संस्कृत का नाटक मंगलाचरण या प्रार्थना से प्रारंभ होता है व वैज्ञानिक संदर्भ में हमेशा आभार व्यक्त किया जाता है। इस प्रकार शिष्टाचार अनेक हैं, जो कि राज्यों के द्वारा पारिभाषित तथा निर्देशित हैं और आपस में काफ़ी सीमा तक आपस में आबद्ध हैं आपसी आबद्धता भी शिष्टाचार को आवश्यक या अनावश्यक बनाती है।

भाषा और संस्कृति के पारस्परिक संबंध को इस तथ्य के द्वारा अच्छी तरह से समझा जा सकता है– लोग 'ऑक्सीजन' का प्रयोग सतत रूप से करते आ रहे हैं, परंतु वे यह नहीं सिद्ध कर सकते कि वे वस्तु में विश्वास करते हैं या वस्तु के

गुण में। वास्तव में इस विषय में एक-दूसरे से पूर्णतया भिन्न चार परिकल्पनाएँ हो सकती हैं। (अ) उपभोक्ता वस्तु में विश्वास करते हैं या फिर वस्तु में उत्पन्न होने वाले आवश्यक गुण में उनकी रुचि है। (ब) उपभोक्ता वस्तुओं में न तो विश्वास करते हैं और न ही उनके गुणों में उनकी रुचि है और वे इस विरोधाभास से अवगत हैं लेकिन वे अनुभव करते हैं पुनर्स्थापन, त्रुटिपूर्ण ढंग से हुए अपव्यय से अधिक महगा होगा। (स) उपभोक्ता वस्तुओं में न तो विश्वास करते हैं और न ही उनके गुणों में हनकी रुचि है और वे इस विरोधाभास से अवगत हैं और मात्र छोटी और आकस्मिक आवश्यकताओं की पूर्ति के लिए या हास्य व मनोरंजन के लिए इनका उपयोग करते हैं दे न ही वे उन में विश्वास करते हैं और न ही उनकी उनके गुणों में रुचि है तथा विरोधाभास से सर्वथा अनभिज्ञ हैं और वैधानिक शब्दिम उनके जीवंत शब्दकोश में नहीं है, यद्यपि परिणामी शब्दिम उसमें विद्यमान है।

इस प्रकार व्होरफियन विलेषण भाषा से संस्कृतीकरण का संकेत तो देता है, किंतु इस प्रश्न का कोई हल नहीं सुझाता कि परिणामी संस्कृति दूसरे समय या दूसरे क्षेत्र या दूसरे सामाजिक वर्ग की या फिर किसी खास व्यक्तियों के वर्ग की नहीं है। इस प्रकार इसका अर्थ यह हुआ कि परिणामी संस्कृति उनकी अपनी संस्कृति, स्वीकृत संस्कृति, सीमांत संस्कृति, या लुप्त संस्कृति है।

तब भाषा स्वरूप भिन्न व्यापक अवधारणाओं को विशिष्ट रूप में बदलते हैं। वे एक भावनात्मक आश्वासन देते हैं कि अर्थ का एक व्यापक संसार है; यद्यपि वह सही ढंग से परिभाषित या निर्धारित नहीं है और वह विज्ञान और दर्शन के मान्य हिस्से से पूर्ण नहीं है, तो भी मानवीय जिज्ञासा एक सर्व परिभाषित दृष्टिकोण की आर हमेशा अग्रसर है। भाषा-स्वरूप की भूमिका तकनीकी विकास की संक्रामक संभावनाओं के तुल्य है। वे अर्थ के संसार के सर्वसाधरण तंत्र की सतत पहचान बनाए रखते हैं। परिभाषा के अनुसार किस रूप को छोड़ना या अपनाना आसान है, यह निर्धारण भाषा-स्वरूप है। इसमें अर्थ पर विशेष ध्यान देना अपेक्षित नहीं है। यही वह कारण है कि जीवन को विशिष्ट बनाने के लिए औपचारिक पहचान को अशुभ बनाए रखा जाए। यह गुण मात्र जीवंत भाषाओं के लिए निर्धारित नहीं है बल्कि गणित के प्रतीक-चिह्नों के लिए भी उसी प्रकार तर्क-संगत है।

किसी भाषा-स्वरूप की पूर्ण समाप्ति मात्र महत्त्वाकांक्षा का फल नहीं है, बल्कि इसके लिए तीन विशिष्ट कारण उत्तरदाई हैंः–

(1) किसी भाषा-स्वरूप को तब तक पूरी तरह से नहीं जाना जा सकता, जब तक कि दो विभिन्न परीक्षणों के प्रसंगों में दो एक ही जैसे अनुक्रमों की दो विभिन्न भूमिकाओं पर उसकी विवेचना न की गई हो।

(2) वास्तविक प्रयोग में थोड़ा अशुद्ध विन्यास से निर्मित अर्थ, बिछल शुद्ध विन्यास से निर्मित अर्थ की तुलना में ज़्यादा प्रभावकारी होता है। लेकिन यह अशुद्धता

उन विषयों के लिए मान्य है, जिनकी संवैधानिक विवादों में आवृत्ति कम होती है। अतः अधिक शुद्ध कथन प्रशासनिक कार्यों में भ्रामक और मंहगा हो सकता

(3) कोई भी रूपिम एक भाषा-स्वरूप है यद्यपि इसकी पहचान के लिए दो भिन्न दृष्टिकोणों (ध्वनीय और व्याकरणिक) की आवश्यकता होती है। जिस भाषा में भाषा-स्वरूप नहीं होते, उसमें ध्वनिम से विशिष्टीकृत होने वाले रूपिम भी नहीं पाए जाते और इस प्रकार की कोई भी भाषा प्रशासनिक दृष्टि से भाषा नहीं हो सकती।

औपचारिक संरचित अर्थ और प्रयोगात्मक अर्थ का अंतर इस तथ्य पर आधारित है कि एक विशिष्ट प्रतीक का प्रयोग सभी वर्गों के लिए एक सा होता है, इस बात पर नहीं कि वह प्रतीक-वर्गों का निर्धारण करता है। संरचनात्मक रूप के अर्थ प्रत्यक्ष प्रकार के अर्थात अभिधात्मक होते हैं और प्रतीकों के प्रयोगात्मक अनुभव से कार्य-व्यवहार में सम्मलित हो जाते हैं तथा उनका प्रयोग मानक रूप में होने लगता है। समस्या यह उत्पन्न होती है कि न तो प्रयोजनमूलक प्रभावी अर्थ और न ही संरचनात्मक रूप वाले अर्थ ही नियमित रूप से प्रयुक्त किए जाने वाले बिंब प्रदान करते हैं, लेकिन वे विविध प्रकार से, परिवर्तनशील, संक्रमित, एक दूसरे में उलझे हुए रहते हैं और इस प्रकार विवरणात्मक तथा निर्देशात्मक रूप का निर्माण करते हैं।

अर्थविज्ञान के क्षेत्र से तात्पर्य औपचारिक रूप से मान्य अर्थों का एक निश्चित और संबंधित एवं परस्पर एक-दूसरे में समाहित संभावनाओं से है। अर्थविज्ञान के क्षेत्र में यह व्यापकता है कि उसमें अनेक सूत्र पाए जाते हैं, जिनसे कोई भी अलग-अलग घटकों के अर्थ व उनमें अंतर स्थापित कर सकता है। इसमें कई तत्त्व शामिल हैं, जो कि एक दूसरे से पूर्णतया अलग होते हैं, जैसे, हाइड्रोजन, ऑक्सीजन, आदि। तरंगें भी होती हैं जो कि परिवर्तनकारी ढंग से एक-दूसरे पर आरोपित होती रहती हैं, जैसे-लाल, पीला, सुनहरा आदि। क्रियाएँ जो कि निश्चित/छोटे/अप्रत्यास्थ समूहों का समुच्चय है जैसे कि जोड़, पटापव, गुणा, भाग या वर्ग जिसमें अपेक्षाकृत बड़ा/प्रत्यास्थ/अनिश्चित समूह होते हैं, जैसे कि चिंपाजी, गोरिल्ला, गिबन।

इस प्रकार हमारे पास तीन-पदों की स्थिति उपस्थित होती है। ये तीन पद लाक्षणिक रूप, अर्थपरक रूप और वाव्यार्थक या व्यंजनात्मक रूप हैं। लाक्षणिक या संकेतात्मक रूप ध्वनिकी तथ व्याकरणिक इकाइयों से स्पष्ट होता है। अर्थपरक रूप संकेतों या प्रतीकों के प्रत्यक्ष व नियमित प्रयोग से स्पष्ट होता है। इन रूपों में से प्रत्येक आदर्श और निश्चित है तथा यह शून्य से अनंत तक परिवर्तनशील है।

भाषा की परिमेयता या सर्वव्यापकता के आधार पर मानकीकरण की दिशा में एक समस्या शिक्षा के क्षेत्र में है और इसे, अच्छी शिक्षा के लिए इस विषय में एक स्पष्ट सैद्धांतिक पाठ्यक्रम बनाकर हल किया जा सकता है। शिक्षा के मानकीकरण के द्वारा भाषा का मानकीकरण सहज ढंग से किया जा सकता है। पर अभी तक सही ढंग से इस क्षेत्र में कोई विश्वसनीय कार्य नहीं हो पाया है। शिक्षा का

मानकीकरण संपूर्ण विश्व में एक महत्त्वपूर्ण और ज्वलंत प्रश्न बना हुआ है। भाषा के मानकीकरण की आवश्यकता (अ) उस समय होती है, जब आधुनिक समय हो या दोनों पक्ष आधुनिक ही (ब) उस स्थान पर होती है, जो कि वस्तुनिष्ठ हो। (स) जानकारियों या सूचनाओं के पारस्परिक संबंध स्थापित करने के लिए। इस प्रकार एक भाषा-विज्ञानी, भाषा के मानकीकरण से अपने आपको अलग नहीं कर सकता, क्योंकि वह किसी न किसी रूप में एक विशिष्ट भाषा के साथ-साथ अन्य भाषाओं के सामान्य सिद्धांत की कुछ न कुछ जानकारी अवश्य रखता है; इस प्रकार यह कहा जा सकता है कि कोई भी व्यक्ति इस भाषा के मानकीकरण के जंगल से न तो बच सकता है और न ही इसे छोड़ सकता है।

7.3.3. भाषाई साधारणता

किसी भाषा की समरूपता या साधारणता दो विभिन्न विधियों से लाई जा सकती है (1) ऐसे लोगों का समूह हो सकता है जो कि अपने आपको भाषा-विशेष का उपयोग करने वाला मानता हो, किंतु सभी सदस्य भाषा के उसी रूप का उसी अर्थ में उपयोग नहीं करते हैं। इस स्थिति को 'बोली' की संज्ञा दी जाती है। सभी भाषाएँ बोलियों में विभक्त की जा सकती हैं परंतु सामान्य रूप से नहीं। उदाहरण के लिए, जर्मन भाषा फ्रेंच भाषा की तुलना में अधिक बोलियों में विभक्त है। यदि कोई भाषा दूसरी भाषा के ज़्यादा समीप हो तो इसके रूप और अर्थ में परिवर्तन दूसरी भाषा के रूप और अर्थ के कारण शीघ्रता से व आसानी से हो जाता है। इस प्रकार यह निर्विवाद रूप से कहा जा सकता है कि 'निकटता' नवीनीकरण या संस्कृतीकरण के लिए विशेष रूप से उत्तरदायी है। (2) लोगों का समूह ऐसा हो सकता है जो कि अपने आपको किसी विशिष्ट भाषा का उपयोगकर्ता मानते हों लेकिन जीवन के सभी उद्देश्यों में उसका प्रयोग नहीं करते। वास्तव में किसी भाषा का किसी विशेष स्थिति में उपयोग एक ऐतिहासिक घटना होती है और हमें यह नहीं मानना चाहिए कि वे जो एक नमूने के रूप में भाषा के अन्य उपयोगकर्ताओं के समक्ष अच्छी तरह बोलना और लिखना प्रस्तुत करते हैं, वह उसी रूप में उन्हें स्वीकार्य हो। इस प्रक्रिया में यह प्रश्न उठता है कि एक ही उपयोगकर्ता के लिए पहली भाषा के प्रकार और अर्थ दूसरी भाषा के प्रकार और अर्थ से सामंजस्य या समन्वय किस प्रकार स्थापित कर पाते हैं। इस समस्या के हल के लिए दोनों भाषा-भाषियों के निकट संबंध एवं एक-दूसरे को अपना सकने की उदारता के कारण उनमें एकरूपता और साधारणता आ जाती है। इस प्रकार दोनों भाषा-भाषियों की निकटता और खुलेपन से दोनों का सामाजिकीकरण व संस्कृतीकरण हो पाता है।

यहाँ उन विभिन्न विधियों का उल्लेख करना आवश्यक है, जिनसे भाषा की साधारणता में कमी कुछ खास स्थितियों में अनुभव की जा सकती है–

(1) समाज में कोई एक व्यापक, समरूप, और मानक भाषाई प्रक्रिया निश्चित

या निर्धारित न की दी जाए (2) समाज में एक निश्चित व्यापक और एक सी भाषाई प्रक्रिया हो तो सकती है, किंतु वह सीमित स्तर की ही हो। (3) अनेक स्तरीय किंतु सीमित क्षेत्र में, तथा आपस में प्रतिस्पर्धात्मक रूप से समाज में व्याप्त भाषाई प्रक्रिया हो सकती है।

7.3.3.1 उधार लेने के स्रोत

उधार लेना एक परंपरागत किंतु धामक शब्द है, इसे यथार्थ में 'उत्तराधिकार' कहा जा सकता है। भाषा के संबंध में उधार लेने के स्रोत का अर्थ है कि ऐसे स्रोत जो वर्तमान में प्रयुक्त किए जा रहे हों, जो पूर्व में प्रयुक्त किए जाते थे, वे उधार लेने के स्रोत कदापि नहीं हो सकते। किसी भी भाषा के लिए उधार लेने के विभिन्न स्रोत उनके पारस्परिक संबंधों की तुलना में कम महत्त्व के होते हैं। ये स्रोत एक शृंखला-क्रम बना लेते हैं और लगभग एक संपूर्ण इकाई के रूप में कार्य करते हैं। यह स्थिति अँगरेज़ी की है, जिसके प्रमुख स्रोत फ्रेंच, लेटिन, और ग्रीक हैं। इसमें महत्त्वपूर्ण बिंदु यह है कि फ्रेंच भाषा, लेटिन, और ग्रीक से बहुत ही अधिक उधार लेती है तथा लेटिन, ग्रीक से बहुत अधिक उधार लेती है।

स्रोतों का स्तर एक-दूसरे के बराबर व समानांतर भी हो सकता है, ऐसी स्थिति इंडोनेशियाई भाषा में देखी जा सकती है, जो कि डच, फ्रेंच और अँगरेज़ी से उधार लेती है। जर्मन भाषा की भी यही स्थिति है। यह भाषा जब भी कुछ उधार लेती है, तो वह तो वह या तो फ्रेंच से या फिर अँगरेज़ी से। इसके अतिरिक्त स्रोतों को दो या दो से अधिक असंबंधित विभिन्न वर्गों में रखा जा सकता है। ऐसी स्थिति जापानी भाषा के साथ में है, जो कि चिरसम्मत चीनी और आधुनिक यूरोपीय भाषाओं से उधार लेती है। यही स्थिति आधुनिक भारतीय भाषाओं की है, जिनके स्रोत संस्कृत और अँगरेज़ी हैं। यदि हम उधार लेने के शब्द-विस्तार पर ध्यान दे और इसका प्रयोग अपने बैंक खाते से उधार लेने के संबंध में आकलित करें, तो जर्मन भाषा इस तरह का उपयुक्त उदाहरण है।

7.3.3.2 बोली

किसी भी भाषा के अंदर कोई एक प्रधान बोली इस प्रकार की नहीं होती, जिसे उस भाषा का व्यापक तौर पर मानक आधार माना जा सके। लूथर के पूर्व जर्मनी में पाँच प्रमुख बोलियों थी, फिर भी लूथर ने वहाँ की कुछ उपयुक्त बोलियों को मिलाकर एक बोली बनाने का निर्णय लिया। इस प्रकार एक भाषा के निर्माण में उसका यह निर्णय सकारात्मक था या कि एक सामान्य, एक सार किंतु कार्यरूप में सीमित एक मानक बोली हो सकती है, जो कि डाइग्लोसिया (द्विभाषिकता) (diglossia) कहा जाता है और इसका अच्छा उदाहरण 'अरबी' है। औपचारिक अरबी, चिरसम्मत और उपयोग में अपने वाली अरबी से पूरे अरब में अलग है या

कि भाषा में एक से अधिक सामान्य, एकसार लेकिन अलग-अलग औपचारिक मानकता वाली बोलियाँ हो सकती हैं। इसका एक उदाहरण कुछ दशक पहले बंगाल के कुछ क्षेत्रों में पाया गया था। बोली जाने वाली दो बोलियों में दो मानक रूप थे। उनमें से एक वर्तमान रूप से अलग था तथा दूसरा क्षेत्र से अलग था। यह स्थिति अब उन दोनों के तीव्र प्रेरणा से दूर हो चुकी है और वे दोनों साहित्यिक बोलियों में प्रयुक्त होकर एक-जैसी हो गई है।

7.3.3.3 भाषा

किसी भी भाषाई समाज में एक सामान्य भाषा होना काल्पनिक और दुर्लभ है। इसके दो अच्छे उदाहरण फ़िनलैण्ड और स्विट्ज़रलैंड हैं। फ़िनलैंड में 'फ़िनिश' भाषा 90% से अधिक लोगों द्वारा तथा 'स्वेडिश' भाषा 9% से भी कम लोगों द्वारा बोली जाती है। लेकिन 'स्वेडिश' भाषा पिछली शताब्दी तक कार्यालयी भाषा थी और अभी भी स्कैंडेनेवियन क्षेत्रों में कार्यालयी भाषा के तुल्य है। इसी क्रम में यह कहना उचित है कि स्वेडिश अभी भी दूसरी कार्यालयी भाषा है और शहरी जनसंख्या का अधिकांश भाग न्यूनाधिक द्विभाषिक है। स्विटजरलैंड में 'जर्मनी' भाषा 72% फ्रेंच भाषा 20%' और इटैलियन भाषा लगभग 6% लोगों द्वारा बोली जाने-वाली भाषाएँ हैं, परंतु औपचारिक उद्देश्य के अतिरिक्त अन्य कार्यों के लिए जर्मन भाषी जर्मनी की एक बोली का प्रयोग करते हैं, जबकि फ्रेंच और इटैलियन भाषाएँ यहाँ भी फ्रांस और इटली की तरह ही बोली जाती हैं या कि एक सामान्य भाषा हो सकती है, पर वह पूर्णतया पर्याप्त नहीं हो। फिलीपीन्स में अँगरेज़ी सामान्य भाषा तो है, पर तीसरे स्तर के रूप में और मात्र निर्देश के माध्यम के रूप में प्रयुक्त होती है, या कि कई सामान्य भाषाएँ हो सकती हों और वे सभी अलग-अलग तरह से प्रयोग में आ रही हों। इसका एक अच्छा उदाहरण अपना देश भारत है, जहाँ अँगरेज़ी उच्च शिक्षा, व्यापार, और प्रशासन के लिए प्रयुक्त की जाती है। यद्यपि 2% से भी कम लोग इसका प्रयोग कर सकते हैं। हिंदी अपने पारंपरिक रूप में सेना के निम्न वर्गों के कर्मचारियों में, पूरे देश के व्यापारिक स्थलों में तथा उत्तरी भारत के बहुत बड़े क्षेत्रों में सामान्य तीर्थ-स्थलों में प्रयुक्त की जाती है।

'संस्कृत' धार्मिक व सामाजिक उत्सवों में लगभग 80% लोगों द्वारा प्रयोग की जाती है। यद्यपि इस भाषा को बोलने व समझने वाले मात्रा कुछ हज़ार व्यक्ति ही हैं। तमिल और बंगला भाषाएँ भी अपने मूल क्षेत्र से बाहर और यहाँ तक कि भारत देश के बाहर भी बहुत से लोगों द्वारा उपयोग में लाई जाती हैं। 'उर्दू', जो कि औपचारिक रूप में भाषण, शिष्टाचार, तथा साहित्य में प्रयुक्त की जाती है, को भी अलग भाषा के रूप में मान कर विचार किया जाए, तो हम यह सकते हैं

कि भारतीय जनसंख्या का दसवाँ भाग इस भाषा का प्रयोग करता है और लगभग पूरा देश इस भाषा को अच्छी तरह से समझता है, जो कि पश्चिमी पाकिस्तान की भाषा है। इस प्रकार हमारे देश भारत में 18 भाषाएँ प्रयुक्त की जाती हैं। उनमें से 6 भाषाएँ तो एक समान हैं और उनमें नाम-मात्र की विविधता है तथा 8 भाषाएँ प्रशासनिक कार्यो की भाषाएँ बन चुकी हैं।

इस प्रकार की स्थिति को विभिन्न अलग-अलग उपायों से दूर किया जा सकता है– (1) विद्यमान भाषाओं में से कोई एक भाषा अन्य भाषाओं पर विजय प्राप्त कर ले, ऐसी स्थिति फिलीपींस में हो सकती है। (2) राजनैतिक इकाई के द्वारा यह गतिरोध समाप्त कर दिया जाए। (3) स्थाई बहुभाषिकता रहने दी जाए।

7.4 स्टिवर्ट (1668) ने मानकीकरण के लिए चार तत्त्वों को अपेक्षित माना है–

1. ऐतिहासिकता 2. मानकता

3. जीवतंता 4. स्वायत्तता

5. लचीलापन

7.4.1 ऐतिहासिकता

ऐतिहासिकता से तात्पर्य है कि विवेच्य भाषा नवोद्भूता न हो, अपितु उसका एक इतिहास हो। जैसे हिंदी के संदर्भ में देखा जाए, तो उसकी एक ऐतिहासिकता है। इस ऐतिहासिकता का क्रम है– वैदिक संस्कृत, लौकिक संस्कृत, पालि, प्राकृत, अप्रभंश और फिर हिंदी। भाषिक तत्त्वों की क्रमबद्धता भी इनमें क्रमशः घटते क्रम (= सरलीकरण की ओर) में मिलती है।

7.4.2 मानकता

मानकता से तात्पर्य भाषाई रूपों की निर्विकल्पकता से है। किसी भी समूह भाषा में 'यह प्रक्रिया गतिशील रहती ही है।

7.4.3 जीवंतता

भाषा के संदर्भ में जीवतंता से आशय उसकी सामाजिक स्तर पर प्रयोगशीलता से है। यह एक प्रकार से भाषा की सामाजिक अभिस्वीकृति के रूप में जानी जाती है।

7.4.4 स्वायत्तता

यह भाषा की अपनी संरचना, गठन अथवा व्याकरणगत आत्मनिर्भरता से संबंध रखता है। किसी भी भाषा की 'स्व' (स्वयं/अपनी) इयत्ता (=सत्ता/अस्तित्त्व) ही स्वायत्तता है। हिंदी इस संदर्भ में एक स्वायत्त भाषा है।

7.4.5 लचीलापन

यह एक प्रकार से आत्मसातीकरण की शक्ति अथवा स्वभाव से आशय रखता है। जैसे हिंदी ने यथा समय अरबी-फ़ारसी और अँगरेज़ी की कुछ ध्वनियों को आत्मसात कर लिया है।

7.5 निष्कर्ष

पूरे विवेचन के साक्ष्य पर मानकीकरण का यह रूप स्पष्ट होता है–

1. मानकीकरण का आधार सामाजिक अभिस्वीकृति है।
2. मानकीकरण समाज-सापेक्ष है।
3. मानकीकरण समाज में प्रतिष्ठा प्राप्त लोगों के भाषीय स्वरूप से अपना स्वरूप तय करता है।
4. मानकीकरण सामाजिक प्रतिष्ठा का प्रत्यायक है।
5. मानकीकरण जन एवं तंत्र दोनों द्वारा मान्य होता है।
6. मानकीकरण का रूप प्राप्त कर लेने पर भाषा का परिक्षेत्र बृहत्तर हो जाता है।
7. मानकीकरण का प्रयोग समस्त औपचारिक संदर्भों में होता है अथवा मान्य किया जाता है।
8. मानकीकरण अपने क्षेत्र में प्राप्त समस्त बोलियों के स्तर पर स्थापित सर्वमान्य भाषा-रूप है।
9. मानकीकरण को सावभौमिक प्रतिष्ठा सहज रूप में प्राप्त हो जाती है।
10. मानकीकरण भाषा समाज और संस्कृति की प्रतिष्ठा का मानदंड है।
11. मानकीकरण भाषा के साथ सतत चलनेवाली प्रक्रिया है।
12. मानकीकरण सदा के लिए स्थिर और कोष्ठबद्‍ध नहीं होता है।
13. मानकीकरण में आत्मसातीकरण की प्रवृत्ति होती है।

8

व्याकरण का मानकीकरण

8.1 विशेषण-रूपों का मानकीकरण

हिंदी में विशेषण की निम्नांकित भूमिकाएँ होती हैं

(क) संज्ञा के पूर्व

(ख) संज्ञा के पश्चात् विधेय के अंतर्गत, तथा

(ग) संज्ञावत्

8.1.1 संज्ञा-पूर्व स्थिति

(1) आकारांत विशेषण सामान्यतया संज्ञा (विशेष्य) के लिंग-वचन का अनुसरण करता है। (घटिया, बढ़िया आदि को छोड़कर)

1. काला घोड़ा
   काली घोड़ी
   काले बाल
2. हरा कुरता
   हरी साड़ी
   हरे झंडे
3. पीला कुरता
   पीली साड़ी
   पीले पत्ते

(2) अकारांत विशेषण विशेष्य के लिंग-वचन से अप्रभावित रहता है–

सुंदर लड़का
सुंदर लड़की
सुंदर लड़के/लड़कियाँ

(3) ईकारांत विशेषण विशेष्य के लिंग-वचन से सर्वथा अप्रभावित रहता है–

बनारसी लँहगा
बनारसी टोपी

बनारसी कपड़े

(4) ऊकारांत विशेषण भी अप्रभावित रहता है

लड़ाकू विमान

लड़ाकू औरत

लड़ाकू लड़के/लड़कियाँ

8.1.2 संज्ञा के पश्चात्

(1) संज्ञा के पश्चात् विधेय के अंतर्गत आकारांत विशेषण क्रियापूरक की भूमिका निभाता है तथा संज्ञा के लिंग-वचन का अनुसरण करता है–

लड़की सोई है।

लड़का सोया है।

लड़के सोए हैं।

लड़का अच्छा है।

लड़की अच्छी है।

लड़के अच्छे हैं।

(2) अकारांत विशेषण यथावत्–

लड़का सुंदर है।

लड़की सुंदर है।

लड़के-लड़कियाँ सुंदर हैं।

(3) यदि कम 'को' युक्त हो, तब विशेषण का रूप तटस्थ (पुल्लिंग-एकवचन) रहता है :-

मैंने	लड़के को लड़की को लड़कों/लड़कियों को	सोया हुआ देखा।

8.1.3 विशेषण का संज्ञावत् प्रयोग होने पर वह संज्ञा की भाँति लिंग-वचन प्रत्यय लेने लगता है, जैसे–

अच्छे-अच्छों को/अच्छी-अच्छियों को

गुरीबों को

मोटे को/मोटों को/मोटियों को

बीमारों की देखभाल

बीसियों को

टीप : **संख्यावाची विशेषण का प्रयोग निम्नानुसार है**

बीस लोग

बीसों लोग
बीसियों लोग
बीसियों को

8.1.4 विशेषण का विकारी रूप

संज्ञा-पदबंध में आकारात विशेषण का विकारी रूप हो जाता है। यथा
काला+घोड़ा+को...........काले घोड़े को
अच्छा+लड़का+ने..........अच्छे लड़के ने

विशेषण के अंतर्गत दो और वर्ग हैं :–

(1) सार्वनामिक विशेषण, यथा– यह लड़का, वह पुस्तक, वे लड़के, वे पुस्तकें।

(2) तद्धितांत विशेषण, यथा– आपका लड़का, आप की लड़की, आपके लड़कों को।

टीप : (1) संस्कृत (तत्सम) विशेषण विशेष्य के लिंग-वचन से अप्रभावित रहता है।

(2) उर्दू से आगत 'उम्दा' और 'ताजा' के संबंध में ज्ञातव्य है कि 'उम्दा' तो सभी स्थितियों में यथावत् रहता है, जैसे– उम्दा खाना, उम्दा चीज़ें, परंतु 'ताज़ा' का प्रयोग दोनों रूपों में हो रहा है– विकारी रूप में 'ताज़ी खबर' और अविकारी रूप में 'ताजा खबर' (उर्दू वाले यही प्रयुक्त करते हैं)।

8.2 लिंग

आज हिंदी भाषा को कठिन कहने वाले लोग जिन आधारों पर हिंदी को कठिन कहते रहते हैं, उनमें एक लिंग-व्यवस्था भी है। संस्कृत में कई अन्य तत्कालीन भाषाओं की भाँति चेतनों में पुरुष के लिए पुल्लिंग और स्त्री के लिए स्त्रीलिंग की व्यवस्था रही है। लिंगहीन और अचेतनों के लिए नपुंसकलिंग चलता था। यह व्यवस्था सर्वथा सरल और प्राकृतिक थी, किंतु हिंदी में ऐसी व्यवस्था नहीं है। इसी कारण कठिनाई और बढ़ गई है। संस्कृत की इस लिंग-व्यवस्था में जो अपवाद प्रविष्ट हुए उनका उल्लेख डॉ. देवेन्द्रनाथ शर्मा ने इस प्रकार किया है–

1. अवचेतनों में भी कवित्व आदि के कारण स्त्रीत्व-पुंसत्व आदि का आरोप प्रारंभ हुआ, जिससे अवचेतन भी स्त्रीलिंग-पुल्लिंग में प्रयुक्त होने लगे 1 यथाः नदी, निशा, छाया, भूमि, सिकता आदि। चूँकि इनमें स्त्रीत्व-पुंसत्व का निर्णायक कोई चिह्न नहीं था, अपनी कल्पना और इच्छा को छूट थी कि प्रबुद्ध वर्ग चाहे निर्जीव वस्तु को जिस लिंग का मान ले। अतः इसमें अव्यवस्था आना स्वाभाविक था।

2. इस अव्यवस्था का परिणाम यह निकला कि एक ही अचेतनवादी शब्द का कोई पुल्लिंग में प्रयोग करने लगा, कोई स्त्रीलिंग में और कोई नपुंसक में। यथाः तट-तटी-तटम्।

3. साथ ही किसी अवचेतन पदार्थ के लिए किसी ने स्त्रीवाचक शब्द का प्रयोग किया, तो किसी ने पुरुषवाचक का। इस प्रकार पत्थर को पाषाण भी कहा

गया और शिला भी।

4. चेतनों में भी जिनका लिंग-निर्धारण दुष्कर है, जिनका लिंग दूर से ही देखकर मनुष्य नहीं पहचान सकता, उन कीड़ों, पक्षियों, आदि क्षुद्र प्राणियों तथा वनस्पतियों के लिए, पुंसत्व-स्त्रीत्व के प्राकृतिक भेद की उपेक्षा कर काल्पनिक एक नियत लिंग मान लिया गया। इस प्रकार पूर्ण चेतनों, मानवों, चतुष्पदों में भी वास्तविक स्पष्ट लिंग की उपेक्षा करके केवल कल्पना से ही लिंग-निर्धारण होने लगा। कभी किसी शब्द की जाति और व्यक्ति मात्र का ही ध्यान रखा गया। लिंग की उपेक्षा कर दी गई। वैसी जगह में पूर्ण चेतन के लिए भी नपुंसकलिंग का ही व्यवहार होने लगा।

5. अचेतनों की भाँति पूर्ण चेतनों में भी कभी-कभी भिन्न-भिन्न गुणों को ध्यान में रखकर किसी पर्याय का पुल्लिंग में, किसी का स्त्रीलिंग में, किसी का नपुंसक में व्यवहार होने लगा।

6. कुछ शब्दों का स्त्रीत्व या पुंसत्व इतना स्पष्ट था कि उनमें लिंग के प्रकाशन के लिए अलग से किसी प्रत्यय के जोड़ने की कोई अपेक्षा ही नहीं थी। अतः उन्हें यों ही छोड़ दिया गया। जैसे माता-पिता, भ्राता-स्वसा।

7. इस प्रकार संस्कृत का भी लिंग-विभाजन सर्वथा अर्थानुसार न रहकर शब्द के अंतिम खंड (प्रत्यय) पर भी निर्भर करने लगा। अमुक अर्थ का वाचक शब्द अमुक लिंग में प्रयुक्त होगा। इस नियम की जगह जिस शब्द के अंत में अमुक प्रत्यय हो वह अमुक लिंग में प्रयुक्त होगा। ऐसी प्रवृत्ति विकसित होने लगी, अर्थात् लिंग बहुत कुछ प्राकृतिक के बदले व्याकरणिक होने लगा।

ये सारी प्रवृत्तियाँ संस्कृत से हिंदी में भी विकसित हुई हैं। इस अव्यवस्था में सरलता तथा एकीकरण की प्रवृत्ति ने सबसे पहले हिंदी से नपुंसक लिंग का सफाया किया। प्राकृत भाषा तक नपुंसक लिंग आया था। अपभ्रंश से ही इसका लोप शुरू हुआ। वैसे पुल्लिंग तथा स्त्रीलिंग की तुलना में नपुंसक लिंग महत्त्वहीन तो संस्कृत काल से ही होने लगा था। अकारांत नपुंसक का तृतीया, चतुर्थी, पंचमी, षष्ठी तथा सप्तमी विभक्तियों में कोई स्वतंत्र रूप नहीं था। इन विभक्तियों में अकारांत नपुंसक धन, वन, आदि शब्दों के रूप तथा व्यंजनान्त नपुंसक पयस् आदि के रूप भी जन, गज, आदि अकारांत तथा बेधस आदि व्यंजनान्त पुल्लिंग की भाँति ही चलते थे, बल्कि प्रथमा और द्वितीया में भी चलता था। इस प्रकार नपुंसक लिंग का रूप निर्माण स्वतंत्र नहीं था, प्रायः पुल्लिंग की भाँति ही था।'

अतः हिंदी में लिंग-व्यवस्था के मानकीकरण के लिए जितने प्रयास किए जाएँ, कम हैं, क्योंकि लिंग संज्ञा की आंतरिक या अंतर्निहित विशेषता है, जिसका निर्णय लोक-प्रयोग या रूढ़ि से होता है तथा जो अभ्यास-सापेक्ष है। संज्ञा के रूप के आधार पर लिंग-निर्णय करना कठिन है। वह मात्र कोशीय है, उसकी व्याकरणिकता इस अर्थ में है कि वह वाक्यगत अन्य घटकों को भी प्रभावित करता है, यथा-विशेषण,

क्रिया, आदि।

व्याकरणिक अन्विति के आधार पर लिंग की पहचान निम्नानुसार होती है, जैसे :–

1. विशेषण से अन्विति

(1) यह बड़ा कमरा है।
वह बड़ी समस्या है।
नाक लंबी है।

(2) मेरे कान लंबे हैं।
मेरी आँखें चौड़ी हैं।

2. क्रिया से अन्विति

(1) बैल चर रहा है।
गाय चर रही है।

(2) वह जाता है।
वह जाती है।

3. बहुवचन-प्रत्यय

(1) 'ए' प्रत्यय से पुल्लिंग : लड़के खेल रहे हैं।

(2) '-एँ' आँ 'प्रत्यय' से स्त्रीलिंग–
बहुएँ सुंदर हैं।
गाएँ चर रही हैं।
लड़कियाँ खेलती हैं।

टीप :- हिंदी में 'उभयलिंगी'– जैसा कोई शब्द नहीं होता, क्योंकि प्रत्येक व्यक्ति जब कभी किसी शब्द का प्रयोग करेगा, तब वह एक ही लिंग को चुनेगा और तद्नुसार उसकी अन्विति भी होगी। **उदाहरणार्थ**–

ट्रक खड़ी है।
ट्रक खड़ा है।
राइटिंग अच्छी थी।
राइटिंग अच्छा था।

सादृश्य/अज्ञानतावश ग़लत लिंग का प्रयोग अधिकतर आगत शब्दों के साथ होता है। (महरोत्रा, 1998:110-111)[2] जैसे–

अमानक	मानक
कमीज़ की कॉलर	कमीज का कालर
बड़ी गुस्सा आई	बड़ा गुस्सा आया
चाल-चलन अच्छी	चाल-चलन अच्छा
चौक घिस गई	चॉक घिस गया
बड़ी चैन मिली	बड़ा चैन मिला

अच्छी टाइटिल	अच्छा टाइटिल
डिज़ाइन अच्छी थी	डिजाइन अच्छा था
दलिया खाई	दलिया खाया
धनिया खरीदी	धनिया खरीदा
बड़ी साइज़	बड़ा साइज़
बड़ी होटलें	बड़े होटल
स्कूल बंद हो गई	स्कूल बंद हो गए

कुछ हिंदी-भाषियों के द्वारा एक ही शब्द भिन्न-भिन्न लिंगों में प्रयुक्त होता है। (महरोत्रा, 1998:113-114)[2] यथा–

	पश्चिमी हिंदी क्षेत्र	**पूर्वी हिंदी क्षेत्र**
चम्मच	पुल्लिंग	स्त्रीलिंग
जांघिया	पुल्लिंग	स्त्रीलिंग
टिकिट	पुल्लिंग	स्त्रीलिंग
तकिया	पुल्लिंग	स्त्रीलिंग
दही	पुल्लिंग	स्त्रीलिंग
नाप	पुल्लिंग	स्त्रीलिंग
पॉलिस	पुल्लिंग	स्त्रीलिंग
पहिया	पुल्लिंग	स्त्रीलिंग
फोटो	पुल्लिंग	स्त्रीलिंग
रुमाल	पुल्लिंग	स्त्रीलिंग
सैंडिल	पुल्लिंग	स्त्रीलिंग
मोती	पुल्लिंग	स्त्रीलिंग

8.3 वचन

'वचन' वह व्याकरणिक कोटि है, जो संज्ञा या नाम की गणनीयता संख्येयता से संबद्ध है। 'एकवचन' और 'बहुवचन' से सामान्यतया (गणनीय वस्तुओं के संदर्भ में) एक और एक से अधिक का बोध होता है परंतु विशेषतया (अगणनीय वस्तुओं के संदर्भ में) ऐसी धारणा संगत नहीं प्रतीत होती। तब परिमाणवाचक 'थोड़ा' 'कम' 'अल्प' 'लिए 'कुछ' 'हस्का' 'बहुत' 'अधिक' अतिशय' 'सब' 'भारी' दो भिन्न-भिन्न छोरों पर व्यतिरेक उत्पन्न करते हैं। इसी प्रकार, आदर के लिए बहुवचन का प्रयोग भी गणनीयता अथवा संख्येता की धारणा से परे है।[4]

8.3.1 एकवचन

(1) 'एकवचन' मूलतः संज्ञाशब्द के मूल रूप में अंतर्निहित रहता है, जो उससे

क्रिया की अन्विति से सूचित होता है। यथा–

लड़का खेलता है

गाय चरती है।

बच्चा रो रहा है।

(2) आदरार्थ बहुवचन क्रिया-रूप से संज्ञा का एकवचनत्व संदर्भ से सूचित होता है।[5]

यथा–

पिताजी सो रहे हैं।

प्रिंसिपल साहब कार्यालय में नहीं आए।

महाराज शिवाजी भारत के सच्चे सपूत थे।

मेरे बड़े भाई बहुत भोले हैं।

(3) भाववाचक संज्ञाएँ सदा एकवचन में प्रयुक्त होती हैं। यथा– प्राणिमात्र पर दया करनी चाहिए।

मैं आपका दुख समझता हूँ।

आपका मेरे प्रति अगाध प्रेम है।

(4) द्रववाचक संज्ञा सदा एकवचन में होती है, यथा–

पानी बरसा।

हवा चल रही है।

आजकल गरमी बहुत है।

दिल्ली में इन दिनों ठंड है।

(5) पदार्थवाची संज्ञाएँ सदा एकवचन में होती हैं, यथा–

सोना, चाँदी, आटा, चावल, आदि।

(6) राशि या समूह वाचक संज्ञा एकवचन में होती हैं। यथा–

रुपया, पैसा, माल, ताश, सामग्री, आदि।

8.3.2 बहुवचन

(1) मूल/ऋजु रूप में हिंदी पुल्लिंग अकारांत संज्ञा (एकवचन) बहुवचन में एकारांत हो जाती है। यथा–

केला - केले

थोड़ा - घोड़े

संतरा - संतरे

बच्चा - बच्चे

(2) मूल ऋजु रूप में 'आ' से इतर धनि से अंत होने वाले पुल्लिंग संज्ञा शब्द एकवचन और बहुवचन दोनों में समान रहते हैं–

बालक,	ऋषि,	भाई,	साधु,	वधु
शिक्षक,	मुनि,	पक्षी,	गुरु,	डाकू

(3) मूल/ऋजु रूप में 'इ' 'ई' 'इया' से अंत होने वाले स्त्रीलिंग एकवचन संज्ञा-शब्दों के बाद 'आँ' या 'ँ' जोड़कर बहुवचन बनाया जाता है–

जाति - जातियाँ
तिथि - तिथियाँ
डिबिया - डिबियाँ
चिड़िया - चिड़ियाँ
टोपी - टोपियाँ
नदी - नदियाँ

(4) मूल/ऋजु रूप में 'इ' 'ई' 'इया' से इतर धवनि से अंत होने वाली स्त्रीलिंग संज्ञाएँ बहुवचन में एँ' प्रत्यय लेती हैं, जैसे–

गाय - गाएँ
आँख - आँखें
कथा - कथाएँ
लता - लताएँ
धेनु - धेनुएँ
बहू - बहुएँ
लू - लुएँ

(5) परसर्ग जुड़ने पर सभी संज्ञा (पुल्लिग-स्त्रीलिंग) शब्द बहुवचन में 'ओं' से युक्त हो जाते हैं–

बालक	+	बहु	+	ओं	+	ने	-	बालकों ने
माता	+	बहु	+	ओं	+	ने	-	माताओं ने
कवि	+	बहु	+	ओं	+	ने	-	कवियों ने
जाति	+	बहु	+	ओं	+	ने	-	जातियों ने
माली	+	बहु	+	ओं	+	ने	-	मालियों ने
नदी	+	बहु	+	ओं	+	ने	-	नदियों ने
साधू	+	बहु	+	ओं	+	ने	-	साधुओं ने
हिंदू	+	बहु	+	ओं	+	ने	-	हिंदुओं ने

(6) कुछ संज्ञा शब्द सदैव बहुवचन में प्रयुक्त होते हैं–
केश, रोम, छू, प्राण, भाग्य, हस्ताक्षर, होश।

(7) कुछ मुहावरों में संज्ञा का बहुवचन रूप प्रयुक्त होता है–
आम के आम गुठलियों के दाम
नाजों पलना

बाँसों उछलना
खीसें निपोरना
दाँतों तले उँगली दबाना
बातों-बातों में
बगलें झाँकना

8.4 पुरुष

8.4.1. हिंदी में पुरुषवाचक सर्वनामों के एकवचन और बहुवचन-रूपों के प्रयोग में व्यत्यय देखा जा सकता है, यथा– 'मैं' के स्थान पर 'हम', 'तू, के स्थान पर 'तुम' का प्रयोग अथवा 'वह' के स्थान पर 'वे' का। इसकी बढ़ती हुई प्रवृत्ति इस तथ्य का संकेत करती है कि पुरुष-विशेष का एकवचन या बहुवचन में प्रयोग वक्ता की मानसिक वरीयता पर निर्भर है। (द्रष्टव्य-कर, 1993:2)

वस्तुतः पुरुष एक निर्देशक (Deictic) कोटि की व्याकरणिक धारा है, जिसके अंतर्गत–

वक्ता - उत्तम पुरुष
श्रोता - मध्यम पुरुष

अन्य (व्यक्ति, वस्तु भाव, स्थान, समय) के लिए अन्य पुरुष का परिगणन होता है। पुरुष को 'निर्देशक' कहने का तात्पर्य यह है कि यह भाषण-क्रिया से प्रत्यक्षतः जुड़ी हुई व्याकरणिक कोटि है। अन्य पुरुष में सर्वनामों के अलावा संज्ञाय विशेषण आदि भी प्रयुक्त होते हैं। जैसे–

लड़का खेलता है।
गरीब दुखी है।

इसके अतिरिक्त, भाषण-क्रिया या उक्ति में भागीदारी की दृष्टि से उत्तम, मध्यम एवं अन्य पुरुष के साथ निम्नांकित अभिलक्षण निहित होते हैं–

उत्तम पुरुष (+निश्चित) (+मानव) (+प्राणी)
मध्यम पुरुष (+निश्चित) (+मानव) (+प्राणी) (+आदर)
अन्य पुरुष + निश्चित (+मानव) (+प्राणी)
(द्रष्टव्य-दुर्योधन महाराणा, हिंदी - ओड़िया व्याकणिक कोटियाँ : व्यतिरेकी अध्ययन, आगरा, 1984 : पृ.69)

8.4.2 'पुरुष' नामक व्याकरणिक कोटि का प्रभाव वाक्यगत क्रिया-रूपों पर पड़ता है। विशेषतः शून्य (मूल) रूपों पर अनिवार्यतः–

पुरुष	**एकवचन**	**बहुवचन**
उत्तम	मैं हूँ	हम हैं

मध्यम	तू है, तुम हो,	आप हैं
अन्य	वह है	वे हैं
उत्तम	मैं जाऊँ	हम जाएँ
मध्यम	तू जा, तुम जाओ	आप जाएँ
अन्य	वह जाए	वे जाएँ

8.4.3 आदरार्थ 'आप' के साथ विशेषतः निम्नांकित क्रिया रूप प्रयुक्त होते हैं—

आप जाएँ।

आप जाइए।

आप जाइयेगा।

जो 'तू/तुम' के साथ बिलकुल संभव नहीं है।

8.4.4 केवल 'तू/तुम' के साथ 'जाना'— जैसा क्रियारूप प्रयुक्त हो सकता है—

तुम/जाना, खाना/बैठना

जब कि 'जा' जैसा रूप केवल 'तू, के साथ ही प्रयुक्त होता है—

तू जा/, खा/, पी/, बैठ।

8.4.5 आजकल 'आप' के साथ 'तुम' की भाँति क्रिया रूपों का चलन बोलचाल में बढ़ता जा रहा है—

मानक	अमानक	मानक
तुम आना	आप आना	आप आएँ/आइए/आइएगा
तुम जाओगे	आप जाओगे	आप जाएँगे

8.4.6 'चाहिए' क्रिया अव्ययवत् सभी पुरुषों के साथ

मुझे हमें	
तुझे/तुम्हें/आप को	जाना चाहिए।
उसे/उन्हें	

8.4.7 पुरुषवाचक सर्वनामों को परसर्ग के पूर्व अविकारी-विकारी रूप में निम्नानुसार प्रयुक्त किया जाता है—

अविकारी रूप	विकारी रूप
मैं ने	मुझ को/मुझे
हम ने	हमको/हमें
तू ने	तुम को/तुझे
तुम ने/तुम को	तुम्हारा/तुम्हारे/तुम्हारी
आप ने	आप को
उनको/उन्हें	उस को/उसे
मेरा/मेरे/मेरी	अपना/अपने अपनी

8.4.8 पुरुषवाचक सर्वनामों के साथ क्रियारूपों के व्यत्यय के कतिपय उदाहरण

द्रष्टव्य है।

अमानक	मानक
ये जा रहा है।	यह जा रहा है।
	ये जा रहे हैं।
वह कह रहे थे।	वे कह रहे थे।
	वह कह रहा था।

8.4.9 आजकल पुरुषवाचक सर्वनाम के विकारी रूपों के प्रयोग में शिथिलता निम्नानुसार दिखाई पड़ती है

मानक	**अमानक**
मुझे/मुझको	मेरे को
मुझसे	मेरे से
तुझे-तुझ को	तेरे को
तुझ से	तेरे को
तुम्हें/तुम को	तुम्हारे को
तुम से	तुम्हारे से

5.5 विकारी रूप

8.5.1 संज्ञा, सर्वनाम, विशेषण आदि का वह रूप विकारी कहलाता है, तो परवर्ती परसर्ग के द्वारा अनुबंधित रहता है जैसे–

वह + ने	उस ने
मैं + को	मुझ को
तू + को	तुझ को

परसर्ग अपने पूर्ववर्ती सर्वनाम तथा संज्ञा– शब्द या पदबंध को (व्यक्तिवाचक संज्ञाओं को छोड़कर) निम्नानुसार प्रभावित कर के 'विकारी बना देते हैं–

अविकारी रूप (केवल प्रथमा विभक्ति)	**विकारी रूप** (प्रथमा तथा अन्य विभक्तियों में संबोधन को छोड़कर)
लड़का	लड़के
मैं	मुझे
हम	हमें
तू	तुझे
तुम	तुम्हें
आप	आप
उन	आपने
वह	वे

8.5.2 सर्वनामों के अलावा आकारांत संज्ञा, क्रियार्थक संज्ञा, तद्धित, कृदंत, निजवाचक, विशेषण आदि सभी परसर्ग के पूर्व विकारी रूप ग्रहण करते हैं—

	अविकारी	विकारी (+ परसर्ग)
1. आकारांत संज्ञा	घोड़ा	घोड़े
2. क्रियार्थक संज्ञा	करना	करने
3. निजवाचक	अपना	अपने
4. विशेषण	काला	काले
5. कृदंत	दौड़ता (हुआ)	दौड़ते हुए
6. तद्धित	आप को	आप के

8.5.3 कतिपय आकारांत पुल्लिंग संज्ञाएँ परसर्ग पूर्व भी अविकारी रहती हैं यथा—
पिता, माता, दाता, वक्ता, श्रोता, चाचा, मामा, लाला, नाना, बाबा, पापा, काका, फूफा, डालडा, आदि।

85.4 'आ' से इतर अन्य सभी प्रकार के अंत वाले संज्ञा-शब्द परसगों के पूर्व भी पुल्लिंग/स्त्रीलिंग एकवचन में अविकारी रहते हैं—

घर/कवि/हाथी/भानु/भालू को
गाय/रात/पत्नी/बहू को

8.5.5. संबोधन रूप परसर्ग रूपों से किंचित भिन्नता लिए होता है, यथा—

(1) (क) आकारान्त पुल्लिग/संज्ञा-शब्द एकवचन में विकारी रूप—
लड़का - (ऐ) लड़के!
घोड़ा - (ऐ) घोड़े!
(टीप-पिता, माता, चाचा, दादा, मामा, नाना आदि रिश्तेवाची नहीं)
(ख) विशेषण का संज्ञावत् प्रयोग होने पर
ऐ मोटे!
ऐ छोटे!

(2) 'आ' से इतर अंत वाले पुल्लिंग/स्त्रीलिंग संज्ञा-शब्द एकवचन में अविकारी रहते ह—

मित्र	साथी	भाई	लड़की
कवि	गुरु	डाकू	बहू

(3) सभी संज्ञा शब्द बहुवचन में संबोधन-रूप ओ' से युक्त होते हैं—

बालक - बालको
बच्चा - बच्चो
बहन - बहनो
माता - माताओ
चाचा - चाचाओ

कवि	-	कवियो
साथी	-	साथियो
गुरु	-	गुरुओ
डाकू	-	डाकुओ
ऋतु	-	ऋतुओ
बहू	-	बहुओ
गौ	-	गौओ

(4) हिंदी में व्यक्तिवाचक संज्ञाएँ संबोधन में भी अविकारी रहती हैं

हे राम!

हे सीता!

हे लक्ष्मी!

'संदर्भ

1. हिंदी भाषा का विकास : रामदेव त्रिपाठी और आचार्य देवेन्द्रनाथ शर्मा की कृति से उद्धृत
2. रमेशचंद्र महरोत्रा, 1988:110-110
3. वही, 113-114
4. चितरंजन कर : छत्तीसगढ़ी की व्याकरणिक कोटियाँ, 1993, प्रस्तावना
5. लक्ष्मीनारायण शर्मा : हिंदी का विवरणात्मक व्याकरण, विनोद पुस्तक मंदिर, आगरा, 1991 : पृ. 221
6. जॉन ल्यंसः सैद्धांतिक भाषा.विज्ञान (अनु. सत्यकाम वर्मा) नई दिल्ली, 1972: पृ. 278-280

9

उच्चारण का मानकीकरण

क्षेत्रीय विभेद के कारण हिंदी में एक ही शब्द को अलग-अलग ढंग से उच्चारित किर जाता है। जैस-कुछ लोग ओढ़ना' उच्चारण क्रिया रूप में करते हैं तथा ओंढ़ना' संज्ञा रूप में पूर्वी हिंदी क्षेत्र में यही उच्चारण प्रायः चलते हैं। 'अ' के स्थान पर 'अँ' बोलने की ग़लत् भी होती है। ऐसी त्रुटियाँ भोजपुरी, मगही और मैथिली में होती हैं। जैसे– समाचार-सोमाचार, बसंत-बोसंत, बराबर-बोराबर, कुछ क्षेत्रों में 'ऑ' के स्थान पर 'आ' का उच्चारण करते तएए जैसे– कॉलिज-कालिज, डॉक्टर-डाक्टर, वॉल-वाल, हॉल-हाल, कॉफी-काफ़ी आदि।

मेरठ, दिल्ली, तथा इनके आस-पास कृष्ण का कृष्ण का म्रग, कृपा का क्रपा, सृष्टि का स्रष्टि उच्चारण होता है। पंजाबी भाषी लोग 'मंदिर' का 'मंदर, जमादारिन' का 'जमादारन् उच्चारण करते हैं। इन उच्चारणों में 'इ' को 'अ' उच्चरित करने की की अशुद्धि है। इसी प्रकार गुजराती, कन्नड़ तेलुगु भाषी लोग रि' का उच्चारण करते हैं। जैसे– 'सृष्टि' का स्रष्टि' 'कृष्ण' का क्रष्ण' 'कृपा' का क्रपा' आदि। पंजाबी भाषी 'साबुन' का 'साबन' ('उ' के स्थान पर अ का) प्रयोग करते हैं। हिंदीभाषी 'मुँह' का 'मुंह, 'पाँचवाँ' का 'पाचवा' 'बारहवीं' का बारहवा जैसे अशुद्ध उच्चारण करते हैं। यहाँ ऐसे ही कुछ शब्दों के उच्चारण का मानकीकरण किया जा रहा है–

अंक[1]	अँङ्.कु	a n k
अँगरेज़	अँग्-रेज़्	af-'rez
अँगरेज़ियत	अँग्-रे-ज़ि-यत्	ag-'re-zi-yat
अँगरेज़ी	अँग्-'रे-ज़ी	ag-'re-zi:
अँजोर	अँ-जोर्	a-'jor
अँटना	'अँट्-नाँ'	at.-na:
अंततोगत्वा	अनँ्-त-तो-' गत्-त्वा	an-ta-to-'.gat-twa :

1. उच्चारण के मानकीकरण हेतु शीर्षकित सभी शब्द 'हिंदी उच्चारण कोश' संपादक डॉ. भोलानाथ तिवारी, प्रथम संस्करण 1985, वाणी प्रकाशन, नई दिल्ली से उद्धृत है।

अंतरिक्ष	'अँन्त्-रिक्ष्	ant-' riks.
	अँन्-त-' रिकष्	an-ta-' riks.
अंतर्कथा	अँन्-'तर् - क-था	an-' tar-ka tha:
अंतर्ग्रह	अँ-' तर्-ग्रेहॅ	an-' tar-gre h
	अँन-' तर-ग्रह(स, प)	an-' tar-gr(s,e)ah
अँतर्ग्रहण	अँन्-' तर् - ग्रें-ह ड़ँ	an-' tar-gre—har-
अंतर्घट	अँ-ऽ तर् -घट्	an-' tar - ghat
अकलंक	अ-क-' लँङ्क्	a-ka-'-lank
अट्ठाइस	अट्-ठा-' ईस्	at-tha:-i :s
अठारह	अ-'ठा-रेॅह्	a-'tha : reh
अतिरिक्त	अ-ति-' रिक्त्	a-ti-' rikt
अत्याचारी	अत्-त्या-' चा-री	at-tya:-' cha: -ri:
अधःपतन	अ - 'धेॅह-प-तँन	a-'dheji-pa-ta-n
	अ - 'धह्-प-तन्	a-'dhah-pa-tan (e,s)
अध्यात्म	अद्-' ध्यात्म्	ad-' dhya:tm
अनिर्दिष्ट	अ-निर् -' दिश्ट्	a-nir-' disht
अनुपलब्धि	अ-नुप्-' लब्-धि	a-nup-'lab-dhi
अनुसंधाता	अ-नुँ-'सँन-'धा-ता	a-nu-' san- 'dha:- ta:
अनुसंधित्सु	अ-नुँ-' सँन-' धित्-सु	a-nu-'san-' dhit-su
अप्रत्याशित	अ-प्रत्-' त्या-शित्	a-prat-' tya:-shit
	अच-प्रत्-'त्या-शित् (स)	ap-prat-' tya:-shit (s)
अप्रमाणिक	अ-प्रा-' माँ-डिंक्	a-pra:-'ma: rik
	अप्-प्रा-'माँ-र्डिक् (स)	ap-pra:-'ma:rol (s)
अभिमनु	अ-भि-ऽ मँन्-न्युँ	a-bhi-'man-nyu
अयोग्य	अ-'योग्गय्	a-'yoggy
अर्जन	'अर् -जँन्	ar-jan
अर्जुन	'अर-जुँन्	'ar-jun
अवगाहन	औ-'गा-हँन्	au-'ga:-han
अविच्छन्न	अ-विच्-'छिंन्न्	a-wich-'chhinn;
अशिक्षित	अ-' शिक्-षित्	'a-'shik-sit
असाधारण	अ-सा-' धा-रँड़्	a-sa:-'dha:-rar
असुन्दर	अ-सुँन-दर्	a-'sun-dar
अहंकार	अ-हँङ्-' कार	a-han-'ka:r
अहर्निश	अ-' हर्-निश्	a-'har-nish

आन्दोलन	'आँन्-दो-लँन्	'a:n-do-lan
आकाशवाणी	'आ-काश-वा-ड़ीं	a:-'ka:sh-wa:-ri:
आख्यायिका	'आक-ख्या-इ-का	'a:k-khya:-i-ka:
आज्ञाकारित,	'आग्-ज्यौं-का-रिता	'a:g-gya:--ka:-ri-ta:
आत्मावलंबन	आत्-'माव्-लँम्-बँन्	a:t-'ma:w-Lam-ban
आधिकारिक	आ-धि-'का-रिक्	a:-dhi-'ka:-rik
आधुनिकीकरण	'आ-धु-नि-कि-क-रँड़ँ	'a:-dhu-ni-ki-ka-rar
आभिजात्या	आ-भि-'जात्त्य्	a:-bhi-'ja:tty
आभ्यंतरिक	'आब्-भ्यँन-त-रिक्	'a:b-bhy an-ta-rik
आमंत्रित	आ-' मँन्-त्रित्	a:-'man-trit
आलंकारिक	आ-लँङ् -'का-रिक्	a:lan-'ka:-rik
आवश्यकता	आ-वश-'शयक्-ता	a:- wash-'shyak-ta:
आश्चर्य	'आ-श्-चर्य्	'a:-sh-chary
आशीर्वाद	आ-'शीर्-वाद्	a:-'shi:r-wa:d
आश्रम	'आश्-श्रँम्	'a:sh-shram
आह्वान	'आह्-वॉन्	'a:h-wa:n
इंजेक्शन	इँन-'जेकॅ-शँन्	in-'jek-shan
इकतालीश	इक्-ता-'लीस्	ik-ta:-'Li:s
इकत्तीस	इ-कत्-'ती-स	i-kat-'ti:s
इतिवृत्तात्मक	इ-ति-व्रित्-'तात्-मँक्	i-ti-writ-'ta:t-mak
इनक़लाब	इँन्-क़-'लाब्	in-qa-'la:b
इनकार	इँन्-'कार्	in-'ka;r
इनसान	इँन्-'शान्	in-'sa:n
इमली	'इँम्-लीं	'im-li:
इलाका	इ-ला-का	i-'la:-qa:
इलायची	इ-'लाय्-ची	i-La:y-chi;
ईमानदारी	ई-'माँन्-दा-री	i:'ma:n-da:-ro:
उचित	उ-'चित्	u-'chit
उच्छृंखल	उच्-'छिंङ् 'खल्	uch-'chhrin-khal
उज्ज्वल	'उज्-ज्वल	'uj-jwal
उत्कर्ष	'उत्-'कर्श्	ut-'karsh
उत्तरदायित्व	उत्-तर्-'दा-'इत्त्व्	ut-tar-'da:-'ittw
	उत्-तर-'दा-'इत्त्व् (स)	ut-tar-da:-'it-twa(s)
उथल-पुथल	उ-'थल्-पु-थल्	u-'thal-pu-thal

उदात्त	उ-'दा-त्त्	u-'da:-tt
उद्देश्य	उद्-'देश्श्य्	uddeshshy
उद्योग	उद्-'द् योग्	ud-'dyog
उन्माद	उँन्-'माद्	un-'ma:d
उपन्यास	उ-पँन-'न्यास	u-pan-'nya:s
उपर्युक्त	उ-पर्-'युक्त	u-par-'yukt
उलटवाँसी	उ-लट्-'वाँ-सी	u-lat-'wai-si:
उलटी	'उल्-टी	uL-ti:
उसूली	उ'-सू-ली	u-'su:-Li:
ऊँट	ऊँट्	u:t
ऋतु	'रि-तु	'ri-tu
एकतरफा	'एक्-तर्-फा	'ek-tar-fa:
एकदम	'एक्-दँम्	'ek-dam
एडवोकेट	'ऐड्-वो-केट्	aid-wo-ket
एसेंबली	अ-'से ॅम्ब्-ली	a-'semb-Li:
एहसान	एॅह्-'साँन्	eh-'sa:n
अहसास	एह्-'सास्	eh-'sa:s
ऐडवोकेट	ऐड्-वो-'केट्	aid-wo-'ket
ऐतिहासिक	ऐ-ति-हा-सिक्	ai-ti-'ha:-sik
ऐलान	ऐ-'लाँन्	ai-'la:n
औषधि	'ओ-श-धि	'O-sha-dhi
ओद्योगिक	'औद्-दयो-गिक्	'aud-dyo-gik
औषध	'औ-श ध्	'au-shadh
कचहरी	क-'चे ॅह्-री	ka-'cheh-ri:
कचौरी	क-'चौ-री	ka-'chau-ri:
कभबख्त	कँम्-'बख्त	kam-bakht
कमीज़	क-'मीज़	qu-'mi:z
कर्तव्य	कर्-'तव्व्य्	kar-'tawwy
कर्ता	'कर्-ता	'kar-ta:
कवयित्री	कव्-चित्-त्री	kaw-'yit-tri:
कहाँ	क-'हाँ	ka-'ha:
कागज़	'का-गज़्	'ka:-gaz
कार्यालयी	'कार्-या-ल-ई	'ka:r-ya:-La-i:
कॉलेज	'कॉ-ले ॅज्	'ko-Lej

कुकुर	कु-’कुर्	ku-'kur
कुटिल	कु-’टिल्	ku-'til
कुलबुलाहट	कुल्-बु-’लाहट्	kul-bu-'La:hat
कुलाधिपति	कु-’ला-धि-प-ति	ku-'La:-dhi-pa-ti
कृपया	क्रि-प-’या	kri-pa-'ya:
केंद्रीय	’केॅन्-द्रीय्	'ken-dri:y
कोलाहल	को-’ला-हल्	ko-'La:-hal
खदेड़ना	ख-’देड़्-नाँ	kha-'der-na:
खासियत	’खा-’सि-यत्	'kha:-'si-yat
खिलाफत	खि-’ला-फ़त	khi-'La:-fat
खूबसूरत	खूब्-सू-रत्	'khu:b-su:-rat
खैरियत	’खूब्-सू-रत्	'khai-ri-yat
गँवाऊ	गँ-वा-ऊ	ga-'wa:-u:
गजब	ग-’जब्	ga-'zab
गड़बड़	’गड़-बड़्	'gar-bar
गणित	ग-‘ड़िंत्	ga-rit
गर्वीला	गर्-’वी-ला	gar-'wi:-La:
गाँधी	’गाँ-धी	'ga:-dhi:
गाभिन	’गा-भिँन्	'ga'.bhin
गिनती	’गिॅन्-ती	gin-ti:
गुरूत्वाकर्षण	गु-रूत्-त्वा-’कर्-शँड़्	gu-rut-twa:-'kar-shar
गूँथना	’गूँथ्-नाँ	'gu:th:-na:
गेहूँ	’गे-हूँ	'ge-hu:
गौशाला	गौ-’शा-ला	gau-'sha:-La:
ग्रेजुएट	ग्रे-जु-’वेॅट	gre-ju-'wet
घँघोलना	घँ-’घोल्-नाँ	gha-'ghoL-na:
घनिष्ठ	घ-’निश्ठ्	gha-'nishth
घूँट	घूँट्	ghut
घूँट	घूँट्	ghut
घूँसा	’घू—सा	'ghu:-sa:
घूमना	’घू-म-नाँ	'ghu:-m-na:
चंचल	’चँन्-चल्	'chan-chal
चकाचौंध	च-का-’चौंध	cha-ka:-'chaudh
चटाई	च-’टा-ई	cha-'ta:i:

घड़ी	’चड्-ढी	chad-dh i:
चतुराई	च-तु-’रा-ई	cha-tu-'ra:-!:
चना	च-’नी	cha-'na:
चरबी	’चर-बी	'char-bi:
चर्चित	’चर-चित्	'char-'hit
चश्मा	’चश्-माँ	chash-ma:
चाँदनी	’चाँद्-नीँ	'cha:d-ni:
चाबी	’चा-बी	'cha:-bi:
चिड़िया	चि-ड़ि-’या	chi-ri-ya:
चिरौरी	चि-’रौ-री-	chi-'rau-ri.
चुंबन	‘चुँम्-बँन	'chum-ban
चुम्मा	’चुँम्-मा	'chum-ma:
चून	’चूँन्	chu:n
चूल्हा	’चू-ल्हा	'chu:-Lha:
चौंकना	’चौंक्-नाँ	'chauk-na:
चौंतीस	’चौ-तीस्	'chau:-ti:s
चौंसठ	’चौँसठ्	chau-sath
चौकन्ना	चौ-’कँन्-नाँ	chau:-'kan-na:
चौबीस	चौ-’बीस	chau:-'bi:s
चौवालीस	चौ-वा-’लीस	chau-wa:-:-'Lis
छँटनी	’छँट्-नीँ	'chha t-ni:
छछूँदर	छ-’छँ - दर	chha-'chhu:-dar
छह	छह	chhah
छाँह	छाँह	chha.'h
छात्रावास	’छात्-त्रा-वास्	'chha:t-tra:-wa:s
छियानबे	छि-याँ-बे	chhi-'yarn-be
छियासी	छि-’या-सी	chhi-'ya:-si:
छिहत्तर	छि-’हत्-तर्	chhi-'hat-tar
छौंक	छौंक	chhauk
जंग	जूँङ ग्	zang
जँचना	’जँच्-नाँ	'jach-na:
जगन्नियंता	ज-गँन्-नि-’यँन्-ता	ja-gan-ni-yan-ta:
जमीन	ज-’मीँन्	za-'mi:n
जुरूर	ज़-’रूर्	za-'ru:r

जल्दी	’जल्-दी	'jal-di:
जवाब	ज-वाब्	ja-'wa:b
जहर	जे॑-’हेर्	ze-'her
जागीर	जा-’गीर्	ja:-'gi:r
जिला	ज़ि-’ला	zi-'La:
जुड़वाँ	जुड़-वाँ	'jur-wa:
जेवर	’ज़े-वर्	'ze-war
जैसा	’जै-सा	'jai-sa:
ज़्यादा	’ज्या-दा	'zya:^da:
झींगुर	’झीँ-गुर्	'jhi:-gur
झूठ	झूठ्	jhu:th
टरकाना	टर्-’का-नाँ	tar-'ka:-na:
टाँग	ट्राँग्	ta:g
टाइम	ट्रॉग्	ta;g
टिकुली	टि-कु-’ली	ti-ku-'Li:
टीमटीम	’टी॑म्-टाँम्	'ti:m-ta:m
ठकुराई	ठ-कु-’रा-ई	tha-ku-'ra:-i:
बैसना	’डँस्-नाँ	'das-na:
डगर	ड-’गर्	da-'gar
डढ़ियल	ड-ढि-’यल्	da-rhi-'yal
डाँटना	’डाँट्-नाँ	'da:t-na:
डॉक्टर	’डॉक्-टर्	'dok-tar
डाली	’डा-ढ़ी	'da:-rhi:
ड्राइवर	’ड्रा-इ-वर्	'dra:i-war
ढाँचा	’ढाँ-चा	'dha-cha:
तत्त्व	तत्त्व	tattw
तत्त्वतः	’तत्त्व्-ते॑ह	'tattw-teh
तदुपरांत	त-दुप्-राँन्त्	ta-dup-'ra:nt
तमीज़	त-’मीज्	ta-'mi:z
तरक्की	त-रक्-की	ta-raq-qi:
तरफ	त्-’रफ्	ta-'raf
तरीक़ा	त-’री-का	ta-'ri:- qa:
तलवार	तल्-’वार	tal-'war
तलाक	त-’लाक्	ta-'La:q

तवायफ	त-’वा-यफ्	ta-'wa:-yaf
तवारीख	त-वा-’रीख़	ta-wa:-ri:kh
तिजोरी	ति-’जो-री	ti-'jo-ri:
तिथि	’ति-थि	ti-thi
तिरंगा	ति-रँङ्गा	ti-'ran-ga:
तिरसठ	’तिर-सठ्	'tir-sath
तिरानवे (बे)	ति-’राँन्-वे(बे)	ti'ra:n-we(be)
तिरासी	ति-’रा-सी	ti-'ra:-si:
तिरेसठ	ति-’रे-सठ	ti-'re-sath
तेईस	ते-’इस	te-'i:s
तैंतालीस	तैं-ता-लींस्	tai-ta:-Li:s
त्रैमासिक	त्रै-’माँ-सिक	trai-'ma:-sik
थपथपाना	थप्-थ-’पा-नाँ	thap-tha-'pa:-na:
थर्मामीटर	थर-माँ-’मी-टर्	thar-ma:-'mi:-tar
घुक्का-फजीहत	’थुक्-का-फ़-’जी-हत्	thuk-ka:-fa-'ji:-hat
दखल	द-’ख़ल्	'da-'khal
दधि	’द-धि	'da-dhi
दरवाजा	दर्-’वा-जा	dar-'wa:-za:
दाएँ	’दा-एँ	'da:-e
दीवार	दी-एँ	'da:-e
दीवाली	दी-’वा-ली	di:-'wa:-Li:
दुःख	दुख्	dukh
दुगना	’दुग्-नाँ	'dug-na:
दुगुना	’दु-गु-’नाँ	'du-gu-'na:
दुर्लभ	’दुर्-लभ्	'dur-labh
दुष्कर्म	’दुश-कर्म	'dush-karm
दृश्य	’द्रिश्श्य्	drishshy
देहली	’देह्-ली	deh-li:
दोहरा	’दोह-रा	'doh-ra:
द्रष्टव्य	द्रश्-’टव्व्य्	drash-tawwy
धनुर्धारी	ध-नुर-’धा-री	dha-nur-'dha:-ri:
धेनु	धे-नुँ	dhe-nu
धोखा	’धो-खा	'dho-kha:
नक्शा	’नक्-शा	'naq-sha:

नज़र	न-’ज़र्	na-'zar
नब्बे	’नब्बे-बे(भे)	'nab-be(bhe)
नालायक	ना-’ला-यक	na:-'la:-yaq
निखालिस	नि-’ख़ा-लिस	ni-'kha:lis
नियोक्ता	नि-’योक्-ता	ni-'yok-ta:
निरक्षर	नि-’रक्-षर्	ni-'rak-sar
निरीक्षक	नि-’रीक्-षक्	ni-'ri:k-sak
निरीक्षण	नि-’रीक-षँड़ँ	ni-'ri:k^sar
निर्जीव	निर्-’जीव्	nir-'ji:w
निवासी	नि-’वा-सी	ni-'wa:-si:
निश्चल	’निश्-छल्	'nish-chhal
निश्शेष	निश्-’शेश्	nish-'shesh
नीलाम	नी-’लाँम्	ni:-'la:m
नौकरी	’नौक-री	'nauk-ri:
नौलखा	’नौ-ल-खा	'nau-la-kha:
न्यायाधीश	न्या-या-’धीश्	nya:-ya:-'dhi:sh
न्यौछावर	न्यौ-’छा-वीर्	nyau-'chha:-war
पक्षिराज	पक्-षि-’राज्	pak-si-'ra:j
पच्चीस	पच्-’चीस्	pach-'chi:s
पत्रावली	पत्-’त्राव्-ली	pat-'tra:w-li:
पदचिह्म(न्ह)	पद-’चिं-न्नह	pad-'chi-nnh
	पद-’चिह्न	pad-'chihn
पद्माकर	पद्-माँ-कर्	pad-'ma:-kar
पहुँच	प-हुं च	pa-'huch
पहुँची	प-हुँ-’ची	pa-hu-chi:
पाँच	पाँच्	pa:ch
पॉलिस	पा-लिश्	pa:-lish
पिसाई	पि-सा-ई	pi-'sa:-i:
पुल्लिंग	पुल्-’लिंड्(ग)	pul-'lin(g)
पूर्वक	’पूर्-वक्	'pu:rwak
पृथक्	’प्रि-थक्	'pri-thak
पृथ्वी	’प्रित्-थ्वी	'prit-thwi:
पृष्ठ	प्रिश्ठ	prishth
प्रकिया	प्र-क्रि-’या	pra-kri-'ya:

प्रद्युम्न	प्रद्-'द्युम्न	prad-'dyumn
प्राकृतिक	'प्रा-क्रि-तिक्	'pra-kri-tik
प्लैटफार्म	प्लैट्-'फार्म	plait-'form
फरोख्त	फ़-'रोख्त्	fa-'rokht
फहराना	फॆह्-'रा-नाँ	pheh-'ra:-na:
	फह्-'रा-नाँ	phah-'ra:-na:
फुरसत	'फुर्-सत्	'fur-sat
फुलवारी	फुल्-'वा-री	phul-'wa:-ri;
फेलो	'फॆ-लो	fe-lo
फोटो	'फो-टो	fo-to
फौज	फ़ौज्	fauj
बंगला	'बँग्-ला	bag-la:
बयालीस	ब-या-'लीस	ba-ya:-'l:s
बयासी	ब-'या-सी	ba-'ya:-si:
बहन	ब-'हॆन्	be-hen
बहिष्कार	ब-'हिश्-'कार्	ba-'hish-'ka:r
बहुत	ब-'हुत्	ba-'hut
बातमीज	बा-त-'मीज्	ba:-ta-mi:z
बुड़बुड़ना	बुड़्-बु-ड़ा-नाँ	bur-bu-'ra:-na:
बृहस्पति	ब्रि-'हस-प-ति	bri-'has-pa-ti
बेशकीमत	'बेश-की-मत्	'besh-qi:mat
ब्रह्मानंद	ब्रम्-'हा-नंद्	bram-'ha:-nand
भक्ति	'भक्-ति	'bhak-ti
भड़ास	भ-'ड़ाँस्	bha-'ra:s
भलमनसाहत	भल्-मँन्-'सा-हत्	bhal-man-sa:-har
भांडार	भाँन-डार्	bha:n-'da:r
भिखारिन	भि-'खा-रिँन्	bhi-'kha:-rin
भीष्म	भीष्म्	bhi-.shm
भुजंगी	भु-'जँङ्-गी	bhu:-'jan-gi:
भूतोन्माद	भू-'तोन्-माद्	bhu:-'ton-ma:d
भैया	भ-इ-'या	bha-i-'ya:
भोजपत्र	'भोज्-पत्त्र्	'bhoj-pattr
भौंचक्का	भौं-'चक्-का	bhau-'ch'ak-ka:
भौजाई	भौ-'जा-ई	bhau-'ja:-i:

भ्रामक	’भ्रा-मँक्	'bhra:-mak
मंडलाकार	मन्-ड-ला-’कार्	man-da-la:-'ka:
मक्खी	’मक्-खी	'mak-khi:
मग़रिब	’मग्-रिब्	mag-rib
मध्यांतर	मद्-’ध्यान्-तर्	mad-'dhya:n-tar
माध्यमिक	’माद्ध्य्-मिक्	'maddhay-mik
मार्क्सवाद	’माक्र्स-वाद्	'ma:rks-wa:d
माहात्म्य	मा-’हात्म्य्	ma:-'ha:tmy
मिशनरी	’मिश्-न-री	'mish-na:-ri:
मीमांसक	मी-’माँन्-सक्	mi:-'ma:n-sak
मुआवजा	मु-’वाव्-ज़ा	mu-'wa:w-za:
मुक्तावली	मुक्-’ता-वली	muk-'ta:-wali
मुसकराना	मुस्-क-’रा-नाँ	mus-ka-'ra:-na:
मूर्द्धा	’मूर-धा	'mu:r-dha:
मृत्युंजय	म्रित्-’त्युँन्-जय्(जै)	mrit-'tyun-jay(ai)
मृषा	म्रि-’शा	mri-'sha:
मेहराब	मे ॅह-राब्	meri-'ra:b
मैला	’मै-ला	'mai-la:
मोहताज	’मो ॅह्-ताज्	'moh-ta:j
मोहरात्रि	’मोहॅ-रात्-त्रि	'moh-ra:t-tri
मौजूदा	मौ-’जू-दा	mau-'ju:-da:
मुनिसपैलिटी	म्यु-निस्-’पै-लि-टी	myu-nis-'pai-li-ti:
यंत्रालय	यँन्-’त्रा-लै(लय्)	yan-'tra:-lai(lay)
यकायक	य-’का-यक्	ya-'ka:-yak
यज्ञोपवीत	यग्-ग्यो-प-’वीत्	yag-hyo-pa-'wi:t
यद्यपि	यद्-’द्य-पि	yad-'dya-pi
यांत्रिक	’याँन-त्रिक्	'ya:n-trik
यादृच्छिक	या-’द्रिच्-छिक्	ya:-'drich-chhik
यावज्जीवन	या-वज्-’जी-वन्	ya:-waj-ji:-wan
युयुत्सा	यु-’युत्-सा	yu-'yut-sa:
यूनिवर्सिटी	यू-नि-’वर-सि-टी	yu:-ni-'war-si-ti:
योगात्मा	यो-’गात्-माँ	yo-'ga:t-ma:
यौक्तिक	’यौक्-तिक्	'yauk-tik
रंगरूट	’रँङ्(ग)-’रूट	ran(g)-'ru:t

रईस	र-’ईस	ra-'i:s
रत्नाकर	रत-’नाँ-कर्	rat-'na:-kar
रमजान	रम्-’जाँन	ram-'za:n
रहस्य	रे॒-’हेस्स्य्	re-hessy
रासायनिक	रा-’साय्-निँक्	ra:-sa:y-nik
राष्ट्रीय	’राश्-ट्रीय्	'ra:sh-tri:y
रिआयत	रि-’या-यत्	ri-'ya:-yat
रिपोर्ट	रि-’पोर्ट	ri-'port
रीडर	री-’डर्	ri:-dar
रीढ़	रीढ़्	ri:rh
रुक्का	’रुक्-का	'ruq-qa:
रुपया	रू-प-’या	ru-pa-'ya:
रूपांतर	र-पाँन-तर्	ru-'pa:n-tar
रूबरू	’रू-ब-रू	'ru:-ba-ru:
रूलर	’रू-लर्	ru:-lar
रेखांकन	रे-’खांङ्-कँन्	re-kha:n-kan
रेजगारी	’रेज्-गा-री	'rez-ga:-re:
रौशन	’रौ-शँन्	'rau-shan
लंकेश्वर	लँङ’केश्-श्वर्	Lan-'kesh-shwar
लड़कपन	ल-’ड़क्-पँन	La-'ral-pan
लास्य	लास्स्य्	La:ssy
लिवर	लि-’वर	Li-'war
लीडर	’ली-डर्	'Lr-dar
लेहाजा	ले॒-’हा-ज़ा	Le-'ha:-za:
लोमहर्षक	’लोम्-हर्-शक्	'Lom-har-shak
लौंगलता	’लौंग्-ल-ता	'Laug-la-ta:
लौकिक	’लौ-किक्	'Lau-kik
वंशावली	वँन्-’शाव्-ली	wan-'sha:w-Li:
	वँन्-’शा-वली	wan-'sha:waLi:
वजीफा	व-’जी-फा	wa-'zi:-Ta:
वत्सल	’वत्-सल्	'wat-sal
वसंतोत्सव	व-’सँन्-’तोत्-सव(सौ)	a-'san-'tot-saw (sau)
वागीश्वरी	वा-’गीश्-श्व-री	wa:-'gi:sh-shwa-ri:
वाग्जाल	’वाग्-जाल्	'wa:g-ja:L

वारंट	वा-रंट्	wa:-rajnt
वार्तालाप	वार्-ता-लाप्	'wa:r-ta:-La:p
विकेंद्रीकरण	वि-'के ॅन्-द्री-क-र ॅड़	wi-'ken-dri:ka-rar
विचक्षण	वि-'चक्-षँड़्	we-'chak-sar
विद्यापीठ	विद्-द्या-'पीठ	wid-dya:-'pi:th
विद्वान	विद्-'द्वाँन्	wid-'dwa:n
विश्रामालय	विश्-श्राँ-'मा-लय् (लै)	w i s h s h r a : - 'malay(Lai)
वीक्षण	'वीक-षँड़्	'wi:k-sar
वृत्यनुप्रास	व्रित्-त्य-नुँ-'प्रास	writ-tya-nu-pra:s
व्याख्याता	'व्याक्-ख्या-ता	wya:k-khya:-ta:
व्युत्पत्ति	व्युत्-'पत्-ति	yut-'pat-ti
शंखिनीं	'शँङ्-खि-नीँ	shan-khi-ni:
शब्दानुशासन	शब्-दा-नुँ-'शा-सँन्	shab-da:-nu-'sha:-san
शहंशाह	श-हॅर्न्-'शाह्	sha-hen-'sha:h
शाब्दीव्यंजना	शाब्-दी-'वयँञज्-जाँ	'sha:b-di:-'wyanj-na:
शास्त्रोक्त	शास्-'त्रोक्त्	'sha:s-'trokt
शिलालेख	शि-ला-'लेख्	shi-La:-'Lekh
शिल्पशास्त्र	शिल्प-शास्त्र्	shilp-'sha:str
शृंगारिक	श्रिँङ्-'गा-रिक्	shrin-'ga:-rik
शैलेन्द्र	शै-'ले ॅन्द्र	shai-'lendr
	शै-'ले ॅन्-द्र (स)	shai-'len-dra (s)
शौकीन	शौ-'क़ीन्	shau-'qi:n
श्मशान	श्मँ-शाँन्	shma-'sha:n
श्रुत्यनुप्रास	'श्रुत्-त्य-नुँ-प्रास्	'shrut-tya-nu-prais
श्लाघनीय	'श्लाघ्-नी ॅय्	'shla:gh-ni:y
श्लिष्टता	'श्लिष्ट-ता	shiisht-ta:
षट्शास्त्र	'शट्-'शास्त्र	'shat-'sha:str
	शट्-शास-त्र (स)	shat-'sha:-s-tra(s)
षोडशोपचार	शोड्-'शोप्-चार्	shod-'shop-cha:r
संकर्षण	सँङ्-'कर्-शँड़्	san'-kar-shar
संक्षेपण	सॅङ्-'क्षे-पँड़्-	san-'kse-par
संचारी	सँन्-'चा-री	san-'cha:ri:
संजीदा	सँन्-'जी-दा	san-'ji:-da:

संपादक	सँम्-'पा-दक्	sam-'pa:-dak
संभाषण	सँम-'भ-शँड़ँ	san-'bha:-shar
संशोधित	सँन्-'शो-धित्	san-'sho-dhit
संस्करण	'सँन्स-क-रँड़ँ	sans-ka-rar
सच्चिदानन्द	रच्-चि-दा-'नँन्द्	sach-crii-da:'nand
सतहत्तर	सत्-'हत्-तर्	sat-'hat-tar
सत्तर	'सत्-तर्	'sat-tar
सत्ताईस	सत्-ता-'ईस	sat-ta:-'i:s
सत्तानवे	सत्-'ताँन्-वे	sat-'ta:n-we
सत्तावन	सत्-'ता-वँन	sat-'ta:-wan
सत्तासी	सत्-'ता-सी	sat-'ta:-si:
सत्याग्रह	सत्-'त्या-ग्रे˘ह्	sat-'tya:-greh
	सत्-'त्यग्-ग्रह(स)	sat-'tya:g-grah(s)
साधारणीकरण	सा-'धार्-डी˘-क-रँड़ँ	sa:-'dha:r-ri:-ka:rar
सिरजनहार	सिर्-जँन्-'हार्	sir-jan-'ha:r
संनंदिनी	सु-'नँन्-दि-नी˘	su-'nan-di-ni:
सेमेटिक	से-'मे-टिक्	se-'me-tik
स्टेशन	स्टे-शँन्	'ste-shan
स्वतन्त्र	स्व-'तँन्त्र्	swa-'tantr
	स्व-तँन्-त्र (स)	swa-'tan-tra(s)
स्वीकृत	'स्वी-क्रित	swi:-krit
	'स्वी-क्रित (स)	swa-'tan-tra(s)
स्वावलंबन	'स्वाव्-लँम्-बँन्	'swa:w-lam-ban
स्वोपार्जित	स्वो-'पार्-जित्	swo-'pa:r-jit
हँसना	'हँस्-नाँ	'has-na:
हक्का-बक्का	हक्-का-'बक्-का	hak-ka:=-'bak-ka:
हज्जाम	हज्-जाम्	haj-ja:m
हट्टाकट्टा	हट्-टा-'कट्-टा	hat-ta:-'kat-ta
हरमजदगी	ह-रँम्-'जद्-गी	ha-ram-'zad-gi:
हरिणाक्षी	ह-रि-'ड़ाँक्-षी	ha-ri-ra:k-si:
हलंत	ह-'लँन्त्	ha:-'lant
हारून	'हा-इ-फँन्	'ha-i-fan
हारमोनियम	'हार-मो-नि-यँम्	'ha-r-mo-ni-yam
हार्दिक	'हार्-दिक	'ha:r-dik

हिचकिचाना	हिच्-कि-’चा-नाँ	hich-ki-'cha:-na:
हितैषी	हि-’तै-षी	hi-'tai-si:
हुल्लड़बाजी	हुल्-लड्-’बा-जी	hu]-lar-'ba:-zi:
हृदय	हि-’दय् (दै)	hri-'day (dai)
हेत्वाभास	हेत्-त्वा-भास्	het-twa:-'bha:s
होशियार	हो-शि-’यार्	ho-shi-'ya:r
हौसला	’हौस-ला	haus-la:
ह्रस्व	हस्स्व्	hrassw,
हासोन्मुख	हा-’सोन्-मुख्	hra:-'son-mukh

10

वाक्य का मानकीकरण

वाक्य का मानकीकरकण लिंग, वचन, विकारी, अविकारी, विशेषण, सर्वनाम, क्रिया कृदंत, क्रियाकर, परसर्ग, आदि दृष्टियों से किया जा सकता है। वाक्य में अमानकता व्याकरणिक कोटियों के प्रयोग-शैथिल्य के कारण आती हे। इसमें काल, वृत्ति-पक्ष, वाच्य, लिग, वचन कारक और पुरुष की प्रमुख भूमिका होती है। विश्व की सभी भाषाओं में वाक्य में पाए जाने वाले दो अनिवार्य तत्त्व हैं– उद्देश्य और विधेय। इन्हीं को अँगरेज़ी में Subject और Predicate, संस्कृत में सुप् और तिङ् तथा भाषाविज्ञान की आधुनिकतम पारिभाषिक शब्दावली में Rheme और Theme कहा जाता है। इराके अतिरिक्त वाक्य के मध्य में आने वाले परसगों एवं निपातों की भी महत्त्वपूर्ण भूमिका होती है। इन सभी दृष्टियों से शिथिल होने वाले अमानक वाक्यों का यहाँ मानकीकरण किया जा रहा है।

10.1 हिंदी में वाक्य के स्तर पर लिंग संवंधी अमानकता बहुत देखने को मिलती है। ऐसे प्रयोग प्रायः क्षेत्रीय प्रभावों, व्याकरणिक स्थिति का ठीक-ठाक वोध न होने के कारण होते हैं। यहाँ ऐसे ही कुछ प्रयोगों को दिया जा रहा है–

10.1.1 स्त्रीलिंग-संबंधी अमानकता का मानक प्रयोग

अमानक	मानक
1. मेरा अंदाज़ सही थी।	मेरा अंदाज़ सही था।
2. मुझे अधिकार मिल गई।	मुझे अधिकार मिल गया।
3. कॉफी की कप गिर।	कॉफी का कप गिर गया।
4. तुमने मेरी किस ली।	तुमने मेरा किस लिया।
5. सीता की क्लिप गिर गई।	सीता का क्लिप गिर गया।
6. मुझे बड़ा गुस्सा आयी।	मुझे बड़ा गुस्सा आया।
7. तुम्हारी चाल-चलन अच्छी नहीं है।	तुम्हारा चाल-चलन अच्छा नहीं है।
8. चॉक घिस गई।	चौंक घिस गया।
9. दलिया खाई गई।	दलिया खाया गया।

10. राम की राइटिंग अच्छी है।	राम का राइटिंग अच्छा है।
11. वह वाहन नगरपालिका की थी।	वह वाहन नगरपालिका का था
12. संडास बनवा ली।	संडास बनवा लिया।
13. मोहन के पेट में सींग घुस गई।	मोहन के पेट में सींग घुस गया।
14. सभी स्कूलें बंद हो गई।	सभी स्कूल बंद हो गए।
15. बहुत सी हाथियाँ भाग गई।	बहुत से हाथी भाग गए।
16. सर्कस की टिकिटें खरीदी गई।	सर्कस के टिकिट खरीदे गए।
17. मैंने दही खा ली।	मैंने दही खा लिया।
18. सीता ने नैल-पालिश लगा ली।	सीता ने नैल-पालिश लगा लिया।
19. राम ने पॉलिश कर ली।	राम ने पॉलिश कर लिया।
20. वह फटी हुई रुमाल ले गया।	वह फटा हुआ रुमाल ले गया।
21. सुधा की सैंडिल सस्ती थी।	सुधा का सैंडिल सस्ता था।

10.1.2 पुंलिंग-संबंधी अमानकता का अमानक

	अमानक	**मानक**
1.	राम ने अलाप सुनाया।	राम ने अलाप सुनाई।
2.	मोहन ने बात को मानने में आनाकानी किया।	मोहन ने बात को मानने में आनाकानी की।
3.	आलोचना किए जाने पर वह नाराज हो गया।	आलोचना की जाने पर वह नाराज हो गया।
4.	उसने सीता की इज्जत लूट लिया।	उसने सीता की इज्जत लूट ली।
5.	उसका एटलस खो गया।	उसका एटलस खो गई।
6.	मैंने खीर पकाया।	मैंने खीर पकाई।
7.	बादलों का गरज सुनाई दिया।	बादलों की गरज सुनाई दी।
8.	उसे बहुत धन-दौलत मिला।	उसे बहुत धन-दौलत मिली।
9.	कौन सा पिक्चर देखा?	कौन-सी पिक्चर देखी।
10.	तुमने पुस्तक पढ़ा।	तुमने पुस्तक पड़ी।
11.	उसका पैंट भीग गया।	उसकी पैंट भीग गई।
12.	बहुत से पत्तल जल कर राख हो गए	बहुत सी पत्तलें जल कर राख हो गई।
13.	फुटबॉल कहीं पड़ा था?	फुटबॉल कहाँ पड़ी थी?
14.	दूल्हे ने उसका माँग भर दिया।	दूल्हे ने उसकी माँग भर दी।
15.	महाभारत पढ़ा।	महाभारत पड़ी।
16.	वह मेरी बुराई किया।	उसने मेरी बुराई की।

17. राम ने सीता का बाट जोहा।	राम ने सीता की बाट जोही।
18. किसी ने मजाक किया।	किसी ने मजाक की।
19. सभी लाइट बुझा दिए।	सभी लाइटें बुझा दीं।
20. थोड़ा शराब पिया।	थोड़ी शराब पी।
21. वह शिकायत किया।	उसने शिकायत की।
22. दयाराम का एक संतान था।	दयाराम की एक संतान थी।
23. ट्रक टकरा गया।	ट्रक टकरा गई।
24. मेरा तौलिया कहीं है?	मेरी तौलिया कहीं है?
25. तुक भिड़ गया।	तुक भिड़ गयी।

10.2 वचन-परक अमानकता

वचन के प्रयोगों में परसर्ग संबंधी, क्रिया संबंधी और संख्या संबंधी अमानकता का प्रयोग देखने को मिलता है। यहाँ बहुवचन एवं एकवचन के प्रयोगों को क्रमशः दिया जा रहा है।

10.2.1 बहुवचन-संबंधी अमानकता का एकवचन-संबंधी मानक प्रयोग

अमानक	मानक
1. कूड़े करकट रह जाते हैं।	कूड़ा करकट रह जाता है।
2. पच्चीस टन कोयले खरीदना है।	पच्चीस टन कोयला खरीदना है।
3. मैंने तीस टोकरी कचरे फेंक दिया।	मैंने तीस टोकरी कचरा फेंक दिया।
4. शब्दों के उच्चारण ठीक हैं।	शब्दों का उच्चारण ठीक है।
5. उसे गए दो घंटे भी नहीं हुए थे।	उसे गए दो घंटा भी नहीं हुआ था।
6. मुझ पर सौ रुपये जुरमाने हुए।	मुझ पर सौ रुपये जुरमाना हुआ।
7. तुम्हें हज़ारों रुपयों के दहेज मिलते।	तुम्हें हज़ारों रुपयों का दहेज मिलता।
8. धान कट गए।	धान कट गया।
9. बहुत से फरनीचर बनवा लिए गए।	बहुत सा फरनीचर बनवा लिया गया।
10. अँगरेज गाय और सुअर के मांस खाते हैं।	अँगरेज गाय और सुअर का मांस खाते हैं।
11. मित्र वर्ग सहयोग रखेंगे।	मित्र वर्ग सहयोग रखेगा।
12. दो लाख के लोहे जब्त किए गए।	दो लाख का लोहा जब्त किया गया।
13. तुमने उनकी हर इच्छाएँ मानीं।	तुमने उनकी हर इच्छा मानी।

10.2.2 एकवचन-संबंधी अमानकता का बहुवचन-संबंधी मानक प्रयोग

अमानक	मानक
1. उसका दर्शन नहीं हुआ।	उनके दर्शन नहीं हुए।
2. उनका पैर मत पड़ी।	उनके पैर मत पड़ो।

3. उसका प्राण अभी नहीं निकला।	उसके प्राण अभी नहीं निकले।
4. नाई सिर का बाल काटता है।	नाई सिर के बाल काटता है।
5. वह मेरा हस्ताक्षर कर लेता है।	वे मेरे हस्ताक्षर कर लेते हैं।
6. उसने हाथ-पैर फैला दिया।	उसने हाथ-पैर फैला दिए।
7. उसे बनवाने में बाईस सौ रुपया लगा।	उसे बनवाने में वाईस सौ रुपये लगे।
8. पाँचों उंगली घी में होना।	पाँचों उँगलियाँ घी में होना।
6. दो पत्नी थी। दो पत्नियाँ थीं।	
10. तालाव से पाँच लाश बराबद।	तालाव से पाँच लाशें वरामद।
11. तूफान से पच्चीस झोपड़ी नष्ट हुई	तूफान में पच्चीस झोपड़ियों नष्ट हुई।

10.2.3 सार्वनामिक बहुवचन-संबंधी अमानकता का मानक प्रयोग

अमानक	मानक
1. ये जा रहा है।	यह जा रहा है।
2. हॉस्टल में ये तो मेरे साथ ही रहता था।	हॉस्टल में यह तो मेरे साथ ही रहता था।
3. हम वह सब करेंगे, जिन्हें करना चाहिये।	हम वह सब करेंगे, जिसे करना चाहिये।

10.2.4 सर्वनामिक एकवचन-संबंधी अमानकता का बहुवचन परक मानक प्रयोग

अमानक	मानक
1. सचिन ने पचास रन बनाए, जिसमें आठ चौक्के शामिल थे।	सचिन ने पचास रन बनाए, जिनमें आठ चौक्के शामिल थे।
2. सरकार ने नीतियाँ निर्धारित की, जिसमें से कुछ ग़लत थी।	सरकार ने नीतियाँ निर्धारित कीं, जिनमें से कुछ ग़लत रथा।
3. कल कुल छह स्पर्द्धाएँ होंगी, जिसमें से एक लंबी कूद भी है	कल कुल छह स्पर्द्धाएँ होंगी, जिनमें से एक लंबी कूद भी है
4. राम ने रुपये निकालकर उससे कपड़ा खरीदा।	राम ने रुपये निकालकर उनसे कपड़ा खरीदा।
5. वाहर तीन बम मिले, ने जिसे विशेषज्ञों ने निष्क्रिय कर दिया।	बाहर तीन बम मिले, जिन्हें विशेषज्ञों निष्क्रिय कर दिया।
6. मैंने उससे कहा, – यह काम कर दीजिए।	मैंने उनसे कहा– यह काम कर दीजिए।
7. वह इधर-उधर घूमते रहे।	वे इधर-उधर घूमते रहे।

10.2.5 सार्वनामिक मूलरुप-संबंधी अमानकता का विकारी रूपपरक मानक प्रयोग

	अमानक	मानक
1.	न्याय में अपना-पराया का ध्यान नहीं रखा जाता।	न्याय में अपने-पराए का ध्यान नहीं रखा जाता।
2.	कोई को नहीं पता कि कब क्या होगा।	किसी को नहीं पता कि कब क्या होगा।
3.	मैं नहीं जानता कि कौन ने किया।	मैं नहीं जानता कि किसने किया।

10.2.6 सार्वनामिक विकारी रूप परक मानक प्रयोग

	अमानक	मानक
1.	तेरे को सब मालूम है।	तुमको सब मालूम है।
2.	तुम्हारे पे सौ रुपए हैं।	तुम पे सौ रुपए है।
3.	हमारे से यह नहीं होगा।	हमसे यह नहीं होगा।
4.	मेरे से वह नाराज है।	मुझ से वह नाराज हे।

10.3 विशेषण परक अमानकता

हिंदी में वाक्य के सार पर विशेषण संबंधी अमानकता बहुतायत में देखी जाती है, जो लिंग संबंधी, वचन संबंधी, विकारी रूप संबंधी एवं संबंध-वाची प्रयोग के स्तर पर होती है। यहाँ ऐसे ही कुछ प्रयोगों को दिया जा रहा है–

10.3.1 विशेषण की स्त्रीलिंग-संबंधी अमानकता का पुंलिंग-संबंधी मानक प्रयोग

	अमानक	मानक
1.	वे सुधा को छोटी कहते हैं।	वे सुधा को छोटा कहते हैं।
2.	बच्ची का साफ-सुथरी देखकर उसका जी उसका जी खिल उठा।	बच्ची को साफ सुथरा देखकर खिल उठा।
3.	अपनी नीति-निर्धारण के लिए मजबूर था।	अपने नीति-निर्धारण के लिए मजबूर था।
4.	पूँछ को टेढ़ा मत कहो।	पूँछ को टेढ़ा मत कहो।
5.	नई-नई प्रकार की लपटें उठ रही हैं।	नए-नए प्रकार की लपटें उठ रही हैं।

10.3.2. विशेषण का पुंलिंग संबंधी अमानकता का स्त्रीलिंग-संबंथी मानक प्रयोग

	अमानक	मानक
1.	इस समाचार-पत्र में नगर की ताजा खबरें रहती हैं।	इस समाचार-पत्र में नगर की ताजी खबरें रहती हैं।
2.	बार में ताजा शराब मिलती है।	बार में ताजी शराब मिलती है।
3.	नए-नए चीजों के अनेक प्रकार	नई-नई चीजों के अनेक प्रकार

	मिलते हैं।	मिलते हैं।
4.	संस्कृत से कितने ही भाषाओं का निर्माण हुआ है।	संस्कृत से कितनी ही भाषाओं का निर्माण हुआ है।

10.3.3 विशेषण की बहुवचन परक अमानकता का एकवचन परक मानक प्रयोग

	अमानक	**मानक**
1.	ये समीकरण समझा जा रहा है।	यह समीकरण समझा जा रहा है।
2.	तुम उन्हें इकट्ठे कर लेते हो।	तुम उन्हें इकट्ठा कर लेते हो।
3.	उन्हें बड़े मत समझो।	उन्हें बड़ा मत समझो।

10.3.4 विशेषण की एकवचनपरक अमानकता का बहुवचन परक मानक प्रयोग

	अमानक	**मानक**
1.	मैंने अपना चार साल यूँ ही गँवाया।	मैंने अपने चार साल यूँ ही गँवाए।
2.	ये उसके आ पिता हैं।	ये उसके बूढ़े पिता हैं।
3.	लड़के इकट्ठा आएँगे	लड़के इकट्ठे आएँगे।

10.3.5 विशेषण का विकारी रूपपरक अमानकता का मूल रूप परक मानक प्रयोग

	अमानक	**मानक**
1.	अपने शृंगार करने में उसे दो घंटे लगे।	अपना शृंगार करने में उसे दो घंटा लगा।
2.	उन लोग मंदिर पहुँच गए होंगे।	वे लोग मंदिर पहुँच चुके होंगे।
3.	इन लोग आ गए।	ये लोग आ गए।

10.3.6 विशेषण की मूलरूपपरक अमानकता का विकारीरूपपरक मानक प्रयोग

	अमानक	
1.	वह यह नींद की गोली को खा लेता है।	वह इस नींद की गोली को खा लेता है।
2.	वे सब पिछड़ा का के हैं।	वे सभी पिछड़े वर्ग के हैं।
3.	है तो खूबसूरत महल, लेकिन कोई उपयोग का नहीं है।	है तो खूबसूरत महल, लेकिन किसी उपयोग का नहीं है।
4.	कोई काम में परेशानी नहीं होगी।	किसी काम में परेशानी नहीं होगी।
5.	अपना आचरण और सभ्यता को का बचाने का प्रयत्न करना चाहिए।	अपने आचरण और सभ्यता को बचाने प्रयत्न करना चाहिए।

10.3.7 विशेषण का निजवाचक संबंधवाची रूप परक मान प्रयोग

	अमानक	**मानक**
1.	यह इसके विद्यालय जा रहा है।	यह अपने विद्यालय जा रहा है।

2.	वह उसकी पुस्तक ले रही है।	वह अपनी पुस्तक ले रही है।
3.	वे उनके मित्रों के ही साथ हैं।	वे अपने मित्रों के साथ ही हैं।
4.	आप आपके मित्र को आपके घर कब लाएँगे।	आप अपने मित्र को अपने घर कब लाएँगे।
5.	तुम तुम्हारा काम करो।	तुम अपना काम करो।
6.	हम हमारे विद्यालय की उन्नति चाहते हैं।	हम अपने विद्यालय की उन्नति चाहते हैं।
7.	मैं मेरी अच्छाई समझता हूं।	मैं अपनी अच्छाई समझता हूँ।

10.4. क्रियापरक अमानकता

हिंदी में क्रियाओं के प्रयोग में अमानकता प्रबुरता में मिलती है। यहाँ इस प्रकार की अमानकता का मानक प्रयोग दिया जा रहा है।

10.4.1 क्रिया की स्त्रीलिंगपरक अमानकता का पुल्लिंगपरक मानक प्रयोग

	अमानक	**मानक**
1.	इस काम में देर लगानी अस्वाभाविक थी।	इस काम में देर लगाना अस्वाभाविक था।

10.4.2 क्रिया की पुंलिंगपरक अमानकता का स्त्रीलिंगपरक मानक प्रयोग

	अमानक	**मानक**
1.	मोहन ने नई गेंद खरीद लिया।	मोहन ने नई गेंद खरीद ली।
2.	बेटी पराए घर की धन होता है।	बेटी पराए घर का धन होती

10.4.3 क्रिया की बहुवचनपरक अमानकता का एकवचनपरक मानक प्रयोग

	अमानक	**मानक**
1.	उन्हें बने रहने दो सभापति।	उन्हें बना रहने दो सभापति।
2.	बाढ़ से हर मकान प्रभावित हुए।	बाढ़ से हर मकान प्रभावित हुआ।
3.	एक-एक लड़का चले गए।	एक-एक लड़का चला गया।
4.	उसे संस्कृत में और तुम्हें मराठी में पुरस्कार दिए गए।	उसे संस्कृत में और तुम्हें दिए गए। मराठी में पुरस्कार दिया गया।
5.	एक लड़का और एक लड़की जा रहे हैं।	एक लड़का और एक लड़की जा रही है।

10.4.4 क्रिया की एकबचनपरक अमानकता का बहुवचनपरक मानक प्रयोग

	अमानक	**मानक**
1.	सभी कागजात जमा करना पड़ेगा।	सभी कागजात जमा करने पड़ेंगे।
2.	पाँच अध्याय पड़ लिया है।	पाँच अध्याय पड़ लिए हैं।
3.	तीन नाट्य-शिविर लगाया गया।	तीन नाट्य-शिविर लगाए गए।

	अमानक	मानक
4.	तुम्हें चार रन मिल गया।	तुम्हें चार रन मिल गए।
5.	श्रीलंका ने पाँच विकेटों पर सौ रन बनाया है।	श्रीलंका ने पाँच विकेटों पर सौ रन बनाए हैं।
6.	उसमें पैसा खर्च होगा।	उसमें पैसे खर्च होंगे।
7.	विज्ञान में बहुत से अविष्कार हुआ है।	विज्ञान में बहुत से आविष्कार हुए हैं।
8.	यहाँ शस्त्रास्त्र जमा करके रखा जाता है।	यहाँ शस्त्रास्त्र जमा करके रखे जाते हैं।
9.	तीनों रेडियो सेट बरवाद हो गया था।	तीनों रेडियो सेट वरबाद हो गए थे।
10.	कपिल ने चार विकेट ले लिया है।	कपिल ने चार विकेट ले लिए हैं।
11.	मैंने दस छात्रों के फार्म अग्रेषित किया है।	मैंने दस छात्रों के फार्म अग्रेषित किए हैं।
12.	सोहन ने चार साल पूरा कर लिया है।	सोहन ने चार साल पूरे कर लिए हैं।
13.	हाथ-पैर फैला दिया।	हाथ पैर फैला दिए।

10.4.5 क्रिया का आदरार्थ मानक प्रयोग

	अमानक	**मानक**
1.	आप इस कॉलेज के प्राचार्य हैं।	आप इस कॉलेज के प्राचार्य हैं।
2.	आप आओगे क्या?	आप आएँगे क्या?
3.	आप जाओ।	आप जाएँ।
4.	नेहरू जी अपना स्कूल देखना चाहता था।	नेहरू जी अपना स्कूल देखना चाहते थे।
5.	मैंने एक महात्मा जी देखा।	मैंने एक महात्मा जी को देखा।
6.	देवी जी साकार हो गई।	देवी जी साकार हो गई।
7.	भैया अभी नहीं आएगा, वह व्यस्त है!	भैया अभी नहीं आएँगे, वे व्यस्त है।

10.4.6 क्रिया का कर्म-कर्तरि रूप परक मानक प्रयोग

	अमानक	**मानक**
1.	पेन घिसा गया।	पेन घिस गई।
2.	बस का एक पहिया दूर फिंका गया।	बस का एक पहिया दूर फिक गया।
3.	डाकू पकड़ाया।	डाकू पकड़ा गया।
4.	पुस्तक नहीं लिखा गई।	पुस्तक नहीं लिखी गई।

5.	कपड़ा नहीं सुखाता।	कपड़ा नहीं सूखता।
6.	खेत बिका गया।	खेत बिक गया।
7.	रस्सी खिंचा गई थी।	रस्सी खिच गइं थी।

10.4.7 सहायक क्रिया-संबं धी अमानकता का

	अमानक	**मानक**
1.	तुम्हें प्यास लग रही।	तुम्हें प्यास लग रही है।
2.	वह जा रहा।	वह जा रहा है।
3.	न मैं प्राचार्य बनना चाहता, न बनूंगा।	न मैं प्राचार्य बनना चाहता हूँ न बनूँगा।
4.	न तो मैं श्री शर्मा को कुछ बोल सकता और न आप को।	न तो मैं श्री शर्मा को कुछ बोल सकता हूँ और न आप को।
5.	न वे काम करते, न ही वे काम करने देते।	न वे काम करते हैं, न ही वे काम करने देते हैं।
6.	प्रेम को न खा सकते, न पहन सकते।	प्रेम को न खा सकते हैं न पहन सकते हैं।

10.4.8. भूतकालिक सहायक-क्रिया का मानक प्रयोग

	अमानक	**मानक**
1.	मैं चला रहा।	मैं चला था।
2.	वहाँ गया रहा।	वहाँ गया था।
3.	सीता बस से गई रही।	सीता बस से गई थी।
4.	सतीश पढ़ा रहा।	सतीश पढ़ा था।

10.4.9 क्रियार्थक-संज्ञा का मानक प्रयोग

	अमानक	**मानक**
1.	मूर्ति विसर्जन करने का है।	मूर्ति-विसर्जन करना है।
2.	उसे हिसाब करने का है।	उसे हिसाब करना है।
3.	शर्मा को तौलिया लेने का है।	शर्मा को तौलिया लेना है।
4.	तुम्हें दावत देने की है।	तुम्हें दावत देना है।
5.	पट्टी बंधवाने की थी।	पट्टी बंधवानी थी।
6.	वही सूची भोपाल जाने की है।	वह सूची भोपाल जानी है।
7.	उन्हें कहीं नहीं जाने का है।	उन्हें कहीं नहीं जाना है।
8.	मोहन को गंगा-घाट जाने का है।	मोहन को गंगाघाट जाना है।

10.4.10 क्रिया के पूर्वकालिक कृदंत का मानक प्रयोग

	अमानक	**मानम**
1.	सब से तालमेल बिठा कर के रही।	सब से ताल-मेल बिठा कर रहो।

2.	मैंने दुरुपयोग को नकार करके अच्छाई को समर्थन दिया।	मैंने दुरुपयोग को नकार कर अच्छाई को समर्थन दिया।
3.	देख कर के चलना चाहिए।	देख कर चलना चाहिए।
4.	मैं उसे पहचान कर के लौट आया।	मैं उसे पहचान कर लौट आया।
5.	उसे जला कर के राख कर दिया।	उसे जला कर राख कर दिया।
6.	श्याम ने बैग उठा कर के देखा।	श्याम ने बैग उठा कर देखा।
7.	जरा पी कर के देखना।	जरा पी कर देखना।
8.	वे अफवाहों का शोर मचा जनता को दिग्भ्रमित कर रहे हैं।	वे अफवाहों का शोर मचा कर जनता को दिग्भ्रमित कर रहे हैं।
9.	सीता ने आह भर कहा।	सीता ने आह भर कर कहा।
10.	वे गाड़ी पर सवार हो आए।	वे गाड़ी में सवार हो कर आए।
11.	बच्ची खिलौना देख नाच उठी।	बच्ची खिलौना देख कर नाच उठी।
12.	ऐसा कर शर्मा जी ने पूछा।	ऐसा कर के शर्मा जी ने पूछा।
13.	वह मुझसे बात कर चला गया।	वह मुझसे बात करके चल गया।
14.	तुम उस से जान पहचान कर चले जाना।	तुम उस से जान पहचान करके चले जाना।
15.	कन्या का अपहरण कर उसकी हत्या कर दी।	कन्या का अपहरण कर के उसकी हत्या कर दी।
16.	वह काम कर चला गया।	वह काम कर के चला गया।
17.	राम ने बात को बदल कर कहा।	राम ने बात को बदल कर के कहा।
18.	कृपा कर मेरा पैसा दे दीजिए।	कृपा कर के मेरा पैसा दे दीजिए।
19.	घोषणा कर यह कहा।	घोषणा कर के यह कहा।
20.	तुमने हमला कर चोट पहुँचाई।	तुमने हमला कर के चोट पहुँचाई।

10.5 शब्दों के प्रयोग-संबंधी अमानकता

हिंदी में वाक्य-विन्यास में शब्दों को व्यर्थ ही एकारांत बना दिया जाता है, जिससे वाक्य में अमानकता आ जाती है। इस प्रकार की अमानकता 'कृदंत' बनाते समय उत्पन्न होती है। यहाँ एकारांत-संबंधी अमानकता का मानक प्रयोग दिया जा रहा है।

	अमानक	**मानक**
1.	सोहन तेज़ी से दौड़ते आया।	सोहन तेज़ी से दौड़ता आया।
2.	मैं लेते आऊँगा।	मैं लेता आऊँगा।
3.	वह खूब पैसा लुटाते फिरता है।	वह खूब पैसा लुटाता फिरता है।
4.	यह पूछे जाने पर उसने कहा।	यह पूछा जाने पर उसने कहा।

5.	उन्हें सभापति बने रहने दिया जाए।	उन्हें सभापति बना रहने दिया जाए।
6.	वह मारे-मारे फिरता है।	वह मारा-मारा फिरता है।
7.	मजदूरों ने न्यूनतम वेतन निर्धारित किए किए जाने की माँग की।	मजदूरों ने न्यूनतम वेतन जाने निर्धारित किया जाने की माँग की।
8.	सुधा उसे देखते जाती है।	सुधा उसे देखती जाती है।
9.	ऐसी जाँच कराए जाने पर पता लगा।	ऐसी जाँच कराई जाने पर पता लगा।
10.	मेरे द्वारा आलोचना किए जाने के बावजूद उसने वही किया।	मेरे द्वारा आलोचना की जाने के बावजूद उसने वही किया।
11.	वह पद उनके कार्यकाल समाप्त होने तक रहेगा।	वह पद उनका कार्यकाल बिना समाप्त होने तक बना रहेगा।
12.	उस के अहित करने की बात अच्छी नहीं है।	उस का अहित करने की बात अच्छी नहीं है।
13.	परिषद् के कार्यकाल समाप्त होने पर उसके कार्यकाल को बढ़ा दिया गया।	परिषद् का कार्यकाल समाप्त होने पर उसके कार्यकाल को बढ़ा दिया गया।
14.	उन्हें दल के नेता चुने जाने पर प्रसन्नता हुई।	उन्हें दल का नेता चुने जाने पर प्रसन्नता हुई।
15.	जिस बात को कहा जाता है, ठीक उसके उल्टे होता है।	जिस बात को कहा जाता है, ठीक उसका उल्टा होता है।
16.	शब्दों के सही इस्तेमाल होने से वाक्य सार्थक होता है।	शब्दों का सही इस्तेमाल होने से वाक्य सार्थक होता है।
17.	किसी चीज के प्रयोग करने से मनाही नहीं है।	किसी चीज का प्रयोग करने से मनाही नहीं है।

10.6 परसर्ग-संबंधी अमानकता

हिंदी में परसर्ग ने, का, की, के लिए, को, से, के, में आदि के ठीक-ठाक प्रयोग न होने के कारण वाक्य में अमानकता आ जाती है। यहाँ इन्हीं का मानक प्रयोग दिया जा रहा है।

10.6.1 परसर्ग 'ने' का मानक प्रयोग

	अमानक	**मानक**
1.	राम पानी पिया।	राम ने पानी पिया।
2.	तेलिन और कहारिन पैसा कमाया।	तेलिन और कहारिन ने पैसा कमाया।
3.	मामा पत्र लिखा।	मामा ने पत्र लिखा।
4.	हम कई पुस्तकें पड़ी।	हम ने कई पुस्तकें पड़ीं।

5.	मैं आपको पचास रुपये दिए थे।	मेंने आपको पचास रुपये दिए थे।
6.	मोहन उसे बचा लिया।	मोहन ने उसे बचा लिया।
7.	वह लिख दिया होता।	उस ने लिख दिया होता।
8.	चाचा पत्र लिखा।	चाचा ने पत्र लिखा।
9.	छात्रों का एक जत्था आज कुलपति को ज्ञापन दिया।	छात्रों के एक जत्थे ने आज को कुलपति को ज्ञापन दिया।
10.	सुधा इमली खाई।	सुधा ने इमली खाई।
11.	विमान आज भोपाल से उड़ान भरा।	विमान ने आज भोपाल से उड़ान भरी।
12.	वे पुस्तक दिए।	उन्होंने पुस्तक दी।
13.	वे प्रार्थना की।	उन्होंने प्रार्थना की।
14.	बच्चा गेंद उटाया।	बच्चे ने गेंद उठाई।
15.	बहन जी लड़कियों को बताई।	बहन जी ने लड़कियों को बताया।
16.	आप तो सुने ही होंगे।	आप ने तो सुना ही होगा।
17.	बाई पुस्तक को फेंक दी।	बाई ने पुस्तक को को दिया।
18.	यह लड़की मुझे बुलाई।	इस लड़की ने मुझे बुलाया।
19.	वह उसे सुनी होगी।	उसने उसे सुना होगा।
20.	काटने के बाद वे मुर्गे को पकाया।	काटने के बाद उन्होंने मुर्गे को पकाया।

10.6.2 परसर्ग "को" के स्थान पर परसर्ग "से" का मानक प्रयोग

	अमानक	मानक
1.	मुझे बीस को कहना है।	मुझे बास से कहना है।
2.	वह सबको यही कहता है।	वह सबसे यही कहता है।
3.	उसने मुझको यह काम करने को कहा था।	उस ने मुझसे यह काम करने को कहा था।

10.6.3 परसर्ग 'के' का अमानक प्रयोग

	अमानक	मानक
1.	बाकी के पैसे लौटाइये।	बाकी पैसे लौटाइये।
2.	बाकी के रेडियो तो डिब्बे भर हैं।	बाकी रेडियो तो डिब्बे भर

10.6.4 परसर्ग 'का' और 'की' के स्थान पर परसर्ग 'के' का मानक प्रयोग

	अमानक	मानक
1.	बकरी की दो सींग होती हैं।	बकरी के दो सींग होती हैं।
2.	बैल की एक पूँछ होती है।	बैल के एक पूँछ होती है।
3.	कुत्ते की चार टाँगें होती है।	कुत्ते के चार टाँगें होती है।

4.	सुधा की दो बेटियाँ होंगी।	सुधा के दो बेटियाँ होंगी।
5.	कृष्ण की दो बहनें हैं।	कृष्ण के दो बहने हैं।
6.	सीमा की दो सासें हैं।	सीमा के दो सासें हैं।
7.	श्याम की अपनी एक संतान थी।	श्याम के अपनी एक संतान थी।

10.6.5 परसर्ग 'में' का मानक प्रयोग

	अमानक	मानक
1.	मोहन श्री शर्मा के अंडर में काम करता था।	मोहन श्री शर्मा के अंडर काम करता था।
2.	अंदर ही अंदर में मामला निपट गया।	अंदर ही अंदर मामला निपट गया।
3.	लोटा सामने में रखा है।	लोटा सामने रखा है।

10.6.6 परसर्ग 'पर' का मानक प्रयोग

	अमानक	मानक
1.	जहाँ पर पूल जमी हो, वहाँ पर झाड़ू लगा दें।	जहाँ धूल जमी हो, वहाँ झाड़ू लगा दें।
2.	कहीं पर मैदान में गेंद पड़ी है।	कहीं मैदान में गेंद पड़ी है।
3.	यहाँ पर देखिए।	यहाँ देखिए।
4.	मंदिर वहीं पर है।	मंदिर वहीं है।

10.6.7 परसर्ग 'पर' के स्थान पर परसर्ग में का मानक प्रयोग

	अमानक	मानक
1.	उसकी माँ बरामदे पर पड़ी थी।	उसकी माँ बरामदे में पड़ी थी।
2.	अचानक राम के सीने पर दर्द हुआ।	अचानक राम के सीने में दर्द आ।
3.	गुड़िया पार्क पर दौड़ रही थी।	गुड़िया पार्क में दौड़ रही थी।
4.	उपद्रवियों ने दुकान पर आग लगा दी।	उपद्रवियों ने दुकान में आग लगा दी।
5.	मैं निर्वाचन समिति पर नियुक्त हुआ।	मैं निर्वाचन समिति में नियुक्त हुआ।
6.	कपिल ने तीन गेंदों पर तीन विकेट लिए।	कपिल ने तीन गेंदों में तीन विकेट लिए।
7.	कभी-कभी आग पर घी डालना पड़ता है।	कभी-कभी आग में घी डालना पड़ता है।

10.6.8 परसर्ग 'में' के स्थान पर परसर्ग 'पर' का मानक प्रयोग

	अमानक	**मानक**
1.	सीता नदी के किनारे में खड़ी थी।	सीता नदी के किनारे पर खड़ी थी।
2.	मोहन ने श्याम से फोन में कहा।	मोहन ने श्याम से फोन पर कहा।

3.	कुत्ता छप्पर में बैठा था।	कुत्ता छपर पर बैठा था।
4.	सुधा कुरसी में बैठी है।	सुधा कुर्सी पर बैठी है।
5.	मोहन खाट में बैठो।	मोहन खाट पर बैठो।
6.	हम दोनों एक ही साइकिल में थे।	हम दोनों एक ही साइकिल पर थे।
7.	स्टेशन में पानी नहीं है।	स्टेशन पर पानी नहीं है।
8.	मेरा गाँव बस मार्ग में है।	मेरा गाँव बस मार्ग पर है।
9.	पगली चौराहे में खड़ी रहती थी।	पगली चौराहे पर खड़ी रहती थी।
10.	रमेश ने अपना जीवन दाँव पर लगा दिया।	रमेश ने अपना जीवन दाँव पर लगा दिया।
11.	उड़नदस्ते ने ऑफ़िस में छापा मारा।	उड़नदस्ते ने ऑफ़िस पर छापा मारा।
12.	जिस भूमि में तुमने जन्म लिया।	जिस भूमि पर तुमने जन्म लिया।
13.	मोहन के पते में पत्र डालना।	मोहन के पते पर पत्र डालना।
14.	मुँह में रौनक छाई है।	मुँह पर रौनक छाई है।
15.	वे तुलसी की रामायण में शोधरत हैं।	वे तुलसी की रामायण पर शोधरत हैं।
16.	उसके पति काम में गए थे।	उसके पति काम पर गये थे।
17.	गैं छत में था।	मैं छत पर था।
18.	इस प्रकरण में कल चर्चा होगी।	इस प्रकारण पर कल चर्चा होगी।
19.	दीवारों में कुछ न लिखें।	दीवारों पर कुछ न लिखें।
20.	लिफाफों में पता नहीं लिखा था।	लिफाफों पर पता नहीं लिखा था।

10.6.9 परसर्ग 'के अंदर' के स्थान पर परसर्ग 'में' का मानक प्रयोग

	अमानक	**मानक**
1.	आखिरी ओवर के अंदर निर्धारित रन बन जाएँगे।	आखिरी ओवर में निर्धारित रन बन जाएँगे।
2.	पानी के अंदर मछली है।	पानी में मछली है।
3.	मोहन के अंदर कोई दोष नहीं है।	मोहन में कोई दोष नहीं है।
4.	इस बात के अंदर कुछ तो है ही।	इस बात में कुछ तो है ही।

10.6.10 परसर्ग 'के उपर' के स्थान पर परसर्ग 'पर' का मानक प्रयोग

	अमानक	**मानक**
1.	उसने मेरी पीठ के ऊपर धौल जमाई।	उसने मेरी पठ पर धौल जमाया।
2.	मोहन के दिमाग के ऊपर बड़ा	मोहन के दिमाग पर बड़ा बोझ

	अमानक	मानक
	था।	बोझ था।
3.	छः विकेटों के ऊपर सौ रन बने है।	छह विकेटों पर सौ रन बने
4.	आमदनी काम के ऊपर निर्भर है।	आमदनी काम पर निर्भर करती करती है
5.	गुरु के ऊपर श्रद्धा रखनी चाहिए।	गुरु पर श्रद्धा रखनी चाहिए।
6.	उसके जान-माल के ऊपर खतरा होने की आशंका है।	उसके जान-माल पर खतरा होने की आशंका है।

10.6.11 परसर्ग 'में' के स्थान पर परसर्ग 'से' का मानक प्रयोग

	अमानक	मानक
1.	वह काम में जी चुराता है।	वह काम से जी चुराता है।
2.	राम को खंभे में बांध दिया गया।	राम को खंभे से बांध दिया गया।
3.	इस कलम में मत लिखो।	इस कलम से मत लिखो।
4.	सज्जनतापूर्वक पेश आने में काम नहीं चलता।	सज्जनतापूर्वक पेश आने से काम नहीं चलता।

10.7 अव्यय के प्रयोग-संबंधी अमानकता

हिंदी में अव्ययों के यथोचित प्रयोग न होने से वाक्य में अमानकता आ जाती है। यहाँ ऐसे ही कुछ प्रयोगों को दिया जा रहा है।

10.7.1 समुच्चय बोधक अव्यय 'कि' का मानक प्रयोग

	अमानक	मानक
1.	वह तब खाएगा, जब कि उसे खिलाया जाएगा।	वह तब खाएगा, जब उसे खिलाया जाएगा।
2.	यह पहला अवसर है, जब कि आप यहाँ आए।	यह पहला अवसर है, जब आप यहाँ आए।
3.	पानी बरसा, जिस से कि किसान प्रसन्न हो गए।	पानी बरसा, जिस से किसान प्रसन्न हो गए।
4.	श्याम, जो कि कक्षा-प्रतिनिधि है, नहीं आया।	श्याम, जो कक्षा-प्रतिनिधि है, नहीं आया।
5.	हिंसा उस समय भड़की, जब कि पुलिस ने गोली चलाई।	हिंसा उस समय भड़की, जब पुलिस ने गोली चलाई।

10.7.2 समुच्चय बोधक अव्यय क्योंकि' के स्थान पर अव्यय 'कि' का मानक प्रयोग

	अमानक	मानक
1.	वह इस कारण आया था, क्योंकि वह बीमार था।	वह इस कारण आया था कि वह बीमार था।

2.	तुम्हें इसलिए चुना गया, क्योंकि तुम अच्छे थे।	तुम्हें इसलिए चुना गया, कि तुम अच्छे थे।
3.	यह इसलिए हुआ, क्योंकि उसने यही चाहा था।	यह इसलिए हुआ कि उसने यही चाहा था।
4.	यह कारण भी जरूरी है, क्योंकि हम जा सके।	यह कारण भी जरूरी है कि हम जा सकें।

10.8 वाच्य संबंधी अमानकता

हिंदी में कर्तृवाच्य या कर्मवाच्य की यथोचित वाक्य रचना न होने के कारण अमानकता आ जाती है। यहाँ ऐसे ही कुछ प्रयोगों को दिया जा रहा है।

	अमानक	मानक
1.	उसे वह बात भूल गई।	उस से वह बात भुला गया।
2.	तुम्हें समझ आ रहा है।	तुम समझ पा रहे हो। तुम में समझा जा रहा है।

10.9 विशेषण शब्द के प्रयोग-संबंधी अमानकता

सही विशेषण शब्द का प्रयोग न होने के कारण वाक्य में अमानकता आ जाती है। यहाँ विशेषण शब्द के प्रयोग संबंधी कुछ प्रयोगों को दिया जा रहा है।

	अमानक	मानक
1.	अधिकांश व्यक्तियों को बुलाया गया।	अधिकतर व्यक्तियों को बुलाया गया।
2.	अधिकांश गाँवों में बिजली नहीं है।	अधिकतर गाँवों में बिजली नहीं है।
3.	उसके पास असंख्य दौलत है।	उनके पास अपार दौलत है।
4.	सबों को छोड़ दो।	सब को छोड़ दो।
5.	हर परिस्थितियों म हम एक रहेंगे।	सब परिस्थितियों में हम एक रहेंगे।
6.	मैं तुम्हारा झूठा खाना नहीं खा सकता।	मैं तुम्हारा जूठा खाना नहीं खा सकता।
7.	एकाध छात्रों को निष्कासित कर दी।	एक-दो छात्रों को निष्कासित कर दो।

10.10 क्रिया शब्द के प्रयोग-संबंधी अमानकता

	अमानक	मानक
1.	उन दिनों वह शहर की सबसे सुंदर लड़की हुआ करती थी।	उन दिनों वह शहर की सबसे सुंदर लड़की थी।
2.	रमेश एक अच्छा बैट्समैन हुआ करता था।	रमेश एक अच्छा बैट्समैन था।

3.	बचपन में तुम कैसे हुआ करती थी	बचपन में तुम कैसी थी।
4.	तब वे हमारे विद्यालय के प्राचार्य हुआ करते थे।	तब वे हमारे विद्यालय के प्राचार्य थे।

10.11 क्रिया विशेषण के प्रयोग-संबंधी अमानकता

10.11.1. क्रिया विशेषण 'लगभग' का अमानक प्रयोग

	अमानक	मानक
1.	लगभग पच्चीस परिवार प्रभावित हैं।	(संभवतः) पच्चीस परिवार प्रभावित हैं।
2.	लगभग बीस टीमें भाग ले रही हैं।	(अनुमानतः) बीस टीमें भाग ले रही हैं।
3.	लगभग तीस किताबें रखी हैं।	शायद तीस किताबें रखी हैं।
4.	अपने देश में लगभग बाईस भाषाएँ बोली जाती हैं।	अपने देश में शायद बाईस भाषाएँ बोली जाती हैं।
5.	करीब चालीस व्यक्तियों की मृत्यु हुई।	अनुमानतः चालीस व्यक्तियों की मृत्यु हुई।
6.	पुलिस ने लगभग पचास व्यक्तियों गिरफ्तार किया।	पुलिस ने पचास व्यक्तियों को गिरफ्तार किया।
7.	देश में लगभग पच्चीस-तीस दल हैं।	देश में पच्चीस-तीस दल हैं।
8.	लगभग बीस-बाइस लड़के आएँगे।	बीस-बाइस लड़के आएँगे।
9.	लगभग छः से सात लाख रु. खर्च होंगे।	छः से सात लाख रु. खर्च होंगे।
10.	तकरीबन पाँच सौ छात्रों ने भाग लिया।	पाँच सौ छात्रों ने भाग लिया।
11.	लगभग आधे से अधिक था।	आधे से अधिक था।
12.	वह लगभग चल रही थी।	वह धीरे-धीरे चल रही थी।

10.11.2 क्रिया-विशेषण 'मत' के स्थान पर क्रिया विशेषण 'न' का मानक प्रयोग

	अमानक	मानक
1.	कहीं कोई देखे मत।	कहीं कोई देखे न।
2.	कहीं वह बुरा मत मान जाए।	कहीं वह बुरा न मान जाए।
3.	चाहे आए, चाहे मत आए।	चाहे आए, चाहे न आए।
4.	कहीं वह छुट्टी मत मार दे।	कहीं वह छुट्टी न मार दे।
5.	बस इतना जहर खाओ कि तुम मरो मत।	बस इतना जहर खाओ कि तुम मरो न।
6.	कोई मत आए।	कोई न आए।

7.	कोई मत जाए।	कोई न जाए।
8.	मुझे लग रहा है कि वह काम छोड़ मत दे।	मुझे लग रहा है कि वह काम छोड़ न दे।

10.12 शब्दों का सर्वमान्य अर्थद्योतनसंबंधी सार्थक मानक प्रयोग

	अमानक	**मानक**
1.	रेलगाड़ी की ठोकर से ट्रक चकनाचूर हो गया।	रेलगाड़ी की टक्कर से ट्रक चकनाचूर हो गया।
2.	छोटी उम्र का विवाह अच्छा नहीं है।	कम उम्र का विवाह अच्छा नहीं है।
3.	मैली दुकानों में समान अच्छा नहीं मिलता।	गंदी दुकानों में समान अच्छा नहीं मिलता।
4.	उस ने कापियाँ बुलवा ली।	उस ने कापियाँ मँगवा ली।
5.	जरा कपड़ा बताना।	जरा कपड़ा दिखाना।
6.	दूसरे का धन किसी को नहीं पुजता।	दूसरे का धन किसी को नहीं पुरता।
7.	फसल नाश हो रही थी।	फसल नष्ट हो रही थी।
8.	वे परिषद् के एक वरिष्ठतम सदस्य थे।	वे परिषद् के एक वरिष्ठ सदस्य थे।
9.	काम अच्छे से करना।	काम अच्छी तरह से करना।
10.	उन की ठाठ देखो।	उन के ठाठ देखो।
11.	यहाँ डालडा प्रयोग नहीं किया जाता।	यहाँ डालडा प्रयुक्त नहीं किया जाता।
12.	सब लोग अपनी राय दो।	सब लोग अपनी-अपनी राय दो।
13.	प्रत्येक को एक-एक पेन दे देना।	प्रत्येक को एक पेन दे देना।
14.	उस की नाक में दम है।	उस के नाक में दम है।
15.	वैसा एक टुकड़ा सब को देना था।	वैसा एक-एक टुकड़ा सबको देना था।
16.	वैसा कभी-कभी हमेशा होता है।	वैसा कभी-कभी होता है।
17.	वह आपकी श्रद्धा करता है।	वह आप पर श्रद्धा करता है।
18.	शायद ऐसा अवश्य होगा	शायद ऐसा होगा। ऐसा अवश्य होगा।
19.	मैंने उसे ताबीज पहनी हुई देखा।	मैंने उसे तावीज पहने हुए देखा।
20.	उसकी पुत्री सत्ता संभाली हुई थी।	उसकी पुत्री सत्ता संभाले हुए थी।
21.	सदा सच बोलना उसकी आदत था।	सदा सच बोलना उसकी आदत थी।
22.	तुमसे किसी प्रकार की आशा करनी	तुमसे किसी प्रकार की आशा करना

व्यर्थ है।	व्यर्थ है।
23. वे तुम्हारे परिचित के हैं।	वे तुम्हारे परिचित हैं।
24. यह बात संभव है कि आप हृदय से न मानें।	संभव है कि आप यह बात हृदय से न मानें।

उपर्युक्त विवेचन में वाक्यगत अमानकता के कई कारण दिखाई पड़ते हैं। इनमें से प्रमुख हैं पदक्रम का अभाव, अन्वय की शिथिलता, लोप का होना आदि। हिंदी का अपना एक निश्चित पदक्रम है। जैसे-राम पुस्तक पढ़ता है। इसमें राम (कर्ता), पुस्तक (कर्म), पढ़ना (क्रिया), है (सहायक क्रिया) के रूप में अपने उपर्युक्त पदक्रम में है। अगर इसी को 'पुस्तक पड़ता है राम' के रूप में लिखें तो यह पदक्रम दोष के कारण हिंदी की प्रकृति से भिन्न होगा।

11
शब्दावली का मानकीकरण

शब्दावली का मानकीकरण एक जटिल कार्य है कारण कि इसमें व्याकरण अथवा रूप रचना की उतनी भूमिका नहीं होती, जितनी की सामाजिक एवं क्षेत्रीय स्थितियों की। यही कारण है कि आज एक नामादि के लिए विभिन्न राज्यों, संस्थानों एवं केंद्रीय कार्यालयों में भिन्न-भिन्न शब्दावली का प्रयोग होता है। यही स्थिति सामान्य प्रयोगों में आने वाले शब्दों की भी है एक शब्द के अनेक विकल्प प्राप्त होते हैं। किन्हीं-किन्हीं प्रयोगों में इतनी समानता होती है कि अंतर कर पाना कठिन हो जाता है। कुछ ऐसे भी शब्द मिलते हैं जो मानक तो नहीं हैं, किंतु समाज में इतने घुल-मिल गए हैं कि उन्हें अमानक करार करना सामाजिक दृष्टि से संभव नहीं लगता। पर्याय शब्दों में भी अलग-अलग अर्थच्छायाओं के कारण शब्दों का मानकीकरण दुष्कर प्रतीत होता है। विलोम शब्दों का भी उचित मानक शब्द देना एक गहरी सूझ-बूझ की अपेक्षा रखता

इस प्रकार शब्दों के मानकीकरण के चार स्तर बनते हैं

(1) प्रशासनिक शब्दों का मानकीकरण

(2) सामान्य प्रयोग में आने वाले शब्दों का मानकीकरण

(3) पर्याय शब्दों का मानकीकरण

(4) विलोग शब्दों का मानकीकरण

यहाँ इन्हीं चारों आयामों का क्रमशः विवेचन किया जा रहा है।

11.1 प्रशासनिक शब्दों का मानकीकरण

उपशमन (Abate)[1] :– केंद्र सरकार द्वारा प्रयुक्त 'उपशमन' का प्रयोग राज्य सरकारें भिन्न-भिन्न रूप में करती है। राजस्थान 'उपशमन करना', उत्तर-प्रदेश 'शमन करना, बिहार उपशमित होना' और मध्यप्रदेश 'उपशमन करना' का प्रयोग करता

1. भोलानाथ तिवारी, कैलाशचन्द्र भाटिया (सम्पादक)– अखिल भारतीय प्रशासनिक शब्दकोश- प्र. सं. 1982, प्रभात प्रकाशन-दिल्ली

है। इसमें 'उपशमन' को मानक माना जाना चाहिए।

अनुपस्थिति (Absence) :– केंद्र सरकार 'अनुपस्थिति' राजस्थान 'अनुपस्थिति', उ.प्र. 'अनुपस्थितिः बिहार अनुपस्थायी' और मध्यप्रदेश अनुपस्थायी' शब्द का प्रयोग करता है। इसमें 'अनुपस्थिति' को मानक माना जाना चाहिए।

यर्थाथता (Accuracy) :– केंद्र सरकार 'यथार्थता', राजस्थान 'यर्थाथता', उ.प. 'यथार्थता', बिहार 'यथार्थता' और मध्य-प्रदेश 'यथार्थता' शब्द का प्रयोग करता है। यही मानक रूप है।

अभिस्वीकार (Acknowledge) :– केंद्र सरकार 'अभिस्वीकार', राजस्थान, उत्तर-प्रदेश, बिहार 'अभिस्वीकार' और म.प्र. 'अभिस्वीकृत' शब्द का प्रयोग करता है। इसमें 'अभिस्वीकार'को मानक माना जाना चाहिए।

रूपांतरण (Adaptation) :– केंद्र सरकार 'रूपांतरण', उम्र, विहार, 'रूपांतरण' और मध्य-प्रदेश अनुकूलीकरण' शब्द का प्रयोग करता है। इसमें 'रूपांतरण' मानक है।

प्रशासी (Administrative) :– केंद्र सरकार 'प्रशासी', राजस्थान 'प्रशासकीय', उ.प्र. 'प्रशासकीय', बिहार 'प्रशासनिक' शब्द का प्रयोग करता है। इसमें 'प्रशासी' को मानक माना जाना चाहिए।

अभिस्वीकृति (Admission) :– केंद्र सरकार 'अभिस्वीकृति', राजस्थान 'अभिस्वीकृति', उ.प्र. 'स्वीकार', बिहार 'स्वीकृति, स्कूलपर और म.प्र.'स्वीकृति' शब्द का प्रयोग करता है। इसमें 'अभिस्वीकृति' को मानक माना जाना चाहिए।

संलग्न (Appendage) :– केंद्र सरकार 'संलग्नक', राजस्थान 'संलग्न', उ.प्र. 'संलग्न', बिहार 'संलग्न' और मध्य-प्रदेश 'संलग्न' शब्द का प्रयोग करता है। इसमें संलग्नक को मानक माना जाना चाहिए।

अनुप्रमाणन (Attestation) :– केंद्र सरकार अनुप्रमाणन', राजस्थान 'अनुपालन', उ.प्र. अनुप्रमाणन', बिहार अभिप्रमाणन' और मध्य-प्रदेश अभिप्रमाणन' शब्द का प्रयोग करता है। इसमें अनुप्रमाणन' को मानक माना जाना चाहिए।

साक्ष्यांकन (Attestation) :– केंद्र सरकार साक्ष्यांकन', राजस्थान सालगकन', उ.प्र. 'प्रमाणीकरण', बिहार अनुप्रमाणन' और मध्य-प्रदेश अभिप्रमाणित करना' शब्द का प्रयोग करता है। इसमें साक्ष्यांकन' को मानक माना जाना चाहिए।

पंचाट (Award) :– केंद्र सरकार 'पंचाट', उ.प्र. 'निर्णय', बिहार 'पंचाट' और म.प. पँचाट' शब्द भरा प्रयोग करता है। इसमें 'पंचाट' को मानक माना जाना चाहिए।

प्रीतिभोज (Banquet) :– केंद्र सरकार 'प्रीतिभोज', राजस्थान 'प्रीतिभोज', उ.प्र. संभोज', बिहार 'भोज' और मध्य-प्रदेश 'भोज' शब्द का प्रयोग करता है। इसमें 'प्रीतिभोज' को मानक माना जाना चाहिए।

विशेष-प्रचार (Campain) :– केंद्र सरकार 'विशेष-प्रचार', राजस्थान 'विशेष-प्रचार', उ.प्र. 'अभियान', बिहार 'कैम्पेन' और म.प्र. 'मुहिम' शब्द का प्रयोग

करता है। इसमें विशेष प्रचार को मानक माना जाना चाहिए।

वृत्ति (Circle) :– केंद्र सरकार 'वृत्ति', राजस्थान 'वृत्ति', उ.प्र. 'जीविका-क्रम', बिहार 'वृत्ति' और म.प्र. 'वृत्ति' शब्द का प्रयोग करता है। इसमें 'वृत्ति' को मानक माना जाना चाहिए।

इलाका (Circle) :– केंद्र सरकार 'इलाका', राजस्थान 'इलाका', उ.प्र. 'हलका', बिहार 'हलका' और म.प्र. 'इलाका' शब्द का प्रयोग करता है। इसमें इलाक। को मानक माना जाना चाहिए।

परिचालन (Circulation) :– केंद्र सरकार 'परिचालन', राजस्थान 'परिचालन', उ.प्र. 'परिचल', बिहार 'परिचालन' और म.प्र. 'परिचलन' शब्द का प्रयोग करता है। इसमें 'परिचालन' को मानक माना जाना चाहिए।

विवरणकार (Commentator) :– केंद्र सरकार विवरणकार', राजस्थान विवरणकार', उ.प्र. वृत्तकार', बिहार वृत्तकार' और म.प्र. व्याख्यत शब्द का प्रयोग करता है। इसमें विवरणकार' को मानक माना जाना चाहिए।

सक्षमता (Competence) :– केंद्र सरकार 'सक्षमता', राजथान 'सामर्थ्य' उ.प्र. 'सामर्थ्य', बिहार 'सामर्थ्य' और म.प्र. 'सामर्थ्य' शब्द का प्रयोग करता है। इसमें 'सक्षमता' को मानक माना जाना चाहिए।

अवेक्षित (Contemplated) :– केंद्र सरकार अवेक्षित', राजस्थान अवेक्षित', उ.प्र. संकलपित', बिहार अवेक्षित' और म.प्र. अवेक्षित' शब्द का प्रयोग करता है। इसमें अवेक्षित' को मानक माना जाना चाहिए।

प्रतिष्ठान (Concern) :– केंद्र सरकार 'प्रतिष्ठान' राजस्थान 'प्रतिष्ठान', उ.प्र. 'व्यापार संस्था', बिहार 'संस्था', और म.प्र. 'परस्पर विरोधी' शब्द का प्रयोग करता हे। इसमें 'विरोधी' को मानक माना जाना चाहिए।

संचित (Cumulative) :– केंद्र सरकार 'संचित', राजस्थान 'संचित', उ.प्र. 'संचित', बिहार 'संचेय' और म.प्र. 'संचयी' शब्द का प्रयोग करता है। इसमें 'संचित' को मानक माना जाना चाहिए।

संकाय-अध्यक्ष (Dean) :– केंद्र सरकार 'संकाय-अध्यक्ष', राजस्थान शाखाध्यक्ष', उ.प्र. शाखाध्यक्षय बिहार 'प्राध्यक्ष' और म.प्र. 'संकायाध्यक्ष' शब्द का प्रयोग करता है। इसमें 'संकायाध्यक्ष' को मानक माना जाना चाहिए।

शिष्टता (Decrorum) :– केंद्र सरकार 'शिष्टता', राजस्थान 'शिष्टता', उ.प्र. 'शिष्टाचार', बिहार 'शालीनता' और म.प्र. 'शिष्टता' शब्द का प्रयोग करता है। इसमें 'शिष्टता' को मानक माना जाना चाहिए।

आस्थगित (Defer) :– केंद्र सरकार 'आस्थगित', राजस्थान 'आस्थगित', उ.प्र. 'स्थगित', बिहार 'आस्थगित' और म.प्र. 'स्थगित' शब्द का प्रयोग करता है। इसमें 'आस्थगित' को मानक माना जाना चाहिए।

अवधारण :– केंद्र सरकार 'अवधारण', राजस्थान 'अवधारण', उ.प्र. 'अवधारण', बिहार 'निर्धारण' और म.प्र. 'निर्धारण' शब्द का प्रयोग करता है। इसमें 'अवधारण' को मानक माना जाना चाहिए।

संकल्प (**Determination**) :– केंद्र सरकार सकला' राजस्थान 'संकल्प', उ.प्र. 'संकल्प', बिहार दृढ़ निश्चय' और म.प्र. 'संकल्प को मानक माना जाना चाहिए।

दैनिकी (**Diary**) :– केंद्र सरकार दैनिकी', राजस्थान 'डायरी' उ.प्र. 'डायरी' बिहार दैनिकी' और म.प्र. 'डायरी' शब्द का प्रयोग करता है। इसमें दैनिकी' को मानक माना जाना चाहिए।

निर्देशिका (**Directory**) :– केंद्र सरकार 'निर्देशिका', राजस्थान 'निर्देशिका', उ.प्र. 'निदर्शन', बिहार 'निर्देशनी', म.प्र. 'निदेशिका' शब्द का प्रयोग करता है। इसमें 'निर्देशिका' को मानक माना जाना चाहिए।

अमान्य करना (**Discard**) :– केंद्र सरकार 'अमान्य करना', राजस्थान 'अमान्य करना', उ.प्र. 'अमान्य करना', बिहार 'अलग करना और म.प्र. 'फेंक देना' शब्द का प्रयोग करता है। इसमें 'अमान्य करना' को मानक माना जाना चाहिए।

पदत करना (**Dismiss**) :– केंद्र सरकार 'पदच्युत करना', राजस्थान 'बर्खास्त करना', उ.प्र. 'बर्खास्त करना', बिहार 'बर्खास्त करना', म.प्र. पदद्युत करना' शब्द का प्रयोग करता है। इसमें पदल्युत करना' को मानक माना जाना चाहिए।

विसर्जन करना (**Disperse**) :– केंद्र सरकार 'विसर्जन करना', राजस्थान 'विसर्जन करना', उप्र, 'विसर्जित करना', म.प्र. 'विर्सजन करना' शब्द का प्रयोग करता है। इसमें 'विसर्जन करना' को मानक माना जाना चाहिए।

विधिवत (**Duly**) :– केंद्र सरकार 'विधिवत', राजस्थान 'विधिवत', उ.प्र. 'यथोचित', बिहार 'यथाविधि' और म.प्र. 'यथाविधि' शब्द का प्रयोग करता है। इसमें 'विधिवत' को मानक माना जाना चाहिए।

कर्त्तव्य (**Duty**) :– केंद्र सरकार 'कर्त्तव्य भार', राजस्थान 'कर्त्तव्य भार', उ.प्र. 'कर्त्तव्य', बिहार 'कर्त्तव्य' और मध्यप्रदेश 'कर्त्तव्य' शब्द का प्रयोग करता है। इसमें 'कर्त्तव्य' को मानक माना जाना चाहिए।

चिह्नित करना (**Earmark**) :– केंद्र सरकार 'चिह्नित करना', राजस्थान 'चिह्नित करना' उ.प्र. 'विशेष प्रयोजन' बिहार 'विशेष प्रयोजन' और म.प्र. 'विशेष प्रयोजन' शब्द का प्रयोग करता है। इसमें 'चिह्नित करना' को मानक माना जाना चाहिए।

दक्षता (**Efficiency**) :– केंद्र सरकार 'दक्षता', राजस्थान 'दक्षता', उ.प्र. 'कार्यपटुता', बिहार 'कार्यपदुता' और म.प्र. 'दक्षता' शब्द का प्रयोग करता है। इसमें 'दक्षता' को मानक माना जाना चाहिए।

दक्षता रोध (**Efficiency bar**) :– केंद्र सरकार 'दक्षता रोध', राजस्थान 'दक्षता

रोध', उ.प्र. दक्षतारोध', बिहार 'दक्षता रोध' और म.प्र. दक्षतारोध' शब्द का प्रयोग करता है। इसमें 'दक्षता रोध' को मानक माना जाना चाहिए।

नियोजनालय (**Employment exchange**) :– केंद्र सरकार 'रोज़गार कार्यालय', राजस्थान 'रोज़गार कार्यालय', उम्र.. 'रोज़गार कार्यालय', बिहार नियोजनालय' और म.प्र. 'रोज़गार कार्यालय' शब्द का प्रयोग करता है। इसमें नियोजनालय' को मानक माना जाना चाहिए।

अनिबार्य (**Essential**) : केंद्र सरकार 'अनिवार्य', राजस्थान 'अनिवार्य', उ.प्र. 'अनिवार्य', बिहार 'परमावश्यक' और म.प्र. 'अनिवार्य' शब्द का प्रयोग करता है। इसमें 'अनिवार्य' को मानक माना जाना चाहिए।

एकपक्षीय (**Exparte**) :– केंद्र सरकार एकपक्षीय', राजस्थान 'एकपक्षीय', बिहार 'इकतरफा' और म.प्र. 'इकतरफा' शब्द का प्रयोग किया जाता है। इसमें 'एकपक्षीय' को मानक माना जाना चाहिए।

अधिसदस्य (**Fellow**) :– केंद्र सरकार अधिसदस्य', राजस्थान पार्शद', उ.प्र. 'पार्षद', बिहार अधिसदस्य' और म.प्र. अधिसदस्य' शब्द का प्रयोग करता है। इसमें अधिसदस्य' को मानक माना जाना चाहिए।

अध्येतावृत्ति (**Fellowship**) :– केंद्र सरकार अध्येतावृत्ति' राजस्थान 'शिक्षावृत्ति', उ.प्र. अधिक्षात्रवृत्ति', बिहार अधिवृत्तिका' और म.प्र. 'शिक्षावृत्ति' शब्द का प्रयोग करता है। इसमें अध्येतावृत्ति' को मानक माना जाना चाहिए।

नियतन (**Fixation**) :– केंद्र सरकार 'नियतन', राजस्थान 'नियतन', उ.प्र. 'नियतन', बिहार 'स्थिरीकरण' और म.प्र. 'स्थिरीकरण' शब्द का प्रयोग करता है। इसमें 'नियतन' को मानक माना जाना चाहिए।

सावधिक निक्षेप (**Fized deposit**) :– केंद्र सरकार 'सावधिक निक्षेप', राजस्थान 'आवधिक निक्षेप', उ.प्र. 'आवधिक निक्षेप', बिहार 'मियादी जमा', और मध्यप्रदेश 'आवधिक निक्षेप' शब्द का प्रयोग करता है। इसमें 'सावधिक निक्षेप' को मानक माना जाना चाहिए।

अग्रसारण-पत्र (**Forwarding letter**) :– केंद्र सरकार 'अग्रेषण-पत्र', राजस्थान 'अग्रेषण-पत्र', बिहार 'अग्रसारण-पत्र' और मध्य-प्रदेश 'अग्रेषण-पत्र' शब्द का प्रयोग करता है। इसमें 'अग्रसारण-पत्र' को मानक माना जाना चाहिए।

परिदर्शक (**Guide**) :– केंद्र सरकार, राजस्थान, उम्र, 'परिदर्शक', बिहार, 'मार्गदर्शक' और म.प्र. 'निर्देशक' शब्द का प्रयोग करता है। इसमें परिदर्तक' को मानक माना जाना चाहिए।

निषिद्ध (**Illicit**) :– केंद्र सरकार 'निषिद्ध', राजस्थान 'निषिद्ध', उ.प्र. अयुप्त, बिहार 'अवैध', और म.प्र. 'निषिद्ध शब्द का प्रयोग करता है। इसमें 'निषिद्ध' को मानक जाना चाहिए।

आसन्न (**Imminent**) :– केंद्र सरकार 'आसन्न', राजस्थान 'आसन्न', उ.प्र. 'आसन्न', बिहार 'सन्निकट' और म.प्र. 'आसन्न' शब्द का प्रयोग करता है। इसमें 'आसन्न' को मानक माना जाना चाहिए।

पदस्थ (**Incumbent**) :– केंद्र सरकार 'अनुक्रमणी अंक', राजस्थान अनुक्रपणी अंक', उ.प्र. 'सूचकांक', बिहार 'सूचकांक' और म.प्र. 'अनुक्रमणी अंक' का प्रयोग करता है। इसमें 'सूचकांक' को मानक माना जाना चाहिए।

सूचकांक (**Index number**) :– केंद्र सरकार 'आद्यक्षर', राजस्थान 'आद्यक्षर', उ.प्र. 'आद्यक्षर' बिहार प्राक्षर' और म.प्र.'आद्याक्षर' शब्द का प्रयोग करता है। इसमें 'आद्यक्षर' को मानक माना जाना चाहिए।

सूत्रपात (**Initiative**) :– केंद्र सरकार 'सूत्रपात', राजस्थान 'सूत्रपात', उ.प्र. 'सूत्रपात', बिहार -'पहल' और म.प्र. 'सूत्रपात' शब्द का प्रयोग करता है। इसमें 'सूत्रपात' को मानक माना जाना चाहिए।

उपकरण (**Instrument**) :– केंद्र सरकार 'यंत्र', राजस्थान 'उपकरण', उ.प्र. 'उपकरण', बिहार 'औजार' और म.प्र. 'उपकरण' शब्द का प्रयोग करता है। इसमें 'उपकरण' को मानक माना जाना चाहिए।

एकीकरण (**Integration**) :– केंद्र सरकार 'एकीकरण', राजस्थान एन्कीकरण', उ.प्र. 'एकीकरण', बिहार 'समाकलन' और म.प्र. 'एकीकरण' शब्द का प्रयोग करता है। इसमें 'एकीकरण' को मानक माना जाना चाहिए।

तर्कसंगत (**Justification**) :– केंद्र सरकार तर्कसंगति', राजस्थान 'तर्कसंगत', उ.प्र. 'औचित्य', बिहार 'न्यायोचित' और मप्र. 'औचित्य' शब्द का प्रयोग करता है। इसमें 'तर्कसंगत' को मानक माना जाना चाहिए।

श्रमिक (**Labour**) :– केंद्र सरकार 'श्रमिक वर्ग', राजस्थान 'श्रमिक-वर्ग', उ.प्र. 'श्रमिक' और म.प्र. 'मजदूर वर्ग' का प्रयोग करता है। इसमें 'श्रमिक' को मानक माना जाना चाहिए।

भू-अर्जन (**Land acquisition**) :– केंद्र सरकार 'भूमि अर्ज', राजस्थान 'भूमि पूजन', उ.प्र. 'भूमि अर्जन', विहार 'भूमि अर्जन' और म.प्र. 'भू-अर्जन' शब्द का प्रयोग करता है। इसमें 'भू-अर्जन' को मानक माना जाना चाहिए।

व्याख्यान-कक्ष (**Lecture hall**) :– केंद्र सरकार 'भाषण भवन', राजस्थान 'लेक्चर हाल', उ.प्र. 'व्याख्यान शाला', बिहार 'व्याख्यान कक्ष' और म.प्र. 'व्याख्यान कक्ष' शब्द का प्रयोग करता है। इसमें 'व्याख्यान कक्ष' को मानक माना जाना चाहिए।

प्राध्यापक (**Lecturer**) :– केंद्र सरकार 'प्राध्यापक', राजस्थान 'प्राध्यापक', उ.प्र. 'प्राध्यापक', बिहार 'लेक्चरर' और म.प्र. 'व्याख्याता' शब्द का प्रयोग करता है। इसमें 'प्राध्यापक' को मानक माना जाना चाहिए।

बासगृह (**Lodging**) :– केंद्र सरकार 'वास', राजस्थान वासगृह', उ.प्र. वासगृह'

बिहार वासा' और म.प्र. 'वास-गृह'शब्द का प्रयोग करता है। इसमें वासगृह' को मानक माना जाना चाहिए।

आदेशात्मक (Mandatory) :– केंद्र सरकार अधिदेशात्मक', राजस्थान आदेशात्मक' उ.प्र. समादिष्ट', बिहार प्रादेशात्मक' और म.प्र. 'आदेशात्मक' शब्द का प्रयोग करता है। इसमें 'आदेशात्मक' को मानक माना जाना चाहिए।

प्रब्रनन (Migration) :– केंद्र सरकार 'प्रवास', उ.प्र. 'प्रब्रजन' बिहार 'प्रब्रजन' और म.प्र. प्रब्रजन शब्द का प्रयोग करता है। इसमें प्रब्रजन' को मानक माना जाना चाहिए।

न्यूनतम (Minimum) :– केंद्र सरकार चूनतम', राजस्थान 'कम से कम', उ.प्र. 'न्यूनतम' बिहार 'अल्पतम' और म.प्र. 'न्यूनतम' शब्द का प्रयोग करता है। इसमें चूनतम' को मानक माना जाना चाहिए।

निवल राशि (Net Amount) :– केंद्र सरकार 'निवल राशि', राजस्थान 'अवशिष्ट राशि', उ.प्र. 'शुद्ध रकम', बिहार 'शुद्ध राशि', व म.प्र. 'शुद्ध राशि' शब्द का प्रयोग करता है। इसमें 'निवल राशि' को मानक माना जाना चाहिए।

परिचारिका (Nurse) :– केंद्र सरकार 'नर्स', राजस्थान 'उपचारिका' उ.प्र. 'परिचारिका', बिहार 'नर्स' और म.प्र. 'परिचारिका' शब्द का प्रयोग करता है। इसमें 'परिचारिका' को मानक माना जाना चाहिए।

प्रचालन (Operation) :– केंद्र सरकार 'प्रचालन', राज स्थान 'प्रवर्तन', उ.प्र. 'परिपालन', बिहार 'परिचालन' और म.प्र. 'प्रचलन' शब्द का प्रयोग करता है। इसमें 'प्रचालन' को मानक माना जाना चाहिए।

अव्यवस्थित (Out of order) :– केंद्र सरकार 'अव्यवस्थित', राजस्थान 'अव्यवस्थित' उ.प्र. 'अव्यवस्थित', बिहार 'नियम बाह्य' और म.प्र. 'नियम बाह्य' शब्द का प्रयोग करता है। इसमें 'अव्यवस्थित' को मानक माना जाना चाहिए।

परिव्यय (Out lay) :– केंद्र सरकार 'परिव्यय', राजस्थान 'परिव्यय', बिहार उद्व्यय' और म.प्र. उर्दव्यय' शब्द का प्रयोग करता है। इसमें 'परिव्यय' को मानक माना जाना चाहिए।

समग्र (Over all) :– केंद्र सरकार'समस्त', राजस्थान 'समस्त', उ.प्र. 'समस्त', बिहार 'समग्र', और मप्र. 'समस्त' शब्द का प्रयोग करता है। इसमें 'समग्र' को मानक जाना चाहिए।

लंबित (Pending) :– केंद्र सरकार 'अनिर्णीत', राज. लवित', उ.प्र. 'अनिर्णीत', बिहार 'लंबित' और म.प्र. 'लंबित' शब्द का प्रयोग करता है। इसमें 'लंबित' को मानक माना जाना चाहिए।

सामयिकी (Periodical) :– केंद्र सरकार 'सामयिकी', राजस्थान, सामचिक', उ.प्र. 'आवधिक पत्र', बिहार 'सामयिकी' और म.प्र. 'सावधि पत्र' का प्रयोग करता

है। इसमें 'सामयिकी' को मानक माना जाना चाहिए।

अनुज्ञेय (Permissible) :– केंद्र सरकार 'अनुमेय', राजस्थान 'अनुमेय', उ.प्र. 'अनुज्ञेय', बिहार अनुज्ञएय' और म.प्र. अनुभेय 'शब्द का प्रयोग करता है। इसमें को मानक माना जाना चाहिए।

अनुज्ञप्त (Permitted) :– केंद्र सरकार, अनुज्ञपा', राजस्थान अनुज्ञप्त' उ.प्र. अनुज्ञप्त', बिहार प्यनुज्ञा-प्राए' और म.प्र. अनुज्ञात' शब्द का प्रयोग करता है। इसमें अनुज्ञापा' को मानक माना जाना चाहिए।

अधिवक्त (Pleader) :– केंद्र सरकार 'अधिवक्ता', राजस्थान 'अधिवक्ता', उ.प्र. 'अभिवक्ता' बिहार 'अभिवक्ता' और म.प्र. 'अभिवक्ता' शब्द का प्रयोग करता है। इसमें 'अधिवक्ता' को मानक माना जाना चाहिए।

पदस्थापना (Posting) :– केंद्र सरकार पद-स्थापना', राजस्थान 'पदस्थापना', उ.प्र. 'पदस्थापना', बिहार 'पदस्थापना' और म.प्र. 'पदस्थापना' शब्द का प्रयोग करता है। इसमें 'पदस्थापना' को मानक माना जाना चाहिए।

गुणता प्रमाण पत्र (Quality Certificate) :– केंद्र सरकार 'गुणता प्रमाण पत्र' राजस्थान 'गुण-प्रमाण', बिहार 'गुण-प्रमाण पत्र' और म.प्र. 'गुण-पत्र' शब्द का प्रयोग करता है। इसमें 'गुणता प्रमाण पत्र' को मानक माना जाना चाहिए।

गुणता नियंत्रण (Quality Control) :– केंद्र सरकार 'गुणता– नियंत्रण', राजस्थान 'गुणता नियंत्रण' उ.प्र. 'गुण नियंत्रण', बिहार 'गुण-नियंत्रण' और म.प्र. 'गुणता नियंत्रण' शब्द का प्रयोग करता है। इसमें 'गुणता नियंत्रण' को मानक माना जाना चाहिए।

उपाचार्य (Reader) :– केंद्र सरकार 'उपाचार्य' राजस्थान 'उपाचार्य', उ.प्र. 'उपाचार्य बिहार 'प्रवाचक' और म.प्र. 'उपाचार्य' शब्द का प्रयोग करता है। इसमें 'उपाचार्य' को मानक माना जाना चाहिए।

पंजीकृत (Registered) :– केंद्र सरकार 'पंजीकृत', राजस्थान 'रजिस्ट्री हुआ' उ.प्र. 'पंजीबद्ध' बिहार 'निबंधीकृत' और म.प्र. 'पंजीबद्ध' शब्द का प्रयोग करता है। इसमें 'पंजीकृत' को मानक माना जाना चाहिए।

पंजीयक (Registrar) :– केंद्र सरकार 'पंजीयक' राजस्थान 'पंजीयक' उ.प्र. 'निबंधक' बिहार 'निबंधक' और म.प्र. 'पंजीयक' शब्द का प्रयोग करता है। इसमें 'पंजीयक' को मानक माना जाना चाहिए।

पुरावशेष (Relic) :– केंद्र सरकार 'पुरावशेष' राजस्थान 'पुरावशेष' उ.प्र. 'अवशेष' बिहार 'पुरावशेष' और म.प्र. 'अवशेष' शब्द का प्रयोग करता है। इसमें 'पुरावशेष' को मानक माना जाना चाहिए।

संसाधन (Resources) :– केंद्र सरकार 'संसाधन' राजस्थान 'प्राकृतिक साधन' उ.प्र. 'संसाधन' बिहार 'साधन' और म.प्र. 'संसाधन' शब्द का प्रयोग करता है।

इसमें 'संसाधन' को मानक माना जाना चाहिए।

क्रमशः (**Respectively**) :– केंद्र सरकार 'क्रमानुसार' राज॰ 'क्रमशः' बिहार 'क्रमानुसार' और म.प्र. 'क्रमानुसार' शब्द का प्रयोग करता है। इसमें 'क्रमशः' को मानक माना जाना चाहिए।

प्रतिबंधित (**Restricted**) :– केंद्र सरकार 'प्रतिबंधित' राजस्थान 'प्रतिबंधित' उ.प्र. 'प्रतिबद्ध' बिहार 'प्रतिबद्ध' और म.प्र. 'प्रतिबंधित' शब्द का प्रयोग करता है। इसमें 'प्रतिबंधित' को मानक माना जाना चाहिए।

वैतानिक (**Salaried**) :– केंद्र सरकार 'वैतानिक' राज. 'वेतनभोगी' बिहार, उ.प्र. 'वेतनभोगी' और म.प्र. 'वैतनिक' शब्द का प्रयोग करता है। इसमें 'वैतनिक' को मानक माना जाना चाहिए।

मुहरबंद (**Sealed**) :– केंद्र सरकार 'मोहरबंद' राजस्थान 'मोहरबंद' उ.प्र. 'मुहरबंद' बिहार 'मुहरबंद' और म.प्र. 'मोहरबंद' शब्द का प्रयोग करता है। इसमें 'मुहरबंद' को मानक माना जाना चाहिए।

अनुपूरक (**Supplementary**) :– केंद्र सरकार 'अनुपूरक' राजस्थान 'पूरक' उ.प्र. 'अनुपूरक' बिहार 'अनुपूरक' और म.प्र. 'अनुपूरक' शब्द का प्रयोग करता है। इसमें 'अनुपूरक' को मानक माना जाना चाहिए।

निकाय (**System**) :– केंद्र सरकार 'निकाय' राजस्थान 'पद्धति' उ.प्र. 'तंत्र' बिहार 'तंत्र' और म.प्र. 'तंत्र' शब्द का प्रयोग करता है। इसमें 'निकाय' को मानक माना जाना चाहिए।

परीक्षण (**Test**) :– केंद्र सरकार 'परीक्षण' राजस्थान 'परीक्षा' उ.प्र. 'परीक्षा' बिहार 'परीक्षा' और म.प्र. 'परीक्षा' शब्द का प्रयोग करता है। इसमें 'परीक्षण' को मानक माना जाना चाहिए।

टंकक (**Typist**) :– केद्र सरकार 'टंकक' राजस्थान 'टंकक' उ.प्र. 'टंकक' बिहार 'टंकक' और म.प्र. 'कुलेखक' शब्द का प्रयोग करता है। इसमें 'टंकक' को मानक माना जाना चाहिए।

संस्करण (**Version**) :– केंद्र सरकार 'रूप' राजस्थान 'रूप' उ.प्र. 'संस्करण' बिहार 'संस्करण' और म.प्र. 'पाठ' शब्द का प्रयोग करता है। इसमें 'संस्करण' को मानक माना जाना चाहिए।

क्षेत्रीय (**Zonal**) :– केंद्र सरकार 'मंडलीय' राजस्थान 'मंडलीय' उ.प्र. 'क्षेत्रीय' बिहार 'क्षेत्रीय' और म.प्र. 'मंडलीय' शब्द का प्रयोग करता है। इसमें 'क्षेत्रीय' को मानक माना जाना चाहिए।

11.2 सामान्य प्रयोग में आने वाले शब्दों का मानकीकरण

आम व्यवहार में बहुत से ऐसे शब्द हैं जिनका प्रयोग द्विविध होता है। इसके दो कारण हैं पहला है– 'परंपरा' और दूसरा 'व्याकरणसम्मत होना'। 'प्रायः लोग तत्व

बारात आधीन श्रीमति, कालीदास, क्योंकि दवाईयाँ क्षात्रवृत्ती किर्तन केंद्रिय दिवाली आदि शब्दों का प्रयोग करते हैं जो कि अमानक तो है ही और व्याकरण सम्मत भी नहीं है। जबकि इन शब्दों का मानक एवं व्याकरण सम्मत रूप होगा– 'तत्त्व' 'बरात' 'अ धीन' 'श्रीमती' 'कालिदास' 'क्योंकि' 'दवाइयाँ' 'छात्रवृत्ति' 'कीर्तन' 'केंद्रीय' और 'दीवाली'। यहाँ ऐसे कुछ शब्दों का विवेचन किया जा रहा है।

11.2.1 चार रूपीय शब्दों का मानकरूप

अमानक	**मानक**
अकसर, अकशर, अकार	अक्सर
अगिनी अगिनि अग्नी	अग्नि
अदुतीय, अद्वितीय, अद्वीतीय	अद्वितीय
अभिशेक अभिसेक आभिषेक	अभिषेक
अम्रत, अमित, अमरित	अमृत
आस्थान असथान इस्थान	स्थान
अस्नान प्लान असनान	स्नान
अकबार, अख्वार, अचार	अखबार
अनिस्ट अनिष्ट, अनीष्ट	अनिष्ट
अनुकूल, अनूकूल, आअल	अनुकूल
आवस्यक आवष्यक औश्यक	आवश्यक
अलिाशा, अभिलासा, अभिलाषा	अभिलाषा
अभ्यस्त, अभ्यस्य अभ्यप्त	अभ्यस्त
अस्तुति, इस्तुति, स्तुती	स्तुति
आधीन आधिन अधिन	अधीन
आर्शीवाद, आशिर्वाद, आशीरवाद	आशीर्वाद
आसाढ़, आशाढ़, अषाढ़	आषाढ़
ईसलिए, इसलीए, ईसलीए	इसलिए
उज्वल, उज्जतवल उज्चल	उज्जवल
औद्योगिक, उद्योगिक, अवोद्योगिक	औद्योगिक
उन वून, वुन	ऊन
अग्या, अज्ञा, आग्या	आज्ञा
आभुषण, आभूषड़, आभूशण	आभूषण
आदरर्णीय, आदरणिय, आदरर्णिय	आदरणीय
ईच्छा, इच्छा, ईच्क्षा	इच्छा
उद्देष्य, उद्देस्य, उद्देश	उद्देश्य
उपरोक्त, उपरियुक्त, उपरोक्त	उपर्युक्त

11.2.2 तीन रूपीय शब्दों का मानक रूप

अमानक	मानक
कार्यकर्म, कार्यकरम	कार्यक्रम
किरपान, क्रिपाण	कृपाण
क्रतघ्न, क्रितघ्न	कृतघ्न
कुमहार, कूम्भार	कुम्हार
कृतग्य, कृतज्ञ	कृतज्ञ
कवियत्री, कवयित्री	कवियत्री
कृशि, कृषी	कृषि
केन्द्रीयकरण, केन्द्रियकरण	केन्द्रीकरण
गोपनिय, गोप्यनीय	गोपनीय
चेष्टा, चेस्टा	चेष्टा
तत्कालिक, तत्त्कालिक	तात्कालिक
तिरष्कार, तिरस्कार	तिरस्कार
तेजश्वी, तेजस्वी	तेजस्वी
तिरकाल, त्रीकाल	त्रिकाल
तिरलोक, तृलोक	त्रिलोक
दिप्ती, दिप्ति	दीप्ति
द्विपहर, दूपहर	दोपहर
दूर्बल, दुरबल	दुर्बल
दूसित, दूशित	दूषित
द्वितिय, द्वीतीय	द्वितीय
न्यायीक, न्याय्यिक	न्यायिक

11.2.3 दो रूपों वाले शब्दों का मानक रूप

अमानक	मानक	अमानक	मानक
अनाधिकार	अनधिकार	केंद्रिय	केंद्रीय
आधीन	अधीन	तिर्थयात्र	तीर्थयात्रा
आध्यात्म	अध्यात्म	दिवाली	दीवाली
कन्नड़ा	कन्नड़	द्रविभूत	द्रवीभूत
बारात	बरात	परिक्षा	परीक्षा
अवाज	आवाज	बिमार	बीमार
जगेगा	जागेगा	परिक्षण	परीक्षण
तलाब	तालाब	विनित	विनीत
भगना	भागना	शताब्दि	शताब्दी

महराज	महाराज	हनिमून	हनीमून
महात्म	माहात्म्य	अनूसूचित	अनुसूचित
ललायित	लालायित	रूपए	रुपए
हलात	हालात	दूकान	दुकान
अतिथि	अतिथि	उँचाई	ऊँचाई
कार्यविधी	कार्यविधि	उधो	ऊधो
कालीदास	कालिदास	उलजलुल	ऊलजलूल
क्योंकी	क्योंकि	जनेउ	जनेऊ
टाईम	टाइम	दुसरे	दूसरे
पती	पति	पुव्य	पूज्य
धोबीन	शाइन	सरलतापुर्वक	सरलतापूर्वक
परछाई	परछाई	सुश्रूषा	सुश्रूषा
अद्वितीय	अद्वितीय	वेश्या	वेश्या
दिवार	दीवार	ऐक्शन	ऐक्शन
ज्येष्ट	ज्येष्ठ	आटा	आटा
पृष्ट	पृष्ठ	जाऊँगा	जाऊँगा
वरिष्ट	वरिष्ठ	श्रेष्ठ	श्रेष्ठ
दुख	दुःख	षष्ठी	षष्ठी
दुसह	दुःसह	रोड	रोड
निशुल्क	निःशुल्क	षडयंत्र	षडयंत्र
निस्वार्थ	निःस्वार्थ	सोडा	सोडा
प्राय	प्रायः	आशीर्वाद	आशीर्वाद
शनैशनै	शनैःशनैः	पढ़ना	पढ़ना
उदघाटन	उद्घाटन	बूढ़ा	बूढ़ा
लडडू	लड्डू	सीढ़ियाँ	सीढ़ियाँ
वाङ्मय	वाङ्मय	अवगुन	अवगुण
आशीर्वाद	आशीर्वाद	रामायन	रामायण
जल्दी	जल्दी	कामायावी	कामयाबी
अंत्येष्टि	अंत्येष्टि	वलवती	बलवती
इकट्ठा	इकठ्ठा	विलासपुर	बिलासपुर
षष्टि	षष्टि	हृष्ट-पुष्ट	हृष्टपुष्ट
कनिष्ठ	कनिष्ट	कुष्ट	कुष्ठ
गरिष्ठ	गरिष्ट	गोष्टी	गोष्ठी
धनिष्ठ	धनिष्ट	संवल	संबल

नवाब	नबाव	वनस्पति	वनस्पति
वातावरण	वाताबरण	बिकट	विकट
विख्यात	बिख्यात	बिधि	विधि
विषय	बिषय	वीरेंद्र	वीरेंद्र
वैद्य	बैद्य	व्यथा	व्यथा
व्यय	व्यय	व्यापार	व्यापार
विधि	बिधि	बिमल	विमल
ब्याकरण	व्याकरण	व्यास	व्यास
ब्रत	बत	संबत	संवत
स्वयंवर	स्वयंबर	नब्बे	नव्वे
इक्यानवे	इक्यानबे	बयानबे	बयानवे
अंत्याक्षरी	अंताक्षरी	उद्देश	उद्देश्य
उपलक्ष्य	उपलक्ष	याज्ञवल्क	याज्ञवल्ल
ज्येष्ठ	जेष्ठ	त्याज	त्याज्य
ईर्ष्या	ईर्षा	बरदास्त	बरदाश्त
विश्वास	विस्वास	संसोधित	संशोधित
शक्कर	सकर	सरीफ	शरीफ
शोचनीय	सोचनी	स्रवण	श्रवण
सामर्थ्य	सामर्थ	स्वातंत्र	स्वातंक्य
स्वास्थ	स्वास्थ	आयंदा	आईदा
आइना	आयना	फायनल	फाइनल
लाइब्रेरी	लायब्रेरी	सायंस	साइंस
साइकॉलॉजी	सायकालाजी	सायकिल	साइकिल
सोसाइटी	सोसायटी	दृष्य	दृश्य
वेश-भूषा	वेष-भूषा	कारणवस	कारणव
नाश्ता	नास्ता	कुसलता	कुशलता
प्रशंसा	प्रसंसा	हमेसा	हमेशा
सुषुजि	सुसुप्ति	अमावश्या	अमावस्या
कुशासन	कुशाशन	तपश्या	तपस्या
बदहवासी	बदहवाशी	मिशाल	मिसाल
सदी	शदी	शाहू	साहू
अक्ल	अकल	अकलमंद	अक्लमंद
करीबी	करीबी	कक्षा	कब्जा
खुदा	खुदा	खैर	खैर

खान	खान	गरज	गरज
जीना (सीढ़ी)	जीना	नाज	नाज
दफा	दफा	फन	फन
(दूर हटना)	(बार, क़ानून की धारा)	(साँप का क्षत्राकार सिर)	(हुनर)
विश्वस्त	विश्वस्थ	सीधा-साधा	सीधा-सादा
सुग्घर	सुग्धर	हिंदुस्थान	हिंदुस्तान
खंभा	खंबा	चाबी	चाभी
धंधा	धंदा	धनाड्य	धनाढ्य
भूख	भूक	सीडी	भाभी
हाथ	हात	अनग्रहीत	अनुगृहीत
गृहीत	ग्रहीत	द्रश्य	दृश्य
पृथक्	प्रथक	शृंगार	शृंगार
संगृहीत	संगृहीत	सजन	सृजन
हृदय	हृदय	हृष्ट-पुष्ट	हृष्ट-पुष्ट
अमृत	अम्रित	क्रित्रिम	कृत्रिम
तृतीय	त्रितीय	द्रिष्टि	दृष्टि
ऋतु	रितु	रिषि	ऋषि
सृष्टि	स्रिष्टि	गृहीता	ग्रहीता
जाग्रत	जागृत	दृष्टा	द्रष्टा
ब्रज	बृज	दंपत्ति	दंपति
प्रज्वलित	प्रज्जवलित	आज कल	आजकल
उन्होंने	उन्होंने	क्योंकि	क्योंकि
विश्व विद्लाय	विश्वविद्यालय	समाचार पत्र	समाचारपत्र
देवियों!	देवियो!	दोस्तों!	दोस्तो!
बच्चों!	बच्चो!	माताओं!	माताओ!
भाइयों और बहनों!	भाइयो और बहनो!	सज्जनों!	सज्जनो!
उन्नतशील	उन्नतिशील	कृतघ्नी	कृतध्न
कोमलांगिनी	कोमलांगी	द्वैवार्षिक	द्विवार्षिक
त्रिवार्षिक	त्रैवार्षिक	निरपराधी	निरपराध
निर्दयी	निर्दय	निर्दोषी	निर्दोष
सदोष	दोषी	अंतासाक्ष्य	अंतःसाक्ष्य
अत्योक्ति	अत्युक्ति	इंकार	इनकार
औद्योगीकरण	उद्योगीकरण	कचौरी	कचौड़ी

कवित्री, कवियित्री	कवयित्री	ग्यान	ज्ञान
ठंडा	ठंडा	तदोपरांत	तदुपरांत
दीवाल	दीवार	नाबालिक	नाबालिग
पहिला	पहला	रक्खा	रखा
सारिणी	सारणी	हलुवा	हलुआ

11.3 पर्याय शब्दों का मानकीकरण

हिन्दी में सामान्य रूप से प्रमुक्त कुछ शब्दों के मानक पर्याय

जाति, कौम
विश्व, संसार
गरीब, निर्धन
साहस, हिम्मत
स्वतंत्रता, हिम्मत
शर्म, लज्जा
हैवान, जानवर
प्रतिशोध, बदला
अधिक, ज़्यादा
आयु, उम्र
द्रव्य, सम्पत्ति
बंदी, कैदी
रोजी, नौकरी
कुलीन, सभ्य
यंत्रणा, पीड़ा
वृत्ति, पेशा
श्रुति, कान
गति, चाल

प्रसन्न, खुश
गरीब, संसार
प्रार्थना, स्तुति
धैर्य, धीरज
संदेह, शंका
कारण, हेतु
सम्मान, सत्कार
कर्त्तव्य, फर्ज
प्रेम, मुरत
कष्ट, तकलीफ
लक्ष्य, उद्देश्य
अंधेर, अन्याय
ऐस्वर्य, वैभव
मंत्रणा, विचार-विमर्श
पैतृक, उत्तराधिकार
अंतर, भेद
मर्यादा, मम्मान

11.4 विलोम शब्दों का मानकीकरण

शब्द	**विलोम**	**शब्द**	**विलोम**
ग्राह्य	त्याज्य	जय	पराजय
जाग्रत	सुप्त	ज्वार	भाटा
जटिल	सरल	ताप	शीत
तिमिर	प्रकाश	तम	ज्योति
तामसिक	सात्विक	तुच्छ	महान

तरल	ठोस	तरुण	वृद्ध
देव	दानव	दूषित	स्वच्छ
न्यून	अधिक	निर्माण	विनाश
आस्तिक	नास्तिक	नैसर्गिक	कृत्रिम
आदि	अंत	पिछला	अगला
आपत्ति	अनापत्ति	निकृष्ट	उत्कृष्ट
पतन	उत्थान	उन्मुख	विमुख
विनीत	उद्धत	कृत्रिम	प्राकृतिक
उपकार	अपकार	उचित	अनुचित
पवित्र	अपवित्र	हर्ष	विषाद
अनुकूल	प्रतिकूल	अस्त	उदय
अग्र	पश्च	आगत	अनागत
आरोह	अवरोह	आकर्षण	विकर्षण

12

वर्तनी का मानकीकरण : सैद्धांतिक पक्ष

12.1 वर्तनी का स्वरूप

भाषा को लिपिबद्ध करने की सैद्धांतिक प्रक्रिया का नाम वर्तनी है। वस्तुतः इसका संबंध संस्कृत के वर्त्म (सं. वृत + कनिन, न लोप) शब्द से है, जिसका अर्थ है– रास्ता, मार्ग। अगर इस दृष्टि से देखें तो भाषा को (रास्ते पर, व्यवस्थित अथवा मूर्त रूप में रखने) लिपिबद्ध करने की प्रक्रिया 'वर्तनी' है। इसका प्रमुख प्रयोजन है– एकरूपता। वर्तनी का कोशकीय अर्थ है– बँटने की क्रिया, किसी शब्द के वर्ण, उनका क्रम तथा उच्चारण विधि। हिंदी में इसे 'अक्षरी', 'अक्षर-विन्यास', अक्षरन्यास', वर्णन्यास' भी कहा जाता है। बंगला, उड़िया में बनान (सं. वर्णन), गुजराती में जोड़नी', उर्दू सिंधी और कश्मीरी में हिज्जे (अरबी का मूल शब्द हिजे') और तेलगू में वणक्रममु कहा जाता है।

12.2 वर्तनी का शुद्धता की कसौटी क्या और क्यों?

वर्तनी के मानक स्वरूप अथव शुद्धता की मुख्यतः दो कसौटियाँ हैं। एक शिष्ट अथवा मानक उच्चारण और दूसरा पारंपरिक रूप अर्थात् जैसा कि किसी भी विशिष्ट प्रकार के शब्द अथवा शब्द समूह को लिखने की तात्त्विक परंपरा चली आ रही है। इन दोनों में वर्तनी के लिए परंपरागत रूप को स्वीकार करना अधिक समीचीन होगा। अभी तक कुछ लोगों की यह धारणा बनी हुई है कि वर्तनी की शुद्धता की मुख्य कसौटी उच्चारण पर निर्भर होती है, इसे बहुत संगत और वैज्ञानिक नहीं कहा जा सकता। कारण कि बोलना (उच्चारण) भाषा का एक अलग 'कौशल' है और लिखना अलग 'कौशल' है। इसलिए उच्चारण के अनुरूप लेखन सर्वांशतः न तो संभव है और न ही दोनों का ऐसा कोई संबंध ही है। उच्चारण और लेखन को एक साथ जोड़ा देने से ही इस प्रकार की कई भ्रांतियाँ उत्पन्न होती हैं। मैं यहाँ स्पष्ट कर देना चाहँगा कि इस प्रकार परस्पर संबंध-निरूपण प्रायः भाषापरक संकल्पनात्मक ज्ञान के अभाव में ही किए जाते हैं। हाँ! यदि इन दोनों में कहीं संबंध

जोड़ा जाना चाहिए तो वह व्याकरणिक स्तर पर। जैसे-तत्त्व शब्द को लें। कुछ लोग इसे 'तत्व' ही लिखते हैं। इसके लिए उनके अपने अव्याकरणिक कुतर्क भी हैं, किंतु व्याकरणिक दृष्टि से 'तत्त्व' होगा न कि 'तत्व'। अन्य समाधान भी हैं, जैसे– हम उच्चारण करते हैं रिशी' और लिखते हैं 'ऋषी'। अगर कोई कहे कि मैं तो रिशी' ही लिखूँगा, वह उच्चारणानुरूप है, ता यह उपर्युक्त कोटि का अज्ञान ही कहा जाएगा। रोमन में तो और भी बहुत से उदाहरण हैं। जैसे-'नालेज' और नाइफ। बोला जाएगा नालेज और लिखा जाएगा– Knowledge। इसी प्रकार बोला जाएगा नाइफ और लिखा जाएगा– Knife। अतः हमें दुराग्रहों से बचना चाहिए। इसके लिए भाषा की प्रकृति का ज्ञान, व्याकरणिक पृष्ठभूमि, पारंपरिक स्वरूप और व्यावहारिक दृष्टि आवश्यक होगी। संभवतः वर्तनी की मानकता की ये ही प्रमुख कसौटियाँ हो सकती हैं।

12.3 हिंदी वर्तनी में हुए सुधार, इतिहास, मापदंड और परिणाम

हिंदी वर्तनी में एकरूपता लाने की दृष्टि से व्यक्तिगत स्तर पर, संस्थागत और शासन द्वारा कई प्रयास हुए हैं। व्यक्तिगत स्तर पर छत्रधारी सिंह, अंबिकादत्त व्यास, आचार्य महावीर प्रसाद द्विवेदी, डॉ. हरदेव बाहरी, डॉ. भोलानाथ तिवारी, अनंत चौधरी, डॉ. लक्ष्मीनारायण शर्मा, डॉ. देवीशंकर द्विवेदी आदि ने उल्लेखनीय प्रयास किया है। संस्थागत स्तर पर हुए प्रयासों में प्रमुख हैं नागरी प्रचारिणी सभा काशी, सरकारी केंद्रीय शैक्षिक संस्थान, इलाहाबाद, अखिल भारतीय प्रकाशक संघ, भारतीय हिंदी परिषद्, हिंदी विभाग, अलीगढ़ मुस्लिम विश्वविद्यालय, भाषाविज्ञान विभाग रविशंकर विश्वविद्यालय, रायपुर। यहाँ इन सभी का अपेक्षित विवेचन किया जा रहा है।

12.3.1.1 छत्रधारी सिंह ने 'लेखनियम' (1884) शीर्षक से लघुपुस्तिका का प्रकाशन (खड़गविलास प्रेस बाँकीपुर) कराया। इसमें वतनी संदर्भी निम्नलिखित तथ्यों की चर्च की गई है–

12.3.1.1.1 कारक चिह्नों को सटाकर अथवा हटाकर लिखने की समस्या–

इस संदर्भ में इन्होंने यह व्यवस्था दी कि विकार-सहित अवस्था में सटाकर और विकार-रहित अवस्था में अलग लिखा जाए। जैसे– ए (उसे), एँ (हमें), एरा (मेरा), आरा (हमारा) को सटाकर और ने, को, से, का, में, पर को अलग हटाकर लिखा जाए उनका अपना मत था– चूँकि संस्कृत में विकार होता है, अतः विभक्तियों को सटाकर लिखा जाता है।

12.3.1.1.2 सार्वनामिक रूपों एवं धातु प्रत्ययों की समस्या–

कुछ लोग उस समय उस्का, इस्से, जिस्को, सक्ता, बक्ता, कर्ता ('करता' के लिए) आदि लिखते थे, इन्होंने व्यवस्था दी कि– इन रूपों को उसका, इससे, जिसको, सकता, बकता, करता लिखा जाए।

12.3.1.1.3 संधियुक्त शब्दों (जैसे अत्यधिक) को मिलाकर और संधि-रहित शब्दों

को हटाकर (जैसे अति सुन्दर) लिखा जाना चाहिए।

12.3.1.1.4 प्रत्ययों को मिलाकर लिखा जाए। जैसे मारनेवाला, होनहार, लड़कपन आदि।

12.3.1.1.5 उनका अपना मत था कि भविष्य के 'गा' को मिलाकर लिखा जाए (चलेगा, बोलेगा) किंतु सहायक क्रियाओं (होता है, करता था, खा गया, मार चुका, जाना पड़ा, रोने लगा) को अलग, क्योंकि था, गया, आदि शब्द अलग हैं। किंतु 'गा' प्रत्यय है।

12.3.1.1.6 सा, सी (राम सा, सीता सी) को अलग रखना उचित होगा, क्योंकि ये (सा, सी) शब्द के अंग नहीं हैं।

12.3.1.1.7 भूतकालिक कृदंत के स्त्रीलिंग रूपों 'यी' (आयी, चलायी, खायी, आदि) के स्थान पर 'ई' (आई, चलाई, खाई) का प्रयोग किया जाए।

12.3.1.1.8 'यी' 'ई' का प्रयोग प्रत्यय-प्रकृति को ध्यान में रखते हुए यी' 'ई' का प्रयोग (विजयी, 'विजई' एवं 'बाजपेयी' 'बाजपेई') किया जाए।

12.3.1.1.9 चंद्र-बिंदु के स्थान पर चंद्र-बिंदु का ही प्रयोग किया जाए। जैसे– चाँद, दाँत न कि चांद, दांत। आज से एक सौ दस वर्ष पूर्व वर्तनी-संबंधी उनके विचार पर्याप्त क्रांतिकारी कहे जा सकते हैं। आज हम मानक वर्तनी के जिन-जिन आधारों को स्वीकार करते हैं, उनमें से कुछ को छोड़कर शेष लगभग सभी संदर्भ उनके निर्देशों में प्राप्त होते हैं।

12.3.1.2 अंबिकादत्त व्यास और उनका वर्तनी संबंधी चिंतन

19वीं सदी के अंतिम चरण में वर्तनी के संबंध में प्रमुख समस्या थी– 'कारक-चिह्न को मिलाकर अथवा अलग कर लिखना'। संस्कृत-परंपरा के लोग मिलाकर और हिंदी की वियोगत्मक प्रकृति से परिचित लोग कारकचिह्न को अलग लिखने के पक्षधर थे। प्रथम पक्ष के समर्थक थे– 'हिंदी बंगवासी' (1888) के संपादक और उनके कुछ समर्थक दूसरे पक्ष-सर्मथकों में रूडल, हार्नली, ग्रियर्सन, शिवप्रसाद सितारे हिंद, मुंशी नवल किशोर, भारतेंदु हरिशचन्द्र, बदरीनारायण चौधरी, आदि। व्यास जी ने विद्वानों से अभिमत प्राप्त करके 'विभक्ति विभिता' शीर्षक (1890) से छोटी-सी पुस्तिका (28 पृष्ठों की) व्यास प्रेस भागलपुर से प्रकाशित की। इसमें निष्कर्षतः यही मान्य रहा कि सर्वनामों के साथ मिलाकर लिखा जाए और शेष कारक-चिह्न को अलग करके लिखा जाए।[2]

12.3.1.3 आचार्य महावीर प्रसाद द्विवेदी

हिंदी वर्तनी की दृष्टि से महावीर प्रसाद द्विवेदी का युग संक्रांति-काल था। 'सरस्वती' के माध्यम से उन्होंने इस कार्य को जो गति और दिशा प्रदान की, वह युग-सापेक्ष तो कही जा सकती है, किंतु निर्भ्रांत, मानक, या सर्वग्राही नहीं। कारण कि उन्होंने स्वयं अपने सिद्धांतों अथवा वर्तनी के प्रारूप को कई बार संशोधित

किया। फिर भी तत्कालीन भाषीय संदर्भों और उनमें किए गए अपेक्षित संशोधनों (-'स्वयं संशोधक के रूप में द्विवेदी जी) का महत्व आज भी अक्षुण्ण बना हुआ है। यद्यपि उन्होंने कहीं-कहीं आत्म-संतोष अथवा जैसा उन्हें लगा, वैसा संशोधन (बिनामत स्थिर किए) भी कर दिया है' यहाँ उनके इस प्रकार के कुछ प्रयासों की चर्चा अपेक्षित होगी।[3]

12.3.1.3.1 वे अनुस्वार और नासिक्य व्यंजन के प्रयोग के संदर्भ में संस्कृत नियम की पक्षधरता करते हुए व्यंजन-प्रयोग के पक्षपाती रहे।

12.3.1.3.2 अपने जीवन के उत्तरार्द्ध में उन्होंने विदेशी शब्दों, अनुस्वारप्रयोग को स्वीकार कर लिया था जैसे– अंदाज़, मुशी, एंजिन आदि।

12.3.1.3.3 अनुस्वार, चंद्रबिंदु, तथा नासिक्य व्यंजनों के संदर्भ में उनके कुछ अपने मत स्थिर थे। उन्हें शिरोरेखा-रहित स्थिति में चंद्रबिंदु का प्रयोग (जैसे– अंगरेज के स्थान पर अँगरेज, हंसी के स्थान पर हँसी, गांधी के स्थान पर गाँधी, मां के स्थान पर माँ, सांस के स्थान पर साँस, तथा फांसी के स्थान पर फाँसी और शिरोरेखा-सहित स्थिति में चंद्रबिंदु के स्थान पर मात्र अनुस्वार का प्रयोग (जैसे– कार्यों, ईंट, सोंठ, धोंस) अभिप्रेत था।

12.3.1.3.4 वे क़, ख़, ग़, ज़ और फ़ के प्रयोग के पक्षधर थे।

12.3.1.3.5 वे प्रारंभ में 'ये' और 'ए' के वैकल्पिक प्रयोग के संदर्भ में 'य' श्रुति के पक्षधर थे। बाद में वे सर्वत्र चाहिए, करिए, आदि के प्रयोग के पक्षधर हो गए थे।

12.3.1.4 आचार्य कामता प्रसाद गुरु

गुरुजी द्वारा लिखित हिंदी व्याकरण (1920) में प्रसंगतः वर्तनी-संदर्भी जिन पक्षों पर प्रकाश डाला गया है, वे इस प्रकार हैं।[4]

12.3.1.4.1 कारक चिह्नों को संज्ञा के साथ वियुक्त करके और सर्वनाम के साथ युक्त करके लिखा जाए।

12.3.1.4.2 अनुस्वार तथा चंद्रबिंदु के यथास्थान प्रयोग पर बल/चंद्रबिंदु के स्थान पर अनुस्वार-प्रयोग केवल वहाँ किया जाए, जहाँ अर्थांतर की संभावना न हो।

12.3.1.4.3 विसर्गों का यथा-स्थान प्रयोग होना चाहिए, यथा– छः और छिः।

12.3.1.4.4 परंपरानुसार हलंतों का प्रयोग वाँछित है, यथा– पृथक्, पश्चात्, विद्वान्, आदि।

12.3.1.4.5 वे विदेशी शब्दों के लेखन में ज़ और फ़ के पक्षधर तो थे किंतु क़, ख़, ग़, के नहीं।

12.3.1.4.6 लघु एवं सामान्य सामासिक शब्दों को मिलाकर और बड़े एवं असाधारण सामासिक शब्द को योजक चिह्न द्वारा जोड़कर लिखा जाए, यथा– स्त्रीशिक्षा, आसपास, रसोईघर, क़ैदखाना, आदि। इसके अतिरिक्त योजक द्वारा लिखे जाने वाले शब्द जैसे– वस्त्र-आभूषण, मत-एकता, हरि-इच्छा, आदि हैं।

12.3.1.5 आचार्य रामचन्द्र वर्म्मा

रामचन्द्र वर्म्मा द्वारा 'अच्छी हिंदी' में वर्तनी-संबंधी जिन पक्षों पर प्रकाश डाला गया है, वे इस प्रकार हैं।[5]

12.3.1.5.1 विकल्प की स्थिति में सर्वत्र स्वर का प्रयोग किया जाए। जैसे– गई (गयी), हुई (हुयी), लिए (लिये), हुए (हुये), पाए (पाये), दिए (दिये), राए (कराये), चाहिए (चाहिये), आई (आयी), दाई (दायी), पाई (पायी) सगाई (सगायी) आदि।

12.3.1.5.2 वे अंग्रेज (अँग्रेज), कान्फरेंस(कान्फ्रेंस), मुसलमान (मुसल्मान), माने (मायने), वेष (भेष), उपर्युक्त, स्वस्थ (स्वस्थ्य) आदि में प्रथम का प्रयोग उचित मानते थे।

12.3.1.5.3 वर्म्मा जी विद्वान्, भगवान् और जगत् को हल् (चिह्न) रहित लिखने में कोई दोष नहीं मानते थे। वहीं वे 'महान' और 'महानता' के विरोधी थे।

12.3.1.5.4 वे 'कुछ एक' (कुछेक), 'हरएक' (हरेक) 'मध्य एशिया' मध्येशिया), 'हिंद एशिया' (हिंदेशिया), बख्ती' बक्षी), 'सत्रह' (सत्तरह), 'इक्कीस' (एक्कीस), 'छठा' छटनी-छड़ों-छटा, 'पैतृक' (पैत्रिक), 'समृद्धि' स्पीड, 'व्यंग्य' (व्यंग), 'मलिन' (मलीन), 'वाद-विवाद'.(वादविवाद), 'सुखदायी' (सुखदाई), 'स्थायी' (स्थाई), 'ईर्ष्या' (इर्षा), 'नरक' (नर्क), ब्रह्म (ब्रम्ह), चिह्न' (चिह्न), स्रष्टा (सृष्टा), 'द्रष्टा' (दृष्टा), 'कौशल्या' (कौशिल्या), 'अहल्या' (अहिल्या), 'द्वारका' (द्वारिका), 'सौदामिनी' (सौदामनी), 'अहोरात्र' (अहोरात्रि), 'अहर्निश' (अहर्निशि), जरग्रति' (जागृति), 'वापस' (वापिस) 'सुपुर्द' (सिपुर्द), 'क्यों' (क्यूँ), 'यों' (यूँ), 'तत्त्व' (तत्व), 'महत्त्व' (महत्व), 'तत्त्व' (सत्व), मूर्च्छा (मूर्छा), 'गढ़ना' (घड़ना), आदि में प्रथम का प्रयोग उचित मानते थे।

12.3.1.5.5 शिरोरेखा के ऊपर चंद्रबिंदु के स्थान पर अनुस्वार का प्रयोग उन्हें सुविधा की दृष्टि से स्वीकार था।

12.3.1.5.6 वे विदेशी शब्दों में बिंदी लगाने के पक्षधर नहीं थे।

12.3.1.5.7 वर्म्मा जी विराम-चिह्न में कालन-प्रयोग से बचने के पक्ष में थे।

12.3.1.6 आचार्य किशोरी दास बाजपेयी

आचार्य वाजपेयी ने अपनी पुस्तक 'हिंदी की वर्तनी तथा शब्द-विश्लेषण' (1969) में वर्तनी-संबंधित समस्याओं पर विस्तार से प्रकाश डाला है। इसके पूर्व भी उन्होंने यथा-समय वर्तनी-संबंधी पक्षों पर निभ्रांत लेखन किया था। ये सारे विचार यत्र-तत्र उनकी पुस्तकों– 'अच्छी हिंदी का नमूना' (1948), 'राष्ट्रभाषा का प्रथम व्याकरण' (1049), 'हिंदी निरुक्त', 'अच्छी हिंदी' (1952) तथा 'हिंदी अनुशासन' (1958) में मिलते हैं। उनके वर्तनी-विषयक विचार इस प्रकार हैं।[6]

12.3.1.6.1 वाजपेयी जी ने सस्कृत-परपंरा-वाले कतिपय हिंदी प्रयोक्ताओं के टेशन, माष्टर, मैजिष्ट्रेट, आदि का विरोध किया एवं स्टेशन, मास्टर, मैजिस्ट्रेट, मिस्टर, आदि को ठीक माना है।

12.3.1.6.2 उनके अनुसार आये– आए, आयी-आई, उठिए-उठिये, कीजिए जैसे रूपों में ए-ई वाले रूपों का ही प्रयोग होना चाहिए। वे उठिये, कीजिये आदि को तो ग़लत मानते हैं, किंतु आये, आयी आदि को ग़लत नहीं मानते। मात्र एकरूपता की दृष्टि से ही आये, आयी आदि के प्रयोग का उन्होंने वर्जन किया है। ऐसे ही नये, नयी ठीक है, किंतु एकरूपता के लिए नए, नई का ही प्रयोग उनके अनुसार अपेक्षित है।

12.3.16.3 वाजपेयी जी के अनुसार दंपती-दंपति, राष्ट्रिय-राष्ट्रीय, विस्तर-विस्तार, एकत्र-एकत्रित, राजनीतिक-राजनैतिक, छह-छह, गाएँ-गायें में दूसरे शुद्ध हैं तथा पहले अशुद्ध हैं।

12.3.1.6.4 वाजपेयी जी समास के संदर्भ में स्वीकृतीकरण के पक्षधर हैं। अतः वे दोपहर, दोपहरी, एकमुश्त, एकतरफा, एकतारा, एकलौता, एकबारगी, ऊपरला, नीचला, पीछला, पीछड़ा को अशुद्ध तथा दुपहर, दुपहरी, इकमुश्त, इकतरफा, इकतारा, इकलौता, इकबारगी, उपरला, निचला, पिछला, पिछड़ा को शुद्ध मानते हैं।

12.3.1.6.5 वे एशियायी, हिंदू– सभायी, भाषायी, को अशुद्ध मानते हैं तथा एशियाई, हिंदू सभाई, भाषाई को शुद्ध अर्थात् यहाँ 'ई' प्रत्यय है, यी' नहीं।

12.3.1.6.6 तत्+त्व-तत्त्व है न कि तत्व। फिर भी वाजपेयी जी हिंदी में 'तत्व' लिखने की छूट देने के पक्षधर हैं।

12.3.6.7 शिरोरेखा के ऊपर मात्रा होने पर चंद्रबिंदु के स्थान पर अनुस्वार का वाजपेयी जी ने समर्थन किया है।

12.3.1.6.8 पाञ्चजन्य को पांचजन्य के रूप में नहीं लिखा जा सकता। वाजपेयी जी तत्सम शब्दों में पंचम नासिक्य (जैसे गङ्गा, चञ्चल, दन्त, अश्व) का ही प्रयोग उचित मानते हैं, अनुस्वार को नहीं। इसी प्रकार तद्भव तथा विदेशी में पञ्चम नासिक्य का प्रयोग न करके अनुस्वार का प्रयोग (जैसे– लैंप, डंडा, जंजीर, टंडन, जंघ आदि) ठीक ठहराते

12.3.1.6.9 उनकी दृष्टि में अंगूठी, कंगना, रंग-ढंग आदि ग़लत हैं, और अँगूठी, कँगना, रँग-ढँग ठीक हैं।

12.3.1.6.10 संस्कृत के अनुस्वार संसत्सदस्य' तथा 'संसदधिवेशन' शुद्ध हैं, किंतु वाजपेयी की दृष्टि में हिंदी के लिए 'संसद-सदस्य' तथ 'संसद-अधिवेशन' अधिक स्पष्ट होने के कारण उचित हैं, किंतु हिंदी में शरद-चंद्र या राम-ईश्वर लिखना ग़लत है, शरच्चन्द्र तथा रामेश्वर होना चाहिए।

12.3.1.6.11 पितृ-वचन, मातृ-वचन, तथा पितृपक्ष आदि संस्कृत के अनुसार हैं और हिंदी में रच-पच गए हैं, किंतु उनके आधार पर हिंदी में नेतृ-विश्वास, नेतृ-निर्वाचन लिखना ठीक नहीं, नेता-विश्वास, नेता -निर्वाचन होना चाहिए। ऐसे ही मंत्रिमंडल, मंत्रिपरिषद तो ठीक हैं, पर विद्यार्थि-परिषद नहीं। विद्यार्थी-परिषद ठीक होगा। नभोमंडल हिंदी में नहीं चलेगा, नभ-मंडल चलेगा, इसी प्रकार छंदोभंग, छंदोनिर्णय,

छंदोदोष नहीं चलेंगे। छंदभंग, छंद-निर्णय, छंद-दोष चलेंगे। मनोदशा, मनोविज्ञान, मनोरथ चल पड़े हैं, अतः चलेंगे। किंतु संस्कृत-विरोधी होता हुआ भी 'मनोकामना' हिंदी के लिए शुद्ध है। ऐसे ही हिंदी के लिए संस्कृत का 'उपर्युक्त' भी ठीक है तथा हिंदी का अपना 'उपरोक्त' भी।

12.3.1.6.12 वाजपेयी के अनुसार अंतः राष्ट्रीय, अन्तर्राष्ट्रीय तथा अंतरराष्ट्रीय ग़लत हैं, ठीक है अंतरराष्ट्रीय। ऐसे ही अंतर-प्रांतीय, अंतर-देशीय।

12.3.1.6.13 उनके अनुसार आधृत ग़लत है, आधारित ठीक है।

12.3.1.6.14 भगवान्-भगवान, भगवत्-भगवत, सदगुरु सतगुरु आदि में हिंदी में दोनों शुद्ध हैं।

12.3.1.6.15 बाजपेयी जी विदेशी शब्दों के लेखन में अधोबिंदु क़ ख़, ग़, ज़, फ़) तथा ऑ के प्रयोग को ठीक नहीं मानते।

12.3.1.6.16 कारक - चिह्नों को मिलाकर लिखना भी ग़लत नहीं है, किंतु यदि एक ही पद्धति रखनी है, तो व्यंजनादि विभक्तियों को हटाकर (उसके) तथा स्वरादि को सटाकर (उसे) लिखना ठीक है।

12.3.1.6.17 'चाहिए' बहुवचन में कुछ लोग 'चाहिएँ' लिखते हैं, किंतु ऐसा लिखना ग़लत है। 'चाहिए' दोनों वचनों में 'चाहिए' ही रहता है, 'चाहिएँ' नहीं होता।

12.3.1.7 डॉ. हरदेव बाहरी

डॉ. बाहरी ने वर्तनी-संबंधी समस्या को लेकर यथा– समय अपने विचारों द्वारा हिंदी-जगत को आगाह किया है। उनके विचार स्वतंत्र रूप से लिखे गए लेखों, शोध-संगोष्ठियों में पढ़े गए लेखों तथा पुस्तकों में प्राप्त होते हैं। इनमें प्रमुख हैं– हिंदी वर्ण-विन्यास की समस्या (हिंदी अनुशीलन, भाषा अंक, 1950), हिंदी की वर्तनी में संधि और समास की समस्या (अभिनवभारती, अलीगढ़ वि.वि.), 'शुद्ध हिंदी' पुस्तक 1965, लोकभारती इलाहबाद)। डॉ. बाहरी भारतीय हिंदी परिषद द्वारा गठित हिंदी वर्तनी समिति 1961) के सदस्य भी थे। यह समिति हिंदी वर्तनी में एकरूपता लाने की दृष्टि से तैयार की गई थी। इनके वर्तनी-संबंधी विचार इस प्रकार हैं।[7]

12.3.1.7.1 तत्सम शब्दों को वैसे ही लिखना चाहिए, जैसे वे संस्कृत में लिखे हैं। यथा जगत्, भगवान्, परिषद्, वाक्, वन (बन नहीं), दुःख (दुख नहीं), निःशंक (निशंक नहीं) महत्त्व (महत्व नहीं), उच्छवास (उछवास नहीं), पूर्वार्द्ध (पूर्वार्ध नहीं), अधीन (आधीन नहीं), जागृति (जागर्ति नहीं), चिह्न (चिन्ह नहीं), आदि।

12.3.1.7.2 संस्कृत में जिन शब्दों की दो या अधिक वर्तनियाँ थीं, उनमें से हिंदी के लिए एक ली जानी चाहिए। भंडार (भांडार नहीं), अगार (आगार नहीं), भुजा (भुज नहीं)।

12.3.1.7.3 जहाँ पंचम नासिक्य व्यंजन तथा अनुस्वार में विकल्प हो, नासिक्य व्यंजन का प्रयोग उपयुक्त होगा, क्योंकि संस्कृत में ऐसा ही नियम है। अर्थात् प्रान्त

न कि प्रांत, सम्भव न कि संभव, मञ्च न कि मंच आदि।

12.3.1.7.4 विदेशी शब्दों में क़, ख़, ग़, ज़, फ़, के प्रयोग की आवश्यकता नहीं। इनके स्थान पर क, ख, ग, ज, फ लिखना चाहिए।

12.3.1.7.5 जब दो अक्षर अलग-अलग उच्चरित हों, तो बीच में स्वरभक्ति आनी चाहिए। अर्थात् मुसलमान न कि मुसल्मान, चरबी न की चर्बी, दुशमन न कि दुश्मन, रासता न कि रास्ता, सरदी न कि सर्दी, या गरमी न कि गर्मी।

12.3.1.7.6 जिन अरबी शब्दों में लोग कभी 'य' कभी 'इ' का प्रयोग करते हैं, उनमें 'इ' का प्रयोग होना चाहिए, क्योंकि मूल उच्चारण यही है। जैसे– दाइरा न कि दायरा ऐसे ही गुंजाइश, पैदाइश, आदि भी।

12.3.1.7.7 जिन अरबी शब्दों में मात्रा-प्रयोग स्पष्ट नहीं है, उन्हें बहुमान्य उच्चारण लिखा जाए, जैसे रोशन न कि रौशन, दखल न कि दाखिल, आखरी न कि आखिरी, जबान न कि जुबान।

12.3.1.7.8 अँगरेज़ी शब्दों को भी आक्षरिक सीमा पर स्वरभक्ति से लिखा जाए। जैसे मासटर, पारसल, पेनसिल, डॉक्टर।

12.3.1.7.9 अँगरेज़ी शब्दों में भी ज़, फ़ के स्थान पर ज, फ लिखा जाए।

12.3.1.7.10 अँगरेज़ी शब्दों में पंचम नासिक्य व्यंजन के आने पर प्रायः तीन प्रकार से लिखा जाता है : बण्डल, बन्डल, बंडल, अनुस्वार का ही प्रयोग किया जाए।

12.3.1.7.11 ऑ का प्रयोग न किया जाए। अर्थात् डाक्टर न कि डॉक्टर।

12.3.1.7.12 कुछ शब्दों में ह्रस्व ए तथा ह्रस्व ओ का प्रयोग होता है, किंतु नागरी में इसके लिए कोई चिह्न नहीं है, कभी तो ए, ओ, (साहेब, कालेज, मोटापा) और कभी इ, उ (साहिब, कालिज, मुटापा) का प्रयोग किया जाता है। ऐसी स्थिति में इ, उ का प्रयोग किया जाना चाहिए।

12.3.1.7.13 लिए, दिए जैसे रूपों में 'ये' का प्रयोग होना चाहिए। हाँ, वास्ते के अर्थ में लिए का प्रयोग करना अर्थ-भेद की दृष्टि से अच्छा रहेगा।

12.3.1.7.14 हँसी (हंसी), हँस (हंस) को छोड़कर अन्य सभी शब्दों में चंद्र-बिंदु के स्थान पर बिंदु का प्रयोग अच्छा रहेगा।

12.3.1.8 डॉ. भोलानाथ तिवारी

डॉ. तिवारी ने वर्तनी पर बहुविध संदर्भों में विचार किया है। उनके लेखों, ग्रंथों में समय-समय पर व्यक्त हुए उनके विचारों का समाकलन 'हिंदी वर्तनी की समस्याएँ' शीर्षक से किया गया है, जो इस प्रकार हैं।[8]

12.3.1.8.1 ए-ये (गए-गये) ई-यी (गई-गयी), ऐ-ये-वे (जाएगा, जायेगा, जावेगा) इन विकल्पों के संदर्भ में तिवारी जी सर्वत्र स्वर-रूपों के पक्षधर हैं, केवल 'य' शब्द-रचना वाले रूपों को छोड़कर जैसे– न्यासी, अन्यायी, आततायी, अनुयायी, उत्तरदायी, फलदायी, वरदायी, विषपायी, विषयी-जैसे शब्दों में 'यी' ही रहेगा, उसके

स्थान पर 'ई' का प्रयोग नहीं किया जा सकता। इसी प्रकार– माताएँ, लताएँ, कन्याएँ, एवं कौआ आदि संज्ञारूपों के लिए अव्यय रूप, नई, नए विशेषण रूपों, जाए, आएगा, चलिए गई, आई आदि क्रिया-रूपों में सर्वत्र स्वर-रूप का ही प्रयोग होगा।

12.3.1.8.2 द्वित्व व्यंजन– इस संदर्भ में डॉ. तिवारी का अभिमत है कि शब्द रचना से संबंधित द्वित्व को हिंदी वर्तनी में स्थान देना चाहिए। यथा– तत् + त्व = तत्त्व, महत्+त्व=महत्त्व, उत्+ज्वल=उज्ज्वल, उत्+लंघन=उल्लंघन, पश्चात् + ताप=पश्चात्ताप। ध्यातव्य होगा कि आचार्य बाजपेयी तथा कुछ अन्य लोगों ने इस प्रकार के द्वित्व को वर्तनी में स्थान देने का विरोध किया है, किंतु तिवारी जी उनसे सहमत नहीं है।

12.3.1.8.3 मिलाना - अलगाना

12.3.1.8.3.1 कारक-चिह्नों को संज्ञा के साथ अलग तथा सर्वनाम के साथ मिलाकर लिखा जाए, जैसा कि अधिकांश हिंदीभाषी लिखते हैं।

12.3.1.8.3.2 समस्त पदों को अलग-अलग लिखना (गृहविज्ञान, देशभक्ति, जन्मदिन) अशुद्ध है, क्योंकि ये सिकी 'लंबी रचना' (गृह का विज्ञान, देश के प्रति भक्ति, जन्म का दिन) का संक्षिप्त रूप होते हैं। संक्षेप में होने के कारण या तो लुप्त पद का प्रतीक योजक चिह्न इनके बीच में दिया जाना चाहिए (गृह-विज्ञान, देश-भक्ति, जन्म-दिन), दो से अधिक शब्द हों (तन-मन-धन, जर-जोरू-जमीन अथवा शब्द बड़े हों राजनीति-विज्ञान, परिवार-नियोजन, निर्वाचन-सूचना, सरस्वती-वंदना) तो योजक चिह्न देना ही अधिक उपयुक्त होता है, क्योंकि मिलाने से शब्द बहुत बड़ा (राजनीतिविज्ञान) हो जाता है। संधि करने पर तो स्पष्ट ही शब्दों को मिलाने के अतिरिक्त कोई चारा नहीं रह जाता। समास में केवल योजक चिह्न ही देना चाहिए (माता-पिता, भाई-बहन, हँसी-मजाक, हाथ-पैर), उन्हें मिलाना (मातापिता) नहीं चाहिए (2) मिलाने से यदि अर्थ में भ्रम की गुंजाइश हो, तो भी शब्दों को नहीं मिलाना चाहिए, उदाहरण के लिए 'भू-तत्त्व' और भूतत्त्व' में अंतर करने के लिए समास को 'भू -तत्त्व' रूप में लिखना ही उचित है। ऐसे ही सह-अनुभूति' और सहानुभुति' में अंतर है।

12.3.1.8.3.3 भी, तो, तक, भर, श्री, श्रीमती, जी- ये सभी बिना मिलाए अलग लिखे जाने चाहिए, राम जी, रोटी तो, पानी तक नहीं दिया, सेर भर आटा, श्री गुप्त, गाँधी जी।

12.3.1.8.3.4 'ही' संज्ञा के साथ अलग (राम ही, सीता ही), किंतु सर्वनाम के साथ कुछ शब्दों को मिलाकर हम, मुझी, तुझी, तुम्हीं, उसी, उन्हीं, इसी, इन्हीं, जिसी, जिन्हीं, किसी, किन्हीं, आदि) तथा कुछ के साथ अलग (मैं ही, हम ही, वे ही, ये ही, जो ही) आदि लिखते हैं। हम मुझ, तुझ उस, इस, जिस, किसी में जब 'ही' जोड़ते हैं, तो हसी, मुझी, तुझी, उसी, इसी, जिसी, किसी) 'ही' के 'ह्' का लोप

हो जाता है। बहुवचन में 'ही' का 'हीं' हो जाता है।

12.3.1.8.3.5 कर, के-पूर्वकालिक क्रिया में 'कर' अथवा 'के' को मिलाकर ही लिखना चाहिए। मैं खाकर आया हूँ रोकर, चलकर, काम करके आएगा। यदि 'कर' तथा के दोनों हों तो 'कर' मिलाकर लिखा जाएगा तथा 'के' को अलग- मैं मनाकर के आऊँगा। यदि दो क्रियारूप हों, तो दोनों के बीच में योजक चिह्न होगा और 'कर' अथवा 'के' को अंतिम के साथ मिलाया जाएगा, खा-पीकर आना, रो-धोकर थक गया, रो-रोकर माँग रहा है।

12.3.1.8.3.6 क्रिया के सभी पद (जा रहा था, दिया करता है, कहा जा सकता है, ले लिया जा सकता था) अलग लिखे जाते हैं।

12.3.1.8.3.7 वाला यह विशेषण-प्रत्यय है, अन्य प्रत्ययों की तरह इसे भी मिलाकर लिखना चाहिए : करनेवाला, लालवाला, कालेवाला, नीचेवाला।

12.3.1.8.4 योजक चिह्न

12.3.1.8.4.1 द्वंद्व समास में -रात-दिन, हवा-पानी, माँ-बाप, राम-सीता

12.3.1.8.4.2 अन्य समासों में विकल्प से देशभक्ति अथवा देश-भक्ति।

12.3.1.8.4.3 'सा, से, सी, जैसे, जैसी' के साथ योजक चिह्न, फूल-सा लड़का, जरा-सी जान, थोड़े-से लोग, तुम-जैसा मूर्त, उस-जैसा नेता, दुग्ध-सा श्वेत। यह ध्यान देने की बात है कि यह 'से', करण तथा संप्रदान कारक के चिह्न 'से' से भिन्न है। कारकचिह्न 'से' में वचन-लिंग के कारण परिवर्तन नहीं होता, किंतु इसके सा-से-सी रूप बनते हैंः फूल-सा लड़का, फूल-सी लड़की, फूल-से लड़के।

12.3.1.8.4.4 जहाँ संधि करने में अर्थ परिवर्तित हो जाए, वहाँ भी योजक चिह्न लगाना चाहिए. सह-अनुभुति, भू-तत्त्व = भूतत्त्व।

12.3.1.8.4.5 जहाँ संधि करने से शब्द उच्चारण की दृष्टि से अटपटा, बड़ा, अथवा अस्पष्ट हो जाए, वहाँ भीः अल्पसंख्यक और बहु-अल्पसंख्यक, अति-आदर्शवादिता। यों ही इन्हें बहुअल्पसंख्यक तथा अति आदर्शवादिता भी लिखा जा सकता है।

12.3.1.8.4.6 सामान्य पुनरुक्ति में-बार-बार, घर-घर, धीरे-धीरे, कौड़ी-कौड़ी।

12.3.1.8.4.7 समानार्थक शब्दों की पुनरुक्ति में-हँसी-मजाक, कूड़ा-कचरा, चिट्ठी-पत्री।

12.3.1.8.4.8 न-युक्त पुनरुक्ति में-कभी-न-कभी, कहीं-न-कहीं।

12.3.1.8.4.9 का'-युक्त पुनरुक्ति में-सारे-का-सारा, पूरे-का-पूरा।

12.3.1.8.4.10 व-युक्त समानार्थक शब्दों की पुनरुक्ति में-शान-व-शौकत, देश-व-इशरत, कम-व-वेश (विकल्प से शानोशौकत, ऐशोइशरत, कमोवेश)

12.3.1.8.4.11 से-युक्त पुनरुक्ति में कम-से-कम, अधिक से अधिक, ज़्यादा-से-ज़्यादा।

12.3.1.8.5 अनुनासिक चंद्रबिंदु-अनुस्वार - इनके प्रयोग में भी कई प्रकार की अनेकरूपताएँ मिलती हैं।

12.3.1.8.5.1 कुछ लोग जहाँ अनुस्वार अपेक्षित होता है, वहाँ अनुनासिक का प्रयोग करते हैं। यहाँ तक कि वे 'है' को 'हैं', 'मै', को 'मैं' तथा पढ़ी' को पढी' लिखते हैं।

12.3.1.8.5.2 काफ़ी लोग दोनों का यथास्थान प्रयोग करते हैं, किंतु यदि शिरोरेखा के ऊपर मात्रा हो, तो अनुनासिक के स्थान पर अनुस्वार का प्रयोग करते हैं– विंधना, लिखीं, में, मैं, होंठ, सौंफ।

12.3.1.8.5.3 कुछ लोग सर्वत्र अनुस्वार का ही प्रयोग (सांस, ऊंट, हंसी) करते हैं। वस्तुतः टंकणयंत्र में अनुनासिक (चंद्रबिंदु) नहीं होता, अतः टंकित सामग्री में अनुनासिक के स्थान पर अनुस्वार का प्रयोग होता है। उदाहरणार्थ 'साँस' के लिए 'सांस' या ऊँधना' के लिए ऊंघना'। कई पत्र-पत्रिकाओं (जैसे-धर्मयुग, सारिका, आदि) में भी प्रेस की सुविधा की दृष्टि से अनुनासिक के स्थान पर अनुस्वार का ही प्रयोग होता है। इन्हीं सबके प्रभावस्वरूप बहुत-से लोग अनुनासिक का प्रयोग बिल्कुल न करके अनुस्वार का प्रयोग ही सर्वत्र करते हैं, जो ग़लत है, उदाहरण के लिए, हँस (हँसना का आज्ञारूप) हंस (एक पक्षी) या हँसी में अंतर है। ऐसे ही 'बेदाँति-बेदांत' में भी। इसलिए सर्वत्र अनुस्वार का प्रयोग नहीं किया जाना चाहिए, इन दोनों के प्रयोग के संबंध में निम्नलिखित तथ्य ध्यातव्य है–

12.3.1.8.5.3.1 अनुस्वार का प्रयोग जहाँ अपेक्षित है, वहीं करना चाहिए, अर्थात् समस्थानीय पंचम अनुनासिक के स्थान पर तथा य, र, ल, ल, स, श, ह के पूर्व (शंका, चंचल, पंडित, आनंद, पंप, संयत्र, संरचना, संलाप, संवाद, संसार, संशय, संहार) या स्वयं, अहं, एवं, आदि में।

12.3.1.8.5.3.2 अनुनासिक के प्रयोग के संबंध में अब ऐसी परंपरा चल पड़ी है कि इसका प्रयोग केवल वहीं किया जाता है, जहाँ शिरोरेखा के ऊपर कोई मात्रा न हो, अर्थात् हँ (हँसना), आँ अंध, साँस) उँ (उँगली, फुँकना), ऊँ (ऊँट, फूँकना) एँ। इसके विपरीत, यदि शिरारेखा के ऊपर मात्रा हो, तो अनुनासिक के स्थान पर भी अनुस्वार का ही प्रयोग किया जाता है। इसका कारण यह है कि मात्रा के साथ अनुनासिक देने में (टंकण, पेस या लेखन-इन तीनों में ही) असुविधा होती है। इसलिए सैंकना को सेंकना, में को मैं, चौंच को चोंच, कौंधना को 'कौंधना' लिखते हैं।

12.3.1.8.6 पंचम नासिक्य व्यंजन और अनुस्वार का प्रयोग -इसके प्रयोग को संक्षेप में यों रखा जा सकता है–

अनुस्वार तथा नासिक्य व्यंजन में विकल्प	**केवल नासिक्य व्यंजन**	**केवल अनुस्वार**
ङ् + क, ख, ग, घ (पङ्क अथवा	ङ् + म	+ ह (संहार)

पंक य गङ्गा अथवा गंगा आदि।	(वाङ्मय, पराङ्मुख)
ञ + च, छ, ज, झ	+ ल (संलग्न)
	+ य (अन्य)
	+ व (अन्वेषण)
	+ ह (कान्ह, किन्हें)
म् + प, फ, ब, भ, व (दम्भ अथवा	+ न (निम्न)
दंभ या पम्प अथवा पंप या	+ म (सम्मान्य)
सम्वेदना अथना संवेना आदि)	+ य (साम्य)
	+ ण (विनम्र)
	+ ल (अम्ल)
	+ ह (तुम्हें)

12.3.1.8.7 विसर्ग का प्रयोग हिंदी-लेखन में शब्द के बीच तथा अंत में होता है। जहाँ तक बीच में विसर्ग के प्रयोग का प्रश्न है, संस्कृत-परंपरावाले यह कहते हैं कि संस्कृत के जिन शब्दों में बीच में विसर्ग है, उन्हें हिंदी में लिखते समय भी इसका प्रयोग होना चाहिए। किंतु मेरे विचार में अंतःकरण, अंतःपुर आदि में तो विसर्ग आना चाहिए, किंतु दुख में नहीं। 'दुख' से 'दुखिया', दुखियारी', 'दुखी' आदि हिंदी के अपने शब्द बनते हैं और इन्हें लिखने में कोई भी विसर्ग का प्रयोग नहीं करता। ऐसी स्थिति में 'दुख' में विसर्ग देने का प्रयोग संस्कृत तत्सम शब्दों में ही आता है। ये शब्द सत्यतर, अन्ततः, अपवादतः, क्रमशः, बहुशः, अनेकशः, शतः, पुनः, प्रायः, शनै-शनै आदि हैं।

जहाँ तक तत्समेतर शब्दों का संबंध है, केवल दो शब्द 'छः' और 'छिः' हिंदी प्रदेश में व्यापक रूप से 'छः' और 'छिः' रूप में लिखे जाते हैं। परंतु 'छः' का मानक रूप छह है।

12.3.1.8.8 हल-चिह्न अथवा हलंत (्) का प्रयोग– हिंदी-लेखन में हल् चिह्न (्) का प्रयोग दो स्थितियों में होता है–

12.3.1.8.8.1 शब्दों के मध्य में इसके उदाहरण हैं– धनाढ्य, वाङ्मय, पराङ्मुख, सुपाठ्य, अकाट्य, आह्लाद, विह्वल। शब्द के अंत में हल् चिह्न का प्रयोग, अपवादों की बात छोड़ दें, तो हिंदी में केवल प्रायः ऐसे तत्सम शब्दों में होता है, जिनमें संस्कृत-लेखन में भी इसका प्रयोग होता रहा है। जहाँ तक मध्य में इसके प्रयोग का प्रश्न है, वह तो नागरीर्प्तपि की आवश्यकतावश होता है। यह प्रयोग केवल ऐसे अक्षरों ट, ठ, ड, ढ, ङ्, ह) के साथ होता है, जिनका अन्य अक्षरों (जैसे म' का 'म्' या 'ख' का 'ख्') की तरह आधा रूप सरलतापूर्वक नहीं बनाया जा सकता।

12.3.1.8.8.2 शब्दों के अंत में जहाँ तक संस्कृत के अनुकरण पर हत् के प्रयोग का प्रश्न है, इस संबंध में तीन मत हैं–

12.3.1.8.8.2.1 संस्कृत-परंपरा के लोगों का कहना है कि उन सभी शब्दों के अंत में हल्-चिह्न का प्रयोग होना चाहिए, जिनके लेखन में संस्कृत में होता रहा है। जैसे महान्, साक्षात्, अकस्मात्, भगवान् श्रीमान् श्रीमान्, वाक्, जगत्, विद्वान, ईषत्, कदाचित्, किंचित्, पश्चात्, पृथक्, बलात्, सत्, संवत् सम्यक्, अर्थात्, चित्, आत्मसात्, विधिवत्, मातृवत्, आदि।

12.3.1.8.8.2.2 बहुत-से लोग उपर्युक्त के अतिरिक्त विदेशी शब्दों में भी इसका प्रयोग करते हैं, एम.ए., डी. फिल्, सन्, आदि मुख्यतः हिंदी के पूर्वी क्षेत्र में।

12.3.1.8.8.2.3 कुछ लोगों का कहना यह है कि सभी शब्दों के साथ इस चिह्न के प्रयोग की आवश्यकता नहीं। हाँ, जिन शब्दों के साथ इसका प्रयोग हिंदी में प्रायः किया जाता रहा है, (जैसे– श्रीमान्, महान्, साक्षात्, जगत्, आदि) उनके साथ ही इनका प्रयोग होना चाहिए।

12.3.1.8.8.2.4 आज काफ़ी लोगों की मान्यता इस संबंध में उपर्युक्त मतों से सर्वथा भिन्न है। उनके अनुसार– का संस्कृत में कुछ थोड़े-से शब्द व्यंजनांत होते हैं और (अन्य स्वरांत छोड़कर) शेष बहुत सारे अकारांत हैं। इसीलिए थोड़े-से व्यंजनांत शब्दों के साथ हल्चिह्न का प्रयोग किया जाता है। इसके विपरीत, हिंदी में यदि अन्य स्वरांत शब्दों की बात छोड़ दें, तो 'वे' (राम व मोहन), 'न' (चलोगे न) जैसे दो शब्दों को छोड़कर शेष हज़ारों शब्द व्यंजनांत हैं। बात और अकस्मात्, नाक और वाक्, समान और महान, आदि शब्दों के उच्चारण में अंत की दृष्टि से कोई अंतर नहीं हैं। ऐसी स्थिति में इसमें कोई औचित्य नहीं है कि सामान्य लेखन में बात, नाक, समान में हल् का प्रयोग न करें और अकस्मात्, वाक्, महान् में करें। (ख) कुछ शब्दों के साथ तो बड़ी अजीब स्थिति है। अकेले लिखने में तो हल्-चिह्न लगाते हैं, किंतु जब उन शब्दों से अन्य शब्दों की रचना करते हैं, तो उस चिह्न को हटा देते हैं। उदाहरण के लिए 'महान्' में 'न्' है किंतु 'महानता', 'महानतम', में 'न' है। ऐसा ही 'पृथक्' किंतु 'पृथकतावादी'। यह स्थिति बड़ी ही हास्यास्पद है। अच्छा हो कि हम सर्वत्र 'न' ही रखें (ग) यों संस्कृत के अक ययन-अध्यापन की जो स्थिति है, लगता है कि धीरे-धीरे लोगों के लिए यह याद रखना कठिन हो जाएगा कि किन शब्दों के साथ अंत में हल्चिह्न लगाना चाहिए और किनके साथ नहीं। आज भी बहुत-से लोग प्रथम, पंचम्, सप्तम, अष्टम्, नवम् जैसे प्रयोग करते पाए जाते हैं, जो उसी अज्ञान का प्रसाद है, और यह अज्ञान दिनोंदिन बढ़ता जा रहा है। ऐसी स्थिति में सामान्य लेखन में यदि अंत्य हलंत का प्रयोग करने से हिंदीभाषी बच जाएगा कि वह याद करे कि कहाँ हल् लगाएँ और कहीं न लगाएँ और साथ ही बहुत-से लोग, जो इन शब्दों के प्रभाव से ग़लत स्थान पर भी हल् चिह्न लगा देते हैं, उस ग़लती से बच जाएँगे। हाँ, वैसी स्थिति में स्वयं, अहं, एवं जैसे-शब्दों को अंत में अनुस्वार से लिखना ही उचित होगा, 'स्वयम्', 'अहम्' 'एवम्' रूप नहीं।

इस संबंध में ध्यान देने की बात है कि व्याकरण तथा भाषाविज्ञान आदि में अंत्य हल्-चिह्न का प्रयोग नहीं छोड़ा जा सकता, क्योंकि हल-हल् सम-सम्, अंतर-अंतर् एक नहीं है, शब्द-रचना में इस अंतर का ध्यान रखना (समतुल्य-संताप) आवश्यक है।

12.3.1.8.9 अधोबिन्दु क़, ख़, ग़, ज़, फ़,

इसके प्रयोग के विषय में एकरूपता नहीं है। कुछ लोग क़ानून, ख़बर, ग़रीब, ज़ोर, फ़ैसला, आदि रूपों में क, ख, ग, ज, फ का प्रयोग करते हैं, इस संबंध में निम्नांकित बातें ध्यान देने की है–

12.3.1.8.9.1 कुछ लोगों का कहना है कि मध्यकाल में कबीर, सूर, तुलसी, बिहारी, आदि ने ऐसे शब्दों को बिना बिंदी के अपनाया, अतः हमें भी यही करना चाहिए। वस्तुतः आज की हिंदी वर्तनी ने मध्यकाल की वर्तनी का अनुसरण बिल्कुल नहीं किया है। मध्यकाल में तुलसी ने 'अस्नान' का प्रयोग किया, किंतु हम 'स्नान' का करते हैं, सूर ने इन्द्री' का प्रयोग किया, तो आज हम 'इन्द्रिय' का प्रयोग करते हैं, कबीर ने 'पाथर' और खुदाय' का प्रयोग किया, तो हम 'पत्थर' और 'खुदा' का करते हैं। इस प्रकार क्या तत्सम, क्या तद्भव, क्या विदेशी, हमने मध्यकाल की वर्तनी का अनुकरण नहीं किया। वस्तुतः ऐसा लगता है कि मध्यकाल के शब्दों को हमने यथासाध्य शुद्ध करके (अस्नान-स्नान, इन्द्री-इंद्रिय, खुशाब-खुदा, सहर-शहर) लिया है, अतः उसी शुद्धि की प्रक्रिया में अधोबिंदु का प्रयोग भी अपेक्षित है।)

12.3.1.8.9.2 हिंदी में काफ़ी बिंदुयुक्त शब्दों में अर्थभेद हैं, जैसे– ताक (देख) ताक़ (आला), खुदा (खुदा हुआ)- ख़ुदा (भगवान), खैर (कत्था) ख़ैर (कुशल, कोई बात नहीं), खाना (भोजन) ख़ाना (आलमारी आदि का ख़ाना), खान (कोयला आदि की) ख़ान (अफ़गानी), बाग (बागड़ोर) बाग़ (उपवन), बेगम-बेग़म (बिना गम का) गौर (गोरा) ग़ौर (ध्यान), राज (राज्य) राज़ (रहस्य), जरा (बुढ़ापा) ज़रा (थोड़ा), गज (हाथी) गज़ (एक नाप) जीना-ज़ीना (सीढ़ी), सजा (सजा हुआ)-सज़ा (दंड), फन (साँप का)-फ़न (हुनर) आदि।

12.3.1.8.9.3 उर्दू का काफ़ी साहित्य नागराक्षर में प्रकाशित होने लगा है। उसे शुद्ध रूप में हिंदी में रखने के लिए भी अधोबिंदु का प्रयोग अपेक्षित है। उर्दू की कोई भी कविता यदि क को क़, ख को ख़, ग को ग़, ज को ज़ तथा फ को फ़ करके पढ़ी जाए, तो उसका सारा सौंदर्य जाता रहेगा। सच पूछा जाए, तो उर्दू की मिठास और उसका आकर्षण बहुत-कुछ इन्हीं ध्वनियों पर है।

12.3.1.8.9.4 इनमें जहाँ तक ज़, फ़ का प्रयोग तो अँगरेज़ी में भी है, और अँगरेज़ी हम पढ़ रहे है, अतः अँगरेज़ी शब्दों में हम ज़, फ़ का उच्चारण ज़, फ़ ही करना चाहते हैं। ऐसी स्थिति में, यदि हमारे पास इन ध्वनियों को ठीक लिखने का साधन भी हो तथा परंपरा भी हो, तो क्यों न ज़, फ़ का प्रयोग किया जाए?

12.3.1.8.9.5 यह ठीक है कि हर भाषा की नई ध्वनियों के लिए हम नए

चिह्न नहीं बना सकते, किंतु फ़ारसी, और अँगरेज़ी 'हर भाषा' में नहीं आती। इन दोनों भाषाओं से हमारा.घनिष्ठ संबंध रहा है और इन दोनों से हमने हज़ारों शब्द हिंदी में ग्रहण किए हैं।

12.3.1.8.9.6 हिंदी के ऐसे विद्वानों की एक सुदीर्घ परंपरा है, जो इन बिंदुओं के प्रयोग के पक्ष में है। उदाहरणार्थ, भारतेन्दु हरिश्चंद्र, महावीरप्रसाद द्विवेदी, डॉ. श्यामसुन्दर दास, आचार्य रामचन्द्र शुक्ल, आचार्य हजारीप्रसाद द्विवेदी, डॉ. बाबूराम सक्सेना, धीरेन्द्र वर्मा, आदि। ध्यान देने की बात है कि इन बिंदुओं के प्रयोग को सबसे पहले संस्था के स्तर पर नागरी प्रचारिणी सभा ने मान्यता दी थी। कुछ लोगों ने यह सुझाव दिया है कि जिन शब्दों में अर्थ का अंतर है, उनमें अधोबिंदु का प्रयोग किया जाए (जैसे-राज-राज़), किंतु अन्यों में नहीं। कहना न होगा कि नियम सार्वत्रिक होना चाहिए, यह नहीं कि कहीं प्रयोग किया जाए और कहीं प्रयोग न किया जाए। यहाँ कुछ मुख्य तर्क दिए गए हैं, जो अधोबिंदु के पक्ष का भली-भाँति समर्थन करते हैं। इस प्रकार वर्तनी के लिए यह अच्छा होगा कि अधोबिंद् के प्रयोग को स्वीकार कर लें।

12.3.1.8.10 वृत्तमुखी ऑ -अँगरेज़ी से आए कुछ शब्दों का उच्चारण करते समय ओष्ठों को वृत्तमुखी या गोलाकार करके 'ऑ' बोलते हैं। इसके लिए लिखने में ऑ का प्रयोग किया जाता है : कॉफी, हॉल, डॉक्टर, ऑफ़िस, कॉलिज। बनारस तथा कुछ अन्य स्थानों में कुछ लोग इन शब्दों में से कइयों में औ (Law लौ, College कौलिज, Coffee कौफी) का प्रयोग करते हैं, तथा कुछ इन्हें सामान्य आ (डाक्टर, ऑफ़िस, कालिज) से लिखते हैं, किंतु कुछ लोग ऑ' का प्रयोग करते हैं। जहाँ तक औ के प्रयोग का प्रश्न है, वह तो अशुद्ध है तथा उसका प्रयोग नहीं होना चाहिए। जहाँ तक आ या ऑ के प्रयोग का प्रश्न है, चूँकि कुछ शब्दों में इस अंतर के कारण अर्थ-भेद हो जाता है।(काफ़ी-कॉफी, काल-कॉल, बाल-बॉल, हाल-हॉल), इसलिए जहाँ पर्याप्त के अर्थ में 'काफ़ी' का प्रयोग है उसे आ से तथा जहाँ पेय के रूप में कॉफी का प्रयोग है उसे आ से लिखना चाहिए। अर्थात् कॉफी, बॉल, हॉल, आदि। अब जब शब्दों में इस धवनि के लिए ऑ का प्रयोग युक्तिसंगत है, तो डॉक्टर, ऑफिस, ऑर्डर, टॉफ़ी, वय, कॉल, कॉपी, पॉलिसी, हाँकी, फॉर्म, कॉलेज, आदि उन सभी शब्दों में ऑ का प्रयोग करना चाहिए, जिनमें यह ध्वनि आती है।

12.3.1.8.11 अँगरेज़ी शब्दों में नासिक्य तथा अनुस्वार : अँगरेज़ी' शब्दों में शब्द के बीच में संयुक्त व्यंजन के प्रथम सदस्य के रूप में नासिक्य ध्वनि के लेखन की आजकल कई पद्धतियाँ प्रचलित हैं

12.3.1.8.11.1 काफ़ी लोग ऐसी स्थिति में अनुस्वार का प्रयोग कर रहे हैं जैसे– इंक, इंजन, इंच, पेटेंट, पैंट, अंडरवियर, बैंड, लैंप, एंबेसेडर गाड़ी, लेंस आदि।

12.3.1.8.11.2 कुछ लोग इनके साथ संस्कृत-परंपरा के अनुसार वर्ग के पंचम

नासिक्य व्यंजन का प्रयोग कर रहे हैं। जैसे इङ्क, इञ्जन, इञ्च, पेटेण्ट, अण्डरवियर, पेण्ट, फैट, बैण्ड, लैम्प, ऐम्बेसेडर गाड़ी) आदि। से, श के पूर्व ये लोग संस्कृत परंपरा के अनुसार अनुस्वार का ही प्रयोग करते हैं।

12.3.1.8.11.3 कुल लोग इनमें जिन शबदों में अँगरेज़ी वर्तनी में 'एन' का प्रयोग होता है, उसका अनुसरण करते हुए हिंदी में न् का प्रयोग कर रहे है। जैसे– इन्यन, इन्द्र, पेटेन्ट, पैन्ट, अन्डरवियर, बैण्ड, लैन्स, आदि। शिक्षा मंत्रालय ने अपने बृहत् पारिभाषिक शब्द-संग्रह मानविकी खण्ड 1 (भूमिका पृ. 60) में लेन्स, पेटेन्ट को ही स्वीकृति दी है।

12.3.1.8.11.4 हिंदी में सबसे अधिक लोगे ऐसे हैं, जो कभी उपर्युक्त पद्धति में कभी एक का, कभी दो का, तथा कभी तीन का मनमाने ढंग से प्रयोग करते हैं।

12.3.1.8.11.5 वस्तुतः हिंदी-वर्तनी में जहाँ पंचम नासिक्य और अनुस्वार में विकल्प की गुंजाइश है, अनुस्वार का ही प्रयोग होना चाहिए, शब्द चाहे किसी भी भाषा का क्यों न हो।

12.3.1.8.12 द्विरुक्ति के लिए 2 का प्रयोग - द्विरुक्ति के लिए 2 के प्रयोग की पद्धति मध्यकाल में चली थी। उसी का अनुसरण करते हुए आज भी कुछ लोग अच्छे - 2, बड़े-2, कोना-2, नगर-2 जैसा प्रयोग करते हैं, किंतु ऐसे प्रयोग आज हिंदी में मानक नहीं माने जाते, अतः इन्हें अच्छे-अच्छे, बड़े-बड़े, कोना-कोना, नगर-नगर रूप में लिखना चाहिए।

12.3.1.8.13 ह्रस्व ए, औ - अँगरेज़ी से आए कुछ शब्दों Press, Set, Pen, Bell में ह्रस्व 'ए' का प्रयोग होता है। हिंदी में कुछ लोग तो हन्हें प्रेस, सेट, पेन, बेल लिखते हैं तथा कुछ लोग (दिल्ली, हरियाणा आदि में) प्रेस, सैट, पैन, बैल लिखते हैं, कुछ लोगों ने इनके स्थान पर नागरी में विशिष्ट चिह्न के प्रयोग की भी पेशकश की है। (शुद्ध अक्षरी कैसे सीखें - डॉक्टर मुरलीधर श्रीवास्तव, पृ. 96) किंतु वस्तुतः न तो इन्हें ऐ लिखने की आवश्यकता है और न ही विशेष चिह्न से, क्योंकि हिंदी के अपने शब्द भी ऐसे हैं, जिनमें इस तरह के ह्रस्व ए का प्रयोग होता है : नेहरू, एहसान, गेहुआँ, सेहत, भेदिया, सेहरा, मेहमान, एहतियात, तेजाब, घेराव, आदि। कहना न होगा जब इस ध्वनिवाले अपने शब्दों को हम 'ए' से लिखते हैं, तो अँगरेज़ी शब्दों के लिए ऐ या विशिष्ट चिह्न का प्रयोग अनावश्यक है। इन्हें भी ऐसे ही लिखना चाहिए, इसी प्रकार ह्रस्व ओ के लिए भी किसी अतिरिक्त चिह्न की आवश्यकता नहीं, ओ' पर्याप्त है।

12.3.1.8.14 अर्द्ध तथा र्ध में विकल्प :– संस्कृत में इन दोनों में विकल्प है। हिंदी में कुछ लोग एक का प्रयोग करते हैं, तो कुछ दूसरे का। जैसे-अर्द्ध-अर्ध, वर्द्धमान-वर्धामन, संवर्द्धन-संवर्धन, संवार्द्धित-संवार्धित, विवर्द्धित-विवर्धित आदि। इन दोनों में 'र्द्ध' को छोड़कर 'र्ध' वाले रूपों का ही हिंदी में प्रयोग होना चाहिए, क्योंकि

एक ओर तो र्ध' भी शुद्ध है, संस्कृत में भी इनमें विकल्प हैं। दूसरे लेखन-टंकण मुद्रण की दृष्टि से र्थ' सुविधाजनक है।

12.3.1.8.15 मध्य 'अ' -लोपी शब्द :– बहुत से शब्दों के मध्य का 'अ' लुप्त हो गया है, अतः उच्चारण के अनुरूप उनको अ - विहीन भी लिखा जाने लगा है। इस तरह उनकी दो-दो वर्तनियाँ चल रही हैं जैसे– गरम-गर्म, गरमी-गर्मी, अँगरेज-अंग्रेज, अँगरेज़ी-अग्रेजी, जलका-हल्का, उलटा-उल्टा, उलटी-उल्टी, गरदन-गर्दन, शरबत-शर्बत, बरतन-बर्तन, बिलकुल-बिल्कुल, जुरमाना-जुर्माना, मुसलमान-मुसल्मान, आदि। यहाँ तक कि एक ही व्यक्ति एक पंक्ति में एक वर्तनी लिखता है, तो दूसरी में दूसरी वर्तनी। ऐसे शब्दों की पहली वर्तनी ही ठीक है, दूसरी नहीं। यद्यपि अक्षरांत अ'के लोप के कारण उच्चारण के अनुरूप दूसरी ही है। इस प्रसंग में यह भी उल्लेख्य है बर्फ, शर्म, कुकी, सर्द, सर्दी, आदि अनेक ऐसे शब्दों की यह वर्तनी शुद्ध है, इन्हें बरफ, गरम, कुरकी, सरद, सरदी के रूप में नहीं लिखना चाहिए। ऐसे ही स्वर्ग-नर्क ग़लत है, स्वरग-नरक भी, शुद्ध है स्वर्ग-नरक। यों इनमें जिन अशुद्ध वर्तनियों का बहुत अधिक प्रयोग है (जैसे गर्म-गर्मी), उनमें विकल्प की स्थिति भी मानी जा सकती है।

12.3.1.9 डॉ. अनन्त चौधरी

डॉ. चौधरी ने अपनी पुस्तक 'नागरी लिपि और हिन्दी वर्तनी' (1973) में वर्तनी संबंधी जो सुझाव दिए हैं, वे इस प्रकार हैं–

12.3.1.9.1 खेलाड़ी, मेहनत जैसे शब्दों को न तो 'खे' 'मे' रूप में लिखा जाए, न 'खि, मि' रूप में। इसके लिए ह्रस्व 'ए' का अलग चिह्न बना लिया जाए। आपने 'ए' के नीचे बिंदु देकर तथा मात्रा की शिरोरेखा के ऊपर की तिरछी रेखा को खड़ी रेखा के रूप में लिखने का सुझाव दिया है। कहना न होगा कि वर्तनी में एकरूपता लाने के लिए इस प्रकार के नए लिपि-चिह्न को लाना बहुत व्यावहारिक नहीं है। इसलिए इस सुझाव पर किसी का ध्यान नहीं गया है।

12.3.1.9.2 ऐसे ही ह्रस्व 'ओ' ओढ़ाना-उड़ाना, ओखली-उखली) के लिए भी नीचे बिंदु देने तथा मात्रा को सीधी (+) कर देने का सुझाव दिया गया है।

12.3.1.9.3 'ऐ, औ' के संबंध में भी इसी प्रकार के सुझाव दिए गए हैं।

12.3.1.9.4 ऐसे ही संयुक्त व्यंजन से अलगाने के लिए मूलव्यंजन न्ह, ल्ह, के नीचे बिंदु देने का सुझाव है।

12.3.1.9.5 पहला-पहिला, अँगुलि-अँगुली, पचहत्तर-पिचहत्तर, अमेरिका-अमरीका जैसे द्विरूपी या बहुरूपी शब्दों में किसी एक को (जैसे पहला, उँगली, पचहत्तर, अमेरिका) मानक मानकर औरों को छोड़ दिया जाए।

12.3.1.9.6 संस्कृत के 'ऋ, ष, क्ष, ज्ञ' वाले शब्दों को इन्हीं चिह्नों से लिखें, यद्यपि ये ध्वनियाँ हिंदी में नहीं हैं।

12.3.1.9.7 महत्त्व-महत्व, तत्त्व-तत्व, उज्जवल-उज्वल, कर्त्तव्य-कर्तव्य-जैसे शब्दों

में दोनों को मानक माना जाए।

12.3.1.9.8 हलंत वाले शब्दों को, हल्-चिह्न के साथ तथा बिना हलंत-चिह्न के-दोनों ही रूपों में मानक माना जाए : विद्वान्-विद्वान, विराट्-विराट, महान-महान्।

12.3.1.9.9 विदेशी शब्दों में बिंदु और अर्धचंद्र का प्रयोग विकल्प से किया जाए। अर्थात् दोनों को मानें : क़ाग़ज-कागज, ख़त-खत, क़ानून-क़ानून, फ़ैसला-फैसला, डॉक्टर-डाक्टर।

12.3.1.9.10 गरम-गर्म, शरम-शर्म, बरफ-बर्फ, हलका-हल्का, उलटा-उल्टा जैसे शब्दों में प्रथम को मानक माना जाए।

12.3.1.9.11 नये-नयी, खोये-खोयी, गये-गयी, आदि ही ठीक हैं। 'य' निकालकर मात्र स्वर लिखने का कोई औचित्य नहीं है। आए-आये, लाए-लाये में प्रथम मानक है। आयगा-आएगा, आयँगे-आएँगें में दोनों ही मानक हैं। अव्यय रूप में आने पर लिए, किए, दिए, जिए मानक हैं, 'य' वाले नहीं।

12.3.1.9.12 जहाँ संयुक्त व्यंजन के प्रथम सदस्य के रूप में पाँचों वर्गों के व्यंजनों के पूर्व नासिक्य व्यंजन आएँ, उन्हीं का प्रयोग होना चाहिए– गङ्गा, चञ्चल, पण्डित, बन्द पम्प-अनुस्वार का नहीं। य, र, ल, व, स, श, ष, ह के पूर्व अनुस्वार का प्रयोग यथास्थान होना चाहिए, चाहे शिरोरेखा के ऊपर हो अथवा नहीं।

12.3.1.9.13 परसर्गों का प्रयोग संज्ञा तथा सर्वनाम दोनों के साथ अलग-अलग होना चाहिए।

12.3.1.9.14 गा, वाला तथा उपसर्ग मिलाकर लिखे जाने चाहिए, किंतु पूर्वकालिक का 'कर' अलग।

12.3.1.9.15 राम को लड़का हुआ है (अशुद्‌ध)– राम के लड़का हुआ है (शुद्‌ध), दरअसल में (अशुद्‌ध)- दरअसल (शुद्‌ध), झूठ बोलना उसकी आदत थी (अशुद्‌ध)-झूठ बोलना उसकी आदत था (शुद्‌ध) जैसी बातों को भी लेखक ने वर्तनी की समस्याओं में किया है, किंतु वस्तुतः ये रूप-रचना तथा वाक्य-रचना की ग़लती है, वर्तनी की नहीं। अंत में विराम-चिह्नों के प्रयोग पर भी विचार किया गया है।

12.3.1.10 डॉ. लक्ष्मीनारायण शर्मा

डॉ. लक्ष्मीनारायण शर्मा ने अपनी पुस्तक 'देवनागरी-लेखन तथा हिंदी वर्तनी-व्यवस्था' में 'हिंदी वर्तनी के नियम' वर्तनी-अशुद्धि के कारण और प्रकार', 'वर्तनी अशुद्धियाँ दूर करने के उपाय', 'लेखन तथा वर्तनी-संशोधन' एवं 'वर्तनी-परीक्षण तथा मूल्यांकन' शीर्षकों के अंतर्गत विचार किया है। यहाँ उनके वर्तनी-संबंधी कुछ विचारों को दिया जा रहा है।

12.3.1.10.1 हल्-चिह्नः– वर्तमान हिंदी-लेखन में हल्-चिह्न का प्रयोग तीन रूपों में प्राप्त है–

1. लघु खड़ी पाई वाले व्यंजन वर्णों का अर्द्ध व्यंजन वर्ण बनाने के लिए, यथा

टट्टू कबड्डी।

2. संस्कृत से आगत शब्दों में जो संस्कृत में हलयुत लिखे जाते हैं; यथा-महान्, विद्वान्, जगत्, श्रीमान्, आदि।

3. किसी भी व्यंजन वर्ण का अर्द्ध व्यंजन रूप बनाने के लिए, यथा– र्, म्, थ्, ल्, आदि।

पहले और तीसरे पक्ष के संबंध में कोई आपत्ति नहीं है। कुछ विद्वानों का तर्क है कि संस्कृत के 'महान्' आदि शब्दों को महान-जैसा ही लिखा जाए, तो भी वाचन में वे 'महान्'- जैसे ही बोले जाएँगे, अतः हल-चिह्न को लगाना, श्रम, धन का अपव्यय है। उपर्युक्त तर्क एक सीमा तक तो ठीक है, किंतु इसके दूसरे पक्ष पर भी विचार करना बहुत जरूरी है।

हिंदी में संस्कृत भाषा के अनेक शब्द आ चुके हैं। हिंदी साहित्य में (विशेषतः निबंध साहित्य में) संस्कृत-उद्धरणों की भी कोई कमी नहीं रहती है। ऐसी स्थिति में संस्कृत-उद्धरणों में हल्-युत लिखना तथा सामान्यतः इन्हें बिना हल्-चिह्न के ही लिखना अवैज्ञानिक कहलाएगा। एक ही लेख में हलु-हल', अन्तत-अन्तर' 'सम्यक्-सम्यक', 'सम्राट्-सम्राट', 'महान्-महान', 'विद्वान-विद्वान', 'जगत्-जगत-जैसे रूप उलझन उत्पन्न करनेवाले होंगे, क्योंकि इनमें से कई युग्मों का उच्चारण तथा अर्थ एक ही है। इसके अतिरिक्त हल्-युत तथा हल-रहित कुछ शब्दों में भी अर्थ-भेद होता है, यथा–

1.	हल्-स्वरहीन व्यंजनवर्ण	हल - भूमि जोतने वाला
2.	जगत्-संसार	जगत - कुएँ के ऊपर चबूतरा
3.	जिद-जीतनेवाला	जित-जिधर
4.	अन्तर-अन्तर्गत (उपसर्ग)	अन्तर-भेद, दूरी

अतः संस्कृत के अन्य आगत शब्दों की भाँति हलयुत शब्दों की वर्तनी संस्कृत भाषा की वर्तनी की भाँति रखना ही उचित है।

12.3.1.10.2 विसर्ग-हिंदी में विसर्ग का उच्चारण अघोष 'ह' वत् होता है तथा शब्द-मध्य में विसर्ग अनुच्चरित रहता है। हिंदी की प्रकृति संस्कृत के विसर्गांत प्रातिपदिकों को निर्विसर्ग कर देती है। तद्रूप अव्यय या कुछ अन्य शब्द (यथा–अतः प्रातः पुनः मनः स्थिति आदि) यद्यपि चाह, कह, रह, छह, मुँह आदि में ह, का उच्चारण भी विसर्ग के समान ही होता है, तथापि हिंदी के इन शब्दों को विसर्गांत नहीं किया जा सकता।

संस्कृत के विसर्ग-युत शब्दों की वर्तनी को उच्चारणानुगामी बनाते हुए विसर्ग के स्थान पर 'ह' लिखने से उच्चारण तथा अर्थ में कोई अंतर नहीं आएगा। दुःख, दुःखी, दुःखित, दुःखानुभूति आदि में विसर्ग का उच्चारण न होने से इन्हें निर्विसर्ग लिखने पर अर्थ में भी कोई अंतर नही आएगा, किंतु ऐसे शब्दों की वर्तनी पर परंपरा तथा स्रोत का प्रभाव उच्चारण की अपेक्षा कुछ अधिक ही प्रतीत होता है, क्योंकि

हिंदी व्याकरणों में विसर्ग संधि की भी चर्चा की जाती है तथा लेखन में भी ह' की अपेक्षा विसर्ग रखने में साध्य होता है। अतः संस्कृत से आगत विसर्गयुक्त शब्दों को तद्रूप लिखना ही मानक माना जाएगा। 'छह, छि-छि' को विसर्गयुक्त लिखने की आवश्यकता नहीं है, क्योंकि ये संस्कृत वे शब्द नहीं है तथा हिंदी के स्वशब्दों में कोई शब्द विसर्गांत नहीं है।

12.3.1.10.3 चंद्रबिंदु तथा अनुस्वार चिह्न– हिंदी में पूर्व अनुनासिकता (स्वनिमीय होने के कारण) को व्यक्त करने के लिए 'ँ' का प्रयोग होता है किंतु मुद्रण, टंकण तथा लेखन में भी सुविधा के लिए कई स्थलों पर 'ँ' के स्थान पर 'ं' का ही प्रयोग चल पड़ा है। जिन स्थलों पर 'ँ' के 'ं' रखने से उच्चारण भेद तथा अर्थ-भेद नहीं हो, वहाँ तो 'ं' का प्रयोग ठीक है, यथा–

1. औरतों, माताओं, आदमियों, घरों (संज्ञाओं के तिर्यक् बहुवचन रूप)।

2. मैं, हमें, उन्हें, जिन्हें, उन्होनें, घरों (संज्ञाओं के तिर्यक् बहुवचन रूप)।

3. हैं (वर्तमान काल की क्रिया 'है' का बहुवचन)।

4. थीं, गईं, चलीं, सुनीं गई थीं, चली गई थीं, देती चली जा रही थीं (भूतकाल की क्रिना का स्त्रीलिंग-बहुवचन)।

5. चलेंगे, चलेंगी, लिखा करेंगे, लिखा करेंगी (भविष्य काल की क्रिया का पुल्लिंग, स्त्रीलिंग-बहुवचन)।

6. चले, देखें, आइए, चलें देखे (विधि रूप की बहुवचन क्रिया)।

7. क्यों, क्योंकि, कहीं, वहीं, में (अव्यय, परसर्ग)

किंतु जहाँ शिरोरेखा के ऊपर कोई मात्रा-चिह्न न हो तथा उच्चारण अनुनासिकता हो, वहाँ मानक वर्तनी के लिए 'ँ' ही लगाना चाहिए, न कि 'ं' रँगना, रँगरेज, घूँट, मुँह, साँप साँपिन, आदि।

'ँ' का प्रयोग-स्थल निम्नलिखित है–

1. काँख, आँख, रँगरेज, गेहूँ मूँछ, साँस (संज्ञा)

2. लड़कियाँ, मालाएँ, चिड़ियों, बहुएँ (ईकारांत, आकारांत, ऊकारांत स्त्रीलिंग संज्ञाओं के ऋजु बहुवचन रूप)

3. करूँ, करूँगा, करूँगी, खाऊँ, खाऊँगा, (भविष्यकाल की क्रिया के एकवचन उत्तम पुरूष पुल्लिंग रूप)

4. जहाँ, कहीं, वहाँ, यहाँ, तहाँ, हाँ (कुछ अव्यय शब्द)

अनुस्वार-चिह्न का प्रयोग निम्नलिखित स्थलों पर अनिवार्य है :-

1. य, र, ल, व, श, स, ह, क्ष, ज्ञ से तुरंत पूर्व के व्यंजन वर्ण पर यथा– संयम संरक्षक, संलाप, संवाद, संशय, संसार, संहार, संक्षेप, संज्ञा आदि शब्दों में।

2. कुछ विशिष्ट संस्कृत शब्दों के अंतिम व्यंजन वर्ण पर यथा– एवं, स्वयं, किं। इन शब्दों का उच्चारण 'म्' युत माना जाता है।

चूँकि वर्गीय व्यंजनों से पूर्व शब्द मध्य में संयुक्ताक्षरत्व प्रकट करते समय वर्गीय नासिक्य व्यंजनों का उच्चारण देता है, इसलिए वर्गीय नासिक्य अर्द्ध व्यंजन के स्थान पर 'ं' के प्रयोग का प्रवाह हिंदी में आजकल बढ़ गया है। निम्नलिखित स्थलों पर 'ं' का प्रयोग विकल्प से स्ववीकार करते हुए मानक माना जा सकता है, क्योंकि इससे लेखन, टंकण, और मुद्रण में साध्य रहता है।

1. अंकन, संख्या, रंग, संघ (क वर्गीय व्यंजनों से पूर्व 'ङ्' के स्थान पर)
2. चंचरीक, वांछित, कंज, झंझा (च वर्गीय व्यंजनों से पूर्व 'ञ' के स्थान पर)
3. कंटकित, कंठ, दंडित, षंढ़ ('ट' वर्गीय व्यंजनों से पूर्व 'ण' के स्थान पर)
4. अंतिम, पंथ, कुंद, अंधकार ('त' वर्गीय व्यंजनों से पूर्व 'न' के स्थान पर)
5. कंपित, गुंफ, कंबु, खंभ ('प' वर्गीय व्यंजनों से पूर्व 'म्' के स्थान पर)
6. कंधा, डंडा, कुंदा, बंबा आदि (हिंदी के स्वकीय, संस्कृतेतर परकीय शब्दों पर)
7. इंतजार, अंजाम, गांधी आदि (हिंदी के स्वकीय, संस्कृतेतर परकीय शब्दों पर)

शिरोरेखा के ऊपर कोई मात्रा-चिह्न होने पर 'ं' के स्थान पर वर्गीय नासिक्य व्यंजन वर्ण का प्रयोग ही मानक माना जाए, क्योंकि ऐसा करने से 'ं' के उच्चारण-भ्रम की गुंजाइश नहीं रहेगी, यथा– किंचित, हिंदी, बिंदी, जिन्दगी, किन्नर, निन्दनीय, निन्दित, पिण्ड, पिण्डा। यदि उपर्युक्त शब्दों को मुक्त लिखा जाए, तो वाचन में 'ँ'का भ्रम होगा, यथा– पिंड-पिंडा, पिंडली-पिड़िया, हिंदी-बिंदी-बिंधो, पिंजर-निंजरा, निंदित-निंदनीय निंदरिया, खिंग-खिंचाव, किंचित्-कैंसर-कैंची-केंचुआ। जिन लोगों ने समान रूप से लिखे शब्द पहली बार देखें होंगे, उनके लिए इन शब्दों का शुद्धवाचन कष्टप्रद होगा तथा संभव है कि बहुत समय तक वे अशुद्ध उच्चारण को ही शुद्ध उच्चारण समझते रहे हो। इन शब्दों में 'पिंडली, पिंडिया, बिंधी, पिंजरा, निंदरिया, खिंचाव, कैंची, केंचुआ' के उच्चारण में अनुनासिकता है, शेष के उच्चारण में नासिक्य ध्वनि है।

'ं' के स्थान पर नासिक्य वर्णों का प्रयोग इन स्थलों पर अनिवार्य होगा।

1. वाङ्मय, चिन्मय, दिङ्नाग, मृण्मय, उन्मुख, तन्मय, उन्मीलित (दो भिन्न वर्गीय नासिक्य ध्वनियों का संयोग होने पर)

2. विषण्ण, उत्पन्न, सम्मति (दो समान नासिक्य वर्णों का संयोग या नासिक्य ध्वनि का दीर्घ उच्चारण होने पर)

3. पुण्य, कण्व, अन्य, अन्वय, चीन्हा, तुम्हारा (नासिक्य वर्ण 'य/व/ह' का संयोग होने पर)

4. इन्सान, इन्कलाब, उम्दा, इन्तिहान, कैंसर, कन्ट्रोल (फ़ारसी तथा अँगरेज़ी आदि से आगत शब्दों में)

12.3.1.11 डॉ. देवीशंकर द्विवेदी

डॉ. द्विवेदी ने अपनी पुस्तक 'देवनागरी' में समायोजित एक निबंध 'देवनागरी लिपि

में हिंदी वर्तनी की अशुद्धियाँ' में प्रसंगतः वर्तनी-संबंधी कुछ पक्षों पर प्रकाश डाला है—

1. 'लिया' का बहुवचन वर्तनी में 'लिये' बनेगा और 'इसलिये' अशुद्ध वर्तनी है (शुद्ध है 'इसलिए') क्योंकि वह 'इसलिया' का बहुवचन-रूप नहीं है।"

2. महत्व, तत्व, स्वत्व, निजत्व अपनी स्वानिमिक वर्तनी में महत्त्व, तत्त्व, स्वत्त्व, निजत्त्व के रूप में होंगे।"

12.3.2 संस्थागत प्रयास

12.3.2.1 नागरी प्रचारिणी सभा, काशी13

19वीं सदी के अंतिम दशक में नागरी प्रचारिणी सभा, काशी का भी ध्यान हिंदी वर्तनी की समस्या की ओर गया और उसकी ओर से 1898 में एक समिति बनाई गई, जिसमें यह कहा गया कि वह हिंदी व्याकरण तथा वर्तनी के संबंध में विद्वानों की सम्मति एकत्र करे और उसी आधार पर अपना निर्णय दे। समिति की रिपोर्ट दो वर्ष बाद सभा ने स्वीकार की तथा उसे 1900 में, संक्षेप में हिंदी में, एवं 1902 में विस्तार से अँगरेज़ी में (16 पृष्ठों में) पुस्तिका-रूप में प्रकाशित किया गया। अँगरेज़ी में विस्तार से प्रकाशित करने का उद्देश्य यह था कि विभिन्न प्रांतों की सरकारों तथा शिक्षाविदों तक समिति का निर्णय पहुँच जाए। निर्णायक समिति में श्यामसुन्दरदास, किशोरीलाल गोस्वामी, राधाकृष्णदास, इन्द्रनारायण सिंह, एडविन ग्रीव्ज, सुधाकर द्विवेदी, कार्तिक प्रसाद, हनुमंत सिंह, लक्ष्मीशंकर मिश्र, तथा जगन्नाथदास थे। पुस्तिका की भूमिका सभा के तत्कालीन अध्यक्ष लक्ष्मीशंकर मिश्र ने लिखी थी।

इस पुस्तिका में आठ प्रश्न उठाए गए थे, और उनके साथ क्रमशः उनके उत्तर दिए गए थे। इन प्रश्नों में कुछ का संबंध शब्द-भंडार से था, कुछ का हिंदी व्याकरण से, तथा कुछ का लेखन और वर्तनी से। यहाँ केवल लेखन और वर्तनी-विषयक मुख्य प्रश्नों और संबद्ध उत्तरों को लिया जा रहा है। अंत में यह भी उल्लेख्य है कि कहने को तो प्रश्न आठ थे, किंतु कई प्रश्नों के भीतर कई प्रश्न या उप प्रश्न भी थे, और इस प्रकार वास्तविक रूप में कुल प्रश्न आठ ही न होकर अधिक थे।

12.3.2.1.1 कारक-चिह्न संज्ञा-सर्वनाम के साथ मिलाकर लिखे जाएँ अथवा अलग? हम देख चुके हैं कि यह उस काल का एक बहुचर्चित विवाद था। समिति ने इस संबंध में अनेक लेखकों और विद्वानों से राय ली थी। समवेततः तीन प्रकार के मत व्यक्त किए गए थेः (क) कुछ लोग कारक-चिह्नों को संज्ञा तथा सर्वनाम दोनों के साथ मिलाकर लिखने के पक्ष में थे। उनका तर्क यह था कि कारक-चिह्नों की वाक्य में स्वतंत्र सत्ता नहीं होती, वे संबद्ध संज्ञा तथा सर्वनाम दोनों से ही जुड़े होते हैं। (ख) कुछ लोगों की राय यह थी कि इन्हें संज्ञा तथा सर्वनाम दोनों ही से अलग रखा जाए। (ग) काफ़ी लोग इस राय के थे कि इन्हें संज्ञा के साथ अलग रखा जाए, तथा सर्वनाम के साथ मिलाकर लिखा जाए।

चूँकि मेरा, तेरा, हमारा, तुम्हारा, हमें, तुम्हें, उसे, इन्हें आदि में कारक-चिह्न

अलगाए नहीं जा सकते, अतः एकरूपता के लिए सर्वनामों के साथ मिलाना ही उचित है, और चूँकि संज्ञा के साथ मिले हुए रूप (हमें, तुम्हें–जैसे) नहीं हैं, अतः उनके साथ अलग रखना उपयुक्त होगा। समिति ने इस तीसरे मत का समर्थन किया। अर्थात् कारक-चिह्न संज्ञा के साथ अलग तथा सर्वनाम के साथ मिलाकर लिखें जाएँ। समिति का यह भी निर्णय था कि यदि सर्वनाम के साथ दो कारक-चिह्न आएँ, तो पहले को मिलाकर तथा दूसरे को अलग (हममें से) रखा जाए। यदि शब्द के बाद 'ही' हो और उसके बाद कारक चिह्न हो तो कारक-चिह्न को 'ही' से अलग (तुम्हीं को, राम ही ने) लिखा जाए।

12.3.2.1.2 समस्त सदस्यों को एक में मिला दिया जाए या उनके बीच योजक-चिह्न रखा जाए? अधिकांश लोगों की राय यह थी कि यदि समस्त पद में दो सदस्य हों, तो उन्हें एक में मिलाकर लिखा जाए (डाकघर, घोड़ागाड़ी किंतु यदि दो से अधिक हों, तो उनके बीच योजक चिह्न (तन-मन-धन) दें।

12.3.2.1.3 हुआ-हुवा, हुए-हुवे, हुई-हुवी, गई-गयी रूप में वर्तनी में जो अनेकरूपता है, उसका क्या किया जाए? इस संबंध में समिति का सुझाव था कि जहाँ उच्चारण में अपेक्षित हो (जैसे गया), वहाँ की तो और बात है, अन्यथा व, य को छोड़कर स्वर ही लिखे जाएँ, अर्थात् हुआ, हुए, हुई, लिखें, न कि हुवा, हुवे, हुवी, गयी, आदि। इसी प्रकार यदि कहीं अर्थ में भ्रम की गुंजाइश हो तो य, व का प्रयोग किया जाना चाहिए।

12.3.2.1.4 अङ्क-अंक, अञ्जन-अंजन, सम्भव-संभव, परन्तु-परंतु, आदि में दोनों को स्वीकार किया जाए या किसी एक को? इस संबंध में दो प्रकार की रायें आईं थीं.। कुछ लोगों ने संस्कृत-नियम का अनुसरण करने की संस्तुति की थी, अर्थात् ऐसे शब्दों में अनुस्वार का प्रयोग न करके पंचम नासिक्य व्यजन का प्रयोग किया जाए। दूसरों का कहना यह था कि हिंदी को इस संबंध में संस्कृत का अनुकरण करने की आवश्यकता नहीं। इस प्रकार के शब्दों में सर्वत्र अनुस्वार का ही प्रयोग किया जाए। समिति का निर्णय यह था कि दोनों ही रूप ठीक हैं। ध्यान केवल यह रखा जाए कि कोई व्यक्ति अपनी किसी रचना में दोनों पद्धतियों का प्रयोग न करके किसी एक का ही प्रयोग आद्यंत करे।

12.3.2.1.5 'तुम्हारा' तथा 'तुमारा' दोनों रूप इस समय लिखे जा रहे हैं, किसे शुद्ध मानें? समिति ने 'तुम्हारा' को शुद्ध माना तथा 'तुमारा' को अशुद्ध।

12.3.2.1.6 उस समय उसने– उस्ने, उसका-उस्का जैसे दोनों रूपों का लेखन में प्रचार था। समिति ने 'उसने' तथा 'उसका' आदि लिखना ही शुद्ध माना, 'उस्ने', 'उस्का' आदि नहीं।

12.3.2.1.7 कुछ लोग 'इन्होनें' के स्थान पर 'इनने' तथा 'उन्होंने' के स्थान पर 'उनने' का प्रयोग करते थे। समिति ने इनने, उनने को अशुद्ध माना।

12.3.2.1.8 उस समय कुछ लोग चंद्रबिंदु के स्थान पर भी अनुस्वार का ही प्रयोग करते थे। समिति का निर्णय यह था कि दोनों का प्रयोग यथास्थान किया जाए।

12.3.2.1.9 विदेशी ध्वनियों को परिवर्तित करके लिखा जाए या उन्हें शुद्ध लिखा जाए और तद्नुसार नागरी लिपि में बिंदु आदि का प्रयोग किया जाए? समिति ने अँगरेज़ी शब्दों को लिखने के लिए ऑ के प्रयोग (कॉल) को, तथा अरबी-फ़ारसी शब्दों को लिखने में ज़, जोय, ज्वाय, जे के लिए, ग (गेन के लिए), फ़ (फे के लिए), क़ (काफ़ के लिए) के प्रयोग को मान्यता दी।

यह उल्लेख्य है कि आज हम केवल क़, ख़, ग़, ज़, फ़, इन पाँच का ही प्रयोग करते हैं। समिति ने एक नया अक्षर भी स्वीकार किया था। अँगरेज़ी के विरामचिह्नों के प्रयोग को लेकर भी लोगों में अव्यवस्था थी। कुछ लोग इनका प्रयोग उचित मानते थे, कुछ लोग नहीं। समिति का निर्णय यह था कि कॉलन को छोड़कर, जिसमें विसर्ग का भ्रम होता है, अँगरेज़ी में प्रयुक्त शेष सभी विरामचिह्नों का हिंदी में भी प्रयोग किया जाए।

बीसवीं सदी के प्रथम चरण में वर्तनी में अनिश्चितता तरह-तरह के दबावों के कारण भी थी। ये दबाब कई प्रकार के थे–

(क) संस्कृत-परंपरा संस्कृत का अनुसरण करने को बाध्य कर रही थी। आर्य समाज, आन्दोलन ने इस दबाव को और भी तीव्र बना दिया था। इसके प्रभावस्वरूप कार्य्य, धैर्य्य, शर्म्मा, मर्म्म, सर्व्वनाश, धर्म्म, इञजन, रन्ज, पेण्ट (संस्कृत के अनुसार समस्थानीय नासिक्य व्यंजन), माष्टर, ष्टेशन, रजिष्टर (संस्कृत में 'ट्' के पूर्व का 'स्' 'ष्' हो जाता है।)– जैसी वर्तनी चल रही थी।

(ख) काफ़ी बड़ा दबाव बोलचाल का भी था, जिसके परिणामस्वरूप उच्चारण के अनुसार बहुत-से लोग लिख रहे थे। इसका परिणाम इस्का, उन्का, तल्वार, आवश्यकता, तुमारा, मुर्झाई, आस्पास, फर्षाद, पुर्षार्थ, दर्या, सर्कार, कप्ड़ा, उस्का, इन्का, शुद्ध, धोका, भूक, हात, उनोंने आदि रूपों में दिखाई पड़ता है।

(ग) हिंदी अपनी अभिव्यक्ति को समर्थ बनाने के लिए अपनी बोलियों से शब्द ले रही थी, अतः विभिन्न क्षेत्रीय बोलियों में प्रचलित रूप (हमैं, तुम्हैं, प्रान, पुल, बाल, सहनाई, जमराज, जेतना, औतना, बरखा) भी लेखन में खूब प्रयुक्त हो रहे थे।

(घ) शिक्षा का माध्यम अँगरेज़ी था। हिंदी प्रदेश में किसी-न-किसी रूप में उर्दू सभी को पढ़नी पड़ती थी, अतः काफ़ी सुशिक्षित लोग ऑ क़, ख़, ग़, ज़, फ़ के प्रति जागरूक थे, और वर्तनी में इनका प्रयोग करते थे, हालाँकि संस्कृत परंपरा के लोग 'बिंदी हटाओ, हिंदी बचाओ' नाम से एक सामान्य-सा आन्दोलन चला रहे थे, इसलिए अधोबिंदु तथा ऑ की दृष्टि से भी वर्तनी में अव्यवस्था थी। कुछ लोग इनका प्रयोग करते थे, और कुछ लोग नहीं, यों तो उस काल के प्रबुद्ध लेखक (जैसे महावीर प्रसाद द्विवेदी, श्यामसुन्दर दास, कामता प्रसाद गुरु, आचार्य रामचन्द्र शुक्ल,

आदि) अक्षीव के प्रयोग के पक्षपाती थे। उपर्युक्त दबावों के अतिरिक्त हिंदी संधियों का ज्ञान सामान्यतः लोगों को नहीं था, क्योंकि उनका नियमित विश्लेषण नहीं हुआ था, अतः इस दृष्टि से भी बहुत अस्थिरता थी। कोई 'रोगीयों' लिखता था, तो कोई साधुओं-साधुओं, घोड़् दौड़-घुड़दौड़, हाथीवान-हाथिवान, एकहत्तर-इकहत्तर, एक्कीस-इक्कीस, आदि।

वर्तनी-विषयक इस अव्यवस्था से संकेत मिलता है कि सभा द्वारा प्रचारित सामग्री अपेक्षित व्यक्तियों तक नहीं पहुँची। यों अँगरेज़ी में होने के कारण उसके पहुँचने की बहुत संभावना भी नहीं थी। इसी बीच महावीर प्रसाद द्विवेदी ने हिंदी भाषा के मानकीकरण की बागडोर 'सरस्वती' के माध्यम से अपने हाथ में ली और इस विषय पर कुछ विशेष न लिखकर लेखकों और कवियों की रचनाओं में संशोधन करके हिंदी व्याकरण और उसके साथ ही हिंदी वर्तनी के स्थितीकरण में अभूतपूर्व योगदान दिया।

12.3.2.2 सरस्वती के द्वीप शैक्षिक संस्थान, इलाहाबाद[14]

अक्टूबर 1957 में सरकारी केंद्रीय शैक्षिक संस्थान, इलाहबाद ने हिंदी वर्तनी पर एक वर्कशॉप का आयोजन किया। इसका उद्देश्य था, माध्यमिक विद्यालयों के विद्यार्थियों द्वारा होने वाली वर्तनी-विषयक अशुद्धियों और उनके निराकरण पर विचार। इस गोष्ठी ने विचार-विमर्श के पश्चात् यह तय किया कि हिंदी-वर्तनी की अशुद्धियों मुख्यतः चार कारणों से होती हैं:–

(1) लिपि की अज्ञानता (2) उच्चारण की विषमता
(3) व्याकरण की अनभिज्ञता (4) सर्वमान्य रूप का अभाव।

यदि इन चारों कारणों को दूर कर दिया जाए, तो विद्यार्थियों की वर्तनी-विषयक अशुद्धियाँ नहीं होगी। वर्कशॉप का पूरा विवरण 1958 में 'हिंदी वर्तनी' शीर्षक से 39 पृष्ठों की एक पुस्तिका के रूप में प्रकाशित हुआ। यह पुस्तिका काफ़ी लोकप्रिय हुई और 1967 में उसका पुनर्मुद्रण हुआ। विद्यार्थियों के लेखन में होने वाली अशुद्धियाँ, उनसे संबद्ध आकड़ों, तथा उनके निराकरण आदि की दृष्टि से यह पुस्तिका काफ़ी अच्छी है। इसी संस्थान से 1967-68 में प्रकाशित एक अन्य पुस्तिका 'हिंदी भाषा की कतिपय शिक्षणोपयोगी सामग्री' में भी हिंदी-वर्तनी से संबद्ध कुछ सामग्री है, जो प्रायः 'हिंदी वर्तनी' पुस्तिका की सामग्री पर ही आधारित है। इन प्रकाशनों में सैद्धांतिक विवेचन प्रायः नहीं के बराबर हैं।

12.3.2.3 अखिल भारतीय हिंदी प्रकाशक संघ[15]

अखिल भारतीय हिंदी प्रकाशक संघ ने 1960 में हिंदी-वर्तनी की एकरूपता के लिए एक समिति गठित की, जिसके संयोजक राजकमल प्रकाशन के श्री देवराज थे। समिति ने अगस्त 1960 में 'प्रकाशन समाचार' पुस्तकजगत' तथा 'हिन्दी प्रचारक' आदि में विद्वानों की राय के लिए अपने सुझाव प्रकाशित किए। सुझाव ये थे–

1. संयुक्त और वियुक्त (पृथक) शब्द

(क) विभक्तियाँ शब्दों से अलग लिखी जानी चाहिए, जैसे 'इंसान ने', 'कुतूहल से', 'दीवार में' आदि। किंतु स्थानबोधक सर्वनामों को छोड़कर (उदाहरण, वहाँ की, 'यहाँ' से) शेष सर्वनामों के साथ ('पर' के अलावा शेष उदाहरण, 'उस पर') विभक्तियाँ जुड़ी रहनी चाहिए, जैसे 'उसने', 'इसलिए' 'सबके' 'उन्हीं का' आदि।

(ख) पूर्वकालिक क्रियाओं का 'कर' साथ में जुड़ा रहना चाहिए, जैसे 'पीकर', 'खोलकर' 'समझकर', आदि।

(ग) संयुक्त क्रियाओं के दोनों अंश अलग-अलग लिखे जाने चाहिए, जैसे 'जी गया', 'ले आए' 'कह बैठा' 'कर देगा' आदि।

(घ) हीन, विहीन, रहित, सहित, युक्त, दायक, ग्रस्त, पूर्वक, चकित, जनक, जन्य, जनित, परक, पूर्ण, कृत, चिन्तक, स्वरूप, निष्ठ, गत, प्रद, मय, च्यूत, सूचक, सिद्ध आदि शब्द, किसी दूसरे शब्द के साथ लगाए जाने पर उसके साथ जुड़े रहने चाहिए। जैसे पदच्युत', कोलाहलमय' 'उपहारस्वरूप', 'कलापूर्ण', 'शान्तिपरक' 'तुलसीकृत' 'भावहीन', आदि।

(ङ) संख्यावाचक विशेषण 'प्रति' संज्ञा के साथ जुड़ा रहना चाहिए, जैसे 'प्रतिक्षण', 'प्रतिदिन' 'प्रतिशत' आदि।

(च) 'वाला' के प्रयोग से बनी कर्तृवाचक संज्ञा के दोनों खण्ड अलग-अलग लिखे जाने चाहिए, जैसे 'बाँसुरी वाला', दौड़ने वाला' 'दुपट्टे वाली' आदि।

(छ) आदरसूचक 'जी' मूल संज्ञा के साथ जुड़ा रहना चाहिए, जैसे 'महात्माजी' 'बहनजी', 'हंसराजजी', 'बाबूजी', आदि।

(ज) दो भिन्न शब्दों के संयोग से बने हुए प्रचलित शब्द जुड़े रहने चाहिए, जैसे– 'वादविवाद', 'निम्नलिखित', 'चालचलन', 'ग्रामवासी', 'यथास्थान', 'आत्महत्या', 'देखभाल', आदि।

(झ) निम्न परिस्थितियों में शब्दों के बीच में हाइफ़न (-) का प्रयोग होना चाहिए।

(1) जब दो शब्दों का संबंध दिखाते हुए बीच की विभक्ति का लोप कर दिया जाए, जैसे– 'स्वरूप-संबंधी', 'शब्द-चमत्कार', 'ममता-भरी', 'सिगरेट-केस', 'पाँव-तले', 'सरकार-विरोधी', आदि।

(2) जब अतिरिक्त प्रभाव के लिए किसी विशेषण को दोहराया जाए अथवा समानार्थक या विपरीतार्थक शब्दों को मिलाकर चमत्कार की सृष्टि की जाए, जैसे 'कैसे-कैसे', 'दो-चार', 'किसी-न किसी', रोज-तेज', 'पति-पत्नी', सब-के-सब', 'पढ़-लिखकर', 'हँसी-मज़ाक', 'निराशा-पर-निराशा', 'झुक-झुककर', 'लिया-दिया', 'आचार-विचार', नये-से-नये', 'थोड़ा-बहुत', 'लेन-देन', आदि।

(3) जब 'विशेष' विशेषण को संज्ञा से मिलाकर एक ही संज्ञा की रचना की जाए जैसे 'व्यक्ति-विशेष', 'कार्य-विशेष', आदि।

(4) जब किसी शब्द के साथ 'भर' अथवा 'मात्र' लगाकर पूर्णता या सीमा का आभास दिया जाए, जैसे 'दिन-भर', 'जीवन-भर', 'शक्ति-भर', 'भर-पेट', 'धर-भर' 'अनुभूति-मात्र', 'स्वप्न-मात्र', आदि।

(5) जब किसी शब्द के साथ 'जैसा', 'जैसे' या 'जैसी' के अर्थ में 'सा', 'से', या 'सी' का प्रयोग किया जाए। जैसे फूल-सी-कोमल', एक-से-चेहरे', सागर-सा-गहरा', गेंद-सा-गोल', 'पत्थर-सा-अटल', आदि।

2. शब्दों में प्रयुक्त 'ये', 'यी' अथवा 'ए', 'ई'

(क) 'या' से अंत होने वाली भूतकालिक कृदंत क्रियाओं के स्त्रीलिंग और बहुवचन रूप में 'ये' और यी' का प्रयोग होना चाहिए, जैसे 'आये', 'गयी', 'किये', 'गये', 'दिये', 'पिलायी', 'दिखायी', (क्रिया), 'ललचायी' (क्रिया) आदि। किंतु संयुक्त क्रियाओं के अंत में 'ए' और 'ई' का ही प्रयोग होना चाहिए, जैसे 'हँसते गए', 'रोती आई', 'रख दिए', चली गई' आदि। जहाँ-कहीं संयुक्त क्रिया के दोनों शब्दों के अन्त में 'ये', 'ए' अथवा यी', 'ई' धनि हो वहाँ पहले शब्द में 'ये' और यी' तथा दूसरे में ए'और 'ई' का प्रयोग होना चाहिए, जैसे 'बताये गए', 'उठायी गई', आदि।

(ख) जिन विशेषणों का अंत 'या' से होता है, उनके स्त्रीलिंग और बहु-वचन रूप में यी' और 'ये' का प्रयोग होना चाहिए, जैसे 'नयी', 'नये', 'परायी', आदि।

(ग) 'लिये' और 'लिए' में विभक्ति के रूप में प्रयुक्त होने पर ए'तथा क्रिया 'लिया' के बहुवचन के रूप में 'ये' रहना चाहिए, जैसे 'आपके लिए यह मधुर आम', 'हाथ में पुस्तक लिये पहुँचा', आदि।

(घ) उपर्युक्त नियमों को ध्यान में रखते हुए 'ए' तथा 'ई' ध्वनि से युक्त सब शब्दो द, चाहे वे आज्ञार्थक तथा संभावनार्थक क्रियाएँ हों, अथवा आदर-सूचक आज्ञा के या क्रियाओं के भविष्यत् रूप हों, 'ए' और 'ई' का ही प्रयोग चाहिए। जैसे 'आइए', 'जाएगा', 'खाएँगे', 'चाहिए', पिएँ, हँसिएगा', 'दीजिए', 'जाइए', 'जगहँसाई, 'अच्छाई', 'ललचाई' (विशेषण), 'दिखाई' (संज्ञा-रूप) आदि।

3. हिंदी में संस्कृत के शब्द

(क) जो संस्कृत-शब्द हिंदी में कुछ रूप बदलकर प्रचलित हैं, उन्हें (शास्त्रीय लेखन को छोड़कर) उनके हिंदी रूप में लिखा जाना चाहिए, जैसे– 'महत्त्व', 'कर्त्तव्य', 'उज्जवल', 'तत्त्व', 'दुःख', 'निःसंकोच', आदि।

12.3.2.3.1 प्रकाशक संघ के सझावों पर विद्वानों की प्रतिक्रियाएँ

12.3.2.3.1.1 डॉ. नगेन्द्र16

(1) संयुक्त और वियुक्त शब्द के बंतर्गत (च) में 'वाला' से बनी कतृ-वाचक संज्ञा अलग-अलग न लिखकर, वाला शब्द के साथ जुड़नी चाहिए।

(2) शब्दों में प्रयुक्त 'ये', यी' अथवा 'ए', 'ई' के अंतर्गत न में संयुक्त-क्रियाओं के अंत में तथा संयुक्त क्रियाओं के दोनों शब्दों के अंत में 'ये' 'यी' ही होना चाहिए।

(3) हिंदी में संस्तुत शब्द के अंतर्गत (क) में उज्ज्वल के उच्चारण के अनुसार भी 'ज' में द्वित्व है– अतः उज्ज्वल ही शुद्ध है। दुःख और दुख दोनों ही हिंदी में प्रचलित हैं। केवल दुख लिखने में छंदोभंग होगा। इसी शीर्षक के (ख) में जिन शब्दों का संस्कृतत्व प्रायः लुप्त हो चुका है और जो सामान्य हिंदी शब्द बन चुके हैं, उनमें हल् का प्रयोग व्यर्थ है। 'भगवान', 'महान', 'विद्वान' लिखना ही उचित होगा।

12.3.2.3.1.2 श्री रामलालपुरी (आत्माराम एंड संस, दिल्ली)17

1. 'संयुक्त और वियुक्त शब्द' शीर्षक के अंतर्गत नियम झ (3) और (4) से हम सहमत नहीं हैं। हमारे विचार में हिंदी को सरल बनाने के लिए और मुद्रण की सुविधा के लिए भी हाइफ़न का प्रयोग कम-से-कम होना चाहिए। 'विशेष' विशेषण के संज्ञा से मिलाकर एक ही संज्ञा की रचना की जाए और उसमें हाइफ़न' न लगाया जाए। आज भी कई पत्र-पत्रिकाओं में 'कार्यविशेष' और 'व्यक्तिविशेष' छपता है। 'भर' अथवा 'मात्र' किसी शब्द के बाद आएँ, तो उन्हें अलग ही रखा जाए। अधिकतर व्याकरण-संबंधी पुस्तकों में इनको अलग ही लिया गया है।

2. नियम 2(ग) के अंतर्गत कहीं 'लिये' और कहीं 'लिए' चलाना सर्वथा अनुचित होगा। प्रूफ़रीडिंग करनेवालों को लिए यह शबद सिर-दर्द बन जाएगा। साथ ही लिपि में एकरूपता भी न आ सकेगी। सर्वत्र 'लिए' का प्रयोग होना चाहिए।

3. नियम 3(क) के अनुसार 'महत्त्व' 'उज्जवल', और 'तत्त्व' शब्द हिंदी में 'महत्व', 'उज्वल' और 'तत्व' लिखे जाते हैं, उनका शुद्ध रूप ही चलना चाहिए।

4. नियम 4(क) के अंतर्गत उर्दू तथा अन्य भाषाओं के शब्दों में नीचे नुक़्ते का प्रयोग अनावश्यक है। पं. किशोरीदास वाजपेयी तथा रामचन्द्र वर्मा दोनों ही इसके विरोधी हैं। हिंदी-साहित्य-सम्मेलन के शिमला अधिवेशन में भी इस आशय का एक प्रस्ताव स्वीकार किया गया था कि हिंदी में ऐसे शब्दों के नीचे बिंदी लगाकर लिखना ग़लत है। केवल उर्दू-फ़ारसी का शेर आ जाए, वहीं नुक़्ता लगाया जाए 14(ग) के अनुसार अर्धचंद्र का भी प्रयोग आवश्यक नहीं।

5. नियम (ख) के अनुसार चंद्रबिंदु का प्रयोग आवश्यक नहीं माना जाना चाहिए। आजकल प्रमुख पत्रिकाओं में केवल बिंदी का प्रयोग होता है। कई प्रकाशकों ने भी अपने यहाँ नियम बना रखा है कि चंद्रबिंदु की जगद केवल बिंदी ही लगायी जाए।

12.3.2.3.1.3 श्री बलराम शास्त्री (बुक्स एंड बुक्स, पटना)18

मेरी समझ में यह नहीं आता कि व्याकरण से संबंधित किसी मामले में 'क्यों', 'किसलिए' की सफाई को बिना प्रस्तुत किये ही कुल दो छपे पृष्ठों पर हिंदी की धातु नाम, सर्वनाम, समास, कृदन्त, प्रत्यय, उपसर्ग, आदि सभी विषयों पर ये निष्कर्ष क्यों कर दिये गये हैं? पचास पृष्ठ की अष्टाध्यायी को भी विशद करने के लिए महाभाष्य-सारस्वातादि बड़े-बड़े विवाद-ग्रंथ बने। मगर प्रकाशक-संघ के ये सूत्र तो इतने अध्याहार-व्यवहारविहीन हैं कि इन्हें पढ़कर समझना भी दुरूह है।

मसलन, शुरू होता है 'संयुक्ता और वियुक्त शब्द' से। 'शब्द' शब्द का अर्थ बिना समझे ही उसे संयुक्त और वियुक्त' समझने का साहस किया है, यद्यपि हर शब्द अपने उपसर्ग-परसर्ग को लेकर ही वाक्य में एक समूचा शब्द होता है और उसमें संयुक्त-वियुक्त-जैसा प्रश्त नहीं हुआ करता। यह नियम समझ में आता है कि उपसर्ग को शब्द में एक ही शिरोरेखा के अंतर्गत होना चाहिए, और परसर्ग को भी, तथा जहाँ अंतिम को शिरोरेखा से अलग किया जा सकता है, किंतु यह समझ में नहीं आत कि 'यहाँ' वहाँ' जैसे स्थानबोधक' (यद्यपि ये 'स्थानबोधक' नहीं भी हैं, जैसे, 'वहाँ बहुत कहा गया मगर यहाँ कुछ पल्ले नहीं पड़ा' आदि) शब्दों को शिरोरेखा के अंतर्गत किसी काम्य परसर्ग को दे देने से हिन्दी को क्या कष्ट हो जायेगा? शायद उक्त 'एकरूपता' की बात करने-शलों ने उपसर्ग का भी तात्पर्य नहीं समझा है, तभी तो धारा 1 के (ङ) खंड में 'प्रति' को 'संख्यावाचक' कहते हुए कह देते हैं कि इसे अपने परवर्ती की शिरोरेखा के अंतर्गत ही रखा जाना चाहिए, जबकि सीधी बात यह है कि राभी उपसगों को ही ऐसे प्रयुक्त होना चाहिए चाहे वह 'प्रति' हो, 'परा' हो या 'उप' हो। इसी धारा के 9 खंड का अर्थ समझ में नहीं आता है, क्योंकि 'हीन, विहिन, रहित' वग़ैरह शब्दों के बाद 'आदि' की छूट को जोड़ते हुए कहा गया है कि ये सारे शब्द अपने साथ मिलने वाले शब्दों की शिरोरेखा के अंतर्गत ही रहेंगे।

यहाँ एक प्रश्न पैदा होता है कि नियम या व्याकरण में 'आदि' की छूट देने से कितनी दूर तक कौन-कौन से शब्द समेटे जाएँगे? दूसरा प्रश्न पैदा होता है कि इस धारा में किन विशिष्ट समासों के उदाहरण दिऐ गये हैं? चाहिए तो यह था कि अव्ययीभाव, कर्मधारय, बहुब्रीहि, द्विगु-जैसे समासों के लिए यह तरीक़ा निश्चित किया जाता, न कि शब्द गिनाए जाने चाहिए। नियम बनाने के लिए लक्षण लघु सिद्धांत नहीं देने से सारी बात अनाप-शनाप कही जाएगी। इस धारा में परधारा (ख) के देने का कोई अर्थ नहीं है, जबकि 'ला' और तुमुन्' जैसे परसर्गों का अपने शब्दों की शिरोरेखा के अंतर्गत होने का स्पष्ट निर्देश ही वांछित था जैसे 'कहकर', 'कहने को' आदि। इस धारा की '(ग) उपधारा में कहा गया है कि संयुक्त क्रिया' के दोनों अंश अलग-अलग रहेंगे, जैसे कह बैठा, कह चुका, कहने लगा, ले बैठा, ले चुका, लेने लगा, आदि। हिंदी क्रिया की इस विशेषता का लक्षण न देकर अपनी बात सिद्‍ध करने में 'क्यों' का प्रश्न लगा करता हे। हिंदी में या किसी भाषा में क्रियाएँ ही होती हैं, उनकी धातु के बाद के शब्दों को अधिक-से-अधिक परसर्ग कह सकते हैं। धातु और परसर्ग समेत जो क्रियारूप बनते हैं, उन्हें संयुक्त क्रिया' नामांकित करना नितांत परिभाषा-विहीनता ही कही जाएगी। हम इस धारा का समर्थन इसलिए करते हैं कि हिंदी धातुरूपों में धातुरूप और उसके परसर्ग दो अलग शिरोरेखाओं में होने चाहिए; कि, काल, वचन, और पुरुष का दोनों पर अलग-अलग आरोप होता है; और इसका प्रमुख कारण यह है कि क्रियाओं के पुरुष बनाने वाले सर्वनामों में हिंदी में लिंग नहीं

हुआ करता तथा विशेषणों में लिंग नहीं देने की छूट है, और इस अभाव और छूट की पूर्ति क्रिया अपने लिंगों द्वारा करती है। यह बात कृदंत में भी लागू होती है, जैसे दौड़ता हुआ', दौड़ती हुई'। अतः इस प्रथा को निर्दिष्ट करने के लिए अलग से (च) उपधारा को जोड़ना निरर्थक ही है। इस धारा की (झ) उपधारा में षष्ठी तत्पुरुष के उदाहरण दिये गये हैं; जिसे अवैयाकरणिक ढंग से बच्चों की तरह आदेशित किया गया है कि 'जब दो शब्दों का संबंध दिखाते हुए बीच की विभक्ति का लोप कर दिया जाय'। हम मानते हैं कि तत्पुरुष में हर हालत में समस्त शब्दों को हाइफ़न के द्वारा जोड़ा जाए, बल्कि हम इस विषय में संबंध या षष्ठी को ही नहीं, प्रत्युत हर विभक्ति को ही इस पद्धति के अंतर्गत लाना चाहते हैं। हाँ, जहाँ ऐसे समास में संधि पड़ जाए, वहाँ इस हाइफ़न से उतना ही अनर्थ होगा, जैसे 'पटाक्षेप'। द्वंद्व में तो हाइफ़न होना ही चाहिए, जैसे शिव-पार्वती और इसका भी निर्देश उपर्युक्त धारा में अपेक्षित था। इस उपधारा (झ) में यह बात समझ में नहीं आई कि कृषी-मंत्री' में कृषी' का अंत्य ईकार किन कारणों से ह्रस्व नहीं किया गया। उपधारा (झ) के खंड दो में वीप्सा-विवीप्सा वाले हिंदी समासों में हाइफ़न का निर्देश किया गया है, जैसे 'कैसे-कैसे', 'लिया-दिया', 'किसी-न-किसी', आदि में। किंतु 'बारम्बार' के लिए वहाँ क्या निर्देश है? वहाँ चाहिए तो था कि संधि की स्थिति में हाइफ़न नहीं देने का भी स्पष्ट निर्देष कर दिया जाता। 'बारंबार' तो संस्कृत की संधि है, मगर 'कुछेक', 'हरेक' जैसी हिंदी संधियों का भी इससे समाधान हो जाता। उपधारा (झ) का खंड तीन और चार एक ही बात है, क्योंकि दोनों खंडों में सामासिक उदाहरण एक ही हैं। मेरे विचार से तो दोनों खंडों के उदाहरणों में बीच वाले हाइफ़न का कोई अर्थ नहीं है, क्योंकि इस समास के शब्द यदि एक खईं शिरोरेखा में आवें तो इस लाघव से कोई भी अर्थहानि नहीं होने पाती जैसे, व्यक्तिविशेष, दिनभर-जैसे समास तो क्या देनेभर' जैसे कृदंत को भी एक शिरोरेखा में दिये जाने से शब्द, धातु लिंग या वचन आदि के द्वारा कोई व्याघात नहीं होने जा रहा है। इस उपधारा के पाँचवें खंड के तात्पर्य का मैं समर्थन नहीं करूँगा, बल्कि अँगरेज़ी में पड़ने वाले तुपांचिह्न को ही हाइफ़न के बजाय उचित समझूँगा। वहाँ षष्ठी विभक्ति के लोप के नाते जबकि समास को व्यक्त करने के लिए हाइफ़न दिये जाने की प्रथा है, तो समास को व्यक्त करने के साथ-साथ मात्रा या शब्द के लोप जैसे लाघव को व्यक्त करने वाला जैसे कि 'जैसा' से 'जै' को लोप 'सा' मात्र शेष के प्रकट करने के लिए 'सा' के पहले लुप्ति-चिह्न भी आवश्यक है।

दूसरी धारा में उपधारा (क) और (ख) नितांत नियमविहीन हैं, क्योंकि पहले तो मैं कह चुका हूँ कि हिंदी-क्रियाएँ धातुरूप के साथ-साथ अपने परसर्ग-रूपों को लेकर ही पूर्ण होती हैं, अतः उनकी मूलधातु और परसर्ग में लिंग-वचन-पुरूषादि के कारण अलग-अलग अंतर पड़ता है और इस अंतर के आने के कारण ही उन्हें

संयुक्त क्रिया' कह देने में कोई तुक नहीं है। रूपावली के अनुसार 'दिखायी दिए' या 'दिखायी दिये' लिखने का धातुरूप चलाने का, कोई नियम नहीं बन सकता है। अतः धातुरूप के परसर्ग के अंतिम यकारापात का 'ए' या 'ई' में लाघव होता है, किंतु इस लाघव को व्याकरण में सुचारु सिद्ध करते समय जितने अपवादसाधक सूत्र बनाने पड़ेंगे और उनकी प्रक्रियाएँ देनी पड़ेगी, उसकी स्थूलता 'पर शायद बिना सोचे ही यह धारा बना दी गयी है। यदि इस धारा की उपधारा (क) में धातुरूप के परसर्ग के अंत को ये-यी की जगह ए-ई के आपात द्वारा लघु करने की बात जाती, तो क्या कारण है कि उपधारा खां के कृदंत में ऐसा करने से इतनी अधिक आसानी होती है कि उसके लिए कम या नहीं के बराबर ही अपवादसाधक सूत्र बनते हैं। इस धारा की उपधारा (ग) का भी अर्थ समझ में नहीं आता है, क्योंकि विभक्ति के अर्थ में या क्रिया के अर्थ में आनेवाले 'लेना' धातु के अर्थ में कहीं भी कोई अंतर नहीं है। जैसे 'राम के लिए' में 'लेना' धातु के अर्थ में ही के 'लिये' विभक्ति बनी है, दूसरे अर्थ में नहीं, यह बात तात्पर्यगत है। इसलिए, कोई कारण नहीं है कि धातुरूप में 'लिये' और विभक्ति रूप में 'लिए' का प्रयोग किया जाए। इस धारा की उपधारा (घ) में भी वैसे ही अनंत अव्याख्य अपवादों की सृष्टि की गयी है। 'आइये', पिये', हँसियेगा'– इस प्रकार के यकारी प्रत्ययों में ही लोट या विधि के रूप चलाने में आसानी है, न कि 'आइए', पिएंगे, हँसिएगा' जैसे एकारी प्रत्ययों में। यदि लोट या विधि में एन्कारी प्रत्यय चलाये जा सकें, तो इस अपवाद को भी सिद्ध करने के बहुतेरे अनुशासन-सूत्र और अलग से उनकी परिकल्पनाए देनी पड़ेगी। हाँ, जब धातु के कृदंत या तद्धित रूप बनें, तो यह गुणवाची संज्ञा के रूप में हो जाता है और तब यकार प्रत्यय को एकार किया जा सकता है, क्योंकि तब एक ही अपवादसाधक सूत्र इसके औचित्य को सिद्ध करने के लिए पर्याप्त हैं; जैसे 'जगहँसाई', 'मुँहदिखाई', आदि। इस उपधारा को देने में, 'आइये' और 'जगहँसाई' के प्रत्ययाथों में फर्क को बिना समझे, एक ही नियम की लाठी से दोनों रूपों को हाँकने-जैसी भूल अक्षम्य ही कही जायेगी।

धारा तीन की उपधारा का तो हिंदी के नाते अवश्य मान्य है, जहाँ कि संस्कृत के 'उज्ज्वल' को हिंदी की 'उज्वल' और दुःख को 'दुख' किया है। किंतु यहाँ भी, छंदों के लिए 'दुःख' जैसे त्रिमात्रिक की गुंजाइश छोड़नी चाहिए थी और हिंदी के इसी प्रचलन की शर्त के नाते, कोई कारण नहीं है कि इस धारा की उपधारा खा के द्वारा संस्कृत के हलंत शब्दों को हलंत में ही लिखा-पढ़ा जाए। क्योंकि, मान लीजिये कि हमने इस शर्त के अनुसार 'विद्वान' को विद्वान् लिखना ही उचित ठहराया, तो इसमें शब्द-रूपऐंप्याले हिंदी के परसर्ग अर्थात् विभक्तियों कैसे जुटेंगी? क्या विद्वान्मे', 'विद्वान्से', विद्वात्पर' या 'विद्वान्के लिये' लिखा जाएगा। इस उपधारा में दूसरा मजाक तो यह है कि 'महान' और 'विद्वान' जैसे शब्दों को इस नियम से मुक्त करने के

साथ-साथ किंचित् और 'पृथक्'-जैसे अव्ययों मैं हलंत रहने से, उनमें परसर्ग लगने की कोई गुंजाइश न होने के कारण, कुछ आता-जाता नहीं, बल्कि परसर्ग लगने की योग्यता वाले शब्दों में ऐसी विधि से बहुत-कुछ बुद्धिविभ्रम का घाटा है। धन्य हैं ऐसे नियम बनाने वाले, जो अनेकाकारी शब्दों और एकाकारी अव्ययों तक प्रायोगिक अंतर नहीं समझ सकते।

धारा चार की उपधारा का और ग) के विषय में हमारा मतभेद यह है कि हिंदी के अक्षर स्वरूप कंठ के उच्चारण के आधार पर ही बने हैं; वातज, पित्तज, कफज उच्चारण– विकारों को लेकर नहीं। कंठ की जिस कफात्मक गलगलाहट को लेकर उर्दू के ख़, ग़, फ़, ज़ आदि अक्षर बनते हैं या अँगरेज़ी के वातज कंठ-विकार के कारण जो अधीकारी उच्चारण बना करता है, यदि उन तमाम के लिए अपनी चलती भाषा में चिह्न जारी किए जाएँ, तो चार दिन के बाद फ्रेंच, लैटिन, दक्षिण अफ्रीकी, चीनी-आदि जितने पक्षी-चतुष्पदों जैसे विकारी उच्चारण हिंदी में आने लगेंगे, सबके लिए चिह्न-विशेष नियुक्त करना असंभव ही होगा। यदि यह यों ही स्वतंत्र और सर्वसह रहा, तो अँगरेज़ी और उर्दू के अलावा दूसरी भाषाओं के शब्द तो अपने यहाँ आयेंगे ही। हाँ, शब्दकोषों में या व्याकरण में उच्चारण-अपभ्रंशों के चिह्न देने की बात सोची जा सकती है। जहाँ तक अर्थ-अनर्थ का प्रश्न है, वह तो बहुतेरे बहूवर्थकों के साथ जिस तरह प्रसंग-सापेक्ष है, उसी तरह इनमें भी होगा। इस धारा की उपधारा ख) ठीक ही है, मगर वहाँ भी हठ से काम नहीं चलेगा, क्योंकि कविता की प्रसंग-प्रमुख शब्दध्वनि के नाते 'शर्म' और 'शरम' दोनों के प्रयोग का विकल्प तो देना ही होगा।

धारा पाँच के विषय में मेरा विचार यह है कि 'पंगु', 'अकिचन', या 'अंत' में सभी शब्द 'संस्कृत-जनित' नहीं, बल्कि संस्कृत के ही हैं और इन-जैसे शब्दों में अनुनासिक हलाक्षरों की जगह अनुस्वार ही प्रयुक्त होना चाहिए। यदि इसमें कहीं छूट या अपवाद किया जा सकता है, तो वह मात्रोत्तर अनुनासिक हलाक्षरों के लिए ही। क्योंकि मात्रा के बगल में अनुस्वार छपाई के बीच टूटने या दबने के कारण अस्पष्ट हो जाता है, इसलिए उसे अगले अक्षर के वर्ग का पंचम कर संयुक्त किया जाए। 'मैं', 'हैं' आदि शब्दरूप की क्रियारूप, स्वयंपूर्णत्व की लाचारी के नाते, अपवाद किये जा सकते हैं। इस प्रकार 'सुन्दर', 'अंत', 'अकिचन' आदि रूप ही अनुस्वार-प्रयोग के सही रूप होंगे।

अगस्त 6 वाले 'प्रकाशन-समाचार' में डॉ. नगेन्द्र के इस विषय के विचार में मेरे विचार से दो-एक दोष हैं। उन्होंने संयुक्त और वियुक्त शब्द' वाले उक्त प्रस्ताव में एक संशोधन उपस्थित किया है कि हिंदी के 'वाला' जैसे कृदंत परसर्ग को धातुरूप से अलग न रखकर साथ कर देना चाहिए। यहाँ मैं कुछ उदाहरण रखता हूँ। 'नामवाला' में तो डॉक्टर साहब की बात संगत लगती है, किंतु 'देखने वाला', 'देख लेने वाला', 'दिखवा लेने वाला' जैसे कृदंतों को क्या देखने वाला, देखलेनेवाला, दिखवालेनेवाला

या 'देखने वाला', 'देख लेने वाला', दिखिवा लेने वाला' इस प्रकार लिखा जाएगा? चाहिये तो यह कि ऐसे प्रयोगों में आए शब्दों के सभी टुकड़े अलग-अलग ही रखें जायें, क्योंकि धातु और सभी परसर्गों में लिंग-वचन-पुरुष-काल के अनुसार स्वतंत्र प्रत्ययों के लगाने की जबकि गुंजाइश बनी रहती है, तो उन्हें प्रत्ययों के समेत समस्त पद बनाना व्याकरण के हिसाब से ठीक नहीं होता।

'प्रकाशन-समाचार' के उक्त अंक में ही रामलालपुरी जी का एक यह विचार है कि नियम 5 (ख) के अनुसार चंद्रबिंदु का प्रयोग आवश्यक नहीं माना जाना चाहिए। मुझे इस विचार से विरोध है, क्योंकि एक शब्द है 'मँदरा'। यदि इसे 'मंदरा' लिखा जाये तो इसका उच्चारण मन्दरा' होगा जो कि 'मँदरा' वाला उच्चारण की नहीं है। मँदरा' में जो एक छांदसिक मिठास के साथ-साथ चार मात्रा वाला लाघव है, वह मंदरा में पाँच-मात्रकता-जैसी गुरुता तथा उच्चारण में आये हुए झटके के कारण, अपने स्थान पर कदापि शुद्ध्ध नहीं है। वेदमन्त्रों की बात तो विशेष हे, हिंदी के साधारण लोकगीतों या लोकोक्तियों की ह्रस्वात्मकता की हानि, शायद पुरी जी भी, अपने उक्त विचार को लागू करते हुए, नहीं करना चाहेंगे।

12.3.2.3.1.4 डॉ. इन्द्रनाथ मदान (पंजाब विश्वविद्यालय, चंडीगढ़)[19]

(क) गया को गये ही होना चाहिए, इससे जटिलता कम होती है। गया का गए होने से जटिलता बढ़ती है।

(ख) संस्कृत व्याकरण के नियमानुसार हलंत का यथास्थान प्रयोग करने से कोई लाभ नहीं है, हानि है। महान् के स्थान पर महान, जगत् के स्थान पर जगत, वरन् के स्थान पर वरनय किंचित् के स्थान पर किंचित होना चाहिए। आप 'पुस्तक-जगत' को 'पुस्तक-जगत्' क्यों नहीं लिखते? नहीं लिखते, तो ठीक करते हैं। श्री देवराज के सुझाव परम्परावादी न होकर हिंदी के लिए रूढ़िवादी हैं। एकरूपता ही उद्देश्य नहीं है, प्रगतिशीलता भी होनी चाहिए।

12.3.2.3.1.5 श्री सुधीरचन्द्र मजूमदार (मुजफ्फरपुर)[20]

जब हिंदी सर्व-भारतीय भाषा बन गई, अतः इसे सर्वमान्य करने के लिए तथा इसमें एकरूपता लाने के लिए तत्सम शब्दों का शुद्ध संस्कृत विवरण रखना चाहिए। हिंदी भी अपने शब्द-भण्डार के लिए संस्कृत-व्याकरणानुसार जब दो पदों में संधि होती है तो अनुस्वार या पंचमवर्ण दोनों शुद्ध हैं; परंतु लिखने की सुविधा के लिए लोग अनुस्वार ही अधिक लिखते हैं। यथा, अलंकार, भयंकर, धनंजय, किंतु, किंतु जब एक ही पद के भीतर संधि हो तो केवल पंचमवर्ण ही विहित है। अतः शंका, शांत आदि भूल हैं।

यहाँ, हूँ, आदि में चंद्रबिंदु सब कोई लिखते हैं, किंतु 'घरों, में, नहीं है आदि लिखने में अनुनासिक स्वरमात्र के उच्चारण होने पर भी चंद्रबिंदु के स्थानाभाव के कारण अनुस्वार लिखा जाता है। अतः एकरूपता के लिए अनुस्वार का दूसरा रूप

सोचना चाहिए।

हिंदी में हल्-चिह्न का भी निर्विचार प्रयोग होता है। स्मरण रहे कि क=क्+अ है और इस अंतिम आकार को काटने के लिए ही हल्-चिह्न का प्रयोग होता है। प्रायः देखा जाता है कि श्रीमान्, भगवान्, जगत् लिखने में लोग हल्-चिह्न देते ही नहीं (यथा पुजक-जगत' पर उधर गत, सन, दशम, मध्यम लिखने में कसकर हल्-चिह्न दे देते हैं।

संस्कृत के नियमानुसार रोदन, मनस्काम, अन्तरराष्ट्रीय तथा रणजित् शुद्ध प्रयोग हैं। इनके हिंदी रूप, रूदन, मनोकाम, अन्तर्राष्ट्रीय, तथा रणजीत दूसरे प्रांतों के लोगों को जरूर खटकेंगे।

12.3.2.3.1.6 श्री देवनारायण द्विवेदी ज्ञानमण्डल, वाराणसी)[21]

1. (क) विभक्तियाँ मिलाकर लिखी जानी चाहिए। यह सिद्धांत ठीक नहीं है कि सर्वनामों के साथ विभक्तियाँ जुड़ी रहें और अन्यत्र वे अलग रहें। हर जगह जुड़ी रहना ही संगत है। (च) 'वाला', 'वाली' आदि शब्द से जुड़ा रहना चाहिए। (झ) जहाँ तक हो सके, हाइफ़न का प्रयोग कम होना चाहिए।

2. (क) प्रायः हर जगह 'ये', यी' का ही प्रयोग होना चाहिए। 'हँसता गया' 'हँसते गये'— बस यही ठीक है, किंतु कुछ स्थानों में 'ए' अथवा 'ई' का प्रयोग किया जा सकता है, जैसे— 'इसलिए', 'दिखाई पड़ना', आदि में।

3. (क) यदि कोइ संस्कृत शब्दों को शुद्ध रूप में लिखना पसन्द करे, तो उसका विरोध नहीं होना चाहिए।

4. (क) अक्षर के नीचे नुक्ते का प्रयोग नहीं होना चाहिए। हाँ, जहाँ अर्थ में भ्रम हो, वहाँ किया जा सकता है। (ग) जो शब्द हिंदी में घुलमिल गये हैं, उनके लिए अर्द्धचंद्र लगाना उचित नहीं, जैसे— डॉक्टर।

5. (क) अनुस्वार के आगे का अक्षर जिस वर्ग का हो, उसके पंचम वर्ण के रूप में— अनुस्वार का प्रयोग करना चाहिए। पर ऐसे स्थानों पर, जहाँ पंचम वर्ण मिलाने से अधिक अड़ंगा हो, जैसे गङ्गा; पर अनुस्वार लगाने से उस शब्द के यथार्थ उच्चारण में किसी तरह का भ्रम न हो, वहाँ अनुस्वार से काम लेना उत्तम है, जैसे गंगा।

12.3.2.3.1.7 श्री हर्षनारायण (लखनऊ)[22]

1. (क) विभक्तियाँ सर्वनामों से भी असंयुक्त ही रहनी चाहिए। (ख) पूर्वकालिक क्रियाओं का 'कर' भी उनसे असंयुक्त रहना चाहिए, अन्यथा एक के बाद एक कई पूर्वकालिक क्रियाओं का प्रयोग करने पर प्रत्येक के साथ अनावश्यक रूप से 'कर' की आवृत्ति करनी पड़ेगी। हम 'खा, पी, और खेल कर सोया' लिख सकते हैं तब 'खाकर, पीकर, और खेलकर सोया' क्यों लिखे'? 'कर' के क्रिया का अंग बन जाने पर तो इसे 'खा' और 'पी' से वियुक्त किया ही नहीं जा सकता और 'कर' तो एक स्वतन्त्र क्रिया ही है। वह अन्य क्रियाओं के साथ पर्याप्त कारण के अभाव में क्यों मिले? (ड़) मैं संख्यावाचक 'प्रति' को भी संज्ञा के साथ मिलाकर

लिखने का औचित्य नहीं देखता। 'प्रतिक्षण' और 'प्रतिदिन' जैसे शब्दों में तो ऐसा करने में कठिनाई नहीं जान पड़ती, किंतु 'प्रति दो सहस्त्र' में क्या करेंगे? इन तीन शब्दों को मिलाए बिना प्रारूपस्थ सुझाव का पालन होगा नहीं और इन्हें मिलकर लिखने में प्रतिदोसहस्त्र' जैसे बेडौल पद बनता है, अतः 'प्रति' को पृथक् ही रहने दीजिए। अँगरेज़ी में भी तो मत पृथक् ही रहता है। (च) 'बाँसुरी वाला', दौड़ने वाला' आदि में 'वाला' पृथक् ही रहना चाहिए। डॉ. नगेन्द्र का मिलाकर लिखने वाला सुझाव मान लेने पर 'मैं ही गाने, बजाने और नृत्य करने वाला हूँ' में 'वाला' किस शब्द के साथ मिलाएँगे? क्या उसकी तीन बार आवृत्ति करेंगे? लेखक, पाठक और मुद्रक को अनावश्यक कष्ट क्यों दिया जाए? (छ) 'जी' को मूल संज्ञा से पृथक् रखना ही श्रेयस्कर है, अन्यथा कहीं 'पखावजी', भट्टाचारजी' जैसे शब्दों के 'जी' को आदरसूचक न समझ लिया जाय। इसके अतिरिक्त 'मोहनदास करमचन्द गाँधी' में 'जी' कहीं, किस शब्द के साथ मिलाकर लिखेंगे? आलोच्य संज्ञा के तीनों शब्द अलग-अलग लिखे जाते हैं; जिनमें से किसी एक शब्द के साथ 'जी' लगाना असमीचीन' होगा। (झ) 'निम्नलिखित' और 'यथास्थान-जैसे विशेषण और क्रियाविशेषणों में युग्रेखा (हाइफ़न) की आवश्यकता नहीं उनके संघटक शब्दों को मिलागर ही लिखना चाहिए। किंतु 'रहन-सहन' जैसे संज्ञाओं से संघटक शब्द युग्रेखा से ही जुड़े हों तो अच्छा। 'रहन-सहन' और 'आत्म-हत्या' में अंतर यह है कि पहले में 'रहन' और 'सहन' दोनों शब्द अपने मूल रूप सुरक्षित और पहचाने जाने योग्य हैं जबकि दूसरे में 'आत्म' अथवा 'आत्मन्' 'हत्या' से समस्त होने के साथ ही अपना मूल रूप खोकर 'आत्म' बन चुका है, और इसी कारण अपनी पूर्णता में पहचाने जाने योग्य नहीं है। अतः उसे युग्रेखा द्वारा संयुक्त करना व्यर्थ है। युग्रेखा तो वहाँ आवश्यक है, जहाँ शब्द अपने प्रकृत रूप में स्थित हों।

2. (क) 'या' से अंत होने वाली सभी क्रियाओं के स्त्रीलिंग और बहुवचन रूप में यी' और 'ये' का प्रयोग होना चाहिए, 'ई' और 'ए' का नहीं। जब 'हँसता गया' लिखते हैं, तो 'हँसते गये' क्यों नहीं? (ग) इस सुझाव से मैं सर्वथा सहमत हूँ कि क्रिया और विभक्ति के रूप में क्रमशः 'लिये' और 'लिए' होने चाहिए।

3. (क) 'महत्त्व', 'तत्त्व' और 'उज्ज्वल' ही शुद्ध रूप हैं, संस्कृत ही में नहीं हिंदी में भी। हाँ, कर्त्तव्य लिखना आवश्यक नहीं, क्योंकि यहाँ त' का द्वित्व इस प्रकार के किसी समास का परिणाम नहीं। 'दु:ख' ही ठीक है, 'दुःख' नहीं।

4. (क) उर्दू तथा अन्य भाषाओं के शब्दों के नीचे यथावसर बिंदु का प्रयोग सर्वथा श्लाध्य है, अन्यथा हम 'जलील' (नीच) को 'ज़लील' (श्रेष्ठ) लिखने की भूल कर बैठेंगे। हम हिंदीवाले अन्य भाषाओं से गृहीत शब्दों की ध्वनि जान-बूझकर क्यों विकृत करें, जबकि हमारी लिपि केवल बिंदु का प्रयोग कर, उसे अक्षुण्ण रखने में समर्थ है।

5. (क) अनुस्वार का ही सर्वत्र प्रयोग चाहिए, न कि ण, म और ब के अर्धांशों का। ख) चंद्रबिंदु अनावश्यक है, अनुस्वार ही पर्याप्त है। ध्वनिभेद तो पाठक स्वयमेव, अनायास ही कर लेगा, आखिर कतिपय मात्राओं के साथ चंद्रबिंदु का प्रयोग प्रारूप में भी वर्जित किया ही गया है।

12.3.2.3.1.8 श्री पं.मु. डाँगरे (महाराष्ट्र भाषा प्रचार समिति)[23]

अब हिंदी भाषा तथा लिपि से संबंधित विषयों पर प्रदेश-सीमित लिप्तता से सोचने के दिन नहीं रहे है। विभक्तियाँ सटाकर लिखी जाएँ या अलग से, इस प्रश्न पर विचार करते समय हमारे लिए अन्य भाषाओं की लेखन-परिपाटियों को बारीकी से, भाषाविज्ञान की दृष्टि से देख लेना लाभकारी है। अखिल भारतीय ढंग से सोच-समझ लेना परम आवश्यक हो गया है नहीं तो प्रदेश-प्रदेश के अपने अलग-अलग राग सुनने को मिल जाते हैं।

1. (घ) संस्कृत की सामासिकता हिंदी में नहीं लानी चाहिए। 'पद-च्युत', 'हित-चिन्तक' आदि शब्द वीच में हाइफ़न देकर ही लिखे जाने चाहिए। जैसे पद-च्यूत', 'हित-चिन्तक' आदि (ड़) 'प्रति क्षण', 'प्रति दिन' शब्द भी अलग-अलग ही लिखे जाएँ। (च) 'वाला' के प्रयोग से बनी कृर्तवाचक संज्ञाओं के दोनों खंड संयुक्त लिखे जाएँ, जैसे– दौड़नेवाला (ज) वाद-विवाद, चाल-चलन, आदि शब्द हाइफ़न देकर लिखे जाएँ।

2. (क) सर्वत्र एक ही रूप का निश्चय होना जरूरी है।

3. (क) हिंदी में संस्कृत के शब्द रूप में ही लिखने चाहिए। महत्त्व, उज्ज्वल, तत्त्व निःसंकोच ही ठीक है। तत्सम की ओर प्रवृत्ति ही ठीक है।

12.3.2.3.1.9 श्री गोपालचन्द्र चक्रवर्ती (वाराणसी)[24]

1. (क) 'चाहिए' शब्द अव्यय है। जिसका व्यय, क्षय, परिवर्तन, या वृद्धि न हो, अव्यय है। 'आम खाना चाहिए', 'आम खाने चाहिए', 'लीची खानी चाहिए' लीचियाँ खानी चाहिए। यहाँ 'खाने' और 'लीचियाँ' शब्दों से बहुत्व प्रकट हो गया है। 'चाहिए' शब्द में चंद्रबिंदु देना आवश्यक है, बल्कि व्याकरण के नियम से वह अशुद्ध है। जिस शब्द की वह विभक्ति है, उसके साथ उसे संयुक्त रखना ही उचित है। संस्कृत और बंगला में यही नियम है। सर्वनाम के साथ विभक्ति युक्त रहेगी, संज्ञा के साथ अलग, इस मत के पक्ष में कोई युक्ति नहीं है, 'राम ही को' न लिखकर 'राम को ही' लिखने से भाव में कोई अनार नहीं पड़ता। संस्कृत-वाले विभक्तियों को शब्द में मिलाकर ही लिखते हैं।

(घ) समासयुक्त पद मिलित रहेंगे– इतना कहने से ही काम चल सकता है। बीच की विभक्ति या शब्द का लोप करके ही समास बनता है, जैसे– पद से च्युत-पदच्युत, हित का चिन्तक-हितचिन्तक, कला से पूर्ण-कलापूर्ण, तुलसी द्वारा कृत-तुलसीकृत, शोक से ग्रस्त-शोकग्रस्त, भाव से, हीन-भावहीन, सास और ससुर के

पदों की पूजा-सासससुरपदपूजा।

प्रत्यय भी शब्द से मिले रहते हैं—जैसे, कोलाहलमय, दुसर, चपलतम, पागलपन, समझदार, मकानवाला, बाबूगीरी, मददगार, पीलयान, आदि।

(ङ) उपसर्ग भी शब्द से संयुक्त रहते हैं, जैसे प्रशिक्षण, प्रनिदिन, अपवाद, निर्लोभ, दुर्दशा, विपक्ष, अधिरथी, सन्यास, आदि।

(च) (ज) नियम (घ) में दिया गया है।

(झ) - (घ) गें लिखित समासयुक्त शब्दों में भी (-) हाइफ़न लिखा जा सकता है, जैसे— कला-पूर्ण, शांति-रक्षक, तुलसी-कृत, शोक-अस्त, भाव-हीन आदि तथा कृषिमंत्री, शब्दसागर, सिगरेटकेस आदि हाइफ़न न देकर, मिलाकर भी लिखे जा सकते हैं।

2. (क) गया से गये, गयी और हुआ से हुए, हुई होना ही स्वाभाविक है। गए, गवई, या हुया, हुयी लिखना अशुद्ध है। गया से 'य' उड़ जाए और स्वर का 'ए' या 'ई' आ जाए तथा 'हुआ' से 'अ' उड़ जाए और व्यंजन का 'ये', यी' आ जाए, इसे व्याकरण के किसी नियम से सिद्ध नहीं किया जा सकता।

बच्चे को चुप करने के 'लिए' माँ उसे गोदी में 'लिये' टहल रही है— इस प्रकार दो प्रकर के 'लिए' में रूप-भेद होना ही चाहिए। 'लिये' क्रिया है, माने 'लेकर' है। 'एक आम लिया', 'दो आम लिये', यहाँ 'लिए' लिखना अशुद्ध है।

3. (क) तत्+त्व= महत्त्व, भी शुद्ध हैं। त, स, या यह कोई सार्थक शब्द या उपसर्ग नहीं है कि उनमें त्व जोड़ दिया जाए। संस्कृत में केवल तीन ही तो तकारान्त शब्द हिंदी में आए हैं। इन्हें याद रखना-कोई कठिन बात नहीं है। 'उत्' उपसर्ग है, उसमें 'ज्वल' शब्द लगने से उज्ज्वल होता है। त् उड़ाया नहीं जा सकता, केवल उपसर्ग भी नहीं है। प्र+उत् + ज्वल = प्रोज्ज्वल किंतु प्र + ज्वलित = प्रज्वलित शुद्ध है। रेफाक्रान्त वर्ण विकल्प में द्विगुणित होता है। एक वर्ण लिखने से ही काम चल सकता है। जैसे— कर्म, धर्म, कार्य, पर्वत, कर्तव्य, आदि।

4. हिंदी में अकारान्त शब्द हलना उच्चरित होता है। अतः भगवान, श्रीमान, किंचित, पृथक्, आदि शब्दों में हल्-चिह्न लगाकर-रूप, सूचक, अलग, शरीर, आदि से पृथक् करना आवश्यक है।

5. (क) हिंदी शब्द में अनुस्वार और संस्कृत शब्द में पंचम वर्ण-ऐसा एक नियम बन जाए तो हज़ारों शब्दों को छाँटना न पड़ेगा। जैसेत्र— अंडबंड, ऊटपटांग, ढंग, तंग, नंगा, पंखा, गंज, झंझट, अंदाज़, फंदा, खंडहर, आदि तथा गङ्गा, गङ्ल, शङ्ख, काञ्चन, लाञ्छन, पंचाङ्ग, कण्ठ, दण्ड, पण्डित, अन्त, चन्द्र, मन्दिर, अन्ध, कम्पन, दम्भ, सम्बन्ध, आदि। शुद्ध और तुन्दर शब्द संस्कृत के हैं, यह सहज ही जाना जा सकता है।

क्रिया के भविष्यत् काल में 'ग' के पूर्व अनुस्वार लिखना ही उचित है। वहाँ 'ङ्' का ही उच्चारण होता है। जैसे- खाऊंगा, जायेंगे, आयेंगी। खाऊं, जायें, आयें

आदि में चंद्रबिंदु का जैसा उच्चारण है, इसके आगे 'गा' उच्चारण करने से भविष्यत' काल का ठीक उच्चारण नहीं होता, 'ग' के पूर्व स्पष्ट 'ङ' की धनि निकलती है।

12.3.2.3.1.10 श्री कृष्ण विकल"

हिंदी में लेखन-मुद्रण की जो बहुरूपता चल रही है, उससे न केवल प्रेस और प्रकाशक को दिक्कत होती है, बल्कि हिंदी सीखनेवालों को बड़ी भारी दुविधा का सामना करना पड़ता है। अभी तक अपनी डफली अपना राग चल रहा था। इधर अखिल भारतीय हिंदी प्रकाशक संघ ने इस ओर ध्यान देकर बड़ी भारी खटक को सुधारने की जो कोशिश की है, वह स्वागत-योग्य है।

1. 'उस पर' आदि को मिलाने की बात समझ में नहीं आई, यह तो 'में' की तरह अधिकरण की विभक्ति है। ध, ङ, ज और झ पाँच (1.5) उपभागों में समस्त शब्दों पर विचार किया गया है। पर सभी कुछ गड्डमगड्ड है। क्या संख्यार्थक 'प्रति' उपसर्ग से बने हुए शब्द ही मिले रहेंगे, प्रतिकूल, प्रतिदिन, प्रतिरूप, आदि विपरीतार्थक प्रति उपपसर्ग से बने हुए शब्द नहीं? क्या 'यथास्थान' 'अनुक्षण', आदि सभी सोपसर्ग शब्द इस नियम में नहीं आ सकते थे (घ) में जो शब्द गिनाये गए हैं, उनके रटने से क्या काम बन सकता है? चाहिए तो यह था कि समस्त शब्दों की स्थिति पर गंभीरता-पूर्वक विचार करके, समास की प्रकृति को देख एक शिरोरेखा में रखने या युग्रेखा डालने का विधान किया जाता। वस्तुस्थिति यह है कइ हिंदी में समास हो जाने पर पृथक्-पृथक् शब्दों के स्थान पर मिलित रूप एक शब्द बन जता है। इससे स्पष्ट है कि हिंदी में समस्त शब्द मिले रहने चाहिए या उससे वे हाइफ़न से परस्पर सम्बद्ध बने रहने चाहिए।

संस्कृत में समस्त शब्दों को मिलाकर लिखने का ही विधान है। संस्कृत में भी युग्रेखा का प्रयोग दिखाई देता है, पर वहीं जहाँ कोई शब्द या समस्त शब्द एक ही पंक्ति में पूरा न आकर दूसरी पंक्ति में उसका शेष भाग चला जाता है। युग्रेखा के अन्यान्य प्रयोग हिंदी में अँगरेज़ी से आए हैं। पर अँगरेज़ी में हाइफ़न का वैसा प्रयोग बाहुल्य नहीं है, जैसा हिंदी में है। वे 'पब्लिकेशन डिपार्टमेन्ट', ह्यूमैन सर्विस' आदि अनेकानेक समस्त शब्दों में हाइफ़न नहीं लगाते, पर हिंदी में प्रकाशन-विभाग, मानव-सेवा, धीरे-धीरे, आदि में युग्रेखा लगाने का आग्रह है। यहाँ किसी भाषा के अंधानुकरण से काम नहीं चलेगा। हिंदी भाषा की प्रकृति में समस्त शब्दों की समस्तता तब तक अखंडित रहेगी, जब तक उन्हें एक शिरोरेखा में रखा जाएगा अथवा उन्हें युग्रेखा से सम्बद्ध रखा जाएगा। अब प्रश्न यह है कि कहीं समस्त शब्द को एक शिरोरेखा में रखा जाए और कहीं युग्रेखा से सम्बद्ध किया जाए?

यद्यपि समग्र रूप से इसके लिए कोई अपरिवर्तनीय विधान लागू नहीं किया जा सकता, फिर भी कई दशाएँ ऐसी हैं, जहाँ समस्त पद को अनिवार्य रूप से एक शिरोरेखा में रखना ही उचित है या अनिवार्य रूप से युग्रेखा से ही सम्बद्ध किया

जाना चाहिए। उस पर विचार करने से पहले मोटे रूप से हमें यह जान लेना चाहिए कि एक शिरोरेखा में रखने क और युग्रेखा देने का मूल उद्देश्य क्या है। स्मरण रखना चाहिए कि समस्त शब्दों में युग्रेखा टहीं दी जानी चाहिए, जहाँ समास करते हुए भी उन्हें पृथक् दिखने वाले शब्दों के रूप में रखना अभीष्ट हो। इसी प्रकार वही शब्द एक शिरोरेखा में मिले हुए आते हैं, जो या तो संधि से जुड़े रहते हैं या फिर बहुधा जो मिलकर एक अलग अथवा विशिष्ट अर्थ प्रस्तुत करते हैं। इस विधय पर समास-भेद की दृष्टि से विचार करना चाहिए।

(1) बहुब्रीहि समास एक शिरोरेखा के भीतर लिखा जाना चाहिए, क्योंकि वहाँ से किसी अन्य का अर्थ निकलता है। पद-विशेष का महत्व नहीं होता, बल्कि उन पदों को मिलाने पर एक पृथक् अर्थ निकलता है, जैसे दशमुख, चतुर्भुज, कमलनेत्र, घनश्याम, बारहसिंहा, सरलहृदय, आदि।

(2) इसके विपरीत द्वन्द्व की प्रकृति ऐसी है कि इसमें अनिवार्य रूप से युग्रेखा का प्रयोग करना चाहिए– जैसे पति-पत्नी, लेन-देन, आदि।

(3) अव्ययीभाव समास में जब अव्यय जुड़ता है, तो शब्द एक शिरोरेखा में मिले रहने चाहिए, जैसे– यथाशक्ति, अनुक्षण, आजीवन, प्रतिकूल, आदि। किंतु जब अव्यय या शब्द, शब्द के बाद जुड़ता है, तो हाइफ़न लगाना उपयुक्त रहेगा।

जैसे- दिन-भर, स्वप्न-मात्र, साफ-साफ, रोज़-रोज़ आदि।

(4) तत्पुरुष समास के बारे में– कर्मधारय समास में जहाँ (क) विशेषण-विशेष्य में समास किया जाता है, यहाँ मिला रहना चाहिए, क्योंकि इस समास के हो जाने पर दोनों पद आपस में घुलमिल जाते हैं, जैसे– लालमिर्च, शीतयुद्ध, उषाकाल, उभयपद, आदि।

(ख) पर जहाँ उपमान-उपमेय में समास किया जाता है, वहाँ युग्रेखा प्रयोग करना अधिक संगत है, क्योंकि यहाँ समास हो जाने पर भी दोनों शब्दों का 'पृथकत्व' बना रहता है, जैसे– चरण-कमल, मुख-चंद्र, आदि।

द्विगु समास में समस्त पद शिरोरेखा में रहना चाहिए, क्योंकि प्रायः इस समास के पूर्व संख्या पद में कुछ विकार हो जाता है या परस्पर संधि हो जाती है, जिससे दोनों पद पृथक्-पृथक् नहीं रह पाते, जैसे– इकन्नी, दुवन्नी, अठन्नी, त्रिलोकी, तिराहा, इकहरा, दुहरा, पंसेरा आदि। इसमें पदसमूह मिलकर ऐसे एकरूप हो गए हैं कि युग्रेखा की गुंजाइश ही नहीं रह पाई।

अब रह गया तत्पुरुष (कारकों में) समास। ऐसे तत्पुरुष में जो शब्द परस्पर बहुत घुले-मिले न हों, उनमें हाइफ़न का प्रयोग अच्छा रहेगा। जैसे-हवन-सामग्री, देश-निकाला, कृषि-मंत्री, शब्द-चमत्कार, सिक्रेट-केस, पाँव-तले, सरकार-विरोधी, नदी-किनारे, मुझ-सा, उस-जैसा, आदि। किंतु उक्त समास में पर शब्द या शब्दांश जब पूर्वपद के अर्थ से घनिष्ठ रूप से सम्बद्ध रहते हैं, वहाँ समस्त पद एक शिरोरेखा

में आने चाहिए, जैसे-रसहीन, न्याययुक्त, फलप्रद, लाभदायक, क्षतिग्रस्त, स्नेहपूर्वक, आश्चर्यजनक, साहसपूर्ण, परिणामस्वरूप, एकनिष्ठ, प्रेममय, पदखुत, हानिकारक, जलद, आदि। साथ ही, जहाँ समस्त पद में संधि रहती है, वहाँ हाइफ़न नहीं आ सकता, जैसे वजाहत प्राणाधार, कथनानुसार।

जहाँ तत्पुरुष में समस्त पद के पूर्व पद में विकार आ जाता है, वहाँ हाइफ़न की गुंजाइश नहीं रह जाती, जैसे-घुड़दौड़, लखपति, राजपुरुष आदि।

संक्षेप में कहा जा सकता है कि तत्पुरुष समास में न तो अपरिहार्य रूप से युग्रेखा का विधान ही किया जा सकता है और न ही बहिष्कार। इसके लिए दृष्टि ही प्रधान है। इसके मूल में यही सिद्धान्त काम करता है कि समस्त पद घुले-मिले ही, तो एक्त शिरोरेखा में देने चाहिए।

12.3.2.3.2 समीक्षा

(1) नियम 2(2) के अंतर्गत विभक्ति के रूप में 'ए' तथा क्रिया के रूप में 'ये' का प्रयोग भ्रामक हैं। सर्वत्र स्वर-रूप में 'ए' का प्रयोग भ्रामक हैं। सर्वत्र स्वर-रूप 'ए' का प्रयोग होना चाहिए।

(2) नियम 3(क) में 'महत्व', 'कर्तव्य', 'उज्ज्चल', 'तत्व', 'दुख', 'निस्संकोच' आदि के प्रयोग का सुझाव सर्वथा दोषपूर्ण है। अतः यहाँ महत्त्व, कर्त्तव्य, उज्ज्वल, तत्त्व, दुःख, निःसंकोच, आदि का ही प्रयोग उचित होगा।

(3) नियम 3(क) में संस्कृत व्याकरण के साक्ष्य पर यथास्थान हल्-प्रयोग की बात व्यावहारिक नहीं है। इसलिए भगवान, महान, विद्वान, किंचित, पृथक्, आदि का ही प्रयोग करना चाहिए न कि 'भगवान्' महान्', 'विद्वान्', 'किंचित्', 'पृथक्' आदि का।

(4) नियम खा अंतर्गत गरमी, सरदी, शरम, बरफ, बिलकुल, कुरसी, भरती, आदि में पूरे अक्षर से ही लिखे जाने का सुझाव दोषपूर्ण है, कारण कि इसका एक निश्चित आधार है। अतः जहाँ हमें आधार प्राप्त हो, वहाँ निराधार का होकर निर्णय लेना उचित नहीं होगा।

12.3.2.4 भारतीय हिंदी परिषद्[26]

भारतीय हिंदी परिषद् ने हिंदी वर्तनी की एकरूपता के लिए अपनी समिति द्व ारा प्रस्तावित नियमों का प्रारूप अलग से चार पृष्ठों के एक पत्रक रूप में छपवाकर वितरित किया था तथा 1961 में अपनी मुख पत्रिका 'हिंदी अनुशीलन' एवं 'प्रकाशन समाचार' आदि में प्रकाशित किया था, जो इस प्रकार है–

वर्तनी की एकरूपता के लिए प्रस्तावित नियमों का प्रारूप

प्रस्तावना :– अखिल भारतीय हिंदी प्रकाशक संघ ने लेखन-मुद्रण में एकरूपता के लिए वर्तनी-संबंधी नियमों का एक प्रारूप प्रचारित किया है। भारतीय हिंदी परिषद् का ध्यान भाषा की एकरूपता तथा स्थिरीकरण की व्यापक समस्या पर आज से दस वर्ष पहले ही गया था। उसके पटना-अधिवेशन में इस विषय की

विभिन्न समस्याओं पर विस्तार से विचार भी किया गया था। 'हिंदी अनुशीलन' का भाषा-अंक भाषा और लेखन-शैली के स्थिरीकरण के उद्देश्य से निकाला गया था, परंतु इस विषय में भारतीय हिंदी परिषद् ने अब तक अपना कोई निश्चय नहीं प्रकट किया है। प्रकाशक-संघ के उपर्युक्त प्रारूप के प्रचारित होने पर परिषद् की कार्यकारिणी का ध्यान इस ओर विशेष रूप से गया कि कम-से-कम उन समस्याओं पर भारतीय हिंदी परिषद् को अपना मत निर्धारित कर ही लेना चाहिए, जिनके बारे में प्रकाशक संघ निर्णय कर लेना चाहता है और इस उद्देश्य से उराने एक प्रारूप तैयार करने का कार्य एक समिति को सौंपा, जिसके सदस्य डॉ. हजारीप्रसाद द्विवेदी, पं. विश्वनाथ प्रसाद मिश्र, डॉ. माता प्रसाद गुप्त, डॉ. हरदेव बाहरी, और डॉ. रघुवंश (संयोजक) रखे गए। समिति ने कुछ बैठकें करके निम्नलिखित प्रारूप परिषद् के विचारार्थ निर्मित किया है।

उद्देश्य :– वस्तुतः वर्तनी के प्रश्न पर केवल यांत्रिक सुविधा तथा उपयोगिता की दृष्टियों से विचार करना उचित नहीं माना जा सकता। वर्तनी भाषा से घनिष्ट रूप से सम्बद्ध होती है और भाषा की शैली तथा प्रवाह पर भी उसका प्रभाव पड़ता है। वर्तनी के नियमों का निर्धारण करने में इस कारण भाषा की मौलिक प्रकृति को ध्यान में रखना अत्यन्त आवश्यक है। इधर कुछ साहित्यिक प्रकाशन संस्थाएँ छपाई की सुविधा के नाम पर वर्तनी की जिस पद्धति का अनुसरण कर रही हैं, वह भाषा की प्रकृति के सर्वथा अनुकूल नहीं है और उससे भाषा की शैली बोझिल होती है तथा गति रुद्ध होती है। लेखन-शैली अथवा वर्तनी में संशोधन करने का एकमात्र उद्देश्य यह होना चाहिए कि वह भाषा की मूल प्रकृति को अक्षरों तथा अंकों के माध्यम से व्यक्त करने में अधिक से अधिक सहायक हो सके।

नियमों का आधार :– भाषा की मूल प्रकृति की रक्षा करते हुए इस संबंध में नियमों का निर्धारण 1. भाषावैज्ञानिक प्रमाण 2. स्पष्टता वर्तनी के साथ की 3. परंपरा तथा 4. सुविधा के आधार पर किया जाना अपेक्षित है। यहाँ यह ध्यान रखने की बात है कि भाषा का मूल रूप उसके प्रयोग करने वाले लेखकों, विचारकों, साहित्यिकों के द्वारा निरूपित होता है, नियमों को बनानेवाले वैयाकरणों से नहीं, वे उनके निरूपक मात्र होते है। ऐसी स्थिति में उपर्युक्त आधारों का निरूपण भाषा का प्रयोग करनेवालों की दृष्टि से ही होना चाहिए।

नियमावली

1. वियुक्त शब्द, संयुक्त शब्द, या हाइफ़न का प्रयोग–

(1) हिंदी की मूल प्रकृति विशलेषणात्मक है, संस्कृत के समान संश्लिष्ट नहीं। समासयुक्त शब्दों का प्रयोग भी संस्कृत की शैली है, हिंदी की नहीं। हिंदी में संज्ञा-शब्दों का विशेषण रूप में प्रयोग सर्वप्रचलित है, इस कारण संस्कृत के समान

दो संज्ञा-शब्दों का विशेषण रूप में प्रयोग सर्वप्रचलित है, इस कारण संस्कृत के समान दो संज्ञा-शब्दों में विभक्तिृधँचहा का प्रयोग हुए बिना भी समासयुक्त होना उसमें आवश्यक नहीं है। ऐसी स्थिति में इस संबंध में हिंदी में प्रयोग के आधार पर संस्कृत से भिन्न नियमों का अनुसरण आवश्यक है।

क. हिंदी की परम्परा कर्मधारय समास में शब्दों को पृथक्-पृथक् रखने की है, जैसे-कृष्ण सर्प, गंभीर पुरुष, शुद्ध जल। यह हिंदी की विश्लेषणात्मक प्रकृति के अनुकूल है, साथ ही विशेषण तथा विशेष्य की स्पष्ट अलग स्थिति को भी व्यक्त करती है। अतः इसे ही मान्य माना जाए।

ख. हिंदी की इसी प्रकृति के अनुसार द्वंद्व समास की स्थिति में भी शब्दों को अलग-अलग (कामा देकर) रखना उचित है, जैसे-राम, कृष्ण, बुद्ध, आदि।

ग. तत्पुरूष समास की वर्तनी प्रयोग के अनुसार विविध रहनी चाहिए, यथा–

(अ) दो छोटे-छोटे शब्दों को जोड़ देना अपेक्षित होगा– जैसे-भूदेव, नरपति, आदि

(आ) पहला तत्त्व यदि विकृत है या अपने मूल रूप में है, तो भी दोनों शब्दों को जोड़कर लिखना उचित है, जैसे– वाक्कलह, द्विजार्थ, राजपुरूष, पितृसम, आदि। वास्तव में ऐसे शब्द संस्कृत के नियमानुसार ही सिद्ध हैं, अतः इनका प्रयोग उसी रूप में करना चाहिए।

(इ) दो बड़े-बड़े शब्दों को अलग रखना ही उचित होगा– जैसे– साहित्य समारोह, शब्द चमत्कार आदि। उन्हें मिलाकर लिखने से भाषा बोझिल होगी।

(ई) दो से अधिक शब्दों के समासयुक्त शब्द पृथक् ही रखे जाएँ, जैसे– हिंदी साहित्य सम्मेलन, नागरी प्रचारिणी सभा।

(घ) द्विगु समास जोड़कर लिखना उचित होगा– जैसे पंचजन्य, त्रिभुवन, आदि। ये शब्द भी संस्कृत से ही सिद्ध हैं। हिंदी में भी इस प्रकार समास जुड़कर एक शब्द बन गए हैं। जैसे दुचिता, चौराहा, छपेटी, सतनजा, आदि।

(ङ) बहुब्रीहि समास तो वास्तव में संस्कृत में भी अर्थ की दृष्टि से एक ही शब्द हो जाता है, हिंदी में तो वह इस रूप में माना ही जाना चाहिए– जैसे मेघनाद, महाबाहु, जलजात, अपुत्र, सपत्नीक, आदि।

(च) अव्ययी भाव समास की स्थिति में भी शब्दों को जुड़ा ही रखना चाहिए– जैसे यथास्थान, यथासंभव, आदि।

(2) **क.** हिंदी के अपने शब्दों में इस प्रकार का समास करना उसकी अपनी प्रकृति के विरुद्ध होगा। हिंदी में ऐसे शब्द अलग-अलग रहेंगे अथवा हाइफ़न से जोड़े जाएँगे, जैसे– सिगरेट-केस, देख-भाल।

ख. प्रति (अलग) - प्रति दिन, हर रोज़।

वाला (अलग)– बाँसुरी वाला, दौड़ने वाला।

अपवाद– किंतु जब 'वाला' लगाकर एक वस्तु या व्यक्ति का अर्थ घोषित

होता हो, तो उसे मिलाकर लिखना चाहिए, जैसे झुनझुनवाला, शोरेवाला, अगरवाला।

ग. 'जी' का प्रयोग अलग होना चाहिए, जैसे– हिंदी में 'श्री' का हो रहा है।

(3) **क.** परसर्ग अलग रहने चाहिए, वास्तव में इनको विभक्ति कहना ग़लत है। हिंदी में कारकों को ग़लत ढंग से कहा जाता रहा है। वस्तुतः अन्य परसगों के अलग रखने के बारे मैं कोई समस्या नहीं है– जैसे, समान, नीचे, ऊपर, तले, भर आदि। अतः ने, को, से, के लिए, का, की, के, में, पर, आदि को संज्ञा और सर्वनाम दोनों में अलग रखा जाना चाहिए।

ख. पूर्वकालिक क्रियाओं का 'कर' अलग रहना चाहिए। ऐसा करने से अधिक स्पष्टता रहेगी, क्योंकि इस प्रकार के अन्य शब्द भी बनते हैं, जिनमें भ्रम हो सकता है। साथ ही, उच्चारण में आघात का अन्तर पड़ता है। पूर्वकालिक क्रियाओं के रूप में 'कर' का उच्चारण क्रिया के अंश के बाद अलग, स्वतंत्र हो जाता है– जैसे, सी कर और सीकर के उच्चारण में अंतर है, यहाँ अर्थ में भी अंतर है। मिला देने से उच्चारण स्पष्ट नहीं होगा। मिला देने से 'कर' के क'का उच्चारण हिंदी की प्रकृति के अनुसार स्वरहीन हो जाएगा और यहाँ 'कर' का स्पष्ट उच्चारण आवश्यक है, – जैसे– जा कर, खा कर, पी कर, सो कर।

ग. संयुक्त क्रियाओं में दोनों क्रियाओं में दोनों क्रियाएँ अलग होती हैं, उनको अलग रखना चाहिए वस्तुतः ऐसा ही होता है, यहाँ कोई समस्या नहीं है।

2. या, ये अथवा आ, ए, ई, अंत्य ध्वनियों के रखने की समस्या– इस विषय में पहले हिंदी में लगभग सर्वमान्य मत था कि इनका वर्तनी में प्रयोग उच्चारण के अनुसार किया जाए। अर्थात् बिना इस बात को ध्यान दिये कि शब्द संज्ञा, विशेषण अथवा भूतकालिक कृदंत आदि का पुलिंग या एक वचन रूप केवल स्वर में अंत होता है अथवा 'य' के साथ, इसकी बहुवचन तथा स्त्रीलिंग की वर्तनी में उच्चारण के अनुसार स्वर का ही प्रयोग किया जाता था– अर्थात् गाय-गाएँ, नया-नई, गया-गए। इधर वर्तनी की एकरूपता की दृष्टि से यह नियम प्रतिपादित किया गया जो शब्द पुलिंग एकवचन में केवल स्वरांत हो वे बहुवचन और स्त्रीलिंग रूपों में भी स्वरांत रहने चाहिए, किंतु जिनके पुलिंग एकवचन में अंत में– य' अथवा 'या' आता हो, उनकी 'ये', यी' होना चाहिए। यह नियम अपनी स्पष्टता के कारण इधर कुछ स्वीकृति भी पा रहा है। परंतु ध्वनियों के नियम तथा उच्चारण की स्पष्टता की दृष्टि से उच्चारण के अनुसार वर्तनी में अच्य स्वरों का ही प्रयोग अधिक संगत जान पड़ता है। अंततः यह नियम ही अधिक सुगम सिद्ध होगा, क्योंकि वर्तनी का संबंध का उच्चारण से भी मानना पड़ेगा। वर्तनी के आधार में सुविधा हो, यह भी एक विचारणीय बात है। साथ ही– य-या के स्थान पर -ई, -ए का परिवर्तन समझना भी कठिन नहीं है। क्योंकि अर्द्धस्वर य' और स्वर 'ई' में निकटता का संबंध है। (इस संबंध में अखिल भारतीय प्रकाशक संघ के प्रस्ताव तो और भी अधिक भ्रम उत्पन्न करनेवाले हैं।)

3. हिंदी में प्रयुक्त संस्कृत शब्दों का प्रयोग

1. हिंदी में संस्कृत मूल के तद्भव शब्दों का प्रयोग होना तो स्वाभाविक ही है और इस प्रवृत्ति पर बल देना चाहिए।

2. संस्कृत तत्सम रूपों का प्रयोग शुद्ध रूप में ही होना चाहिए। इससे शब्द-रूपों को भाषा वैज्ञानिक दृष्टि से समझने में आसानी होगी। संपूर्ण भारतीय भाषाओं में प्रयुक्त4343 तत्सम शब्दों में एकरूपता रहेगी तथा शब्दों की व्याख्या करना आसान होगा। यथा-महत्+प्रत्यय = महत्त्व, न कि महत्व

उत् + ज्वल प्रत्यय = उज्ज्वल न कि उज्वल

तत् + त्व = तत्त्व न कि तत्व

3. हलंत शब्दों में हलंत रखना भी उपर्युक्त दृष्टि से आवश्यक होगा, यथा, विद्वान्, महान्, आदि।

4. विदेशी ध्वनियों की समस्या

1. फ़ारसी-अरबी की कुछ ध्वनियाँ हिंदी में आ गई हैं, विशेषकर उत्तर भारत के पश्चिमी क्षेत्रों में उनका प्रयोग बहुत होता है। यों फ़ारसी-अरबी की सारी ध्वनियाँ उर्दू में भी तद्वत् नहीं रही हैं। जैसे क् धनि का उच्चारण उर्दू में भी शुद्धतावादी ही बोलते हैं। क़, ख़, ग़, ज़, फ़, ध्वनियों को हिंदी में स्वीकार कर लेना चाहिए। इनके विरोधी जोड़े भी हिंदी में है। ज़, फ़ अँगरेज़ी से भी प्राप्त हैं। अतः शुद्धता के नाते इन ध्वनियों को हिंदी में रखना चाहिए।

2. अन्य भाषाओं के अनेक शब्द जिनके उच्चारण में बीच के अक्षर की अर्थ-ध्वनि और पूर्ण-ध्वनि संदेहास्पद हो, उन्हें पूरे अक्षर से ही लिखना चाहिए, जैसे– गरमी, सरदी, शरम, बरफ, गरदन, बरतन, फुरसत।

3. शुद्धता की दृष्टि से अँगरेज़ी शब्दों के उच्चारण की आवश्यकता के अनुसार वर्तनी में अर्धचंद्र का प्रयोग करना अपेक्षित है– जैसे डॉक्टर, नॉर्मल, ऑपरेशन, आदि।

5. अनुस्वार और चंद्रबिंदु– संस्कृत में अनुस्वार तथा पंचम वर्ण का विकल्प से प्रयोग होता है। हिंदी में भी यही पद्धति प्रचलित है। परंतु लेखन तथा छपाई में अनुस्वार की बिंदी के छूट जाने, मिट जाने, तथा गिर जाने की बहुत संभावना रहती है। हिंदी में अनुनासिक धनियों के प्रयोग की वैसी भी बहुत प्रवृत्ति है, इस कारण भी यदि वर्तनी में बिंदुओं का प्रयोग कम किया जा सके, तो सुविधाजनक होगा।

क. पंचवर्गीय व्यंजनों की अनुनासिक ध्वनियों में ङ् तथा ङ् तथा य का यों भी ह्रास हो चुका है, ऐसी स्थिति में इनके स्थान पर अनुस्वार का प्रयोग किया जाना चाहिए– जैसे– आकिंचन, पंगु आदि।

ख. अन्य पंचवर्गीय व्यंजनों की अनुनासिक ध्वनियों का ण, न तथा म् का प्रयोग इसी रूप (पंचम वर्ण) में किया जाना चाहिए– जैसे सम्बन्ध, अन्त, गुण्ठन आदि।

ग. अन्यत्र (ऊष्म तथा अन्तस्थ व्यंजनों के पूर्व) अनुस्वार के रूप में अनुनासिक

ध्वनि का प्रयोग होना चाहिए– जैसे संबंधी, संयम, संरक्षण आदि।

घ. अँगरेज़ी तथा अन्य विदेशी शब्दों में उच्चारण के अनुसार वर्गों के पंचम वर्ग का प्रयोग किया जा सकता है– जैसे, सेन्ट, पेन्टर, आदि।

अनुस्वार तथा चंद्रबिंदु का अंतर उच्चारण के कारण है और वह रहना चाहिए। अर्थ की स्पष्टता की दृष्टि से भी आवश्यक है– जैसे, संवार-सँवार, हँस-हंस आदि परंतु सुविधा की दृष्टि से भी स्वरों में अ, आ, उ, ऊ के साथ जिनकी मात्राएँ ऊपर नहीं लगती हैं, इस कारण इरा विषय में भ्रम की गुंजाइश नहीं होगी– जैसे हँस, कस, कुँअर, सूत, जायेंगी, नहीं, साईं, आदि।

12.3.2.4.1 समीक्षा

1. नियम 3 (क) संज्ञा और सर्वनाम दोनों में परसगों को अलग रखने की बात कही गई है। यह दोषपूर्ण है। संज्ञा के साथ (जैसे, राम ने, मोहन को, सीता से आदि) परसर्ग को अलग रखना उपयुक्त होगा, किंतु सर्वनाम के साथ (उसने, मुझको, तुमसे, आदि) परसर्ग को मिलाकर लिखना ही उपयुक्त होगा।

2. नियम (2) के अंतर्गत अद्र्ध स्वर य-या के स्थान पर ई-ए ध्वनियों की बात भी भ्रामक है। इसमें सर्वत्र स्वर-रूप के प्रयोग का मत स्थिर करके एकरूपता बनाए रखना समीचीन होगा।

3. नियम 3(3) के अंतर्गत विद्वान्, महान्, आदि में हलंत रखने की अब स्वीकार्यता नहीं है, कारण अब हिंदी में हल-रहित लिखना लगभग प्रयोग में आ गया है। कहीं हल् लगाया जाए और कहीं नहीं, यह याद रखना सहज नहीं है। अतः हल् का प्रयोग वांछित नहीं होगा।

4. नियम 4(2) में गरमी, सरदी, शरम, बरफ, बरतन, फुरसत, आदि में पूरे अक्षर लिखने की बात साधार नहीं है। इसका एक निश्चित व्याकरणिक आधार है, जिसमें सर्वत्र अद्र्ध-ध्वनि के प्रयोग का उल्लेख है।

5. नियम (क) (ख) (ग) (घ) के अंतर्गत अनुनासिक ध्वनि और अनुस्वार के प्रयोग की बात विकल्प से कही गई है, यह उपयुक्त नहीं है। इसमें जिनका पंचम वर्ण अनुनासिक है, वहाँ सर्वत्र अनुसार का प्रयोग किया जाना चाहिए और जहाँ पंचम वर्ण अनुनासिक नहीं है, वहाँ (अन्य, वन्य, कन्या, धन्या आदि में) वर्ण का प्रयोग होना चाहिए।

12.3.2.5 भारत सरकार का शिक्षा मंत्रालय[27]

हिंदी-वर्तनी में एकरूपता लाने के लिए भारत सरकार के शिक्षा मंत्रालय ने सन् 1961 में एक विशेषज्ञ समिति नियुक्त की थी। समिति ने अप्रैल, 1962 में अपनी अंतिम सिफ़ारिशें प्रस्तुत कीं, जिन्हें सरकार ने स्वीकृत किया। इन्हें 1967 में हिंदी-वर्तनी का मानकीकरण शीर्षक पुस्तिका में व्याख्या तथा उदाहरण-सहित प्रकाशित किया गया था।

वर्तनी-संबंधी अद्यतन नियम इस प्रकार हैं :

1. संयुक्त वर्ण

(क) खड़ी पाई वाले व्यंजन– खड़ी पाई वाले व्यंजनों का संयुक्त रूप खड़ी पाई को हटाकर ही बनाया जाना चाहिए, यथा–

ख्याति, लग्न, विष्णु, व्यास, कच्छा, छज्जा, श्लोक, नगण्य, राष्ट्रीय, कुत्ता, पथ्य, ध्वनि, न्यास, स्वीकृति, प्यास, डिब्बा, सभ्य, रम्य, यक्ष्मा, शय्या, त्र्यंबक, उल्लेख।

(ख) अन्य व्यंजन

(अ) 'क' और 'फ' के संयुक्ताक्षर : संयुक्त, पक्का, दफ़्तर की तरह बनाए जाएँ, न कि संयुक्त, पक्का, दफ़्तर की तरह।

(आ) ङ, छ, ट, ठ, ड, ढ, द और ह के संयुक्ताक्षर हल्-चिह्न लगाकर ही बनाए जाएँ, यथा :

वाङ्मय, लट्टू, बुड्ढा, विद्या, चिह्न, ब्रह्मा, आदि।

(इ) संयुक्त 'र' के प्रचलित तीनों रूप यथावत् रहेंगे, यथा–

प्रकार, धर्म, राष्ट्र।

(ई) 'श्र' का प्रचलित रूप ही मान्य होगा। त्र और व दोनों रूपों में से किसी एक के प्रयोग की छूट होगी।

2. हिंदी के विभक्ति-चिह्न सर्वनामों के अतिरिक्त सभी प्रसंगों में प्रातिपादिक से पृथक् लिखे जाएँ, जैसे-राम ने, स्त्री को, मुझको। परंतु प्रेस की सुविधाओं को ध्यान में रखकर पत्र-पत्रिकाओं में संज्ञादि शब्दों में भी विभक्तियाँ मिलाने की छूट

अपवाद–

(क) सर्वनामों के साथ यदि दो विभक्ति चिह्न हों, तो उनमें से पहला मिलाकर और दूसरा पृथक् लिखा जाए। जैसे– उसके लिए, इसमें से।

(ख) सर्वनाम और विभक्ति के बीच 'ही', 'तक' आदि का निपात हो, तो विभक्ति को पृथक् लिखा जाए। जैसे– आप ही के लिए, मुझ तक को।

3. संयुक्त क्रियाओं में सभी अंगभूत क्रियाएँ पृथक्-पृथक् लिखी जाएँ। जैसे-पढ़ा करता है, आ सकता है।

4. 'तक', 'साथ', आदि अव्यय सदा पृथक् लिखे जाएँ 'जैसे-आपके साथ, यहाँ तक।

5. पूर्वकालिक प्रत्यय 'कर' क्रिया से मिलाकर लिखा जाए। जैसे– मिलाकर, खा-पीकर, रो-रोकर।

6. द्वंद्व समास में पदों के बीच हाइफ़न रखा जाए। जैसे-राम-लक्ष्मण, शिव-पार्वती-संवाद।

7. 'सा, जैसा' आदि से पूर्व हाइफ़न रखा जाए, जैसे-तुम-सा, राम-जैसे, चाकू-से तीखे।

8. तत्पुरुष समास में हाइफ़न का प्रयोग केवल वहीं किया जाए, जहाँ उसके बिना भ्रम होने की सम्भावना हो, अन्यथा नहीं जैसे– भू-तत्त्व, रामराज्य।

9. जहाँ श्रुतिमूलक य-व का प्रयोग विकल्प से होता है, वहाँ न किया जाए, अर्थात् गए-गये, नई-नये, हुआ-हुवा, आदि में से पहले (स्वरात्मक) रूपों का ही प्रयोग किया जाए। यह नियम क्रिया, विशेषण, अव्यय, आदि सभी रूपों में माना जाए।

10. हिंदी में ऐ (ै), औ (ौ), का प्रयोग दो प्रकार की ध्वनियों को व्यक्त करने के लिए होता है। पहले प्रकार की ध्वनियाँ 'है', 'और' आदि में है तथा दूसरे प्रकार की 'गवैया', 'कौवा' आदि में। इन दोनों ही प्रकार की ध्वनियों को व्यका करने के लिए इन्हीं चिह्नों (ै, ौ) का प्रयोग किया जाए, 'गवय्या', 'कव्वा' आदि संशोधनों की आवश्यकता नहीं है।

11. संस्कृतमूलक, तत्सम शब्दों की वर्तनी में सामान्यतः संस्कृत रूप ही रखा जाए, परंतु जिन शब्दों के प्रयोग में हिंदी में हलंत चिह्न तुपा हो चुका है, उनमें उसको फिर से लगाने का यत्न न किया जाए, जैसे– 'महान', 'विद्वान्', आदि में।

12. जहाँ पंचमाक्षर के बाद उसी वर्ग के शेष चार वर्णो में से कोई वर्ण हो, वहाँ अनुस्वार का ही प्रयोग किया जाए, जैसे– अंत, अन्य, गंगा; संपादक।

13. चंद्रबिंदु के बिना प्रायः अर्थ में भ्रम गुंजाइश रहती है, जैसे हंस, हँस, अंगना आदि में। अतएव ऐसे भ्रम को दूर करने के लिए चंद्रबिंदु का प्रयोग अवश्य किया जाना चाहिए, किंतु जहाँ चंद्रबिंदु के प्रयोग से छपाई में बहुत कठिनाई हो, वहाँ चंद्रबिंदु के स्थान पर अनुस्वार के प्रयोग की छूट दी जा सकती है जैसे– नहीं, में, मैं। परंतु कविता आदि के ग्रंथों में छंद की, इसी प्रकार छोटे बच्चों की प्रवेशिकाओं में जहाँ चंद्रबिंदु का उच्चारण सिखाना अभीष्ट हो वहाँ इसका यथास्थान सर्वत्र प्रयोग किया जाए। जैसे-नहीं, मैं, ममैं, नँद-नंदन।

14. अरबी-फ़ारसी मूलक वे शब्द जो हिंदी के अंग बन चुके हैं और जिनकी विदेशी ध्वनियों का हिंदी ध्वनियों में रूपांतर हो चुका है, हिंदी रूप में ही स्वीकार किए जाएँ। जैसे– जरूर, परंतु जहाँ पर उनका शुद्ध विदेशी रूप में प्रयोग अभीष्ट हो वहाँ उनके हिंदी में प्रचलित रूपों में यथास्थान नुको लगाए जाएं, जिससे उनका विदेशीपन स्पष्ट रहे, जैसे– राज़, नाज़।

15. अँगरेज़ी के जिन शब्दों में अर्धविवृत्त 'आ' ध्वनि का प्रयोग होता है, उनके शुद्ध रूप का हिंदी में प्रयोग अभीष्ट होने पर 'आ' की मात्रा (ा) के ऊपर अर्धचंद्र का प्रयोग किया जाए (ऑ, ॉ)।

16. संस्कृत के जिन शब्दों में विसर्ग का प्रयोग होता है, वे यदि तत्सम रूप में प्रयुक्त हों, तो विसर्ग का प्रयोग अवश्य किया जाए, जैसे– दुःखानुभूति में। परंतु यदि उस शब्द के तद्भव रूप में विसर्ग का लोप हो चुका हो, तो उस रूप में विसर्ग के बिना भी काम चल जायेगा, जैसे 'दुख-सुख के साथी'।

12.3.2.5.1 समीक्षा

12.3.2.5.1.1 इसमें निर्दिष्ट सभी सूत्र बहुत पूर्ण तो नहीं, फिर भी व्यवहार्य हैं। अतः जब तक इसमें पुनः संशोधन, परिवर्तन, एवं परिवर्धन न हो जाए, तब तक एकरूपता की दृष्टि से इन्हीं का प्रयोग श्रेयस्कर होगा।

12.3.2.5.1.2 इन नियमों में कुछ शब्दावली जैसे विभक्ति का प्रयोग हुआ है, वहाँ हम परसर्ग का प्रयोग समझ सकते हैं, कारण कि अब हिंदी में यही स्वीकृत एवं मान्य हो गया है।

12.3.2.5.1.1.3 पृष्ठ 11 के (उ) के अंतर्गत व्यवस्था दी गई है– हल्-चिह्न युक्त वर्ण से बनने वाले संयुक्ताक्षर के द्वितीय व्यंजन के साथ इ की मात्रा का प्रयोग संबंधित व्यंजन के तत्काल पूर्व ही किया जाएगा, न कि पूरे युग्म से पूर्व। यथावत-कुट्टिम, द्वितीय, बुद्धिमान, चिह्नित आदि (कुट्टिम, द्वितीय, बुद्धिमान, चिह्नित नहीं) इस संदर्भ में मेरा विचार है– सभी हल-चिह्न युक्त वर्ण से बनने वाले संयुक्ताक्षर अपने व्यन्यात्मक रूप में एक से नहीं है। जैसे कुट्टिम और बुद्धिमान में 'इ' की स्थिति 'ट' एवं 'ध' के साथ यथावत रूप से तो स्थिर होती है, किंतु द्वितीय और चिह्नित के साथ नहीं। यह स्वनिमिक विश्लेषण से देखा जा सकता है। यद्यपि लिखना और बोलना दोनों भाषा के अलग-अलग कौशल हैं, दोनों को मिलाना नहीं चाहिए। फिर ऐसी स्थिति में लेखन में पारंपरिक रूप का अनुसरण करना चाहिए, ताकि अधिक भ्रम एवं द्विरूपता की स्थिति निर्मित न हो सके। यदि निदेशालय (उ) के अंतर्गत उल्लिखित संयुक्ताक्षरों के विषय में यह नियम स्थिर करना चाहेंगे, तो अन्य रूपों के लिए भी व्यवस्था देनी होगी, जैसे– निश्चित, उपस्थित, प्रायश्चित, आश्रित, अभीप्सित, आदि।

मैं इस संदर्भ में कहना चाहूँगा कि जहाँ तक व्यंजनों के उपरांत उच्चारण-सिद्ध-स्थान पर मात्राओं के प्रयोग का प्रश्न है (जैसा कि निदेशालय ने हलयुक्त संयुक्ताक्षरों से संदर्भ में निर्दिष्ट किया है) वह स्वीकार्य तो हो सकता है, साथ ही विचारणीय भी। विचारणीय इसलिए कि यह लिपिगत व्यवस्था का प्रश्न है और व्यवस्था अब यथेष्ट मान्यता प्राप्त कर चुकी है, व्यवहार में रच-पच गई है। फिर भी यह निराधार नहीं, अपितु आधारयुक्त है। इसका आधार यह है कि जब दो व्यंजन एक साथ आते हो, तो मात्रा उन दोनों के पूर्व में लगेगी, जैसा कि निश्चित, उपस्थित, आदि में है।

अतः उच्चारण-सिद्ध स्थान को लेकर मात्राओं के प्रयोगगत पूर्वाग्रह का कोई औचित्य प्रतीत नहीं होता। वैसे तो, निश्चित तो निश्‌चित' रूप में लिखा जा सकता है। यह भी व्याकरण-सम्मत ही होगा। यह तो एक व्यवस्था का प्रश्न है, जो प्रयोग यत्किंचित से दूर रहते हुए भी व्यवस्था में आ गए है, चल रहे हैं, उन्हें तद्वत् स्वीकार कर लेने में हमें कोई आपत्ति नहीं होनी चाहिए। इस संदर्भ में कुछ निष्कर्ष उल्लेख्य हैं।

1. मात्राएँ स्वतंत्र नहीं हैं, अपितु स्वर-वर्णों के संकेतात्मक सूक्ष्म चिह्न हैं।

2. मात्राएँ जिस वर्ण में लगती हैं, उसमें अपने संबंद्ध स्वर की उपस्थिति का संकेत देती हैं।

3. भाषाओं के प्रयोग की पद्धति सांकेतिक है।

4. मात्राओं के अपने स्थान का महत्त्व नहीं होता।

5. मात्रा का अपना स्थान उससे संबंद्ध स्तर की उपस्थिति के स्थान का सूचक नहीं होता।

6. मात्रा जिस वर्ण में लगती हैं उससे संकेतिक स्वर की उपस्थिति उसी वर्ण में होती है।

7. विश्लेषण करने पर मात्रा द्वारा संकेतित स्वर सदा संबद्ध स्वर के पश्चात् रखा जाता है.......चन्द्रिका....... च+अ+न+द्+र+इ+क+आ

8. वर्ण से अलग किए जाने पर मात्रा का अपना रूप सुए हो जाता है और उससे संबंद्ध स्वर उस वर्ण के पश्चात् प्रकट हो जाता है।

9. सुविधा और स्पष्टता के लिए मात्राएँ वर्ण के चारों ओर पूर्व निश्चित स्थान पर लगाई जाती हैं।

12.3.2.5.1.1.4 सूत्र क्रमांक 8 के (ग) पृष्ठ 16 पर व्यवस्था दी गई है "हिंदी में कुछ शब्द ऐसे हैं, जिनके दो-दो रूप बराबर चल रहे हैं, विद्वत्समाज में दोनों रूपों की एक-सी मान्यता है।" फ़िलहाल इनकी एकरूपता की आवश्यकता नहीं समझी गई है।

कुछ उदाहरण हैं– गरदन/गर्दन, गरमी/गर्मी, बरक/बर्फ, बिलकुल/बिछल, सरदी/सर्दी, कुरसी/कुर्सी, भरती/भर्ती, फुरसत/फुर्सत, बरदास्त/बर्दाश्त, वापिस/वापस, आखीर/आखिर, बरतन/बर्तन, दोबारा/दुबारा, दूकान/दुकान, बीमारी/बिमारी आदि। इस संदर्भ में मेरा अभिमत है कि दोनों रूपों की वैकल्पिक स्थिति को मानकीकृत करना आवश्यक है। यदि ऐसा नहीं किया जा सकेगा, तो एकरूपता बाधित होगी। वैसे रेफ-युक्त रूपों का प्रयोग ही अधिक उपयुक्त होगा, कारण कि इन प्रचलित शब्दों के मूल में प्रकारातंर से एक व्याकरण अथवा अनुशासन कार्य करता है। इस संदर्भ में शिक्षाग्रंथ' हमारा मार्गदर्शन करता है। इसके एक श्लोक में र (रेफ) की तीन स्थितियों (् र् : (विसर्ग) का वर्णन है।

स्वर दृष्ट्वा ह्ययधोयाति व्यंजनोपरि गच्छति।

अवसाने विसर्ग : स्यात त्रयो रेफस्य वैगतिः।।

तात्पर्य यह कि स्वर के आने पर र (रेफ) नीचे (्र) प्रयुक्त होगा, व्यंजन के आने पर ऊपर (र्) अंत में आने पर विसर्ग (:), हो जाता है।

अतः स्पष्ट है कि वापिस, वापस, आखीर/आखिर आदि रूपों के संदर्भ में बिना निश्चित आधार के कुछ नहीं कहा जा सकता है। इनकी भी एकरूपता अत्यावश्यक है।

12.3.2.6 विधान भवन टीचर्स कालिज, उदयपुर[28]

यहाँ वर्तनी पर जून 1963 में छह दिनों की एक गोष्ठी हुई, जिसमें विद्यार्थियों

के लेखन में मिलनेवाली वर्तनी की अशुद्धियों पर विचार किया गया। अड़तीस पृष्ठों की एक पुस्तिका के रूप में इस गोष्ठी का प्रतिवेदन 1963 में प्रकाशित हुआ, जिसमें अशुद्धियों की सूची वर्गीकृत रूप में दी गई है। साथ ही उन्हें दूर करने के उपायों पर भी प्रकाश डाला गया है। समवेततः यह प्रतिवेदन सामान्य कोटि का है।

12.3.2.7 अलीगढ़ मुस्लिम विश्वविद्यालय[29]

1966 में अलीगढ़ मुस्लिम विश्वविद्यालय के हिंदी-विभाग ने हिंदी-वर्तनी-समस्या पर विचार करने के लिए एक अखिल भारतवर्षीय गोष्ठी का आयोजन किया था। वहाँ के हिंदी-विभाग की शोध-पत्रिका 'अभिनव भारती' (1967) में उक्त गोष्ठी की रिपोर्ट प्रकाशित हुई थी, जो इस प्रकार है—

आज हिंदी के व्यापक प्रचार-प्रसार और परिनिष्ठित रूप के लिए उसकी वर्तनी में जहाँ तक हो सके, एकरूपता लाने की बड़ी आवश्यकता है। यह एक राष्ट्रीय महत्त्व का कार्य और उसी विशाल दृष्टिकोण से इस पर विचार किया जाना चाहिए। इस दिशा में एक छोटा-सा प्रयास वर्तनी-संगोष्ठी के रूप में 17-18-19 फरवरी 1966 को अलीगढ़ मुस्लिम विश्वविद्यालय के हिंदी-विभाग के तत्त्वावधान में किया गया, जिसमें भारत की प्रायः सभी भाषाओं के विद्वान् आचार्य किशोरीदास बाजपेयी और डॉ. एन.बी. राजगोपालन, डॉ. प्रेमस्वरूप गुप्त एवं विश्वविद्यालय के हिंदी-संस्कृत-विभाग के अध्यापकों ने संगोष्ठी में सक्रिय भाग लिया।

गोष्ठी का प्रथम सत्र कला-संकाय के विशाल कक्ष में सह-उपकुलपति के सभापतित्व में प्रारंभ हुआ। सर्वप्रथम हिंदी-विभाग के अध्यक्ष संगोष्ठी प्रोफ़ेसर डॉ. हरवंशलाला शर्मा ने संगोष्ठी के उद्देश्य पर विस्तार से प्रकाश डाला। उन्होंने बताया कि आज से 66 पूर्व 1900 ई. में नागरी प्रचारिणी सभा, काशी ने इस विषय में कुछ निर्णय लिये थे, किंतु उनको कार्यान्वित करने की हमारी गति इतनी धीमी रही है कि वर्तनी की समस्या अब भी ज्यों-की-त्यों है। हिंदी की विकासशीलता और प्रगति को ध्यान में रखकर इस पर कुछ व्यापक दृष्टि से विचार करना चाहिए। विषय का प्रवर्तन करते हुए आचार्य हजारी प्रसाद द्विवेदी ने विषय की महत्ता एवं हिंदी-वर्तनी की एकरूपता की आवश्यकता पर बल दिया। इस संबंध में उन्होंने नागरी प्रचारिणी सभा काशी और भारत सरकार के प्रयत्नों की चर्चा की और बताया कि फिर भी अभी संतोषजनक फल नहीं निकला है। एक समस्या है विभक्ति को सटाकर लिखा जाए या हटाकर-हिंदी का अध्ययन करने-वाले विदेशी छात्रों के मन में वर्तनी-संबंधी बहुत-से प्रश्न उठते हैं, उनका समाधान अभी आवश्यक है। संयुक्त क्रियाओं, अनुस्वार, और चंद्रबिदु अरबी-फ़ारसी के शब्दों में नीचे बिदी रखने या न रखने की कई समस्याएँ हैं। अब समय आ गया है कि इस संबंध में हम कुछ दृढ़ निर्णय लेकर काम करें।

इस वर्तनी-संगोष्ठी में प्रकाण्ड पण्डित, वयोवृद्ध आचार्य किशोरीदास बाजपेयी

केन्द्र-बिंदु रहे, जिनकी उपस्थिति संगोष्ठी में निरंतर ताजगी और सजीवता का संचार करती रही। उन्होंने अपने कई महत्त्वपूर्ण भाषणों में अनेक शंकाओं और भ्रमों का निराकरण किया। उन्होंने अपने सोदाहरण वक्तव्यों में उच्चारण, ध्वनि, व्याकरण, लोकव्यवहार, मनोविज्ञान, भूगोल, जलवापु धर्म, दर्शन सभी आधारों पर वर्तनी की समस्याओं का अद्भुत समाधान प्रस्तुत किया। सभापति महोदय डॉ. फ़जतुर्रहमान ने हिंदी और उर्दू.को प्रकृत्या एक ही भाषा बताते हुए दोनों को मिलाकर इस दिशा में प्रयत्न करने का परामर्श दिया।

दूसरे सत्र के वक्ता डॉ. भोलानाथ तिवारी ने वर्तनी के संबंध में अपना मत व्यक्त करते हुए कहा कि वैज्ञानिक वर्तनी वही है, जो उच्चारण के अनुकूल हो। संख्यावाचक शब्दों में अनेकरूपता है। वर्तनी में परंपरा और सुविधा का भी ध्यान रखना चाहिए। डॉ. हरदेव बाहरी ने अपना मत प्रकट करते हुए कहा कि मैं शुद्धतावादी हूँ। हिंदी की लिपि वैदिक लिपि है, केवलं उच्चारण के बल पर हम उसकी वर्तनी नहीं कर सकते। प्रत्येक हिंदी-जिज्ञासु को संस्कृत का ज्ञान अनिवार्य होना चाहिए। संस्कृत का ज्ञान न होने से आज बड़ी अव्यवस्था हो रही है। संस्कृत के संधि-नियमों का पालन होना चाहिए। शुद्ध उच्चारण से ही पढ़े-लिखे और अशुद्ध उच्चारण से मूर्ख की पहचान होती है। हमें संयुक्ताक्षरों की वर्तनी के संबंध में बहुत ध्यान से विचार करना चाहिए। श्री अयाचित हनुमच्छास्त्री एवं डॉ. बेल्लयाणि अर्जुनन ने क्रमशः तेलगु और मलयालम लिपियों के गुण-दोषों और उच्चारणगत विशेषताएँ बताते हुए द्रविड़ भाषाभाषियों द्वारा की जाने वाली हिंदी-वर्तनी की अशुद्धियों पर प्रकाश डाला।

काशी नागरी प्रचारिणी सभा, के प्रतिनिधि श्री शिवप्रसाद 'रुद्र' काशिकेय ने कहा कि हिंदी में वर्तनी की कोई समस्या नहीं है, हाँ, उसमें एकरूपता की थोड़ी-सी समस्या है। यदि हम एक परंपरा, जैसी अँगरेज़ी ने बना ली है, बना लें, तो बहुत कुछ कठिनाई दूर हो जाए। विभक्तियों के संबंध में नागरी प्रचारिणी सभा ने यह निश्चय किया है कि संज्ञा के साथ विभक्ति हटाकर और सर्वनाम के साथ सटाकर लिखी जाए। शब्दों के नीचे बिंदु लगाने के संबंध में उन्होंने बताया कि उर्दू की लिपि बिंदुबहुला है, अतः भाषा के शुद्ध उच्चारणों के लिए बिंदु लगाना अनिवार्य है।

इस संगोष्ठी में हिंदी– वर्तनी की दो प्रधान समस्याओं पर विशेष रूप से विचार हुआ– 1. य' श्रुतिवाले रूप लिखे जाएँ या स्वर वाले रूप। इस समस्या पर आचार्य किशोरीदास वाजपेयी ने बड़े विस्तार से ऐतिहासिक परिवेश में अपना अभिमत और निर्णय दिया। आप स्वर-रूपों को अधिक ग्राह्य समझते हैं, जैसे– आयें' नहीं 'आएँ'। और यदि हमें एकरूपता लानी है, तो सर्वत्र स्वर वाले रूपों को लिखना चाहिए। वैसे संस्कृत में भी दोनों रूप शुद्ध हैं– हरयिह, हरइह। 'आएगा' रूप ही ठीक है, 'आवेगा' अशुद्ध है। 'जाए' 'खाए' रूप ही ठीक हैं। 2. अरबी-फ़ारसी से गृहीत शब्दों में बिंदी का प्रयोग किया जाए अथवा नहीं। आचार्य बाजपेयी जी का

मत है कि उन शब्दों को हिंदी में लिखते समय कहीं भी बिंदी की आवश्यकता नहीं है, किंतु जब हम अरबी-फ़ारसी को नागरी लिपि में लिखना चाहें, तो बिंदी का प्रयोग आवश्यकतानुसार करें। इस संबंध में नागरी प्रचारिणी सभा ही के प्रधानमंत्री काशिकेय ने अपना विरोध प्रकट किया और बिंदीदार शब्द-रूपों की आवश्यकता पर बल दिया। गोष्ठी के सदस्य और जिज्ञासु श्रोताओं ने आग्रह किया कि इस समस्या पर अभी और विचार होना चाहिए। संगोष्ठी में कुछ शब्द-विरोधों के सिद्ध रूपों पर भी विचार किया गया।

इस संबंध में कुछ निर्णय इस प्रकार हैं–

1. हिंदी की प्रकृति के अनुसार 'छह' ही ठीक है और यही लिखा जाना चाहिए। जब हिंदी में विसर्ग है ही नहीं, तो फिर विसर्ग-युक्त रूप नहीं, लिखा जाना चाहिए।

2. 'राष्ट्रीय' ठीक है, 'राष्ट्रिय' नहीं, क्योंकि 'राष्ट्रिय' शब्द दूसरे अर्थ में प्रयुक्त होता रहा है।

3. 'अन्तरराष्ट्रीय' शब्द ठीक है, भविष्य में यही रूप व्यवहृत होना चाहिए।

4. अँगरेज़ी शब्दों को तत्सम रूप में उच्चारणानुसार लिखने के लिए उनके ऊपर जो अर्द्धचंद्र (ॅ) लगाने की प्रथा बढ़ रही है, वह अनावश्यक है, अतः 'डाक्टर' लिखना ही पर्याप्त है।

5. हिंदी में 'दम्पति' शब्द ही ठीक है, दम्पती नहीं।

6. जो लोग संस्कृत में तत्सम शब्दावली लें, वे उसमें हल् का प्रयोग कर सकते हैं, जैसे– भगवान्, श्रीमान्, आदि।

7. प्रत्यय-युक्त और समास-युक्त शब्दों में आदि व्यंजन का स्वर अथवा आदि स्वर की मात्रा हमेशा ह्रस्व हो जाती है, अतः वही लिखा जाना चाहिए, जैसे– निचाई, ऊँचाई, आदि।

इस संगोष्ठी का समापन अलीगढ़ मुस्लिम विश्वविद्यालय के उपकुलपति नवाब अलीनायर जंग की अध्यक्षता में भारत-सरकार के शिक्षा उपमंत्री श्री भक्त दर्शन जी ने किया। उन्होंने अपने रोचक भाषण में हिंदी के राष्ट्र-भाषा के रूप की परिकल्पना प्रस्तुत की और इस महान् उद्देश्य की पूर्ति के लिए सरकार के पूर्ण सहयोग का आश्वासन दिया।

12.3.2.8 भाषा-विज्ञान-विभाग, रविशंकर विश्वविद्यालय[30]

1978 में रविशंकर विश्वविद्यालय रायपुर के भाषाविज्ञान-विभाग ने हिंदी-वर्तनी के स्थिरीकरण के लिए दस नियमों का सुझाव रखा। सुझाव में भूमिका-स्वरूप कहा गया था– "एकरूपता ही भाषा के मानकीकरण का उच्चतम मानदंड है। रूपों में विविधता हिंदी के राष्ट्रीय स्वरूप के लिए घातक है। अनुरूपता का मतलव है क्षेत्रीय भेद या व्यक्तिगत भेद। अनेकरूपता के रहते हुए किसी भाषा के मानक रूप का स्तर ऊँचा नहीं किया जा सकता। उपलब्ध विकल्पों के कारण हिंदी-वर्तनी पर्याप्त दुविधाजनक

और बोझिल है। हमें इसे सुदृढ़ बनाने के लिए इन वैकल्पिक रूपों में से केवल एक को मान्यता देनी होगी और इसके लिए याद रखने की, मुद्रण की, और टंकण की सुविधा एवं व्यावहारिकता, मितव्ययता, और समरूपता आदि आधारों को ध्यान में रखना पड़ेगा। उपर्युक्त आधारों पर विविध वर्तनी-रूपों को तौलते हुए भिन्न-भिन्न संस्थाओं और विद्वानों के मतमतांतरों से लाभ उठाते हुए, तथा उच्चारणानुकूलता, व्याकरण, कुलपति और आधुनिकता आदि दृष्टियों से इस समस्या पर विचार करते हुए आगे ऐसे दस नियम दिये गए हैं, जिनके अनुसार लिखने से हिंदी-वर्तनी अनेक रूढ़ियाँ तोड़कर बहुत सीमा तक एकरूप हो जाएगा।" सुझाए गए दस नियम हैं–

1. वैकल्पिक श्रुति य् कभी न लिखे जाएँ, जैसे-संज्ञा-रुपए, किराए, अनुयाई, जग-हँसाई। विशेषण– नए, नई, उत्तरदाई, स्थाई, भाषाई। क्रिया-गए, जाएगी, लीजिए, चाहिए, सोइ, दिखाई। अव्यय-के लिए।

2. पंचम वर्गा के अनुस्वार का विकल्प होने पर सदैव अनुस्वार का प्रयोग किया जाए, जैस आकांक्षा, चंचल, दंड, हिंदी, संबंध, अहं।

3. सभी प्रकार के परसर्गीय शब्दों और उनके पूर्व के विभाज्य मुक्त रूप को अलग-अलग लिखा जाए; जैसे-आप सब का, राम भर के साथ, मुझ ही को, इस तक के लिए, जाने से भी, रो-रोकर तो, गाँधी जा, अलग से, काम कर और करवा के।

4. द्वित्व और एकाकी व्यंजन के विकल्प से सदा एकाकी व्यंजन को चुना जाए-जैसे-पूछा, कर्तव्य, अर्थ, वर्मा, माधुर्य, तत्व, महत्व।

5. जब पूरे और आधे व्यंजन का विकल्प हो, तो पूरा ही लिखा जाए, आधा नहीं, जैसे– अँगरेज़ी, अकसर, इंगलिश, गरदन, गरमी, पारटी, बरतन, बरदाश्त, उलटा, बिलकुल।

6. जहाँ हलंत व्यंजन का स्थान पूर्ण व्यंजन ले रहा है, वहाँ व्यंजन को हलंत न किया जाए, जैसे– पृथक्, सम्यक, सम्राट, अर्थात, पश्चात, शब्दवत, परिषद, भगवान, महान, विद्वान।

7. यथानुकूल विकल्प होने पर संयुक्त वर्णों को उनके संयोगी वर्णों में तोड़कर आगे-पीछे लिखा जाए; जैसे– शक्ति, विष्णु, बुड्ढा, पत्ता, सिद्धि, द्वितीय; गन्ना, अह्लाद, जिह्वा।

8. आवश्यकतानुसार या तो सटाकर या समास-चिह्न से जोड़कर लिखा जाए, जैसे– आत्महत्या; प्रतिशत; मानवमात्र; यथासमय, राजकुमार, कम-से-कम, कहाँ-कहीं; तुम-सा; देख-रेख; भू-तत्व; लड़ना-झगड़ना; सीता-राम-विवाह।

निम्नलिखित दो नियम विशेषकर तकनीकी लेखन, कविता और बाल-शिक्षा के लिए अधिक उपयोगी माने जाएँ (भारत सरकार ने भी इन्हें आवश्यकतानुसार सही माना है)-

9. चंद्रबिंदु और अनुसार का भेद रखा जाए, जैसे– हँस, हंस, पाँच, पांचजन्य,

सिंचाई, सिंचन, धुँधला, धुंध, पंच, पेंट, भैंस, भैंस, चोंगा, ओंकार, कौंध, क्रौंच।

10. देवनागरी की भेदकारी शक्ति-संपन्नता के लिए ऑ, क़ ख़, ग़, ज़, फ़ का भी प्रयोग किया जाए जैसे– हॉल, हाल, क़ॉल, कॉल, ख़ाना, खाना, ग़ौर, गौर ज़माना, जमाना, फ़न, फन।

12.3.3 समीक्षा

1. आचार्य किशोरीदास वाजपेयी ने एक ओर नभ-मंडल, छंद-भंग, छंद-दोष को उपयुक्त माना और नभोमंडल, छंदोभंग, छांदोनिर्णय, छंदोदोष, को अनुपयुक्त माना है, यह ठीक भी है, इसके ठीक विपरीत वे 'मनोकामना' और 'उपरोक्त' को हिंदी के संदर्भ में उपयुक्त मानते हैं संस्कृत के संदर्भ में नहीं, यह उचित नहीं है। मनोकामना और उपरोक्त दोनों दोषपूर्ण हैं, अतः हिंदी के कोटे में इन्हें डालना तर्कपूर्ण नहीं होगा।

2. वाजपेयी जी ने अंतर-राष्ट्रीय, अंतर-प्रांतीय, अंतर-देशीय को ठीक और अंतः राष्ट्रीय, अंतरराष्ट्रीय को ग़लत माना है, जो कि साधारण नहीं है। अन्तर्राष्ट्रीय या अंतरराष्ट्रीय ही ठीक है। वैसे ज़्यादा अन्तर्राष्ट्रीय ठीक होगा। कारण इन दोनों का आधर है 'स्वर दृष्ट्वाहृयधोयाति, व्यंजनोपरि गच्छति, अवसाने विसर्गः स्यात्त्रयो रेफस्य वैगतिः'।

3. वाजपेयी जी जाए, चले, पड़े, आदि में 'गा' को अलग लिखते हैं, जो कि न तो उपयुक्त है और न ही हिंदी की अपनी परंपरा के अनुकूल ही। अतः जाएगा, चलेग, पड़ेगा रूप में लिखा जाना ठीक होगा और यही लिखा भी जा रहा है।

4. वाजपेयी जी ने 'ढंग' और 'बेढँगापन' का प्रयोग किया है (अच्छी हिंदी का नमूना पृष्ठ 15), जबकि सर्वत्र ढंग और बेढंगापन का प्रयोग किया जाता है। रामचन्द्र वर्मा ने भी 'ढंग' और बेढंगापन'का ही प्रयोग किया है।

5. डॉ. हरदेव बाहरी ने पंचम नासिक्य व्यंजन तथा अनुस्वार के विकल्प में नासिक्य व्यंजन के प्रयोग (प्रान्त, सम्भव, मच को उपयुक्त माना है, जबकि पंचम नासिक्य व्यंजन के विकल्प के अनुस्वार (प्रांत, संभव, मंच) का प्रयोग लगभग तय हो गया है, और प्रयोग में भी आ गया है। संभव है कि अब डॉ. बाहरी भी इसे स्वीकार करने लगे हैं, कारण कि वे एक प्रयोगशील भाषावैज्ञानिक है, पूर्वग्रहों से मुक्त भी हैं।

6. डॉ. बाहरी विदेशी शब्दों क़, ख़, ग़, ज़, फ़, के प्रयोग में अधोबिंदु (नुक़्ता) के पक्षधर नहीं हैं, जबकि इसका प्रयोग आवश्यक है, कारण कि इसके प्रयोग न करने से अर्थांतर हो जाता है।

7. डॉ. बाहरी मासटर, पारसल, डाकटर आदि अँगरेज़ी शब्दों को आक्षरिक सीमा पर स्वरभक्ति से लिखते हैं, जबकि इन्हें मास्टर, पार्सल, डॉक्टर आदि रूपों में लिखना चाहिए।

12.3.4 मत-निर्धारण

हिंदी-वर्तनी-संबंधी चिंतन के एक दीर्घ कालक्रम में यथासमय आवश्यकतानुसार स्वरूप-निर्धारण होता रहा है। आज भी यह क्रम रुका नहीं है, फिर भी थम-सा गया है। 'थम-सा गया है', से आशय यह है कि आज वर्तनी से संबंधित लगभग सभी पक्षों पर विचार हो चुका है। अब इन विचारों अथवा निष्कर्षों के प्रयोग की एवं उनके प्रचार-प्रसार की आवश्यकता

आज जब हम हिंदी को अखिल भारतीय ही नहीं, अपितु एक अंतरराष्ट्रीय रूप देने जा रहें हैं, तो ऐसे समय में उसके एक मानक स्वरूप का होना समय की माँग बन पड़ी है। इसलिए भाषा के सभी पक्षों के साथ ही साथ वर्तनी-संबंधी तथ्यों पर विचार करते हुए एक निश्चित प्रयोगगत स्वरूप का निर्धारण आवश्यक है। पूरे संदर्भों को दृष्टि में रखते हुए जो बिंदु उभरते हैं, वे इस प्रकार है–

1. पंचम नासिक्य व्यंजन तथा अनुस्वार में विकल्प की स्थिति में अनुस्वार का ही प्रयोग उपयुक्त होगा, जैसे संज्ञा (मालाएँ, कलाएँ) क्रिया (जाए, खाए, पाए, गई, खाई, दिलाई), विशेषण (नई, नए, स्थाई, भाषाई), अव्यय (मोहन के लिए) ही, जहाँ पंचम वर्ण अनुनासिक नहीं है, वहाँ नासिक्य व्यंजन का प्रयोग किया जाए, जैसे– अन्य, धन्य, कन्या, बदान्य, अन्यान्य। जहाँ, दो भिन्न वर्गीय नासिक्य धनियों का संयोग होगा, वहाँ भी नासिक्य व्यंजन का प्रयोग होगा, जैसे– वाङ्मय, चिन्मय, तन्मय, दिङ्नाग, मृणमय, उन्मुख, उन्मीलित। जहाँ दो समान नासिक्य वर्णों का संयोग हो, जैसे– भिन्न, खिन्न, अम्मा, सुत्पन्न, सम्मान। जहाँ अरबी, फ़ारसी तथा अँगरेज़ी से आगत शब्दों का संदर्भ हो, जैसे– इन्सान, इन्कलाब, उम्दा, इम्तिहान, कन्ट्रोल।

2. शब्द-रचना से संबंधित द्वित्व रूपों को उनके तत्सम रूप में ही लिखा जाए, जैसे– तत्त्व (तत् + त्व) न कि तत्व, महत्त्व (महत्+त्व) न कि महत्व, उज्ज्वल (उत्+ज्वल) न कि उज्वल, उल्लंघन (उत्+लंघन) न कि उलंघन, पश्चात्तप (पश्चात्+ताप) न कि पश्चाताप।

3. एकरूपता की दृष्टि से किंचित्, जगत्, पृथक्, भगवान्, महान्, विद्वान् आदि को हिंदी में न अपनाया जाए, कारण कि इससे न तो अर्थांतर आता है और न ही बहुत अधिक व्याकरणिक स्खलन ही होता है। वैसे भी हिंदी में सभी अकारांत शब्द व्यंजनांत हो गए हैं, अतः हल् से लिखने का कोई औचित्य है ही नहीं।

4. अनुस्वार और चंद्रबिंदु यथास्थान प्रयोग किया जाना चाहिए, कारण कि चंद्रबिंदु का प्रयोग न करने पर अर्थांतर का खतरा उत्पन्न हो जाएगा। जैसे– हँसी (हंसी), हँस (हंस), अँधेरा (अंधेरा) आदि। जहाँ अर्थांतर का खतरा नहीं है, वहाँ विकल्प से यथासंभव उच्चारण को भी ध्यान में रखते हुए अनुस्वार एवं चंद्रबिंदु का प्रयोग किया जाए, जैसे– अँगूठी, अँगरेज़ी, आँधी, कँगना, रंग-ढंग आदि। मगर शिरोरेखा के ऊपर कोई मात्रा हो, तो चंद्रबिंदु के स्थान पर अनुस्वार का प्रयोग किया जाए।

5. अरबी, फ़ारसी और तुर्की के नुक़्ता-युक्त रूपों (क़, ख़, ग़, ज़, फ़ आदि) का प्रयोग किया जाए, कारण कि इनके प्रयोग न करने से अर्थांतर हो जाता है, जैसे– क़मर (फा. चन्द्रमा) कमर (फा. कटि) क़मरी (चन्द्रमा संबंधी), कमरी (कुरती) कर्ज (ऋण) कर्ज (फा. गैड़ा), क़ोर (अ. हथियार) कोर (फा. अंधा, आँख की कोर), क़ाज (फा. फूस का छपर), काश (तं. लंबी फाँक, खण्ड, टुकड़ा), ख़ान (फा. पठान) खान (हं. कोयला आदि की), ख़ाना (फा आलमारी आदि का खाना) खाना (हि. भोजन), ख़ुदा (परमात्मा) खुदा (हि. खुदा हुआ), ख़ैर (अ. कुशल, कोई बात नहीं) खैर (हिं. कत्था), ग़ज (फा. एक नाप), गज (हिं. हाथी), ग़ौर (अ. ध्यान) गौर (हिं. गोरा), चख़ (फा. झगड़ा) चख (हिं. आँख), ज़ंग (फा. लोहे पर लगने वाला मुरचा), जंग (फा. युद्ध), ज़ज (समुद्र का भाटा), जज (अ. न्यायकर्त्ता), ज़द (फा. चोट, हानि) जद (अं दादा, नाना), ज़रा (तु. थोड़ा), जरा (अं. क्रंदन), जरा (सं. बुढ़ापा), ज़लील (अ. प्रतिष्ठित), ज़ीना (सीढ़ी), जीना (जीवन जीना), ताक़ (अ. आला), ताक (हि. देख), फ़न (अ. हुनर) फन (साँप का), बेग़म (फा. बिना गम का), बेगम (तु. बीबी), राज़ (फा. रहस्य) राज (हि. शासन), सज़ा (फा. दंड) सजा (अ. सजा हुआ)।

6. अँगरेज़ी शब्दों में अर्धचंद्र का प्रयोग किया जाना चाहिए, जैसे 'कॉफ़ी', 'नॉर्मल', 'डॉक्टर', 'ऑपरेशन', आदि।

7. परसर्गों को संज्ञा के साथ हटाकर (जैसे-राम ने, मोहन को, सीता से और सर्वनामों के साथ सटाकर (जैसे– आपका, तुझको, मुझको, उसकी) लिखा जाए।

8. गर्म-गरम, शर्म-शरम, बर्फ-बरफ, हल्का-हलका, उल्टा-उलटा– जैसे शब्दों में प्रथम को मानक माना जाए।

9. वाला के प्रयोग से निर्मित कर्तृवाचक संज्ञा के दोनों खंडों को अलग-अलग लिखे जाएँ, जैसे– गाड़ी वाला, दूध वाला, दौड़ने वाला, चश्मे वाला, बाँसुरी वाला, लड़की वाला, घड़े वाली आदि।

10. आदर सूचक 'जी' मूल संज्ञा के साथ अलग रखा जाए, जैसे– माता जी, महात्मा जी, भाई जी, मिश्र जी आदि।

11. दो भिन्न शब्दों के संयोग से बने हुए प्रचलित शब्दों को मिलाकर लिखा जाए, जैसे– चालचलन, मतदान निम्नलिखित, ग्रामवासी, यथायथ, यथास्थान, आत्महत्या, वादविवाद, आदि।

12. हाइफ़न (योजक चिह्न) का प्रयोग मुख्य रूप से निम्नलिखित स्थितियों में किया जाए–

i. द्वंद्व समास में, जैसे– माता-पिता, राम-सीता, राधा-कृष्ण।

ii. पुनरुक्ति-वाची शब्दों में, जैसे– बार-बार, जब-जब, तब-तब।

iii. दो शब्दों के मध्य संबंध-निदेंश के संदर्भ में, जैसे– स्वरूप-विश्लेषण, शिक्षा-मंत्री, गंगा-तट, सूट-केस, शासन-विरोधी।

13. हिंदी के संख्यावाची शब्दों का मानकीकरण[31]

हिंदी प्रदेशों में संख्यावाचक शब्दों के उच्चारण और लेखन में प्रायः एकरूपता का अभाव दिखाई देता है। शिक्षा मंत्रालय द्वारा प्रकाशित 'ए बेसिक ग्रामर ऑफ़ मॉडर्न हिंदी' में भी इस एकरूपता का अभाव था। अतः निदेशालय में 5-6 फरवरी, 1980 को आयोजित भाषा विज्ञानियों की बैठक में इस पर गंभीरता से विचार किया गया।

तद्नुसार 'एक से सौ' तक सभी संख्यावाचक शब्दों पर विचार करने के बाद इनका जो मानक रूप स्वीकृत हुआ, वह इस प्रकार है :

एक	दो	तीन	चार	पाँच	छह
सात	आठ	नौ	दस	ग्यारह	बारह
तेरह	चौदह	पंद्रह	सोलह	सत्रह	अठारह
उन्नीस	बीस	इक्कीस	बाईस	तेईस	चौबीस
पच्चीस	छब्बीस	सत्ताईस	अट्ठाईस	उनतीस	तीस
इकतीस	बत्तीस	तैंतीस	चौंतीस	पैंतीस	छत्तीस
सैंतीस	अड़तीस	उनतालीस	चालीस	इकतालीस	बयालीस
तैंतालीस	चवालीस	पैंतालीस	छियालीस	सैंतालीस	अड़तालीस
उनचास	पचास	इक्यावन	बावन	तिरपन	चौवन
पचपन	छप्पन	सतावन	अठावन	उनसठ	साठ
इकसठ	बासठ	तिरसठ	चौंसठ	पैंसठ	छियासठ
सड़सठ	अड़सठ	उनहत्तर	सत्तर	इकहत्तर	बहत्तर
तिहत्तर	चौहत्तर	पचहत्तर	छिहत्तर	सतहत्तर	अठहत्तर
उनासी	अस्सी	इक्यासी	बयासी	तिरासी	चौरासी
पचासी	छियासी	सतासी	अठासी	नवासी	नब्बे
इक्यानवे	बानवे	तिरानवे	चौरानवे	पचानवे	छियानवे
सतानवे	अठानवे	निन्यानवे	सौ		

संदर्भ

1. उद्धृत अंश के लिए द्रष्टव्य डॉ. भोलानाथ तिवारी, हिंदी वर्तनी की समस्याएँ, पृष्ठ-20, 21, 22
2. वही पृ. 22 से उद्धृत
3. वही पृ. 27, 28, 29 से उद्धृत
4. वही पृ. 29, 30 से उदधृत
5. वही पृ. 30-31 से उद्धृत
6. वही पृ. 31, 32, 33 ये उद्धृत

7. वही पृ. 33, 34, 35 से उद्धृत
8. वही पृ. 80 से 86 तक के संदर्भ
9. वही पृ. 39
10. देवनागरी लेखन तथा हिंदी वर्तनी व्यवस्था पृ. 49, 50, 51, 52
11. डॉ. देवीशंकर द्विवेदी, देवनागरी पृ. 67
12. वही पृ. 68
13. हिंदी वर्तनी की समस्याएँ, पृ. 24, 25, 26 एवं 27 से उद्धृत
14. वही पृ. 35 से उद्धृत
15. वही पृ. 35, 36, 37, 38, 39 से उद्धृत
16. वही पृ. 39
17. वही पृ. 39-40
18. वही पृ. 40 से 45
19. वही पृ. 45
20. वही पृ. 45, 46
21. वही पृ. 46
22. वही पृ. 46, 47, 48
23. वही पृ. 48, 49
24. वही पृ. 49, 50
25. वही पृ. 50 से 53
26. वही पृ. 54 से 59 से उद्धृत
27. देवनागरी लिपि तथा हिंदी वर्तनी का मानकीकरण, केंद्रीय हिंदी निदेशालय, शिक्षा तथा संस्कृति मंत्रालय भारत सरकार पृ. 9 से 17 पर उद्धृत
28. हिंदी वर्तनी की समस्याएँ पृ. 65 से उद्धृत
29. वही पृ. 65-68 से उद्धृत
30. वही पृ. 75-77 से उद्धृत
31. देवनागरीलिपि तथा हिंदी वर्तनी का मानकीकरण, केंद्रीय हिंदी निदेशालय, शिक्षा तथा संस्कृति मंत्रालय भारत सरकार पृ. 18

13

देवनागरी लिपि का मानकीकरण

लिपि, राष्ट्र, और संस्कृति परस्पर अनुपूरक हैं, कारण कि लिपि अपने राष्ट्र की सांस्कृतिक यात्रा की संवाहिका है। जहाँ तक देवनागरी लिपि का प्रश्न है, अन्यान्य लिपियों की तुलना में अधिक वैज्ञानिक इसलिए है कि यह एक ध्वन्यात्मक लिपि है। इसका एक प्राचीन ऐतिह्य है। वैदिक काल से अद्यावधि चले आ रहे इसके स्वरूप में समय के अनुसार कुछ अनुकूलन अवश्य हुआ है, जो कि अपेक्षित भी है, परंतु अधिकाधिक परिवर्तन असंभव है।

13.1 यहाँ इसके कुछ ऐतिहासिक क्रम को दिया जा रहा है :–

13.1.1 माहेश्वरी ब्राह्मी रूप :– इसे महेश्वर शिव-प्रदत्त माना जाता है।[1]

नृत्तावसाने नटराजराजे ननाद ढक्कां नवपंच बारम्।

उद्धर्तुकामः सनकादिसिद्धान् एतद्विमर्षे शिवसूत्र जालम। काशिका (सूत्र 1)

अर्थात् नटराज भगवान शिव के चौदह नृत्यों के बाद इस शिवसूत्र-जाल की रचना हुई। इसका स्वरूप-चित्र 13.1 में स्पष्ट किया गया है।

13.1.2 इसके वैदिक वर्णों की संरचना चित्र 13.2 में दी गई है।[2]

13.1.3 परमार शिलालेख थार, गुना, उज्जैन, (महाकालेश्वर) में इसका त्रिकोणीय रूप चित्र 13.3 के अनुसार पाया जाता है।[3]

13.2 नागरी लिपि का स्वरूप-विकास[4]

इस निबंध का विवेच्य विषय नागरी लिपि के उन अंतर्भूत गुणों का उद्घाटन है, जिनके कारण उसे संपर्क-लिपि में स्वीकार्य किया जा सकता है। फिर भी, संक्षेप में नागरी के स्वरूप, विकास, एवं संज्ञा-औचित्य पर भी विचार करना आवश्यक होगा। इस प्रकार प्रस्तुत निबंध में नागरी लिपि : स्वरूप, विकास, और संज्ञा-औचित्य, संपर्क-लिपि के अपेक्षित गुण तथा नागरी लिपि, नागरी लिपि संपर्क-लिपि के रूप में : भारतीय भाषाओं के संदर्भ में और विदेशी भाषाओं के संदर्भ में, नागरी के संदर्भ में कुछ अन्य सुझाव, आदि बिंदुओं पर विचार किया जाएगा।

MAHESHWARI BRAHMI FORMS

CREATED OF CRESCENT SIGNS STRUCK BY SHIVA'S
DAMARU THE HOURGLASS SHAPED DRUM

(after A. B. WALAWALKAR, *Pre. Ashokan Brahmi*)

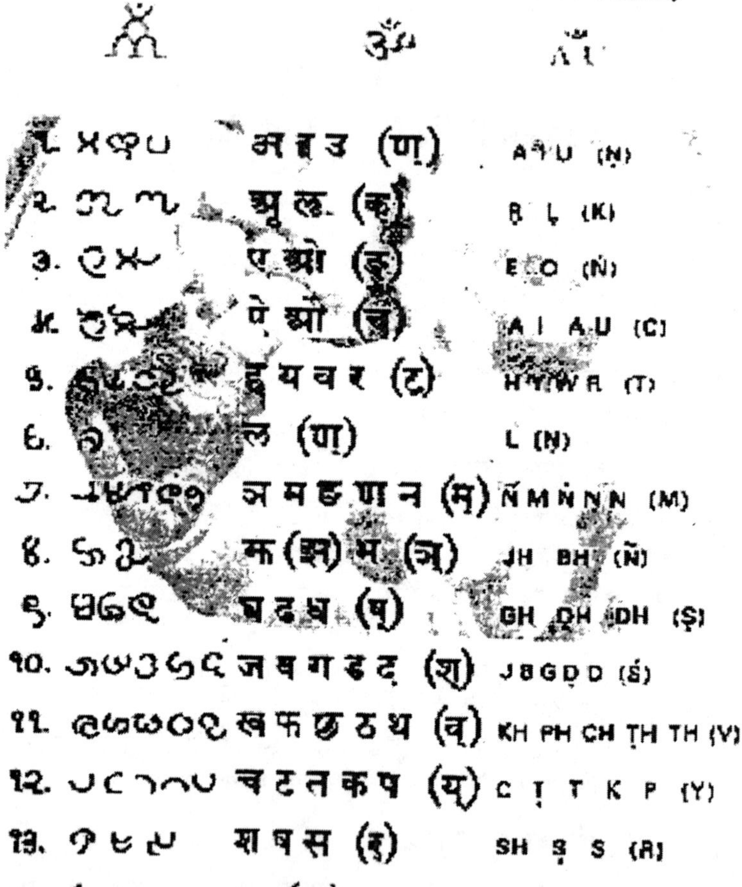

— इति माहेश्वराणि सूत्राणि अणादि संज्ञार्थानि ॥

END OF APHORISMS OF MAHESHWARA.
ANCIENT ESSENCE OF CATEGORIES

VEDIC LETTERS

RG-VEDA VAJUR-VEDA

VOWELS

SHORT

LONG

PROTRACTED

CONJUNCT

PROT-CONJUNCT

vts. M. N. etc.

DEPENDENT ELEMENTS

NASAL

vtz. H

OFF-GLIDE

VELAR

VOICELESS BILABIAL FRICATIVE

DEPENDENT TOUCH-CLASSES

(STOPS)

SERIES

GUTTURAL

PALATAL

LINGUAL

DENTAL

SEMIVOWEL

LABIAL

HOT (FRICATIVES)

FAUCAL PLOSIVE

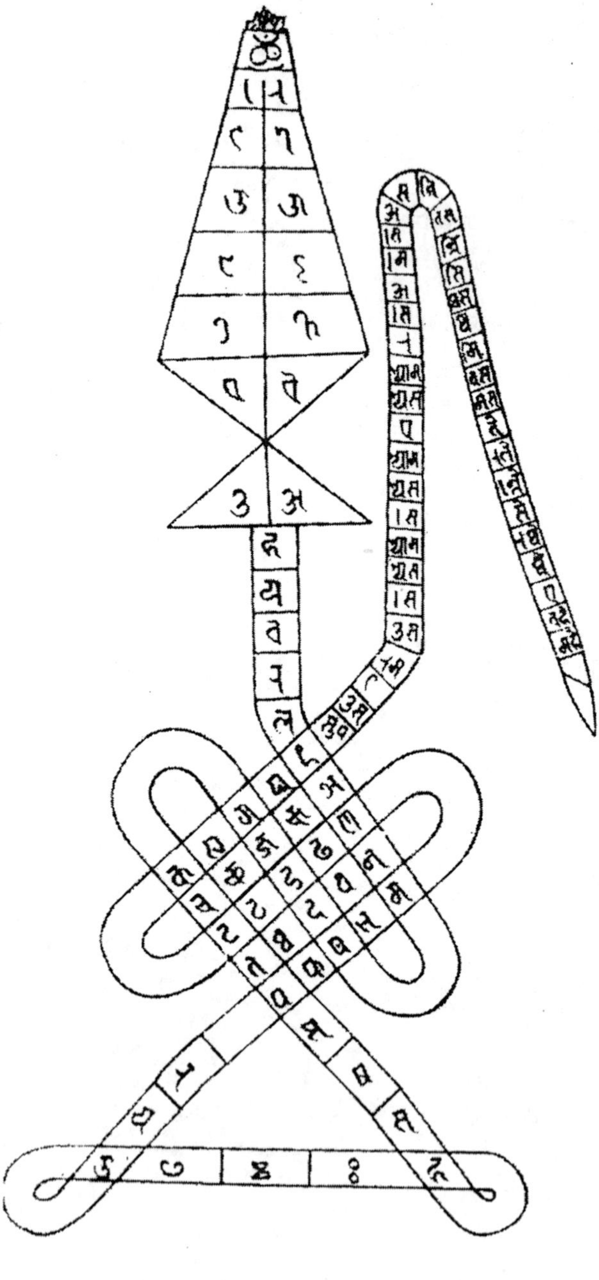

13.2.1 नागरी लिपि : स्वरूप-विकास और संज्ञा-औचित्य

नागरी लिपि के संबंध में ओझाजी का मत है कि "वर्तमान नागरी लिपि का मूल अर्थात् प्राचीन रूप अशोक के शिलालेखों की लिपि में मिलता है, जो विक्रम संवत् से लगभग 200 वर्ष पूर्व का है और काठियावाड़ से उड़ीसा तक और नेपाल की तराई से मैसूर तक अनेक स्थानों से मिला है। अतएव अभी तो अशोक के समय की लिपि को ही नागरी लिपि का प्राचीन रूप मानना चाहिए। अशोक के समय की लिपि का नाम 'ललितविस्तर' में ब्राह्मी मिलता है और 'नित्यषोडषिकार्णव' के भाष्य सेतुबंध में भास्करानंद ने उसका नाम नागर (नागरी) लिपि ही माना है, क्योंकि वे लिखते हैं कि 'नागरी लिपि' में 'ए' का रूप त्रिकोण है, जैसा कि अशोक के लेखों में मिलता है।"

प्राचीन देवनागरी का परिचय देते हुए ओझाजी ने लिखा है कि 'दसवीं शताब्दी की, उत्तरी भारतवर्ष की नागरी लिपि में कुटिल लिपि की ना, इ, अ, आ, ध, प, म, य, ष और स के सिरस्वर दो अंशों में विभक्त मिलते हैं। परंतु ग्यारहवीं शताब्दी से ये दोनों अंश मिलकर स्वर की एक लकीर बन जाती हैं और प्रत्येक अक्षर का स्वर उतना लंबा रहता है, जितनी कि अक्षर की चौड़ाई होती है, ग्यारहवीं शताब्दी की नागरी लिपि वर्तमान नागरी लिपि से मिलती-जुलती है और बारहवीं शताब्दी से वर्तमान नागरी बन गई है। केवल इ और स, घ में कहीं-कहीं पुरानापन नज़र आता है। बारहवीं शताब्दी से लगातार अब तक नागरी लिपि बहुधा एक ही रूप में चली आती है, तो भी लेखन-शैली और देश-भेद से कुछ अंतर रह ही जाता है।"

आधुनिक नागरी दसवीं शताब्दी ई. की प्राचीन नागरी का ही विकसित रूप है। इसे वर्तमान रूप बारहवीं शताब्दी से प्राप्त हुआ। जिस प्रकार संस्कृत से हिंदी के विकास के मध्य प्राकृत और अपभ्रंश के दो मुख्य सोपान हैं, उसी प्रकार ब्राह्मी से नागरी के विकास के मध्य भी गुप्त लिपि एथ कुटिल लिपि के दो मुख्य सोपान हैं। ऐसा प्रतीत होता है कि मानो भारतीय आर्य भाषा और भारतीय आर्य लिपि, दोनों का विकास साथ-साथ होता आया हो।

जहाँ तक नागरी के संज्ञा-औचित्य का प्रश्न है, इसके लिए अब तक देवनागरी, नागर, देवनागर, लोकनागरी, आदि नाम सुझाए गए हैं। इन नामों से 'नागरी' नाम ज़्यादा ख्यातिलब्ध है, जो कि देवनागरी का संक्षिप्त रूप है। इन नामानुक्रमों में आचार्य विनोबा भावे द्वारा प्रस्तावित लोकनागरी' संज्ञा कई कारणों से बहुत उपयुक्त है। जैसे– जब नागरी में सार्वदेशिक लिपि बनने की सामर्थ्य है, तो इसे 'देव' के साथ सीमित करके या 'नागरी' मात्र बनाकर रखने का कोई औचित्य नहीं है। जैसे 'संस्तुत' भाषा के लिए देववाणी की संज्ञा देकर उसका वैशिष्ट्य निरूपित किया जाता है अथवा उस वर्ग विशेष के साथ जोड़कर देखा जाता है, ऐसा 'नागरी' लिपि

के साथ करना उचित नहीं होगा। इसकी गुणगत-विशिष्टता को दृष्टि में रखकर लोकनागरी' संज्ञा से अभिहित करना उचित ही होगा। यद्यपि यह नाम ख्यात नहीं हो सका है, फिर भी संभव है कि यह 'नागरी' संज्ञा की तरह लोक प्रसिद्धि प्राप्त कर ले। कदाचित् कुछ ऐसा ही सोचकर आचार्य ने यह नाम सुझाया हो।

जहाँ तक इसके देवनागरी अथवा नागरी नाम पढ़ने के कारणों का प्रश्न है, इस विषय में विद्वानों की अपनी दृष्टियाँ हैं। अगर विचार करके देखें, तो इसका जो लोकग्राह्य अर्थ-नागर तथा संभ्रांत-नगर में रहने वाला चतुर, श्रेष्ठ, आदि की अर्थच्छाया से युक्त एक ऐसी लिपि, जो सर्वगुण संपन्न अथवा वैज्ञानिक हो, से है।

13.2.2 संपर्क-लिपि के अपेक्षित गुण तथा 'नागरी' लिपि

संपर्क-लिपि का स्थान प्राप्त करने के लिए किसी भी आदर्श लिपि में निम्नलिखित गुणों का होना आवश्यक है–

1. सहजता,
2. उच्चारणानुरूप लेखन
3. लेखन-सौकर्य
4. उस लिपि में उपनिबद्ध साहित्य की समृद्धि
5. लिपिक्रम की वैज्ञानिकता एवं वर्णमाला का व्यवस्थित अनुक्रम।

इस दृष्टि से जहाँ तक देवनागरी लिपि का प्रश्न है, इसके संदर्भ में भाषाविदों, लिपिवेत्ताओं, एवं अनुसंधित्सुओं ने नागरी की कई गुणगत विशिष्टताओं का उल्लेख किया है, किंतु विवेच्य विषय का उन सबसे सीधा संबंध नहीं है। अतः उपरिनिर्दिष्ट संपर्क-लिपि की विशेषताओं के संदर्भ में ही 'नागरी' लिपि का विवेचन करना समीचीन होगा।

13.2.3.1 सहजता

नागरी लिपि की सहजता के पक्ष में अनेक तर्क प्रस्तुत किए जा सकते हैं, किंतु इस संदर्भ में यह तथ्य ही पर्याप्त होगा की अपनी सरलता और सहजता के कारण ही यह संस्कृत, पालि, प्राकृत एवं अपभ्रंश-जैसी प्राचीन भाषाओं और हिंदी, मराठी, आदि आधुनिक भारतीय भाषाओं की लिपि रही है। इतना ही नहीं, नेपाली-जैसी विदेशी भाषा का भी लिपि होने का गौरव इसे अपनी सहजता के कारण ही मिला है और भी 'रोमन' की तरह इसमें वाक्य का प्रथम अक्षर बड़े रूप में लिखने की अनिवार्यता नहीं है।

13.2.2.2 उच्चारणानुरूप लेखन

नागरी अक्षरात्मक लिपि है। अक्षरात्मक लिपि में प्रत्येक ध्वनि के लिए पृथक्-पृथक् स्वतंत्र वर्ण होते हैं। इसमें प्रत्येक स्वर वर्ण के लिए पृथक् से मात्रचिह्न निश्चित होते हैं, जिनके प्रयोग के द्वारा स्वरयुक्त व्यंजनों अर्थात् अक्षरों (सिलेबुल्स) को उच्चारणानुरूप लिपिबद्ध किया जा सकता है। जैसा कि अँगरेज़ी में बट (but) और (put) की अव्यवस्था इस लिपि की भाषाओं में नहीं पाई जाती। जैसा कि डॉ. भोलानाथ तिवारी ने लिखा है– "यदि हिंदी आदि आधुनिक भारतीय भाषाओं

को रोमन या उर्दू में लिखना हो, तो अनेक धनियों के लिए प्रायः दो लिपि-चिह्नों को मिलाकर लिखने की परेशानी उठानी पड़ेगी, जबकि नागरी में उन सभी के लिए स्वतंत्र चिह्न हैं। उदाहरण के लिए ख, प, द, झ, ठ, आदि सभी महाप्राण ध्वनियों को रोमन के जी आदि में 'एच' मिलाकर तथा उर्दू में काफ़, गाफ आदि में ह को मिलाकर लिखते हैं। ऐसी स्थिति में इन लिपियों में एक ध्वनि के दो पढ़े जाने की आशंका बनी रहती है। aghan 'अघन' भी है और 'अगहन' भी व। उर्दू में भी यही स्थिति है। इसी प्रकार नागरी में लिखित 'आबहवा' को अभाव, अथवा आदि कई रूपों में पड़ा जा सकता है।" इन दुरूहताओं से मुक्त होकर नागरी पर्याप्त संपन्न और पूर्ण हो सकी है।

13.2.2.3 लेखन-सीकर्य

नागरी में ध्वनिग्रामों की पर्याप्त संख्या होने से किसी शब्द को बिना किसी विशेष चिह्न के लिखा जा सकता है। हाँ, अपवाद-स्वरूप कुछ शब्दों को छोड़कर। परंतु, रोमन में ऐसा लेखन-सौकर्य नहीं है। जैसे— यदि रोमन में हिंदी के राम और टमाटर शब्दों को लिखना हो, तो इस प्रकार लिखेंगे— Rama, Tamatar यह लेखन की कठिनता नागरी के साथ नहीं है।

13.2.2.4 नागरी में उपनिबद्ध साहित्य की समृद्धि

नागरी लिपि में प्रभूत साहित्य उपनिबद्‌ध है। इस विषय में सर्वाधिक महत्त्वपूर्ण बात तो यह होगी कि अधिकांश भारतीय भाषाओं की जननी कही जानेवाली संस्कृत भाषा की भी यह सक्षम वाहिका है। इसे पालि, प्राकृत, एवं अपभ्रंश आदि समृद्‌धिशाली प्राचीन भाषाओं की लिपि होने का भी गौरव प्राप्त है। आधुनिक भाषाओं के संदर्भ में यह राष्ट्रभाषा हिंदी या मराठी की लिपि है। इतना ही नहीं, देश की सीमा से बाहर में बोली जाने-पाली नेपाली-जैसे विदेशी भाषा की भी लिपि नागरी ही है। इन सब भाषाओं में उपनिबद्‌ध ज्ञान-विज्ञान के तत्त्वों की जानकारी हेतु नागरी लिपि से परिचित होना होगा।

13.2.2.1 लिपिक्रम की वैज्ञानिकता एवं वर्णमाला का व्यवस्थित अनुक्रम

लिपिक्रम की वैज्ञानिकता का सर्वाधिक महत्त्वपूर्ण उदाहरण 'माहेश्वर सूत्र' है। इसे दो रूपों में देखा जा सकता है। इन सूत्रों में वर्णों को सुनयोजित क्रम से रखा गया है और प्रत्याहार की व्यवस्था की गई है।

अतः प्रत्याहार द्वारा कई अक्षतें का संकेत किया जा सकता है।

जैसे— 'इकोयणचि' इक् यण् अच्'।
इक्-ई, उ, ऋ, तृ।
यण-य, व, र, ल।
अच्-अ, इ, उ, ऋ, ल, ए, ओ, ऐ, ओ।

इस संदर्भ में दूसरी बात यह है कि इसकी वर्णमाला वैज्ञानिक और क्रम

सुनयोजित है। इसमें मुख्यतः दो तथ्य सामने रखे जा सकते हैं–

(क) उच्चारण-स्थान

(ख) उच्चारण-प्रयत्न

उच्चारण-स्थान

इसमें वर्णमाला के प्रत्येक कवर्ग, चवर्ग, आदि को उच्चारण-स्थान की दृष्टि से व्यवस्था दी गई है। जो इस प्रकार है–

1. अट्ठारह प्रकार का (क) कवर्ग और क, ख, ग, ध, ङ, ह और विसर्गों का कण्ठ
2. इ अट्ठारह प्रकार का (च) चवर्ग च, छ, ज, झ, व, और य तथा श का तालु स्थान
3. ऋ अट्ठारह प्रकार का (ट्) टवर्ग ट, ठ, ड, ढ, ण, (रषणाणाम्) र और ष का मूर्द्धा स्थान है।
4. तृ (त) तवर्ग त, थ, द, ध, न (लसाना) ल और स का दंत स्थान है।
5. उ अट्ठारह प्रकार का (पु) पवर्ग प, फ, ब, भ, म, और उपध्यमानीय (प, फ) इनका ओष्ठ स्थान है।
6. ञ, म, ङ, ण, न इनका नासिका स्थान है और अपने-अपने वर्ग का स्थान भी है।
7. ए और ऐ का कण्ठ और तालुस्थान है।
8. ओ और औ का कण्ठ और ओंठ स्थान है।
9. वकार का दन्त और ओंठ का स्थान है।
10. जिह्ममूलीय (क) और (ख) का जिह्ममूल स्थान है।
11. अनुस्वार का नासिका स्थान है।

उच्चारण-प्रयत्न

इसी प्रकार से प्रयत्नों का भी क्रमिक विवेचन हुआ है। प्रयत्न दो प्रकार के हैं– आभ्यान्तर और बाह्य। उसमें पहला आभ्यांतर पाँच प्रकार का है–स्पृष्ट, ईषत्स्पृष्ट, ईषदविवृत्त, विवृत्त, और संवृत्त। बाह्य प्रयत्न ग्यारह प्रकार का है– विवार, संवार, स्वास, नाद, घोष, अघोष, अल्पप्राण, महाप्राण, उदात्त, अनुदात्त और स्वरित। इसके बाद प्रयत्नों का विस्तार भी दिया गया है। यहाँ उसे इस प्रकार रख सकते हैं–

प्रयत्न-ज्ञापक फलक

बाह्य प्रयत्न	विवार श्वास	विवार	श्वास	संवार नाद	घोष	अल्पप्राण
अघोष	अल्काण	अघोष	महाप्राण	उदात्त,	अनुदात्त	स्वरित
अक्षर	क, च, ट, त, प ख,	थ,	श	अ	इ	ए
	घ	फ	ष		उ	ओ
		ठ	स	क	ए	औ
					लु	

नागरी वर्णमाला के व्यवस्थित अनुक्रम के संदर्भ में संस्कृत के वर्णों पर दृष्टिपात करना समीचीन होगा। संस्तुत भाषा में सभी वर्ण सार्थक तथा व्याकृत हैं, अर्थात् प्रत्येक वर्ण या अक्षर का स्वयं अर्थ भी होता है। यह विशेषता केवल संस्कृत भाषा में ही है। जैसा कि पंडित सीताराम चतुर्वेदी ने लिखा है कि संस्कृत वर्णमाला के पूरे वर्ण देकर यह स्पष्ट किया जाता है कि उसके वर्ण समाम्नाय का प्रत्येक वर्ण सार्थक शब्द भी है।

अ-विष्णु, आ-महादेव, इ-कामदेव, उ-शिव, ट-ध्वनि।

इतना ही नहीं, प्रायः सभी वर्ण बहुअर्थक भी हैं, यथा—प-पवन, राजा, पत्ता, अण्डा, पीना, है, जो विवेच्च विषय को अभीष्ट रूप देने में सक्षम हो सके। इस संदर्भ में विचार करने पर रक्षा करना, शासन करना, इसी प्रकार सभी वर्णमालाओं के संदर्भ में देखा जा सकता है।

आगे 'भाषा और लिपि' के प्रसंग में आचार्य जी ने लिखा है—

"भारतीय वाक्शात्र की यह भी बड़ी विशेषता रही है कि संस्कृत भाषा में विभिन्न वर्णों या ध्वनियों के मेल से ही शब्द नहीं बनता, वरन् प्रत्येक वर्ण स्वतः भी शब्द है और वह एक वर्ण शब्द भी बहूवर्थक होता है। इस प्रकार संस्कृत या देववाणी के समस्त वर्णों का प्रादुर्भाव आध्यात्मिक माना जाता है। जिनके स्वरूप, अर्थ, गुण, दैवत और वर्ण सब निश्चित हैं, अर्थात् ये सब वर्ण भी ब्राह्मण, क्षत्रिय, वैश्य, और शूद्र जाति के हैं, इनके अलग-अलग देवता हैं वर्ण-निघंटु में अत्यन्त विस्तार से प्रत्येक वर्ण के रूप और उसका आकृति का विधान दिया गया है। इस प्रकार लिपि का शास्त्रीय और वैज्ञानिक विकास अन्य किसी देश में नहीं हुआ। इतना ही नहीं, भारतीय वैयाकरणों के उच्चारण-स्थान और प्रयत्न के अनुसार सब उच्चारित वर्णों को क्रमिक वर्गों में विभक्त करके उन्हें नियमबद्ध कर डाला, जिससे संस्कृत के वैयाकरणों को अत्यंत व्यवस्थित व्याकरण बनाने में बड़ी सुविधा हुई।"

नागरी के इन्हीं गुणों के कारण देश-विदेश के महापुरुषों, मनीषियों एवं चिंतकों ने इसकी वैज्ञानिकता की संपुष्टि की है। यहाँ इन सबका उल्लेख करना आवश्यक होगा—

(क) देवनागरी दुनिया की सर्वाधिक वैज्ञानिक लिपि है।

-राहुल सांकृत्यायन

(सम्मेलन डायरी, 12 मार्च, 1974 से उद्धृत)

(ख) नागरी लिपि से बढ़कर वैज्ञानिक लिपि मैंने दुनिया में पाई नहीं।

-आचार्य विनोबा भावे, (वही 21 सितम्बर, 1974)

(ग) देवनागरी लिपि की वैज्ञानिकता स्वयं-सिद्ध है।

-महावीर प्रसाद द्विवेदी, (वही 12 जनवरी, 1974)

(घ) मानव-मस्तिष्क से निकली हुई वर्णमालाओं में नागरी सबसे अधिक पूर्ण

वर्णमाला है।

-जॉन क्राइस्ट, (वही 10 जनवरी, 1974)

13.2.3 नागरी लिपि संपर्क-लिपि के रूप में संपूर्ण भारतीय भाषाओं के संदर्भ में

नागरी लिपि को संपूर्ण भारत की संपर्क-लिपि के रूप में स्वीकार करने की बात नई नहीं है। बंगाल के न्यायाधीश श्री शारदाचरण मित्र ने सर्वप्रथम एक लिपि विस्तार परिषद् और देवनागरी पत्रिका के द्वारा एक राष्ट्रलिपि का आंदोलन चलाया था। उन्होंने सन् 1910 में प्रयाग में एक लिपि-सम्मेलन का आयोजन किया था, जिसके अध्यक्ष संस्कृत के प्रसिद्ध विद्वान न्यायाधीश श्री वी. कृष्णस्वामी अय्यर ने कहा था कि "समस्त भारत के लिए एक भाषा और एक लिपि की नितांत आवश्यकता है। देवनागरी लिपि देशभर में प्रचलित और वैज्ञानिक है.. इसलिए उसे देशभर की भाषाओं की लिपि के रूप में मान्य किया जा सकता है। इसी प्रकार की घोषणा इसके पूर्व भी राजा राममोहन राय, तिलक, गाँधी, मालवीय, टंडन, भावे, कालेलकर ने की थी।

इन सब शुभ निर्देशों के बावजूद वैज्ञानिक आधार पर उन तत्त्वों की खोज आवश्यक है, इस संदर्भ में विचार करने पर निम्नलिखित बिंदु उभरते हैं–

(1) देवनागरी यद्यपि वैज्ञानिक लिपि है और इसमें ध्वनियों का बाहुल्य भी है, फिर भी यह देखना होगा कि भारतीय भाषाओं में ऐसी कौन-कौन सी और कितनी ध्वनियाँ हैं, जिनके लिए वर्तमान नागरी स्वतंत्र वर्ण उपलब्ध नहीं हैं।

(2) पृथक्-पृथक् भाषाओं के संदर्भ में विचार किया जा रहा है।

द्रविड़ भाषाएँ

भाषाएँ	देवनागरी में लिप्यंतरण हेतु अपेक्षित लिपियों का विकास अनुक्रम				
मलयालम	1.ऍं	कॆ	ओ	कॊ	र	ट्
	2.ए	ओ	क्	र	ट्	
तमिल	1.न	ए	ऒ	क		
	2.ए	ओ	क	न		
तेलुगू	1.अ	आँ				
	2.ए	ओ	र	च	ज	
कन्नड़	1.ऍं	ओ				
	2.ए	ओ				

अन्य भारतीय भाषाएँ

मराठी	स्वतः नागरी लिपि
हिंदी	स्वतः नागरी लिपि
गुजराती	
पंजाबी	

बंगला
उड़िया
असमिया
उर्दू
कश्मीरी सिंधी

उपर्युक्त मीमांसा के अतिरिक्त इसी संदर्भ में आचार्य पं. सीताराम चतुर्वेदी की दृष्टि इस प्रकार है–

मराठी, गुजराती, असमिया, बंगला, पंजाबी, और उड़िया भाषाओं के लिपिग्राम देवनागरी के समान होने के कारण उनका अक्षरशः लिप्यंतरण उचित होगा।

तमिल, तेलुगु, मलयालम, कन्नड़, कश्मीरी, और सिंधी भाषाओं में देवनागरी से भिन्न जो ध्वनियाँ हैं, उनके लिए विशेष अक्षर-चिह्न मान्य किए गए हैं।

	व्यंजन	अक्षर रूप
1.	कश्मीरी चवर्ग	च द ज झ
2.	सिंधी भाषा के अंतःश्वसित व्यंजन	ग ज द ब

3. उर्दू की विशिष्ट ध्वनियों को व्यक्त करने के लिए तदनुरूप देवनागरी वर्ण के लिए नीचे बिंदु लगाया जाए– क़ ख़ ज़ फ़।

इन दो तथ्यों से यह निष्कर्ष सामने आता है कि सम्पर्क-लिपि के रूप में देवनागरी में अक्षरों का स्वरूप एवं अनुक्रम इस प्रकार होता है।

स्वर - अ, आ, ऑ, इ, ई, उ, ऊ, ऋ, लृ, पॅ, ए, ऐ, ओं, ओ, औ, अं, अः।

व्यंजन - क, ख, ग, घ, ङ, ज, झ, व, ट, ठ, ड, ढ, ण, त, थ, द, ध, न, प, फ, ब, भ, म, य, र, ल, व, श, ष, स, ह, क, ख़ ग़, ज़, ट्र, ड़, फ़, ट, ल, :।

इस रूप में देवनागरी को संपर्क-लिपि के रूप में अपनाने में भारतीय भाषाओं के अध्येताओं को सुविधा हो सकेगी। इस संदर्भ में कुछ विचार बिंदु और भी हैं–

(1) जैसा कि उत्तर भारत में तो देवनागरी का प्रयोग स्पष्ट ही है।

(2) दक्षिण भारत के भी संस्कृत-हिंदी पढ़नेवाले विद्वानों का परिचय नागरी लिपि से हो जाता है।

(3) गुजराती, पंजाबी, और बंगला लिपियाँ भी देवनागरी के समान हैं।

इस प्रकार भारतीय भाषाओं के संदर्भ में देवनागरी लिपि को संपर्क-लिपि के रूप में अपनाने के लिए कोई विशेष असुविधा नहीं नज़र आती।

13.2.4 नागरी लिपि संपर्क-लिपि के रूप में, समस्त विदेशी भाषाओं के संदर्भ में

संसार भर की भाषओं के संदर्भ में नागरी लिपि को संपर्क-लिपि के रूप में

स्वीकार करने के लिए दिए जाने-वाले तर्कों के पूर्व इस बिंदु पर विचार करना भी आवश्यक होगा कि समस्त विदेशी भाषाओं के लिए नागरी को संपर्क लिपि के रूप में प्रतिष्ठापित करने का औचित्य क्या है? इस औचित्य के पक्ष में जो तथ्य दिए जा रहे हैं, वे निम्न हैं–

(1) नागरी लिपि संसार की सभी लिपियों से अधिक वैज्ञानिक और व्यवस्थित है, साथ ही साथ इस लिपि में उपनिषद् साहित्य भी बहुत समृद्‍ध है। अब हम इन तीनों बिंदुओं 7 (क) वैज्ञानिक (ख) व्यवस्थित और (ग) लिपि में उपनिषद् साहित्य की समृद्‍धि के आधार पर इसके औचित्य की बात करेंगे।

(क) इसकी विस्तार से चर्चा 13.2.2.5 में की जा चुकी है। फिर भी, इसकी सबसे बड़ी वैज्ञानिकता यह है कि यह है कि यह एक साथ वर्णात्मक और अक्षरात्मक दोनों है। जैसे– क (वर्ण) और 'क' (अक्षर-सिलेबुल्स) है। यह गुण संसार की किसी लिपि में नहीं मिलता।

(ख) इसे व्यवस्थित लिपि इसलिए कहा जा सकता है कि इसमें वर्णों को व्यवस्थित क्रम में रखा गया है और इसमें स्वरों की मात्राओं का वैज्ञानिक विधान है।

(ग) इस लिपि में उपनिबद्ध साहित्य भी बहुत समृद्ध है। इस उपनिबद्ध साहित्य में भी विशेषकर संस्कृत का संदर्भ संकेत्य है। क्योंकि ज्ञान-विज्ञान की किसी भी शाखा का सम्यक् ज्ञान प्राप्त करने के लिए संस्कृत-जैसी समृद्धिशाली भाषा का सम्यक ज्ञान करना आवश्यक होगा। जैसा कि भाषाविज्ञान के संदर्भ में यह स्पष्ट कि संस्कृत भाषा के परिचय के साथ ही यूरोप में इस शास्त्र के अध्ययन का श्रीगणेश हुआ। यह भी सर्वविदित है कि संस्कृत के ज्ञानार्जन हेतु यूरोप के भाषाशास्त्रियों, दार्शनिकों, एवं चिंतकों ने अथक श्रम किया है। इस संदर्भ में यह उल्लेख्य होगा कि संस्कृत की भी लिपि नागरी ही है।

अतः नागरी को संसार की भाषाओं के संदर्भ में संपर्क-लिपि के रूप में स्वीकार कर लेने पर संस्कृत के ज्ञानार्जन हेतु लिपि-संबंधी ज्ञान की समस्या नहीं रहेगी। इस संदर्भ में संसार की मुख्य भाषाओं की वाग्ध्वनियों की संख्या आचार्य सीताराम चतुर्वेदी ने इस प्रकार प्रस्तुत की–

अँगरेज़ी	26	यूनानी	24
फ्रांसीसी	23	लातिन	22
अरबी	28	डच(हुलांशा)	26
फ़ारसी	31	स्पेनी	27
तुर्की	33	इतालवी	20
हिब्रू	22	तातारी	202
	41	ब्राह्मी	16
		चीनी लगभग	80,000

इस प्रकार संसार की मुख्य भाषाओं की वाग्ध्वनियों को दृष्टिगत रखते हुए कहा जा सकता है कि देवनागरी वे लिपि चिह्नों का प्रयोग कर संसार की सभी भाषाओं एवं अँगरेज़ी के भी वर्णों का निर्धारण किया जा सकता है।

अंतर्राष्ट्रीय ध्वनिपरिषद् की वर्ण-तालिका (आई.पी.ए. चार्ट) के हिंदी-संस्करण का अवलोकन करने पर यह बात स्पष्ट हो जाती है कि इसे रोमन की अपेक्षा नागरी में अधिक सरलता से प्रस्तुत किया जा सकता है। भारतीय भाषाओं और विदेशी भाषाओं के लिए नागरी को संपर्क लिपि के रूप में अपनाए जा सकने के संदर्भ में प्रस्तुत किए तथ्यों से एवं विशेषज्ञों की अभिव्यक्तियों से यह स्पष्ट हो जाता है कि नागरी में संपर्क-लिपि बनने की पूर्ण क्षमता है।

13.2.5 'नागरी' के संदर्भ में कुछ अन्य सुझाव

(1) वैज्ञानिक प्रगति के अनुपात में नागरी के अनुकूल टंकण-यंत्रों के निर्माण की दिशा में प्रयास होना चाहिए। ताकि यह अपनी पूर्ण-विशेषता के अनुरूप लोकप्रियता अर्जित कर सके।

(2) नागरी लिपि शिक्षण हेतु लिपि पुस्तिकाएँ तैयार की जानी चाहिए।

(3) ये पुस्तिकाएँ प्रत्येक लिपिवाले के लिए पृथक्-पृथक् तैयार होना चाहिए।

(4) केंद्रीय हिंदी निदेशालय की योजना के अंतर्गत बृहत् रूप में लिप्यंतरण पर योजनाबद्ध कार्य होना चाहिए। डॉ. रामप्रकाश सक्सेना, प्राध्यापक, भाषा-विज्ञान विभाग, नागपुर विश्वविद्यालय ने 'लिप्यंतरण' पर सराहनीय कार्य किया है। इसके अतिरिक्त डॉ. सक्सेना इसे वृहत रूप देने में संलग्न भी हैं।

(5) प्रत्येक वर्ष नागरी लिपि परिषद् का कम से कम एक सम्मेलन होना चाहिए, ताकि उसके विकासोमुख स्वरूप पर चर्चा-परिचर्चा हो सके।

13.3 नागरी वर्णों का प्रतिमानीकरण-संदर्भ और व्याख्या

प्रस्तुत निबंध का उद्देश्य नागरी वर्णों के प्रतिमानीकरण के विषय में प्रस्तुत नव संदर्भों की व्याख्या करना है। नागरी को सरल, भाषाविज्ञान-सम्मत और यंत्रोपयोगी बनाने हेतु श्री रामचंद्र शरण ने कुछ प्रमुख संदर्भों की अवतारणा की है। श्री शरण ने अपनी लघु-पुस्तिका 'देवनागरी लिपि का सुधार क्यों : और कैसे' में कुल सात विवेच्य संदर्भ को प्रस्तुत किया है। ये संदर्भ इस प्रकार हैं– मात्राओं का उच्चारण-स्थान, ह्रस्व अ की मात्रा, ह्रस्व ए, ओ आदि, अर्द्धाक्षर, संयुक्ताक्षर, हलत-चिह्न और चतुर्विध रेफ। ये समस्त विचार-बिंदु देवनागरी की न्यूनताओं से संबद्ध हैं। श्री शरण जी का कथन है कि यदि देवनागरी की इन न्यूनताओं का परिहार हो जाए, तो देवनागरी अधिक सरल, वैज्ञानिक एवं यंत्रोपयोगी बन सकेगी। यहाँ इन समस्त बिंदुओं का क्रमिक विश्लेषण किया जा रहा है।

13.3.1 मात्राओं का उच्चारण-सिद्‌ध स्थान

शरण जी ने मात्राओं के उच्चारण-सिद्‌ध स्थान के विषय में चार सुझाव प्रस्तुत किए हैंः–

(1) सभी भाषाएँ व्यंजनों के उपरांत अपने उच्चारण-सिद्‌ध स्थान पर युक्त होनी चाहिए।

(2) देवनागरी सहित सभी भारतीय लिपियों में ये मात्राएँ व्यंजनों के ऊपर, नीचे, आगे, पीछे चारों ओर लगाई जाती हैं, जो कि कदापि भाषाविज्ञान-सम्मत नहीं हैं। ह्रस्व इ की मात्रा (ि) तो अत्यंत विचित्र है, यह तो अपने उच्चारण-स्थान से कूद कर कभी-कभी तो एकाधिक व्यंजनों से भी पूर्व लगाई जाती है, जैसा कि निश्चित, उपस्थित, आश्रित, अभीप्सित आदि असंख्य शब्दों में देखा जा सकता है।...... क्विन्स्ट्रिक, गल्फिस्ट्रिन, आदि शब्दों में इ की मात्रा अपना उच्चारण-सिद्‌ध स्थान छोड़कर चार या पाँच अक्षरों से पूर्व लगायी जाएगी, जो कदापि स्वीकार्य नहीं है और हमारी लिपि का ऐसा दोष है, जिसके कारण अन्य लोगों द्वारा उसका उपहास तथा अपमान किया जाता है।.........वस्तुतः सभी मात्राओं सहित अनुस्वार, चंद्र-बिंदु आदि का स्थान विसर्गादि के समान व्यंजनों के उपरांत ही ध्वनिशास्त्र-सम्मत, सरल तथा सर्वथा उपयोगी हो सकता है।

13.3.1.1. शरण जी के इन सुझावों के संबंध में मेरा अभिमत यह है

जहाँ तक व्यंजनों के उपरांत उच्चारण-सिद्‌ध स्थान पर मात्राओं के प्रयोग का प्रश्न है, वह स्वीकार्य तो है, साथ ही विचारणीय भी। विचारणीय इसलिए कि यह एक लिपिगत व्यवस्था का प्रश्न है और यह व्यवस्था अब यथेष्ट मान्यता प्राप्त कर चुकी है, व्यवहार में रच-पच गई है। फिर भी यह निराधार नहीं, अपितु आधारयुक्त है। इसका आधार यह है कि जब दो व्यंजन एक साथ आते हों, तो मात्रा उन दोनों के पूर्व में लगेगी। जैसा कि निश्चित, उपस्थित आदि में है। बैसे तो निश्चित को निश्चित के रूप में लिखा जा सकता है। यह भी व्याकरण-सम्मत ही होगा। यह तो एक व्यवस्था का प्रश्न है। जो प्रयोग यत्किंचित् औचित्य से दूर रहते हुए भी व्यवस्था में आ गए हैं, उन्हें तद्‌वत् स्वीकार कर लेने में हमें कोई आपत्ति नहीं होनी चाहिए।

13.3.1.2 इस संदर्भ में डॉ. चौधरी (1973:112-113) के कुछ निष्कर्ष उल्लेख्य हैं।

(1) मात्राएँ स्वतंत्र वर्ण नहीं, स्वर वर्णों के संकेतात्मक सूक्ष्म चिह्न हैं।

(2) मात्राएँ जिस वर्ण में लगती हैं, उसमें अपने संबंद्ध स्वर की उपस्थिति का संकेत देती

(3) भाषाओं के प्रयोग की पद्‌धति सांकेतिक है।

(4) मात्राओं के अपने स्थान का महत्त्व नहीं होता।

(5) मात्रा का अपना स्थान उससे संबद्‌ध स्तर की उपस्थिति के स्थान का सूचक नहीं होता।

(6) मात्रा जिस वर्ण में लगती है, उससे संकेतित स्वर की उपस्थिति उसी वर्ण में होती

(7) विश्लेषण करने पर मात्रा द्वारा संकेतित स्वर सदा संबद्ध स्वर के पश्चात् रखा जाता है, जैसे-चन्द्रिका = च+अ+न+द+इ+क+आ।

(8) वर्ण से अलग किए जाने पर मात्रा का अपना रूप लुप्त हो जाता है और उससे संबद्ध स्वर उस वर्ण के पश्चात् प्रकट हो जाता है।

(9) सुविधा तथा स्पष्टता के लिए मात्राएँ वर्ण के चारों ओर पूर्व-निश्चित स्थान पर लगायी जाती हैं।

(10) मात्रा की यह सांकेतिक पद्धति देवनागरी के अक्षरात्मक स्वरूप की एक ऐसी विशेषता है, जो उसे संसार की अन्यान्य सभी लिपियों से अधिक विकसित, संतुलित, एवं श्रेष्ठ प्रमाणित करती है।

13.3.2 ह्रस्व 'इ' के मात्र (ि) के विधान का प्रश्न

शरण जी ने ह्रस्व 'इ' की मात्रा (ि) को तो अत्यंत विचित्र कहा है, अतः इस पर पृथक् से विचार कर लेना उचित होगा। वैसे इसके पूर्व मात्रा-विधान के संदर्भ में जो निष्कर्ष दिए गए है, वे सभी इ की मात्रा (ि) के विषय में भी लागू होते हैं। फिर भी पृथक् विवेचन से बात और स्पष्ट हो जाएगी।

नागरी-विरोधी आन्दोलन के संदर्भ में विरोधियों द्वारा नागरी पर यह आक्षेप लगाया गया है कि नागरी में इ की मात्रा (ि) वर्ण के पहले लगती है, जो ध्वनिविज्ञान की दृष्टि से अनुपयुक्त हु। यही आक्षेप नागरी के उन पक्षधरों द्वारा भी लगाए गए, जिन्हें नागरी के अक्षरात्मक स्वरूप की विशेषताओं का सूक्ष्म ज्ञान नहीं रहा। इस आशंका का निवारण भाषाविदों एवं लिपिवेत्ताओं द्वारा किया जा चुका है। वह इस रूप में कि मात्रा-चिह्नों के प्रयोग की पद्धति सांकेतिक है, वे वर्ण के किस ओर लगते हैं, इसका कोई महत्त्व नहीं होता, वे चाहे वर्ण के जिस ओर भी लगें, प्रत्येक स्थिति में वे उस वर्ण में अपने संबद्ध स्वर के सूचक होते हैं। इसका कारण मात्रा के स्थान का ही है, उससे संबद्ध स्वर का स्थान मान लेना एक बहुत बड़ी भूल है। यदि ऐसा होता तो मात्राएँ वर्ण के चारों ओर न आकर, केवल वर्ण के बाद आती, जिस प्रकार वर्णानात्मक लिपि में मात्रा का कार्य करनेवाले स्वर आते हैं। "अतः स्पष्ट है कि महत्त्व मात्रा के संकेत का होता है, इसके स्थान का नहीं। यदि विद्वानों की समझ में इतनी बात आ गई होती, तो वे इ की मात्रा के प्रयोग की पद्धति को कभी अवैधानिक नहीं कहते।" चौधरी (1973:111)

उपर्युक्त तथ्य को प्रमाणित करने के लिए अन्य लिपियों से भी प्रमाण लिए जा सकते हैं। उदाहरणर्थ– "बंगला को ले, जो देवनागरी के समान ही आक्षरिक और उसी से उद्भूत है, बंगला में इ के अतिरिक्त ए और ऐ की मात्राएँ भी वर्ण के पूर्व रम लगती हैं। यदि मात्राओं के स्थान का महत्त्व होता, तो नागरी से बंगला

में जाकर ए और ऐ की मात्राओं का इस प्रकार स्थान-परिवर्तन न होता। इससे सिद्ध होता है कि मात्राएँ वर्ण से अलग, स्वर की उपस्थिति के स्थान का संकेत नहीं दे सकतीं।" चौधरी (1973:111-112)

इस प्रकार इसे न तो नागरी का दोष कहा जा सकता है और न ही उपहास की स्थिति।

13.3.3 ह्रस्व 'अ' की मात्रा - ह्रस्व अ की मात्रा के संबंध में शरण जी की पाँच दृष्टियाँ हैं–

(1) "हमारी लिपियों में सभी स्वरों की मात्रा स्वीकार्य की गई हैं, परंतु ह्रस्व 'अ' की मात्रा क्यों नहीं दिखाई देती" शरण (1981:15)

(2) 'पाणिनीय व्याकरण में 'हकारादिस्वकार उच्चारणार्थः' कह कर माहेश्वर सूत्रों के व्यंजनों में उच्चारण निमित्तक ह्रस्व मात्रा की उपस्थिति की ओर संकेत किया गया है। इसके अतिरिक्त, तमिल और लंका के अभिलेखों में ह्रस्व 'अ' की मात्रा का प्रयोग सिद्ध हो जाता है। "जिसे त्याग कर हमारी लिपि को विकृत किया गया है।" शरण (1981:15)

(3) "वस्तुतः ख, ग, च, त, प, आदि व्यंजनों में यह उच्चारण निमित्तक ह्रस्व 'अ' की मात्रा पाई ते के रूप में आज भी विद्यमान है। परंतु क, ङ, छ, ट, ड, ढ, द, र, फ में यह पाई लुप्त हो गई है। जिसके कारण अर्द्धाक्षर, संयुक्ताक्षर, हलत-चिह्न आदि का अवैज्ञानिक तथा अनुपयोगी झंझट हमें अंगीकार करना पड़ता है।" शरण (1971:15)

(4) पाणिनीय व्याकरण का तकाज़ा है कि हम ह्रस्व 'अ' की मात्रा पूर्ववत् स्वीकार करके अर्द्धाक्षर आदि से मुक्ति प्राप्त कर अपनी लिपि को स्वभावतः सरल बना अपने-व्यंजनों की वर्णमाला निम्नांकित रूप में स्वीकार करें। यथा–

सस्वर (अकारांत व्यंजना)	**नस्वर (अनाकारांत व्यंजन)**
का ख ग ब ङ	क ख ग घ
च छ ज झ ञ	च छ् ज ञ
ट ठ ड ढ ण	ट् ठ् ड ढ ण
त थ द ध न	त थ द ध न ञ
प फ ब भ म	प फ ब भ म
य, र, ल, व, श	य र ल व श
ष स ह क्ष	ष स ह क्ष

(5) ह्रस्व 'अ' की मात्रा स्वीकार करते ही तथाकथित आधे अक्षर, संयुत-सुधर, हलंत, चतुर्विध रेफ आदि के प्रयोग की आवश्यकता नहीं होती। अतः हमारी लिपि अत्यंत सरल, पूर्णतया वैज्ञानिक, तथा रोमन लिपि के समान यंत्रोपयोगी हो जाएगी।

13.3.2.1 शरण जी के इस द्वितीय विचार-बिन्दु के संदर्भ में मेरा दृष्टिकोण इस प्रकार है।

(1) जहाँ तक ह्रस्व 'अ' की मात्रा दिखाई देने का प्रश्त है, वह प्रत्येक वर्ण के साथ समवेत रूप में रहने के कारण उसके पृथक् चिह्नांकन का कोई औचित्य नहीं है। जैसा कि शरण जी ने स्वतः पाणिनि को सामने रखकर– 'हकारादिस्वकार उच्चारणार्थः- के द्वारा इसकी उपस्थिति का संकेत किया है। यहाँ संकेत वस्तुतः वर्णों के साथ 'अ' की मात्रा का संपृक्त होने का संकेत है।

(2) दूसरी ओर तमिल और लंका के अभिलेखों में इसकी मात्रा के चिहित रूप की बात है, वह हमारी नागरी से पृथक् व्यवस्था है, जो उन भाषाओं की प्रकृति के अनुसार है। जहाँ तक इसके त्यागने की बात है, वह इसलिए सम्भव नहीं है, क्योंकि हमारे यहाँ मात्र इसकी उपस्थिति का संकेत मिलता है। इसकी पृथक् मात्रा तो कभी चिह्नित ही नहीं की गई। अतः इसके त्यागने का प्रश्न कहाँ? हाँ, जिस रूप में इसकी उपस्थिति पूर्व-संकेतित थी, वैसी आज भी है। अतः इससे हमारी लिपि विकृत नहीं हुई, अपितु वह अपने वैज्ञानिक स्वरूप को कायम रखे है। वही इसकी श्रेष्ठता भी है।

13.3.4. ह्रस्व ए, ओ, आदि को स्वीकार कर लेने का प्रश्न

"शरण जी का ह्रस्व ए और ओ को स्वीकार करने का आग्रह हमें स्वीकार्य है, क्योंकि देवनागरी को जब हम संपर्क लिपि के रूप में व्यवहृत करने का प्रयास करते हैं, तब इसका अभाव सामने आता है। अतः तमिल, तेलुगु, कन्नड़, और मलयालम के लिए देवनागरी को संपर्क लिपि के रूप में व्यवहार करने के लिए ह्रस्व ए, ओ को देवनागरी में स्वीकार कर लिया गया है।" इसी प्रकार कश्मीरी, सिंधी, और उर्दू आदि में देवनागरी से भिन्न जो ध्वनियाँ हैं, उनके लिए विशेष अक्षर-चिह्न स्वीकार किए जा चुके हैं। इस प्रकार यह प्रश्न अब हल हो चुका है।" शुक्ल (1981:30)

13.3.5 अर्द्धाक्षर का प्रश्न

अर्द्धाक्षर के संबंध में शरण जी के कुछ सुझाव एवं प्रश्न इस प्रकार हैं–

(1) "मानव मुख द्वारा आधे व्यंजन का उच्चारण संभव नहीं है। पाणिनीय या किसी व्याकरण में भी किसी आधे व्यंजन का उल्लेख नहीं है। ऐसी दशा में किसी व्यंजन को आधा मानना या लिखना युक्ति-सम्मत नहीं है। जिसे हम आधा व्यंजन क, ख, ग, घ समझते रहे हैं, वही पूरा एकल या मूल व्यंजन है और जिसे हम पूरा व्यंजन ख, ग, घ, च, आदि समझते हैं। वह सस्वर अर्थात् अकारांत व्यंजन है।" शरण (1981:16)

(2) "अधिकांश व्यंजनों में यह उच्चारण निमित्तक आकार की पाई (ा) विद्यमान है और

कुछ व्यंजनों में यह लुप्त हो गई है। जहाँ यह पाई (ा) लुप्त हो गई है, वहाँ भी उच्चारण निमित्तक पाई (ा) लगा कर अपनी लिपि को सरल तथा वैज्ञानिक

बना लिया जाए, क्योंकि आकार या किसी अन्य स्वर के संयोग के बिना किसी व्यंजन-समूह का उच्चारण संभव नहीं है, अतः सभी व्यंजनों के उच्चारण निमित्तक पाई (ा) की उपस्थिति आवश्यक है। इसका परिणाम यह होगा कि तथाकथित अर्द्धाक्षरों से मुक्ति मिल जाएगी और हमारी लिपि पठन-पाठन मुद्रण-टंकण आदि के लिए सुविधाजनक बन सकेगी।" शरण (1911:17)

13.3.5.1 शरण जी के इन सुझावों के ऊपर मेरा निवेदन यह है–

(1) अर्द्धाक्षर की कोई समस्या नहीं है। यह एक व्यवस्था है। यह लिपिगत व्यवस्था अब यथेष्ट जनानुमोदन प्राप्त कर व्यवहार्य हो गई है। अतः इसमें परिवर्तन करना अब अहितकर ही होगा।

(2) लिपि को सरल और वैज्ञानिक बनाने के पूर्वग्रह में पड़कर अपनी लिपिगत व्यवस्था को अस्त-व्यस्त करना औचित्यपूर्ण प्रतीत नहीं होता। जहाँ तक टंकण आदि का प्रश्न है, वह तो आवश्यकतानुसार परिवर्तनीय है। हर उसके लिए लिपि में बहुत परिवर्तन करना उचित नहीं होगा, क्योंकि मात्र सहजता एवं सरलता को दृष्टि में रखकर लिपिगत व्यवस्था को बदलने का कोई औचित्य नहीं है।

13.3.6 संयुक्ताक्षर

इसमें शरण जी के दो कथ्य हैं

(1) पाणिनीय व्याकरण में कहीं भी संयुक्ताक्षर के लेखन का संकेत नहीं है। पाणिनीय व्याकरण में हलोऽनन्तराः संयोग' कह कर स्वरों के संपर्क से रहित व्यंजनों के समूह की संयोग संज्ञा का विधान किया गया है। तथाकथित संयुक्ताक्षरों का समर्थन कदापि नहीं किया गया है।

(2) इसलिए हमारी लिपि में त्र, ज्ञ, प्र, द्म, ह्म, द्ब, ध्य, द्य आदि असंख्य संयुक्ताक्षरों का प्रयोग न केवल अवैज्ञानिक है, अपितु सरलता यंत्रोपयोगितादि से भी परिताज्य है। (शरण 1981:17)

13.3.6.1 शरण जी के इन दोनों कथनों के संदर्भ में मेरा अभिमत यह है :–

(1) शरण जी का यह तर्क एक सीमा तक मान्य हो सकता है कि पाणिनीय व्याकरण में कहीं भी संयुक्ताक्षरों के लेखन का संकेत नहीं मिलता, किंतु पूर्णतः ऐसा नहीं है, क्योंकि पाणिनीय व्याकरण की एक प्रसिद्ध परिभाषा 'अज्झीनं परेण संयोज्यम' के अनुसार संयुक्ताक्षरों के लेखन का स्पष्ट संकेत मिलता है। अगर ऐसा न भी हो, फिर भी हमें व्यवस्था की ओर दृष्टि रखनी होगी। जब नागरी लिपि में संयुक्ताक्षरों का विधान है और वह स्वीकृत होकर व्यवस्था में आ गया है, तो उसके निषेध का कोई औचित्य नहीं प्रतीत होता। इस संदर्भ में लखनऊ लिपि सुधार सम्मेलन का निर्णय उल्लेखनीय होगा। वह इस प्रकार है :–

संयुक्ताक्षर दो प्रकार से बनाए जाएँ–

(1) जहाँ संभव हो अक्षर के अंतवाली खड़ी रेखा को हटाकर या

(2) संयुक्त होनेवाले प्रथम अक्षर के अंत में हल् लगाकर। क, फ, और ह को यदि किसी अक्षर के आरंभ में संयुक्त करना हो, तो इसके लिए बिना हल् का प्रयोग किए, इस समय प्रचलित ढंग से ही काम में लाया जाए।

13.3.6.2 इसी प्रकार हिंदी साहित्य सम्मेलन, प्रयाग द्वारा आयोजित देवनागरी लिपि सुधार समिति की सिफ़ारिश उल्लेख्य है–

संयुक्ताक्षरों को बनाने के लिए जिन वर्णों में खड़ी पाई (ा) का अंतिम भाग है यथा– ख, ग, घ, च, ज, झ, ण, त, थ, ध, न, प, ब, भ, म, य, ल, श, ष, स - इनका संयोज्य रूप हटाकर जो बने वह समझा जाए यथा– र, द्, ज, ट, थ, न, प, ब इत्यादि। क और फ के वर्तमान संयोज्य रूप क् और प स्वीकृत किया जाए, जिन अक्षरों में खड़ी पाई (ा) का अंतिम भाग नहीं है, उनका संयोजक चिह्न (-) लगाकर समझा जाए। संयोजक चिह्न पिछने अक्षर से मिला रहे। संयोजक चिह्न '-' हो। यथा– विट-ठल श्वासोच्छ-वास, उड-डाण।

इस प्रकार पाणिनीय व्याकरण में संयुक्ताक्षरों का स्पष्ट संकेत न होते हुए भी नागरी के प्रतिमानीकरण के सम्बन्ध में समय-समय पर इस प्रकार के विचार सामने आए हैं, अतः हमें संयुक्ताक्षरों को स्वीकार करने में आपत्ति नहीं होनी चाहिए।

13.3.7 हलंत चिह्न

शरण जी ने पाणिनीय व्याकरण को सामने रख कर हलंत चिह्न के संदर्भ में मौलिक बात की है। उनका कथन है– "हलंत कोई पद या पदांश ही हो सकता है, एकल व्यंजन नहीं।" शरण (1981:17)

उनका उपर्युक्त कथन हमें स्वीकार करना चाहिए कारण कि हल् जो कि एक प्रत्याहार है, उसको अर्द्धाक्षर संकेत के लिए प्रयुक्त करना असमीचीन और असुविधापूर्ण है, जैसे– सुप्त, तिक्त और नग्न इत्यादि। इसकी अपेक्षा सुप्त, तिक्त और नग्न और उपयुक्त होगा।

"इसी के साथ अ की मात्रा को अंगीकार करते ही हलंत चिह्न भी अनावश्यक हो जाने के कारण लुप्त हो जाएगा"– उनका यह कथन व्यावहारिक नहीं प्रतीत होता, क्योंकि एक के निषेध के लिए दूसरे का स्वीकरण बहुत औचित्यपूर्ण नहीं कहा जाएगा। जहाँ तक हलंत के प्रयोग का प्रश्न है, "मैं इसका हिमायती नहीं हूँ क्योंकि इससे हिंदी के अध्येताओं (लनर्स) (जो द्वितीय भाषा के रूप में हिंदी पढ़ते हैं) को काफ़ी भ्रमित होना पड़ता है।"

13.3.8 चतुर्विध रेफ

चतुर्विध रेफ के संदर्भ में शरण जी का विचार यह है कि– "रेफ के चतुर्विध प्रयोग ने हमारी लिपि को अनावश्यक रूप से कठिन बनाया है। अतः सर्वत्र एक ही प्रकार से 'र' लिखकर हमें अपनी लिपि को सरल बनाना चाहिए।"

जहाँ तक लिपि को सरल बनाने का प्रश्न है, उससे तो हम सहमत हैं, किंतु

'र' सर्वत्र एक ही प्रकार से रखा जाए, इससे हम सहमत नहीं है। क्योंकि 'र' का चतुर्विध लेखन भी प्रयोज्य है, निष्प्रयोज्य नहीं। प्रयोज्य इसलिए कि इसका प्रयोग स्थितियों के अनुसार होता है, जैसे कि चौधरी ने लिखा है (1973:108-109) - 'र' रूप स्वतंत्र रूप से स्वरसंयुक्त वर्णों के रूप में प्रयुक्त होता है और कोणात्मक रूप (‸) संयुक्ताक्षरों में व्यवहृत होता है। किसी व्यंजन के पूर्व में आने पर 'र' का कोणात्मक रूप (‸) उस व्यंजन की शिरोरेखा के ऊपर तिरछा होकर लगता है, जिसे रेफ कहते हैं। इसी प्रकार जब 'र' के पूर्व कोई व्यंजन आता है, तब कोणात्मक (‸) उस व्यंजन नीचे जुड़ जाता है। अगर व्यंजन वर्ण खड़ी पाई वाला होता है, जैसे प्र, क्र, द्र आदि में और यदि व्यंजन वर्ण खड़ी पाईगला न हो तो कोणात्मक (‸) अपने पूर्ण स्वरूप में उस व्यंजन के नीचे जुड़ जाता है, जैसे ट्र, ठ्र, ड्र, द्र आदि में। इससे स्पष्ट है कि 'र' के दो ही रूप देवनागरी में हैं और दोनों अतिप्राचीन हैं। देवनागरी में कोणात्मक रूप की उपयोगिता केवल संयुक्ताक्षरों के लिए है। 'र' का अपना स्वरूप संयुक्ताक्षर के लिए उपयुक्त नहीं है, इसलिए उसके दूसरे कोणात्मक रूप का निर्माण हुआ था। व्यंजन के पूर्व आने वाले 'र' का रेफ के रूप में शिरोरेखा के ऊपर लगाए जाने के कारण उसके स्वरूप में ही निहित है। उसका स्वरूप ही कुछ ऐसा है कि उसे व्यंजन के पूर्व रेफ के अतिरिक्त अन्य किसी भी प्रकार से सुविधाजनक रूप में नहीं जोड़ा जा सकता। इसीलिए प्राचीन काल से ही वह शिरोरेखा के ऊपर रेफ के रूप (र्) में जुड़ता आया है। इस प्रकार देवनागरी में 'र' के दोनों रूपों तथा उनके उपयोग की पद्धति नितांत वैज्ञानिक है।

शिक्षा-ग्रंथों में भी इसका संदर्भ मिलता है। शिक्षा-ग्रंथ में इसकी त्रिधा स्थिति का संकेत किया गया है, यथा–

स्वर दृष्टवा ह्यधो याति व्यञ्जनोपरिगच्छति।
अवसाने विसर्गः स्यात् त्रिधो रेफस्य वै गतिः।।

यह त्रिधा भी मूलतः द्विधा ही है, जैसा कि ऊपर विवेचित किया जा चुका है।

इसी प्रकार से डॉ. वर्मा (1973:8) में लिखा है– वैदिकाभरण में 'र' को रेफ कहने के आधार की व्याख्या इस प्रकार की गई है– "इसको रेफ इसलिए कहा जाता है कि इसके उच्चारण में कपड़े फाड़ने की सी आवाज़ होती है– रिफ्यते विपाट्यते वस्त्रादि पाटन-ध्वनिविद् उच्चार्यत इति रेफः।" तैत्ति. प्रति. 1,1942

यहाँ इन उद्धरणों से प्रयोजनीयता की बात प्रमाणित हो जाती है।

13.3.9 नागरी के संदर्भ में अन्य सुझाव

1. वैज्ञानिक प्रगति के अनुपात में नागरी के अनुकूल टंकण-यंत्रों के निर्माण की दिशा में प्रयास होना चाहिए, ताकि यह अपनी पूर्ण विशेषता के अनुरूप लोकप्रियता अर्जित कर सके।

2. नागरी लिपि शिक्षण हेतु लिपिपुस्तिकाएँ तैयार की जानी चाहिए।

3. ये पुस्तिकाएँ प्रत्येक लिपि वाले के लिए पृथक्-पृथक् तैयार की जानी चाहिए।

4. देवनागरी में बार-बार सुधार न किया जाए।

5. नागरी के लिए वे ही सुधार श्रेयस्व (एवं ग्राह्य होंगे, जो बिना उसके मूल स्वरूप-परिवर्तन के (यत्किंचित् सुधार के साथ) हों।

6. देवनागरी के लिए अपेक्षित सुधार पूर्वाग्रहों से मुक्त एवं व्यवस्थापोषी हो।

संदर्भ

1. एल.एस. वाकणकर-गणेश-विद्या, 1968, पृ. 5
2. वही, पृ. 5
3. वही, पृ. 8
4. अनुसंधित्सु का यह शोध निबंध नागरी लिपि परिषद पत्रिका अंक 25-26, 27 मार्च, 1981 में प्रकाशित हुआ था। इसे यहाँ अविकल रूप में दिया जा रहा है।
5. 1 अनुसंधित्सु द्वारा देवनागरी संस्थान बदायूँ द्वारा आयोजित त्रि-दिवसीय लिपि सम्मेलन में पढ़ा गया शोध-पत्र।

संदर्भ-ग्रंथ

1. डॉ. दिनेश चामोला : 'कम्प्यूटर विज्ञान : हिंदी कार्यान्वन एवं अनुप्रयोग' राजभाषा अनुभाग भारतीय पेट्रोलियम संस्थान, देहरादून, संस्करण- 1999
2. रमेशचन्द्र महरोत्रा : मानक हिंदी का शुद्धिपरक व्याकरण, वाणी प्रकाशन दिल्ली, प्रथम संस्करण 1992
3. भोलानाथ तिवारी, कैलाश चंद्र कोष, प्रभात भाटिया, जयपाल सिंह (संपा.) : अखिल भारतीय प्रशासनिकौ1 प्रकाशन दिल्ली, प्रथम संस्करण 1982
4. डॉ. भोलानाथ तिवारी (संपा.) : हिंदी उच्चारण कोश, वाणी प्रकाशन, नई दिल्ली प्रथम संस्करण 1985
5. डॉ. भोलानाथ तिवारी : हिंदी ध्वनियाँ और उनका उच्चारण द्वितीय संस्करण 1987, शब्दकार

प्रकाशन दिल्ली

6. डॉ. सूरजभान सिंह : हिंदी भाषा संदर्भ और संरचना, प्रथम संस्करण 1991, साहित्य सहकार प्रकाशन दिल्ली
7. डॉ. लक्ष्मीनारायण शर्मा : देवनागरी लेखन तथा हिंदी वर्तनी व्यवस्था, द्वितीय संस्करण 1983, केन्द्रीय हिंदी संस्थान आगरा
8. डॉ. देवीशंकर द्विवेदी : देवनागरी, प्रथम संस्करण 1990 प्रशांत प्रकाशन कुरुक्षेत्र वि.वि. कुरुक्षेत्र
9. रवीन्द्र श्रीवास्तव एवं : हिंदी व सामाजिक संदर्भ, प्रथम संस्करण
   रमानाथ सहाय (संपा.) : हिंदी संस्थान, आगर 1976 केन्द्रीय
10. आचार्य किशोरीदास वाजपेयी : हिंदी निरुक्त, द्वितीय संस्करण 1981, वाणी प्रकाशन, दिल्ली
11. भोलानाथ तिवारी एवं मुकुल प्रिदर्शिनी : हिंदी भाषा की सामाजिक भूमिका, प्रथम संस्करण 1982, दक्षिण भारत हिंदी प्रचार सभा, मद्रास
12. रवीन्द्रनाथ श्रीवास्तव एवं बीना श्रीवास्तव : भाषा विज्ञान सैद्धांतिक चिंतन, प्रथम संस्करण 1997 राधाकृष्णन प्रकाशन, दिल्ली
13. नरेन्द्र व्यास (संपा.) : देवनागरी लिपि तथा हिंदी वर्तनी का मानकीकरण, प्रथम संस्करण फरवरी 1983
14. डॉ. रमेशचंद्र महरोत्रा एवं डॉ. मन्नूलाल यादव : अशुद्ध हिंदी, प्रथम संस्करण 1980, भाषिका प्रकाशन, रायपुर
15. डॉ. रमेशचन्द्र महरोत्रा : मानक हिंदी लेखन नियमावली (पत्रक) 2 अक्टूबर 1995 रविशंकर विश्वविद्यालय, रायपुर
16. डॉ. भोलानाथ तिवारी : हिंदी भाषा का अंतर्राष्ट्रीय संदर्भ
17. डॉ. त्रिलोचन पांडेय : त्रिनीदाद : कार्नीवाल का देश, खन्ना बुक डिपो, जबलपुर, प्रथम संस्करण– 1994
18. डॉ. युगेश्वर (संपा.) : देवकीनंदन खत्री समग्र प्रथम सं. 1988 हिंदी प्रचारक संस्थान वाराणसी

19. आचार्य रामचन्द्र शुक्ल : हिंदी भाषा की सामाजिक भूमिका
20. डॉ. भोलानाथ तिवारी : हिंदी का व्यावहारिक रूप, राधाकृष्ण प्रकाशन, नई दिल्ली प्रथम संस्करण 1974
21. विनय मोहन शर्मा : हिंदी का व्यावहारिक रूप, राधाकृष्ण प्रकाशन, नई दिल्ली प्रथम संस्करण 1974
22. एल.एस. वाकणकर : गणेश-विद्या सं. 1968 स्क्रिप्ट स्टडी ग्रुप बाम्बे
23. गौरीशंकर हीराचंद ओझा : भारतीय प्राचीन लिपि
24. डॉ. अनंत चौधरी : नागरी लिपि और हिंदी वर्तनी
25. डॉ. भोलानाथ तिवारी : हिंदी वर्तनी की समस्याएँ, शब्दकार प्रकाशन, नई दिल्ली, प्रथम संस्करण 1980
26. Ed. William Bridge : Sociolinguistics (Proceeding of the UCLA Sociolinguistics Conference 1964), Mouton & Co. The Hague Paris 1941.
27. Ed. P. Gopal Sharma, Suresh Kumar : Indian Billingualism, Kendriya Hindi Sansthan Agra, 1977
28. Plinya Slokaray : Language Standardization (Studies in Prescriptive Linguistics) Mouton & Co. The Hague 1963.
29. D.P. Pattnayak : Aspects of Applied Linguistics, Asia Publishing House, Bombay, 1961
30. Ed. Bh. Krishnamuriti & Aditi Mukherjee : Modernization of Indian Languages in News Media, Department of Linguistics Osmania University, Hyderabad 1984
31. स्मारिका, नागरी लिपि सम्मेलन 25-26-27 मार्च 1981

नई दिल्ली, नागरी लिपि परिषद् राजघाट, नई दिल्ली, मार्च 1981
32. स्मारिका, नागरी लिपि सम्मेलन 21-22 अगला 1982
नई दिल्ली, नागरी लिपि परिषद् राजघाट नई दिल्ली 1982
33. भाषा विज्ञान शब्दावली, वैज्ञानिक तथा तकनीकी शब्दावली आयोग, मानव संसाधन विकास मंत्रालय (शिक्षा विभाग) भारत सरकार, परिवर्धित संस्करण 1962
34. भारतीय रेल तारकूट, भारतीय रेल सम्मेलन, 1978
35. राष्ट्रभाषा भारती, अंक 19-20, राजभाषा विभाग, गृहमंत्रालय भारत सरकार, नई दिल्ली।

❑❑